ARIS-RUDEL

Souvenirs Manceaux

de la

Grande Guerre

1914

IMPRIMERIE BENDERITTER
RUE SAINT-JACQUES, 11 - LE MANS

1920

Souvenirs manceaux

de la

Grande Guerre

*La guerre de 1914 restera dans l'histoire le plus
effroyable cataclysme qui ait, de par la volonté perverse
de certaines têtes couronnées, de criminels financiers et
d'un peuple de fous sanguinaires, bouleversé l'humanité.
Elle sera toujours pour nous et pour nos arrière-neveux
la* Grande Guerre, *la* Guerre Mondiale. « *Les survivants de cette gigantesque épopée auront vu se dérouler
une page d'histoire comme il n'en fut jamais écrite,
écouté des enseignements que nulle oreille n'avait
entendus et que les peuples de l'avenir n'entendront
plus* ([1]). »

*La date du 2 août 1914, de quelle exécration la
mémoire des hommes la poursuivra-t-elle jusqu'à la
fin des siècles ! Jamais crime n'égala l'horreur de celui
qui fut commis en ce jour.*

*Si l'Allemagne doit expier, si elle doit comprendre
et détester son crime, si elle doit être punie et savoir
qu'elle est punie ; d'un autre côté, chaque province
française, chaque département a le devoir de conserver
pieusement le souvenir de ceux de ses enfants qui ont
pris une part active au grand conflit, qui sont tombés*

([1]) Gustave Lebon, *Premières conséquences de la guerre*, p. 5.

sur les champs de bataille de cette abominable mêlée.
Le travail que j'entreprends et pour lequel je sollicite
le concours de mes compatriotes, est fait dans le but de
perpétuer leur mémoire. Je le dédie aux familles man-
celles qui ont sacrifié un ou plusieurs des leurs à la
gloire, à la sécurité, au bonheur de la patrie, ainsi
qu'à la liberté des nations menacées par le monstrueux
empire qui avait projeté l'asservissement du monde
entier. J'espère que l'accueil fait à ces notes me permettra de les compléter, de les rectifier, s'il en est besoin,
et de leur donner une suite.

ARIS-RUDEL.

AVANT-PROPOS

Le 28 juin 1914, à Sarajevo, ville de Bosnie, l'archiduc François-Ferdinand et sa femme tombèrent sous les coups de revolver d'un jeune Bosniaque, Gavrilo Princep. L'Autriche fit une enquête sur ce drame dont l'origine reste imprécise, et découvrit une organisation occulte où étaient mêlés des officiers serbes. Elle prétendit que l'inspiration du complot remontait jusqu'au gouvernement de Belgrade. Depuis longtemps, les Autrichiens rêvaient de domination dans les Balkans. Comme leurs plans avaient été déjoués par les récentes victoires serbes, ils saisirent cette occasion pour reprendre la trame de leur politique. L'assassinat de l'archiduc fut donc l'incident attendu pour déclencher la guerre. L'Allemagne — ce péché de l'Europe — aux aguets pour établir définitivement son hégémonie, parvint facilement à convaincre sa fidèle alliée de s'en emparer et, dans le calme de l'Europe pacifiste, de jeter brutalement l'alarme par un injurieux *ultimatum*. Le moment semblait on ne peut plus favorable aux empires centraux.

La Serbie était épuisée par deux guerres successives.

La Russie — le paradis des concussionnaires — protectrice des Slaves, était en pleine grève et commençait à peine sa réorganisation militaire. Plus de deux cents de ses généraux, d'origine allemande, gardaient des sympathies allemandes à peine dissimulées, comme Rennenkampf, que l'on dut plus tard priver de son commandement à cause de sa mollesse voulue chaque fois qu'il se trouvait en présence des armées germaniques. Des influences allemandes avaient préparé; jusque dans l'entourage du tsar, des foyers de trahison, qui, le moment venu, ne resteront pas inactifs. Le marché russe avait été envahi par l'industrie allemande. Peu à peu, les Germains avaient évincé tous leurs concurrents. D'après M. Alexinsky, ancien député de la Douma, pour 9.421 français et 7.481 anglais établis en Russie, le nombre de ses habitants, ayant pour langue maternelle l'allemand, s'élevait à un minimum de 2 millions.

La Grande-Bretagne traversait une des phases les plus critiques de son histoire. Fortement troublée par la conception du parti radical qui avait entrepris une véritable réorganisation sociale, elle se trouvait de plus menacée d'une guerre civile par l'Irlande. Jugeant sa supériorité navale suffisante pour sauvegarder sa sécurité, l'Angleterre ne possédait qu'une armée insignifiante de mercenaires, « une méprisable petite armée », pour employer l'expression des Teutons. La conscription et le service obligatoire n'existant pas chez elle, il semblait que cette armée ne put beaucoup s'accroître. Isolée dans son île, se croyant à l'abri de toutes les attaques et jugeant une guerre impossible, elle se laissait envahir par les théories pacifistes que professaient, non seulement les socialistes, mais encore quelques-uns de ses gouvernants. Le prince Lychnowski le déclarait dans ses rapports, l'Angleterre était incapable de se ressaisir pour faire bloc devant un péril étranger.

La France s'était bien réveillée de sa torpeur en adoptant la loi de trois ans, mais cette loi, à peine appliquée, était battue en brèche. Dans la fameuse séance du 13 juillet 1914, le sénateur Charles Humbert avait montré que nous n'étions pas prêts à soutenir la lutte si elle se présentait : manque d'artillerie lourde, artillerie de siège inférieure, insuffisance de munitions, défectuosité de l'instruction dans l'armée. Un fameux général, membre du conseil supérieur de la guerre, avait publié un livre bien fait pour réjouir nos ennemis : *Le Combat* (1), dans lequel, ce guerrier, cher au cœur des antimilitaristes, méprise l'artillerie lourde et enseigne qu'il ne faut pas suivre l'exemple des Allemands en augmentant le nombre de nos canons, afin de laisser à l'infanterie la place nécessaire pour combattre. La discorde et le scandale étaient partout : révélations confondantes sur les manigances judiciaires au profit de l'escroc Rochette ; élections générales avec le succès personnel de M. Caillaux ; majorité démagogique tirée des urnes par M. Malvy ; ministère de M. Ribot, renversé au bout de quarante-huit heures, tout radical qu'il se fût montré.

La Chambre d'avant la guerre, écrit le *Journal de Genève* du 27 mars 1915, « est née des intrigues exaspérées des partis, à l'heure d'une des pires divisions que la Troisième République ait connues. Elle est faite avant tout de spécialistes pour les luttes électorales, de politiciens, d'hommes de parti professionnels. Chacun a son étiquette de groupe. Beaucoup ne valent, n'ont été élus qu'à raison de cette étiquette. La Chambre de 1914 s'annonçait

---

(1) Par Percin, Paris, 1914. Félix Alcan, éditeur.

comme une petaudière délirante d'animosités de partis et de ran-
cunes personnelles. Les premiers mois de son existence avaient
été détestables. Sa complexion même fut sans doute pour beaucoup dans le choix que fit l'Allemagne de l'heure où elle a déchaîné
la guerre. Cette assemblée qui, malgré le péril impossible à ne pas
voir, ne parlait que de revenir sur la loi de trois ans, avant même
qu'elle eût été complètement appliquée, paraissait à la chan-
cellerie impériale merveilleusement apte à servir involontairement
ses projets. »

En Allemagne, on jouissait donc de nos dissensions et de nos
hontes. « On y enregistrait avec une débordante joie les cris de
haine qui s'échangeaient en France. Comme sur un mot d'ordre,
toute la presse, tant à Berlin qu'à Vienne, avait pris, avec une
ardeur unanime, le parti du ménage Caillaux. Décidément l'heure
était venue (1). »

L'empire de proie, lui, est arrivé à une extrême puissance militaire, tenue d'ailleurs en partie secrète, notamment pour l'artillerie
de siège, le nombre des mitrailleuses et la formation des corps de
réserve. Ses succès militaires de 1866 et de 1870, la prospérité
économique qui avait suivi, l'ont halluciné. Désormais, personne
n'a le droit de s'opposer à ses vues. Il atteint 68 millions d'habitants par une progression constante. L'Europe est trop étroite
pour le contenir. Il absorbera le monde. L'humanité entière profi-
tera, de gré ou de force, de la puissance de son organisation
matérielle et spirituelle, de sa *kultur*. C'est une mission divine qui
lui est dévolue.

Un explorateur allemand en Afrique, le docteur Carl Peters,
nous raconte que le plateau Leikipia est habité par des tribus de
Massaïs, race guerrière, très redoutée de ses voisins. Le moindre
d'entre eux sent tout ce qu'il vaut. La religion de ces sauvages
leur apprend qu'eux seuls sont d'origine divine et que, par une
grâce d'En-Haut, ils ont un droit de propriété sur tous les troupeaux
de l'univers ; quiconque se permet de n'être pas Massaï et de posséder du bétail est un voleur qui mérite la mort (2).

Massaï africain ou Massaï allemand, c'est tout un. Le sauvage et

---

(1) *Journal de Genève* du 2 décembre 1914.

2) *Die deutsche Emin-Pascha — Expédition* von Dr Carl Peters. München und
Leipzig, 1891. — *Revue des Deux Mondes*, 1er juin 1891, p. 677.

le civilisé sont frères. Le kaiser est à ses propres yeux et aux yeux de ses sujets, le serviteur, l'émanation du Très-Haut et l'exécuteur des œuvres de Dieu. Seulement, ce Dieu « est une divinité implacable et sanguinaire qui réclame des holocaustes et se réjouit aux clameurs des victimes pantelantes. Les crêpes qui endeuillent le drapeau victorieux, les allemands ne les voient pas, et le Walhalla leur cache les charniers... Avec la même assurance que les Inquisiteurs envoyaient les hérétiques au bûcher, ils décrètent l'extermination des races inférieures. Peu leur importe de marcher dans le sang jusqu'aux chevilles, ils n'ont de regard que pour la Sion céleste, l'Allemagne triomphante vers laquelle ils s'avancent. Pas une minute, l'empereur et son peuple — puisque plus ou moins le peuple tout entier est ivre d'une passion mystique analogue — ne seront gênés par les hésitations instinctives qui, si nous avions été à leur place, auraient glacé notre courage, mais qui étaient radicalement étrangères à leur nature. »

« Sans peur et sans remords, ils marcheront à la croisade », non cependant sans chercher à établir que la guerre leur a été imposée et qu'ils sont en cas de légitime défense. « Quelque hallucinés qu'ils soient en général par l'adoration de la force qu'on leur prêche, beaucoup d'Allemands sont des mystiques inquiets qui, dans le trouble de leur dévotion vacillante, demandent un réconfort à la pensée qu'ils n'ont couru aux armes que pour repousser une attaque. Ils n'ignorent pas non plus que leur évangile de massacre et de tyrannie, rencontre en dehors beaucoup d'hérétiques, et ils dissimulent leur conviction intime parce qu'elle serait un objet de scandale. Le fanatisme, on l'a remarqué bien souvent, n'exclut ni le calcul, ni le mensonge. La guerre sainte autorise et justifie les reniements et les parjures. *Omnia munda mundis.* Les soldats d'une cause divine trahiraient leur foi en négligeant n'importe quel moyen pour en assurer le triomphe. »

D'ailleurs, « aux yeux des pangermanistes, le désir crée le droit. Qu'est-ce qu'une guerre défensive ? C'est celle qui est déterminée par l'existence d'un propriétaire hargneux qui ne déguerpit pas de la place qu'il occupe (1). » En face de tout ce qui la gêne, l'Allemage ne sait rien dire de plus si ce n'est qu'elle veut vivre de sa vie. Par sa discipline, sa science, son organisation, son ambition,

---

(1) Ernest Denis, professeur à l'Université de Paris, *La Guerre* (Paris, Delagrave) pp. 197-200.

son militarisme prussien, elle se trouve posée dans le monde « comme une puissance énorme de malfaisance, une bête monstrueuse qui fait penser à la bête de l'Apocalypse... Pour que des catholiques puissent se mettre à la remorque du pangermanisme, il faut qu'ils aient oublié totalement l'Evangile et les enseignements de l'Eglise. (1) »

« Ce qui est révoltant dans la culture allemande, ce qui fait que, tout en invoquant Dieu à pleins poumons, elle est foncièrement impie, c'est qu'elle manque d'humanité. De cette culture brutale et de son Dieu anthropophage nous n'avons que faire. Ce à quoi aspirent les hommes de nos jours, c'est à un idéal de la liberté sain et de véritable justice. Ils désirent que la force ne serve plus à créer le droit, mais que le droit règle l'emploi de la force. (2) »

L'idéal humain veut que l'individu agisse pour le bonheur de tous. La même loi régit les nations. Il n'est plus le temps où ce qui était bon pour l'individu était mauvais pour la communauté. Les peuples doivent respecter et observer les mêmes règles que les particuliers. En conséquence, les nations qui désirent demeurer dans le même groupe familial, sont tenues d'observer le même idéal moral. Aucun état qui se respecte ne peut accepter le parfait égoïsme comme base de ses rapports internationaux. Est-il utile de faire remarquer que ce sont ces théories purement utilitaires introduites dans les rapports entre les différentes nations qui ont plongé l'Europe dans l'épouvantable guerre actuelle et engagé l'Allemagne dans une tourmente qui la conduira inéluctablement à sa chute ? Ces théories brutales, à la hauteur de l'intelligence des Massaïs africains, feront trébucher les nations qui les adopteront, car elles reposent sur ce faux principe que le droit c'est la force et que les Etats peuvent s'emparer, absolument comme les voleurs de grands chemins, de tout ce qu'ils ont la puissance d'obtenir par les armes.

Renan écrivait autrefois dans ses *Souvenirs de jeunesse* (3) : « Je mourrai ayant au cœur l'amour de l'Europe autant que l'amour de la France ; je voudrais parfois me mettre à genoux pour la supplier

---

(1) H. Chapon, évêque de Nice, *La France et l'Allemagne devant la doctrine chrétienne sur la guerre.*

(2) Alfred Loisy, *Guerre et Religion*, p. 99.

(3) Collection Nelson, p. 263.

de ne pas se diviser par des jalousies fratricides, de ne pas oublier son devoir, son œuvre commune, qui est celle de la civilisation. » L'auteur de la *Vie de Jésus* a beaucoup aimé l'Allemagne. Il comptait sur elle, sur son « esprit moral » pour le perfectionnement de l'humanité. S'il vivait encore, il verrait avec stupeur, en quoi consiste la fameuse *Kultur* germanique qu'il prisait tant, *Kultur* épanouie en fleurs de violence, de mensonge et d'hypocrisie. Il entendrait avec épouvante ce que le général von Bernhardi appelait « les pas de Dieu sur le monde », pas qui devaient écraser, le 22 août 1914, à Saint-Vincent de Rossignol, près de Virton, son petit-fils Ernest Psichari, lieutenant au 2ᵉ régiment d'artillerie coloniale, Tertiaire dominicain de la Fraternité du Saint-Sacrement de Paris, au moment où il se croyait appelé à prendre dans le sacerdoce catholique la place délaissée par son grand-père.

CHAPITRE PREMIER

Les 2 et 3 août 1914, Guillaume II, le forban, violait la neutralité du Luxembourg et de la Belgique, sous prétexte que cela lui
était nécessaire pour écraser sûrement les ennemis de sa monstrueuse ambition. C'était un crime et de plus une maladresse.

« La violation de la Belgique est un crime ajouté au crime de la
guerre. Il n'y a pas lieu de le pallier en spéculant sur la fragilité
des traités en général. Le traité que les Allemands ont déchiré
n'avait pas vieilli ; il concernait un peuple que ces mêmes Allemands n'avaient pas le droit d'utiliser à leur gré contre leurs
adversaires. La violation de ce traité n'est donc pas moins condam-
nable en elle-même que les motifs qui l'ont suggérée. L'Allemagne
a su choisir les moyens qui convenaient à ses fins, et moyens et
fins sont pareillement immoraux (1). »

Contre la France, mal préparée à recevoir le choc, le Kaiser
rouge mettait tout d'abord en ligne trente-quatre corps groupés en
huit armées, soit environ un million trois cent cinquante mille
hommes (2). Cinq armées allemandes comprenant environ neuf
cent mille hommes partent de la ligne Aix-la-Chapelle — Eupen
— Saint Witt — Malmédy — Trèves. Les deux premières, celles
du général von Kluck et du général von Bülow, viennent d'Aix-la-
Chapelle ; les deux autres (général von Haussen et duc de
Wurtemberg) s'avancent du camp de Malmédy. La cinquième,
commandée par le Kronprinz d'Allemagne, part de Trèves, avec
pour objectif, la trouée de Stenay-Longwy.

---

(1) A. Loisy, *Guerre et Religion*, p. 173.

(2) « Nous comptions n'avoir à supporter que le choc de vingt ou vingt-et-un
corps d'armée allemands de l'active, augmentés de trois ou quatre corps de réserve,
alors que trente-trois corps et neuf divisions de cavalerie ont opéré contre nous dès
le milieu d'août. Plus tard, on nous en a opposé plus de cinquante. Georges Blan-
chard, *La Guerre nouvelle*, dans la *Revue des Deux-Mondes* du 1er janvier 1916, p. 114.

Un journaliste américain, M. E. Alexander Powel, correspondant du *New-York Herald*, nous raconte la vision qu'il eut des troupes de von Kluck descendant au sud-ouest de Bruxelles. Son récit (1) fait toucher du doigt l'admirable et longue préparation belliqueuse d'un peuple qui a prétendu se trouver en cas de légitime défense, pendant que son empereur prenait Dieu à témoin de ses sentiments pacifistes.

« A quelque demi mille de Sottogem, écrit le journaliste, notre route débouchait sur la grande artère qui mène par Lille vers Paris, et nous voici brusquement au milieu de l'armée allemande.

« L'armée s'avançait par trois routes parallèles en trois puissants tronçons, semblables, grâce aux masses d'uniformes gris-vert, à trois monstrueux serpents s'allongeant lentement dans la campagne. « Les drapeaux américains qui surmontaient notre brise-vent firent office de véritables passe-ports ; à mesure que nous approchions, les rangs des guerriers s'entr'ouvraient pour nous livrer passage, puis se refermaient derrière nous.

« Pendant cinq heures d'horloge, nous voyageâmes, à l'allure d'un train express, entre ces deux murailles d'hommes en marche. A la longue, l'incessante trépidation des lourdes bottes et les oscillations rythmiques des bras et des épaules, de gris vêtus, devinrent affolantes... On eut dit que ce cortège n'aurait jamais de fin, et il n'en eut pas pour ce qui nous concerne, car nous ne vîmes jamais le bout de ses colonnes immenses.

« Nous traversons régiment puis régiment, brigade d'infanterie après brigade d'infanterie ; puis des hussards, des cuirassiers, des uhlans, des batteries de campagne, encore de l'infanterie, encore des canons, des ambulances, avec d'aveuglantes croix rouges sur leurs bâches de toile, précédant de gigantesques pièces de siège, péniblement traînées par trente chevaux chacune et pointant vers le ciel leurs sinistres gueules ; des troupes de génie, des sapeurs et mineurs armés de piques et de pelles ; des fourgons chargés de poutres, des chariots où s'empilaient, eût-on dit, des masses épaisses de soie jaune, qui étaient des ballons ; des cyclistes, le fusil en bandoulière, comme les chasseurs ; des accessoires d'aéroplanes, des équipes de chirurgiens à longues barbes et lunettes, des automobiles blindées, protégées par des rails d'acier recourbés au-dessous d'eux, contre les fils d'acier que les Belges avaient cou-

____

(1) Publié dans le journal *La Sarthe* du 24 août 1915.

tume de jeter dans l'espace en travers des routes ; batterie sur batterie de canons à tir rapide et puis d'autres batteries de mitrailleuses à fût grêle, évoquant des pattes d'araignées ; encore des uhlans dont le vent agitait les oriflammes au-dessus de leurs schapskas comme de petits nuages blancs et noirs, et enfin l'infanterie à casques à pointe, recouverts d'une housse de toile; de l'infanterie encore, encore, à jamais ; tout cela fluant irrésistiblement vers la France, comme l'interminable et infatigable courant d'un grand fleuve.

« Des cuisines de campagne dont les cheminées émettaient des spirales de vapeur chaude ronronnant le long des lignes, et les cuisiniers en tablier blanc.. débitaient de la soupe et du café chaud à la masse mouvante des hommes qui tendaient leurs coupes d'étain remplies assez vite pour qu'ils n'eussent pas à quitter les rangs..

« Des fourgons regorgeaient de cordonniers qui... raccommodaient les chaussures... D'autres véhicules, d'ordinaire charrettes à deux roues, convoyaient des « nids » de neuf mitrailleuses prêtes à être mises en action instantanément.

« Une section du service médical se composait exclusivement de pédicures. Le soldat allemand... n'a pas le droit de négliger ses extrémités, pas plus que ses dents ni aucune autre partie de son être ; car ses pieds ne lui appartiennent pas ; ils appartiennent au Kaiser. Et le Kaiser veut qu'on les entretienne avec le plus grand soin, pour qu'ils puissent fournir de longues et harassantes marches et conduire à la bataille, à ses batailles, leurs titulaires nominaux. »

A tout cela ajoutons téléphones et autres objets utiles pour assurer la communication entre les différents groupes de l'armée et nous aurons un aperçu approximatif de la formidable invasion qui se jetait sur la France à demi désarmée.

« Avec le principe du peuple en armes, écrivait en 1888 Charles Grad, député au Reichstag (1), des masses de troupes prodigieuses vont se trouver en présence. Les guerres des derniers siècles ne donnent pas l'idée des chocs terribles qu'entraîneront des conflits futurs dans l'Europe centrale. Les difficultés qu'on aura pour conduire et approvisionner les immenses armées sur pied en France, en Allemagne et en Russie, confondent l'imagination. Sur le pied de guerre, des millions d'hommes seront debout sous les drapeaux.

---

(1) *Les forces militaires de l'empire allemand*, dans la *Revue des Deux Mondes* du 15 avril 1888, p. 798.

Un seul corps, avec son effectif normal de 30.000 combattants, en mouvement sur une route ordinaire, occupe une longueur de 24 kilomètres. Si tous les bagages du corps d'armée suivent immédiatement, avec les approvisionnements et les munitions, avec le service des ponts et le service des ambulances, la longueur de la colonne atteindra 50 kilomètres. Dans ces conditions, l'extrémité du train des équipages se trouve éloignée de deux journées de marche de la tête du corps. Lors de la guerre de 1866, une seule des colonnes autrichiennes, que le feldzengmeister Benedeck conduisit de Moravie en Bohême, avait une longueur de 118 kilomètres, soit la distance de Strasbourg à Mulhouse, mesurée en ligne droite, pour trois corps d'armée et une division de cavalerie, ensemble 90.000 combattants. Toute l'armée allemande actuelle devrait-elle se mettre en mouvement sur une chaussée unique, avec ses réserves et le train au complet, elle occuperait toute la largeur de l'empire. Vous verriez les têtes de colonne arriver par Mayence à Strasbourg, que l'arrière-garde commencerait seulement à sortir de Memel, sur la frontière de Russie. Plus de quinze jours seraient nécessaires pour faire défiler cette troupe formidable d'une manière continue, sans interruption, à travers l'avenue des Tilleuls, devant le palais impérial de Berlin. En 1870, les seize corps d'armée allemands, qui se réunirent sur le Rhin, couvraient 120 milles carrés d'un pays fertile. Pour assembler les forces militaires actuelles de l'empire, il faudrait plus de 200 milles carrés, environ 1.200.000 hectares, à peu de chose près la superficie de l'Alsace-Lorraine tout entière... »

La concentration des troupes françaises en 1914, nous avait amenés à prendre position en Belgique ; la violation de la neutralité de ce pays nous ayant renseigné sur les intentions de l'état-major allemand, une variante de notre premier plan fut aussitôt exécutée.

Les cinq armées françaises, initialement orientées face à l'Allemagne, de la frontière belge à Belfort, étendirent leur zone d'action sur la gauche le long de la frontière belge, jusqu'à la hauteur de Fourmies (1).

---

(1) Première armée (Dubail) sur les Vosges, de la Suisse au Donon ; 2ᵉ armée (Castelnau) du Donon à Metz ; 3ᵉ armée (Ruffey) face en Woëvre à la région forestière Metz-Thionville ; 4ᵉ et 5ᵉ armées (Langle de Cary et Lanrezac) à la frontière belge. L'armée anglaise, forte de deux corps d'armée seulement, doit prolonger l'extrême gauche du dispositif.

A droite de l'armée anglaise du général French, dont la concentration ne fut terminée que le 21 août au soir, trois armées françaises devaient prendre part à l'action générale : la 3ᵉ armée (général Ruffey), la 4ᵉ armée (général de Langle), la 5ᵉ armée (général Lanrezac). A notre extrême gauche, un groupement de forces importantes d'active, de réserve et de territoriale avait été constitué dans la région de Lille pour parer à tout événement de ce coté, notamment à un raid de cavalerie sur le flanc des armées. Ce secteur était sous les ordres du général Percin, commandant la première région.

Le quatrième corps d'armée, commandé par le général Boëlle, et qui faisait partie de la 3ᵉ armée (Ruffey), comprenait huit régiments d'infanterie active : le 101ᵉ de Dreux, le 102ᵉ de Chartres-Nogent-le-Rotrou, le 103ᵉ d'Alençon, le 104ᵉ d'Argentan, le 115ᵉ de Mamers, le 117ᵉ du Mans-La Flèche, le 124ᵉ de Laval, le 130ᵉ de Mayenne-Domfront ; trois régiments d'artillerie : les 26ᵉ (Chartres), 31ᵉ et 44ᵉ (Le Mans) ; trois régiments de cavalerie : le 32ᵉ dragons de Chartres, le 14ᵉ hussards d'Alençon et le 1ᵉʳ chasseurs de Châteaudun. En plus, les régiments de réserve, comme le 315ᵉ et le 317ᵉ. J'ajoute pour mémoire les régiments territoriaux, en particulier le 27ᵉ de Mamers et le 28ᵉ du Mans.

L'armée de la Woëvre septentrionale (3ᵉ armée), partie du front Stenay-Spincourt au nord de Verdun, se portait sur Longwy-Virton-Neufchâteau et le Luxembourg belge. Outre le IVᵉ corps, elle comprenait, de l'Est à l'Ouest, les VIᵉ, Vᵉ et IIᵉ corps. La dixième division de cavalerie était à l'aile droite. Cette armée se portait à l'attaque de l'armée du Kronprinz qui, avec au moins cinq corps, dont les XIIIᵉ, XIᵉ, XVIᵉ actifs et VIᵉ de réserve, débouchait du grand duché de Luxembourg et défilait le long de la Semoy, se portant vers l'Ouest (1).

Nos régiments du quatrième corps quittèrent leurs dépôts respectifs au milieu d'un grand enthousiasme patriotique. Chacun comprenait que le moment fatal était venu de liquider la querelle que les Teutons avaient instituée depuis de longues années. A Mamers, malgré l'attitude de certains politiciens, insufflant dans l'esprit des populations, que la guerre consisterait en une courte promenade militaire, suivie de concessions réciproques et pa-

---

(1) Pierre Dauzet, *Guerre de 1914. De Liège à la Marne*, Paris 1915, cinquième édition, p. 26.

cifiques, le 115ᵉ d'infanterie fut l'objet, à son départ, de chaleureuses acclamations.

« Mercredi soir (5 août 1914), écrit de Mamers un soldat du 27ᵉ
territorial, le départ du 115ᵉ a été l'objet d'une manifestation
très imposante. Tous ces petits jeunes gens sont partis très résolus,
gais, mais d'une bonne gaîté. J'ai eu l'occasion de parler avec un
vicaire de Mamers qui est désolé de n'avoir pu partir avec eux (1).
Ils n'ont, paraît-il, qu'un aumônier et ils sont plus de trois mille.
Le 315ᵉ de réserve part demain, plus de trois mille hommes, et
nous, le 27ᵉ territorial, dans le courant de la semaine, et il en
restera encore ici plus de trois mille au dépôt. L'esprit général est
magnifique, pas de vilains bruits et qu'une conversation : la guerre
et confiance générale. On vient d'afficher les nouvelles à la Sous-
Préfecture ; elles sont magnifiques. Les Français sont en Alsace et
ont pris Mulhouse, ville de plus de cent mille habitants. Les Allemands ont l'air de se fatiguer à Liège et l'armée anglaise débarque.
Il paraît que l'Alsace est d'un enthousiasme extraordinaire ; d'un
autre coté, la Serbie a envahi la Bosnie...»

On racontait bien autre chose ! On disait que Metz avait été in-
cendié et pris, des aéroplanes et des dirigeables français ayant fait
sauter la poudrière de la place. On disait que Garros avait détruit
un zeppelin monté par vingt officiers. On disait qu'à la frontière
nos aviateurs avaient tiré au sort à qui se lancerait à l'abordage des
dirigeables ennemis. On disait que les Allemands avaient passé,
dès le 2, notre frontière en trois endroits, et que nos soldats, malgré leurs chefs, avaient pénétré en territoire allemand. On disait à
la fois les choses les plus sensées et les choses les plus folles. On
parlait d'aller à Berlin. C'était le même refrain qu'on avait entendu en 1870, à peu près à pareille saison ! Les gens rassis en
étaient angoissés.

Les 117ᵉ et 317ᵉ d'infanterie partirent du Mans le 9 août. Les
31ᵉ et 44ᵉ d'artillerie les 7 et 8 du même mois.

Depuis deux ou trois jours, raconte Paul Lintier (2) dans un

______

(1) Les trois vicaires de Mamers : MM. de la Boulaye, Paul Letourneur et
Pierre Trocherie furent mobilisés plus tard.

(2) Paul Lintier — fils de Paul Lintier, maire de Mayenne — né à Mayenne
le 13 mai 1893, fit à Lyon ses études de droit. En même temps il fonda le *Lyon
étudiant*, revue littéraire qui imprima ses premiers essais. Il collabora à diverses pu-
blications lyonnaises, et donna trois petits ouvrages : *Un propriétaire, Un croquant,
Adrien Bas*. En 1914, il s'engagea au 44ᵉ régiment d'artillerie, au Mans. Blessé le
12 septembre 1914, évacué, il retourna au front en juillet 1915. Il fut tué à
Jeaudelincourt, sur la frontière lorraine, le 15 mars 1916.

palpitant récit (1) dont je donnerai plusieurs extraits, « sur la ligne de Paris à Brest, des convois d'infanterie, de cavalerie, du train des équipages roulent presque sans répit. Ils passent lentement avec un grand bruit de ferraille sur le viaduc qui enjambe l'avenue de Pontlieue, et que, héroïques, des territoriaux ventrus, armés de fusils Gras et vêtus de sales treillis, gardent, baïonnette au canon. Des femmes, une foule de femmes avec des enfants sur les bras ou accrochés à leurs jupes, attendent là, sous le grand soleil. Elles restent debout, des heures entières, à contempler le défilé des wagons militaires fleuris de feuillages et illustrés de dessins naïfs à la craie. Il y a des grappes de soldats sur les marche-pieds, dans les cabines des serre-freins et des chefs de train. Sur l'avenue, des fourragères, des attelages de réquisition qu'on essaie là, et qui, sous le hanarchement, se rebiffent, ruent et finalement s'empêtrent dans les traits, lèvent des nuages de poussière.

« En hâte, les femmes s'écartent, entraînant leurs enfants pour éviter un cheval ou la roue menaçante d'un caisson. Mais entêtées, fiévreuses et comme énivrées de mouvement, de lumière et de bruit, elles restent là malgré tout. Et lorsqu'un train passe, une bordée étonnante de cris aigus s'élève de leurs groupes que forment, déforment, dispersent et compriment les dangers de l'avenue. »

C'est dans la cidrerie Toublanc que se forment sur pied de guerre, les 10ᵉ et 11ᵉ batteries du 44ᵉ régiment d'artillerie. A la porte de cette cidrerie, « des fleurs, des rubans en bouquets, en gerbes, en pluie jonchent le trottoir, couvrent les affûts des canons, les caissons, les avant-trains. Des femmes, des jeunes filles apportent des hortensias, des glaïeuls et des roses à brassées. Leurs visages avivés par le soleil, par l'émotion de l'heure, leurs yeux brillants, leurs chevelures pleines de lumière apparaissent au milieu des fleurs. Comme la sentinelle ne doit laisser personne approcher, de loin elles jettent leurs bouquets. Des artilleurs qui achèvent le char-

---

(1) *Avec une batterie de 75. Ma pièce. Souvenir d'un canonnier, 1914*, avec une *Préface* d'Edmond Haraucourt, Paris, Plon-Nourrit, 1916, in 12 de 285 pages. — M. Haraucourt n'a pas tort quand il écrit dans sa préface : le livre de M. Paul Lintier est « un beau livre posthume, et sans doute même un chef-d'œuvre... Le nom de Paul Lintier, inconnu hier, restera ; il s'accroche à l'épopée présente... Son œuvre porte en elle les trois éléments de vie : la pensée, le cœur et la forme. Paul Lintier est un maître. » Et ce maître a vingt-trois ans « quand un obus l'abat et met en miettes l'énorme outil avec lequel il défendait la terre de ses aïeux. »

gement de leurs voitures, pour les remercier, leur envoient du bout des doigts des baisers qui les mettent en fuite.

« Une petite fiancée est venue planter une grande gerbe tricolore sur la baïonnette d'une des sentinelles. Parmi les fleurs, l'acier luit.

« Des femmes barrent doucement la route aux cavaliers pour fleurir le frontal des brides ou les boucles des sacoches. Et, là-dessus, une belle lumière d'août ruisselle, illumine la poussière, les verdures, anime le visage des femmes et des fleurs. »

Enfin le 44e d'artillerie s'embarque le samedi 8 août.

« Cette guerre commence pour nous par une fête des fleurs — écrit toujours Paul Lintier —. Une foule de femmes et d'hommes grisonnants attendent sous les platanes, de l'autre côté de l'avenue. Des enfants viennent à nous, les bras pleins de fleurs. Les mères qui les envoient sourient, mais que ces sourires de femmes sont tristes et navrés ! A leurs yeux bistrés on voit qu'elles viennent de pleurer, et aux plis de leurs lèvres on sent bien que derrière le sourire, les larmes sont proches. Pour les petits — car à travers la rue il nous vient des tout petits — cette journée est plus belle qu'une cavalcade. Ils rient de toutes leurs dents.

« Nous avons passé les dernières heures de la matinée à parer nos voitures et le harnachement des chevaux. Il est midi. A mesure que l'heure du départ approche, sur l'avenue, le brouhaha décroît. A l'ombre la foule s'immobilise. On attend...

« C'est presque dans le silence que le capitaine commande d'une voix claire, vibrante et riche : — En avant !

« De la foule, en écho, monte un grand hourrah, un hourrah où éclatent, très distincts, des sanglots déchirants.

« Jamais jour d'août ne fut plus lumineux. Les galeries des avant-trains, les roues des pièces, les boucles et les crochets des harnais, les gueules mêmes des canons sont enrubannées et fleuries. Les couleurs vives des rubans et des fleurs se mêlent, se fondent en une harmonie de clarté sur la peinture gris-fer de nos pièces.

« Le capitaine, M. Bernard de Brisoult, nous a dit ce matin :

— « Prenez les fleurs qu'on vous offre et ornez-en vos pièces. C'est le précieux souvenir de celles qui restent. Mais soyez calmes, car c'est ainsi que vous leur donnerez plus de confiance quand elles vont vous voir partir.

« Les rues sont pavoisées. Nous défilons au pas. Vraiment le départ de ces hommes, d'entre lesquels beaucoup ne reviendront pas, est admirable de sérenité. Les canonniers sourient, immobiles sur leurs coffres ou abandonnés au pas des chevaux. Les femmes, sur notre passage, ont des gestes tragiques d'adieu. Nous sommes émus, mais c'est plutôt l'émotion de ce peuple, tout entier dans la rue, qui nous gagne, qu'une angoisse venue de nous-mêmes. (1) »

L'embarquement du matériel, des chevaux, se fait aux docks, à quai. Lorsque le train démarre, certains hommes éprouvent comme un éblouissement. Il semble que quelque chose se rompt dans leur poitrine. Une brève angoisse les étreint. Reviendront-ils ?

« Nous sommes partis du Mans le 6 août et de Chartres le 8, à 11 heures du matin, écrit un sergent affecté à un groupe de brancardiers de la 8ᵉ division d'infanterie (2). A Versailles nous prenons la grande ceinture pour être dirigés par Noisy-le-Sec sur Verdun. De Chartres à Noisy-le-Sec, la population, massée dans les cours des gares que nous traversons, au passage de notre train décoré de branches et de fleurs, et de nos voitures de matériel avec leurs fanions, drapeau tricolore et croix de Genève, flottant au vent, excitant leur patriotisme, nous fait un accueil et une ovation enthousiastes et nous distribue des fleurs, du vin et des cigares (3). » Dans beaucoup d'endroits, de pieuses femmes, des ecclésiastiques émus et bien intentionnés distribuent des médailles, des chapelets, des crucifix presque toujours acceptés avec joie par les catholiques, voir même par les Anglais protestants et les noirs musulmans d'Afrique.

Et c'était ainsi d'un bout de la France à l'autre. Les trains pavoisés, enguirlandés, couverts de dessins et d'inscriptions à la craie, à l'adresse du Kaiser, conduisaient les soldats à la frontière et aussi au sacrifice !

Le dimanche 9 août, les 31ᵉ et 44ᵉ régiments d'artillerie débarquent à Charny, sur la Meuse, au nord de Verdun, où passent le lendemain, 10 août, les 315ᵉ et 317ᵉ d'infanterie. Sur les routes de Verdun à Charny, Bras, Haumont-les-Samogneux, Flabas, défilent les

---

(1) Paul Lintier, *Avec une batterie de 75. Ma pièce. Souvenirs d'un canonnier*, 1914. Trente-deuxième édition. Paris, Plon-Nourrit, 1916, pp. 18-23.

(2) Cette division (115ᵉ, 117ᵉ, 124ᵉ et 130ᵉ d'infanterie) était commandée par le général de brigade de Lartigues mis en disponibilité en octobre 1914.

(3) *Carnet de route* de Louis Bourneuf, de Nouans, sergent brancardier division-naire.

régiments de ligne. Ils vont au feu. « La longue colonne rouge et bleue de l'infanterie ondule avec un mouvement souple de bête qui rampe », disparaissant un moment au milieu des maisons d'un village et des verdures des clos, pour reparaître plus loin sur les pentes dorées des collines. Mais bientôt, à cause de l'éloignement, la fluctuation de ces troupes en marche sur le ruban amainci de la route, devient à peine sensible (1).

Pendant que nos régiments s'acheminent ainsi vers le Nord, et que le groupe de brancardiers dont j'ai parlé plus haut, arrive le 9 août à Verdun, Bras et Flabas, en arrière des 115ᵉ, 117ᵉ, 124ᵉ et 130ᵉ, dont ils doivent secourir les blessés, de nombreuses forces allemandes appuyées d'infanterie et d'artillerie envahissent la région de Longuyon-Spincourt, sans oublier d'incendier le village d'Affreville, village frontière de la Meuse, dans la région de Briey (2). Un bataillon de chasseurs à pied doit même se replier devant elles.

Mangiennes. — Mangiennes est une commune d'environ 800 habitants, du département de la Meuse, de l'arrondissement de Montmédy et du canton de Spincourt. Le village situé sur le Loison, affluent de la Chiers, se trouve au nord de la forêt qui a pris son nom, à la croisée de deux routes, à environ 30 kilomètres de la frontière du Luxembourg.

« Le 10 août 1914, au soir, à Mangiennes, où se trouvait la 4ᵉ division du IIᵉ corps (3) — raconte un historien (4) — deux bataillons d'avant-postes furent attaqués par des forces allemandes supérieures et se replièrent sur nos réserves. Dans la nuit, une contre-attaque énergique refoula l'ennemi et lui fit subir de fortes pertes ; une batterie fut détruite et trois canons, trois mitrailleuses et plusieurs caissons de munitions restèrent entre nos mains. »

Les communiqués officiels s'expriment ainsi sur cette bataille :

---

(1) Paul Lintier, *Ma pièce*, p. 30

(2) Voir le récit de l'incendie de ce village dans le *Gaulois* du 11 août 1914.

(3) Le 11ᵉ corps (Amiens) faisait partie de la 3ᵉ armée (Ruffey). La 4ᵉ division de ce 11ᵉ corps comprenait les 45ᵉ d'infanterie (Laon), 54ᵉ (Compiègne), 67ᵉ (Soissons) et 87ᵉ (Saint-Quentin).

(4) Pierre Dauzet, *Guerre de 1914. De Liège à la Marne*, p. 11.

« Les engagements signalés sur tout le front n'ont été, de part et d'autre, jusqu'ici, que des affaires d'avant-postes. A Altkirch, à Mulhouse (1), aux cols des Vosges (2), à Spincourt (3) et à Mangiennes, il n'y a eu que des actions et des réactions n'ayant modifié sérieusement ni dans un sens ni dans un autre la position des adversaires. — Le combat qui s'est livré sur l'Othain — affluent de la Chiers, dans la région de Longwy-Montmédy — le 11 août, s'est poursuivi, le 12 août, dans des conditions très brillantes. Il convient d'en résumer les péripéties.

« Le premier acte a été l'attaque de deux bataillons français par des forces allemandes supérieures en nombre. Les deux bataillons se sont repliés. Mais, dans la nuit même, ils ont, avec du renfort, prononcé une contre-attaque extrêmement vigoureuse. Cette contre-attaque, appuyée par notre artillerie, a obligé les Allemands à une retraite précipitée, au cours de laquelle ils ont perdu de nombreux morts et blessés. Nous avons fait de nombreux prisonniers, c'est au cours de cette contre-attaque que les Allemands ont abandonné une batterie d'artillerie, trois mitrailleuses et plusieurs caissons de munitions.

---

(1) Les journaux n'en célébraient pas moins bruyamment ces victoires. « Les troupes françaises occupent Mulhouse après Altkirch. L'entrée de l'armée française en Alsace est un événement historique que saluent les acclamations d'un peuple et la justice de l'histoire. C'est vendredi (7 août), à la tombée de la nuit, qu'une brigade française est arrivée devant Altkirch. La ville était défendue par de très forts ouvrages de campagne et occupée par une brigade allemande... Nos troupes ont donné l'assaut avec une magnifique ardeur... Une fois de plus, nos assauts à la baïonnette ont mis les Allemands en fuite ; il en est ainsi depuis le début de la campagne... A l'aube, notre brigade d'avant-garde se remet en marche... La marche sur Mulhouse de toute la brigade est décidée... A 17 heures, nos colonnes débouchent devant Mulhouse... En moins d'une heure, Mulhouse est occupée... Il serait prématuré d'indiquer aujourd'hui qu'elles peuvent être les suites de ce premier succès. Ce qui est à retenir, c'est qu'une brigade française attaquant une brigade allemande l'a mise en dérouté : le mot déroute est le seul qui convienne... » *Le Gaulois* du 9 août 1914.

(2) « Sur la crête des Vosges, nos troupes se sont emparées hier soir (9 août), des cols du Bonhomme et de Sainte-Marie-aux-Mines après un violent combat qui a repris ce matin, et nous tenons les crêtes dominant Sainte-Marie-aux-Mines... » *Le Gaulois* du 10 août 1914.

(3) « Dans la région de Longuyon-Spincourt, des forces nombreuses de cavalerie allemande appuyées de l'infanterie, ont obligé un bataillon de chasseurs à pied à céder un peu de terrain. — Dans la région de Spincourt, la cavalerie ennemie, qui s'était présentée appuyée par de l'artillerie, a dû reculer. » *Gaulois* des 10 et 11 août 1914.

« Notre avantage s'est poursuivi hier 12 août. Une batterie française surprit le 21ᵉ régiment de dragons allemand pied à terre. Nos pièces ont immédiatement ouvert le feu et le régiment a été anéanti (1).

« Le résultat de ce double succès a été immédiatement sensible. Non seulement le mouvement en avant des forces allemandes s'est arrêté dans cette région, mais leurs colonnes se sont repliées, suivies de près par les nôtres. C'est au cours de cette poursuite que nous avons trouvé dans les villages voisins, Pillon — Meuse, arrondissement de Montmédy, à 6 kilomètres (lire 9 kilomètres) au sud de Longuyon — et autres, de nombreux blessés allemands atteints dans le combat de la veille.

« Neuf officiers et un millier d'hommes blessés et prisonniers sont restés entre nos mains » (2).

Remarquons que le combat sur l'Othain, livré le 11 août, d'après le communiqué précédent, est exactement le combat livré sur le Loison, à Mangiennes, dans la journée du 10 août, contre des forces allemandes venues des bords de l'Othain. La bataille eut si bien lieu à Mangiennes, que lors de la poursuite de l'ennemi le 11 août et non le 12, les Français ramassèrent, d'après le même communiqué, des prisonniers à Pillon. Or Pillon est un village situé sur la grande route de Mangiennes (4 kilomètres) à Châtillon-sur-Othain, que nos troupes durent traverser en refoulant les Teutons au Nord-Est de Mangiennes.

Les communiqués officiels ne nous disent pas quel fut le régiment dont deux bataillons furent surpris par l'ennemi à Mangiennes, le 10 août. Ce fut le 130ᵉ d'infanterie de Mayenne (colonel Laffargue). Paul Lintier nous parle de l'affaire en ces termes :

« Mardi 11 août. Dès le petit jour nous sommes prêts à partir. Des fantassins du 130ᵉ sont arrivés au village voisin qui se nomme Ville-devant-Chaumont, pour y cantonner. En attendant l'ordre d'avancer, je lie conversation avec un petit sergent roux, à figure de chat.

— « Ah ! me dit-il, vous êtes de Mayenne... Eh bien ! je ne

---

(1) « Il y avait eu une véritable panique dans le 5ᵉ bataillon de chasseurs allemand soutenu par les 7ᵉ, 8ᵉ et 21ᵉ dragons, un groupe d'artillerie et six compagnies de mitrailleuses ». Pierre Dauzet, *Guerre de 1914. De Liège à la Marne*, p. 11.

(2) *Le Gaulois* du 14 août 1914.

sais pas s'il en reviendra beauconp à Mayenne du 130e... On s'est battu hier... Il en est tombé !... Mon bataillon est intact, mais les deux autres !... Il y a des compagnies où il ne reste pas dix hommes et plus d'officiers. C'est leurs mitrailleuses qui sont terribles... Qu'est-ce que vous voulez faire ? Deux bataillons contre une division !

— « Mais pourquoi n'a-t-on pas fait donner au moins le troisième bataillon du régiment ?

— « Je ne sais pas... Là-dedans, on ne sait jamais. Et il ajoute : Il y en a qui ont été épatants. Le lieutenant X... par exemple ; il s'est lévé, il a tiré son épée, il a ouvert sa capote et puis il a crié à ses hommes : « En avant ! mes enfants ! » et il est tombé raide mort. Le drapeau... Il a été pris par l'ennemi, repris par un commandant, reperdu. A la fin, c'est un premier soldat qui s'en est emparé et est aller le cacher, avant de mourir, sous un pont. Une section du 115e l'a trouvé là. Et puis l'artillerie est arrivée à la fin... trois batteries, du 31e. Elle les a vite nettoyés. Ils ont abandonné deux batteries là-bas......

« Un homme du 130e revient de la bataille, lamentable, sans képi, sans sac, sans armes. Comment s'est-il traîné jusqu'ici ? Ses yeux ont une mobilité égarée. Les artilleurs (du 44e) l'entourent. Mais lui, le dos voûté, la tête branlante, ne répond à leurs questions que d'un seul grand geste de la main, il murmure :

— « Fauchés ! Ah ! Fauchés !

— « On n'entend plus rien ; ses lèvres continuent à bouger.

— « Fauchés !... Fauchés !...

« Il se couche là, à terre, au milieu de nous et, tout de suite, il s'endort la bouche grande ouverte, le visage douloureux. Deux canonniers le transportent dans une grange voisine...

« Mercredi 12 août. Le Français se plaît aux légendes héroïques. Je tiens la vérité sur l'affaire où deux bataillons du 130e ont été décimés. Elle ne ressemble en rien aux récits épiques du petit sergent blond à figure de chat.

« Le 10 août, les officiers du 130e ne se doutaient guère de la proximité de l'ennemi. Quelques hommes furent surpris allant à l'eau sans armes et à moitié dévêtus. Le combat s'engagea là-dessus et le 130e se battit rudement contre des forces supérieures, sans être soutenu, du moins au début de l'action, par l'artillerie qui, n'ayant reçu aucun ordre, était restée dans ses cantonnements. Trois batteries du 31e d'artillerie, arrivées enfin, arrêtèrent l'offensive allemande. Le champ de bataille nous resta.

« Quant au lieutenant X... qui, disait-on, était mort la poitrine découverte en lançant ses hommes à l'assaut, il est en réalité tombé dans le gros ruisseau qui se nomme le Loison. La surprise, la fraîcheur de l'eau jointe à l'émotion d'un premier combat, déterminèrent un commencement de congestion. A cette heure, sa santé est tout à fait rétablie. C'est heureux, car le lieutenant X... est un bon officier.

« Beaucoup d'hommes, partis trop tôt à la charge, tombèrent aussi dans la rivière qui coule à travers des prairies entre des rives très basses. Ils restèrent là, dans l'eau jusqu'au ventre, abrités comme dans un retranchement, et combattirent.

« Le drapeau du 130ᵉ ne sortit même pas de sa gaine de toile cirée (1).. Quelques conducteurs sont partis avec leurs attelages pour transporter des blessés du 130ᵉ à Verdun.

« Jeudi, 13 août. Des hommes du 130ᵉ de ligne ont apporté une capote grise d'allemand, des bottes, un chapska de uhlan et aussi une sorte.de coiffure ronde d'infanterie qui ressemble à un petit fromage. Ces dépouilles, pendues dans une grange, attirent l'attention des canonniers. Elles appartiennent à un sergent-major qui les présente aux visiteurs et fait spécialement remarquer un petit accroc au dos de la capote. C'est par ce trou là qu'est mort le nommé Steinberg, dit-il, son nom est imprimé à l'intérieur...

« Dimanche, 16 août... Des attelages du 26ᵉ d'artillerie ramènent deux des caissons abandonnés à Mangiennes (le 10 août). Peints de couleur sombre, ils ressemblent à la vieille artillerie de 90 que

---

(1) L'histoire du drapeau du 130ᵉ n'en fit pas moins son chemin. Des blessés la racontaient de côté et d'autre. Un soldat séjournant dans le Calvados, vers Langrune, en parle à ses parents, dans une lettre du 26 août 1914, dans les termes suivants : « A 5 heures du matin, le 130ᵉ, qui avait été renforcé du 317ᵉ, était en grand'halte et préparait le café ; il n'était pas flanc-gardé. Il fut surpris et attaqué par des compagnies entières de mitrailleuses, dont ils sont (les Allemands), paraît-il, abondamment pourvus ; et avant d'avoir pu s'équiper et sauter aux fusils, le drapeau fut pris. Alors une section partit à la baïonnette, sous la pluie des mitrailleuses, chercher son drapeau. Ils l'ont eu. Ceux qui sont ici (les blessés du 130ᵉ) sont criblés de balles, leurs vêtements, képis etc., sont en lambeaux. » Et plus loin : « A Mangiennes, nos hommes creusaient la fosse destinée à enterrer les Prussiens ; la fosse avait 100 mètres de côté ! Quelle carte de visite posée dans ce coin-là ! » Par malheur, cette lettre publiée dans *La Sarthe* du 3 septembre 1914, et écrite d'après des racontars de blessés, ne distingue pas très bien entre les batailles de Mangiennes et de Virton qu'elle brouille d'une manière fâcheuse.

nous traînions pendant nos classes au polygone du Mans. Deux grandes charrettes suivent, deux charrettes de paysans meusiens, longues et étroites, pleines de sacs, de bidons, de képis marqués 130, des marmites de campement déjà noircies au feu des bivouacs, des ceinturons à plaque de cuivre, des capotes maculées de taches sombres. Des baïonnettes et des fusils, rouges de rouille et de sang, hérissent ce chargement ; une grande ceinture de flanelle bleue toute mouillée, pend derrière une des voitures, traîne dans la boue du chemin. C'est toute la dépouille des malheureux tués à Mangiennes qui passe.

« Cette apparition lamentable sous la pluie, nous émeut plus profondément que tous les récits qu'on nous a faits du combat de lundi dernier. — J'ai vu tantôt, en menant les chevaux à l'abreuvoir, à la porte du cimetière crénelé d'Azannnes (1), des fantassins qui dormaient étendus, ...las et débraillés. On eût dit des morts. Je me représente ainsi ceux de Mangiennes. Et ces dépouilles évoquent encore pour nous les tranchées où on a dû les aligner. — Dans le grand silence qui, depuis huit jours, règne le long des lignes, nous allions presque oublier l'œuvre de mort pour laquelle nous sommes ici (2) ».

Un auteur de l'*Histoire de la Guerre* (3) reporte l'honneur de la victoire de Mangiennes sur la vigoureuse contre-attaque d'une brigade du 11e corps, c'est-à-dire sur les 54e (Compiègne) et 67e (Soissons) régiments d'infanterie, formant la 7e brigade du général Lejaille (4).

La gloire des uns ne saurait effacer le mérite des autres. On ne doit pas oublier que le 91e d'infanterie (5), de Mézières, sans compter la cavalerie et le 31e d'artillerie, jouèrent un rôle honorable dans l'action (6). Le frère Hermann Montmorency,

---

(1) Meuse, arr. de Montmédy, canton de Damvillers, à l'embranchement des routes de Damvillers à Mangiennes.

(2) Paul Lintier, *Ma pièce*, pp. 32-51.

(3) Almanach Hachette de 1916, p. 87.

(4) Grièvement blessé, le général Lejaille fut nommé officier de la Légion d'honneur. *Gaulois* du 19 septembre 1914.

(5) Quand je cite un régiment comme ayant pris part à une bataille, je n'entends pas affirmer que c'est toujours le régiment entier. Ce n'est souvent qu'un bataillon, où même une simple compagnie.

(6) Je lis dans le *Gaulois* du 1er septembre 1914, que le 10 août 1914, le général de brigade Cordonnier lança au combat de... (*sic*) avec beaucoup d'à-propos, une contre-attaque à la suite de laquelle l'ennemi abandonna quatre mitrailleuses sur le terrain. — Est-ce à Mangiennes ?

assomptioniste, sous-officier au 91e, s'est chargé de le rappeler pour son régiment dans le journal *La Croix*. S'il faut l'en croire, les Allemands laissèrent 3.600 morts sur le terrain et perdirent 7 canons avec trois mitrailleuses.

Les éléments me font défaut pour coordonner l'action des différents régiments, ou fractions de régiments, qui prirent part à l'affaire de Mangiennes. Il serait excessif d'attribuer la victoire aux seuls efforts de la brigade du général Lejaille ou à ceux du 91e d'infanterie. On sait, qu'à l'ordinaire, à la guerre comme ailleurs, chacun cherche à tirer la couverture à soi. Le 130e, lui aussi, se comporta vaillamment et subit de « lourdes pertes », ainsi que l'affirme le général Boëlle, le 25 novembre 1914, à la sépulture d'Ernoul de la Chenelière, chef de bataillon au 130e, l'un des combattants de Mangiennes (1), tombé plus tard à Andéchy. Au nombre des victimes du même régiment, on peut citer, entre autres noms, celui du lieutenant Jarray, tué à bout portant en dirigeant une patrouille détachée de sa compagnie (2). Le capitaine Alain du Breil de Pontbriand y fut blessé. Là, comme ailleurs, les Allemands usèrent de moyens sauvages. Le fait fut affirmé par le docteur Morin, médecin-chef de l'hôpital complémentaire n° 22, à Laval. Il constata que le soldat Pautrel, du 130e, avait été blessé d'une balle explosible, le 10 août, à Mangiennes (3). Pour combler les vides du 130e il fallut prendre 250 volontaires dans le 315e et un certain nombre d'autres soldats dans le 317e (4).

Le 31e d'artillerie, commandé par le colonel Wallut, joua également un beau rôle à Mangiennes (5) où se distinguèrent en

---

(1) « Mangiennes — dit le général Boëlle — dont le nom résonne péniblement dans nos cœurs, en raison des lourdes pertes qu'y fit le 130e. » *Gaulois* du 5 janvier 1915.

(2) Louis Moissan, officier de réserve au ...... licencié ès-sciences, fils du chimiste réputé, fut aussi tué à Mangiennes le 10 août. *Gaulois* du 31 août 1914.

(3) *Documents relatifs à la Guerre*, 1914, 1915, 1916. *Rapports et Procès-verbaux d'enquête de la commission instituée en vue de constater les actes commis par l'ennemi en violation du droit des gens*. III-IV. Paris. Imprimerie Nationale, 1916, p. 54, note.

(4) Renseignement donné par Henri Goulvent, sergent au 315e d'infanterie, et *Carnet de route* de Léon Huet, du Mans, adjudant de bataillon au 317e.

(5) Le 31e d'artillerie partit du Mans le 7 août 1914, passa à Maintenon, à Reims et à Verdun le 8, et débarqua à Charny, au nord de Verdun, le 9, à trois heures du matin. Le soir, il cantonna à Ville-devant-Chaumont où il eut connaissance du voisinage des Allemands. Le matin du 10, il prit position et s'employa au combat de Mangiennes. Sa 9e batterie atteignit une batterie allemande. Le soir,

particulier le capitaine Jules Guillet (1) qui détruisit une batterie allemande, le sous-lieutenant Marcel de Flers (2), le sous-lieutenant Robert Lebrun et le brigadier Georges Lhôte, de Ruillé-sur-Loir, qui, devenu sous-lieutenant, devait tomber à Roye le 27 septembre 1914.

Le jour même de la bataille, c'est-à-dire le lundi 10 août, les brancardiers de la 8e division se transportèrent à 6 heures du soir à Romagnes-sous-les-Côtes pour prendre 150 blessés du 130e. Le 11 août, ils allèrent jusqu'à Mangiennes charger 60 autres blessés environ du même régiment (3).

Les 3.600 Allemands tués à Mangiennes, au dire du sergent Hermann Montmorency, laissent supposer que du côté ennemi il y avait au bas mot une dizaine de mille hommes engagés contre un nombre à peu près égal de Français. Mais l'exactitude de ces sortes de renseignements est toujours suspecte et il faut attendre d'autres informations. Le sergent assomptioniste n'est-il pas enclin à l'exagération, même quand il parle de sept canons pris à l'ennemi, alors que, suivant d'autres sources, il n'y en aurait eu que

---

Il revînt au-delà de Ville-devant-Chaumont, cantonna le 11 à Crépion (Meuse, arr. de Montmédy, canton de Damvillers). Le 14, il quitta Crépion pour venir à Etraye, où il séjourna jusqu'au 18. Il quitta Etraye le 18 à 4 heures du matin et arriva à Delut, d'où il partit le 21 pour Marville et pour franchir la frontière belge à Velosne. Le 22 août, il se trouva à la bataille de Virton. *Carnet de route* de René Thibault, maréchal des logis chef au 31e d'artillerie, blessé le 21 août 1914 à Bellefontaine (N.-O. de Virton) et mort à l'hôpital auxiliaire de la route de Paris (Grand séminaire du Mans) en septembre 1914. *Communication de M. Julien Chappée*).

---

(1) Il habitait au Mans, 7, rue Transversale-Emile-Barrier.

(2) Il habitait au Mans, 50, rue de Coëffort.

(3) « Le lundi, 10 août 1914, départ de Flabas à 9 heures et arrivons à Etraye (8 kil.). A *12 heures prenons possession des cantonnements et faisons la soupe.* Le soir, à 6 heures, au moment de manger, l'ordre est donné d'aller chercher les blessés au poste de secours à Romagnes-sous-les-Côtes (8 kil.). On passe à Damvillers (canton). Arrivés à Romagnes à 8 heures. Chargeons environ 150 blessés du 130e. Départ du poste à 11 heures 30; rentrés à Etraye à 1 heure 30 du matin. Le 11, à 9 heures, retournons à Romagnes-sous-les-Côtes. Halte de deux heures. Avant de repartir pour Etraye, ordre est donné d'aller à Mangiennes chercher des blessés, environ 60. Partis à 8 heures pour Damvillers, on y laisse 25 blessés. Rentrons à Etraye avec le reste des blessés à minuit, harassés et ayant presque tous les pieds blessés, n'ayant pas l'habitude de marcher et ayant fait environ 40 kilomètres. » *Carnet de route* de Louis Bourneuf.

trois, en dehors de la batterie détruite par le capitaine Guillet, du
31ᵉ d'artillerie ?

Durant le combat, le 44ᵉ. d'artillerie, on l'a vu plus haut, can-
tonnait aux environs de Ville-devant-Chaumont. De là, le 14 août,
il gagne Azannes, « minable village aux maisons basses, encombré
de fumier », dont les murs du cimetière avaient été crénelés et
percés de meurtrières par les fantassins. Les régiments de réserve
du IVᵉ corps, 301ᵉ, 303ᵉ, 330ᵉ, commencent à défiler sur la gauche
du chemin où se tiennent à gauche les artilleurs. « La poussière
blanchit les culottes jusqu'aux genoux. Des barbes de huit jours,
raides comme du chiendent, salissent, durcissent les visages. Les
capotes sont ouvertes et disposées en revers sous les courroies de
l'équipement. On voit des poitrines velues. Le fardeau fait saillir
les muscles du cou. Ces réservistes ont l'air grave, décidé et
un peu farouche. — Ils passent avec un bruit de grandes eaux ou
de torrent sur des cailloux. La vue de nos pièces éclaire leur
visage d'un sourire de complaisance. Les bataillons gravissent la
butte proche. Il y a tant d'hommes qu'on n'aperçoit plus le chemin
ni même le rouge des culottes. Sur ce ruban bien mouvant, les
marmites, les pelles, les pioches mettent un perpétuel scin-
tillement (1) »

Le même jour, 14 août, aux environs d'Azannes, deux compagnies du 102ᵉ d'infanterie, dissimulées dans les bois, ouvrirent
le feu sur un aéroplane allemand et jettèrent un instant le trouble
et l'inquiétude dans les colonnes françaises (2).

Du mercredi 12 au lundi 17 août, les brancardiers de la
8ᵉ division purent se reposer à Etraye, en arrière du champ de
bataille de Mangiennes, et le dimanche 16, assister à une messe
militaire en plein air à laquelle se trouvèrent 500 soldats. On y
chanta, non sans sans émotion, le *Credo*, l'*Ave maris stella* et l'*O
salutaris*. Etraye, village de 148 habitants, du canton de Damvillers, était à ce moment occupé par 1700 soldats : un bataillon
du 130ᵉ d'infanterie, soit mille hommes, trois batteries du
31ᵉ d'artillerie, 513 hommes, et 200 infirmiers, brancardiers ou
ambulanciers.

Partis à 5 heures du matin le 18 août, les mêmes brancardiers

---

(1) Paul Lintier, *Ma Pièce*, pp. 37-38.

(2) *Ibidem*, p. 48.

traversent Damvillers et arrivent à Peuvillers déjà occupé par le
124ᵉ d'infanterie (de Laval). Ils s'y reposent le 19 et le 20, puis
repartent le vendredi 21 à 5 heures du matin, se dirigeant sur la
Belgique. A deux kilomètres du point de départ, ils font halte
pour laisser passer le 117ᵉ (du Mans, colonel Jullien), et le
44ᵉ d'artillerie (colonel Sabattier). Après avoir franchi Wittarville,
Delut, Marville et Villers-le-Rond, ils s'arrêtent sur une colline
d'où ils jouissent d'un beau panorama. « Au sud, c'est Othes, au
pied des collines au bas desquelles coule en serpentant la petite
rivière l'Othain (1). Au nord, c'est la Belgique, c'est Torgny qui
se présente dans un cadre magnifique. A mi-hauteur d'une colline,
au moment de partir, un orage éclate et dure trois quarts d'heure. »
Ils reprennent la route, traversent Velosnes, « dernier village
français » et plus loin Torgny, où la population leur fait un chaleureux accueil (2).

« Torgny, premier village belge, écrit Paul Lintier, contraste
avec les villages français que nous avons traversés depuis l'aube.
Ceux de chez nous sont délabrés, sales, empuantis de fumier,
hurlant la misère. Celui-ci est gai et propre. Il y a des rideaux
aux fenêtres, parfois des stores brodés. Les volets, les portes, les
poutres des façades sont peints de vert clair. — Tous les visages,
placides et ouverts, nous sourient. Par les fenêtres, on aperçoit le
sol des maisons dallé de carreaux rouges. Les cuivres des
fourneaux et des chandeliers éclatent dans la pénombre des
intérieurs où les meubles, soigneusement vernis, mettent partout
des reflets. — Ma colonne fait halte dans le bourg... Nous cantonnons ici (3)... »

Les brancardiers de la 8ᵉ division vont plus loin. Ils traversent
Lamorteau et arrivent enfin, à 8 heures du soir, à Rouvroy —
petit hameau de 60 habitants — où, après une marche de
30 kilomètres, ils cantonnent près du château transformé en
couvent par des Carmélites françaises, dont la supérieure était la
sœur du général de Sonis (4). Le samedi 22, réveil à 4 h. 1/2

(1) Avant de se jeter dans la Chiers, l'Othain arrose Villecloye, Bazeilles et
Othes.

(2) *Carnet de route* de Louis Bourneuf.

(3) Paul Lintier, *Ma Pièce*, p. 63.

(4) *Les aventures d'un chauffeur français dans le Luxembourg belge* (dans le *Correspondant* du 25 août 1916), p. 669.

du matin. Les Carmélites distribuent du grog chaud à tous
les hommes. Ceux-ci repartent à 5 heures et font halte à Dampicourt où l'accueil est le même. A ce moment, ils entendent très
bien le canon qui gronde à quelques kilomètres. C'est le canon de
Virton (1). La bataille y est engagée. Elle se développe sur une
ligne de 150 kilomètres environ, de Mons, tenu par les Anglais, à
Longwy, par Charleroi, Dinant, Neufchâteau et Virton.

____

(1) *Carnet de route* de Louis Bourneuf.

CHAPITRE II

Virton. — La petite ville de Virton, « la Nice de la Belgique »,
bien abritée des vents du Nord par la forêt de Merlanvaux, les bois
de Medgibois, de Saint-Lambert, d'Ethe, d'Etalle et de Saint-
Léger, qui couronnent des hauteurs de 314 à 380 mètres d'altitude,
est située sur le Thon, à 5 kilomètres de la frontière, entre les deux
places fortes françaises de Montmédy et de Longwy, et à l'embranchement de plusieurs lignes de chemins de fer. A quatre kilomètres
Nord-Est se trouve le village d'Ethe, à la bifurcation des voies
ferrées qui se dirigent sur Arlon-Neufchâteau et Luxembourg.
C'est de là que, grâce à la mauvaise foi allemande violatrice des
neutralités belge et luxembourgeoise, devallent les hordes du
kronprinz, qui bombardent sérieusement Longwy depuis le
21 août.

La 3e armée (Ruffey) avait reçu l'ordre d'appuyer la marche en
avant de la 4e armée. Elle devait s'avancer dans la région de
Virton. Le 4e corps se forme en deux colonnes : la 8e division
(général de Lartigues) se porte à l'Ouest, sur Virton, par la vallée
du Thon, et la 7e division (général de Trentinian), plus à l'Est,
sur Ethe, par Petit-Xivry, Villette, Allondrelle, la Malmaison en
France, les Ruettes et la Tour en Belgique. Le soir du 21 août,
les éléments avancés de la 8e division occupent Virton d'où ils
chassent quelques arrière-gardes ennemies. La 7e division, qui a
tiré quelques coups de fusil dans les bois d'Allondrelle (France),
s'installe à Latour (Belgique) et aux environs. Des avant-postes
sont échelonnés d'Ethe à Houdrigny. La journée avait été pénible,
la marche fatigante. On n'est au repos que tard dans la nuit (1).

« L'avant-garde de la 8e division avait atteint Virton vers 5 heures
du soir. Des avant-postes (2e et 3e bataillons du 115e d'infanterie)
avaient été envoyés aussitôt occuper les hauteurs au Nord de
Virton, sur la route d'Ethe, vers Houdrigny. Une compagnie du

---

(1) Gabriel Hanotaux, *Histoire illustrée de la guerre de 1914*, fascicule 57,
pp. 101-102.

115ᵉ, également en avant-poste, tenait Bellevue, sur la route d'Etalle. Des combats de nuit ont lieu dans cette direction où le 3ᵉ bataillon est engagé, son chef tué (chef de bataillon Louis Coquerelle). Mais, de ce côté, la liaison est établie avec le 2ᵉ corps (4ᵉ armée), et le 19ᵉ régiment, qui fait partie de ce corps, soutient le bataillon du 115ᵉ qui a épuisé ses munitions (1) ».

Le 22 août 1914, les régiments, le 117ᵉ en particulier, se préparent à l'action dès 4 heures du matin. A 5 heures, la lutte, à laquelle participent les 115ᵉ, 124ᵉ et 130ᵉ, s'engage par un fort brouillard (2). Le 317ᵉ se trouve à Dampicourt, presque sur le front de bataille (3), et le 315ᵉ à Epiez, à 8 ou 9 kilomètres au Sud de Virton (4).

« Vers 5 heures 30, avec une heure de retard, raconte Gabriel Hanotaux, l'avant-garde de la 8ᵉ division se mettait en mouvement. A 6 heures, le général commandant le 4ᵉ corps (Boëlle) arrive à Virton et y établit son poste de commandement à l'hôtel de ville, évidemment dans l'intention de se trouver à la fois en communication avec les deux divisions qui marchent, l'une vers Etalle, l'autre par Latour et Gomery vers Ethe.

« Le 130ᵉ régiment, formant avant-garde de la 8ᵉ division, prend la route Ouest et se porte sur Bellevue (route d'Etalle). Mais avant même qu'il ait atteint le plateau, il est arrêté par la fusillade et les mitrailleuses de l'infanterie ennemie installée dans des tranchées à la lisière du bois de Virton. Le 130ᵉ engage ses trois bataillons. Le reste de la colonne ne peut déboucher de Virton.

« On se bat au hasard à cause du brouillard ». Où est l'ennemi ? d'où viennent les coups ? personne n'en sait rien. « Les troupes, craignant de s'égarer, ne se déploient pas et restent groupées en colonnes. Il faudrait sortir des rues pour prendre des positions de combat. Mais par où et comment ?

---

(1) Gabriel Hanotaux, *Histoire illustrée de la guerre de 1914*, fascicule 59, p. 138.

(2) Note de Pierre Fourreau, de Laval, adjudant au 117ᵉ d'infanterie.

(3) « 22 août 1914. Marche (du 317ᵉ) sur Virton avec le parc. Halte gardée à Dampicourt presque sur le front de bataille. Ordres successifs : Offensive sur Robelmont, à gauche du 117ᵉ; défensive à 8 kilomètres en arrière, vers Velosnes; occupation à 5 kilomètres à l'Est du bois Defant, avec extension vers Ruettes; occupation de la Malmaison en protection de la 7ᵉ division en retraite. Nuit en halte gardée à la Malmaison (21ᵉ, 22,ᵉ 24ᵉ compagnies, la 23ᵉ ayant été laissée au parc.) *Carnet* de Léon Huet, adjudant de bataillon au 317ᵉ d'infanterie.

(4) *Carnet* d'Henri Goulvent (parents à Doucelles), sergent au 315ᵉ, 21ᵉ compagnie.

« L'artillerie divisionnaire reçoit l'ordre d'appuyer l'avant-garde qui se jette sans plus de précaution sur les positions ennemies. L'un des groupes (Gadois (1)) trouve une bonne position à l'Ouest de Virton et ouvre le feu. Mais les deux autres groupes sont canonnés dans leur recherche et ne peuvent s'installer sur l'éperon à l'Est de Dampicourt que vers 9 heures.

« Pendant ce temps, le combat d'avant-garde se poursuit. Le colonel Chabrol, commandant la 15e brigade, est tué ; le colonel Laffargue, du 130e, peu après. Les unités du 130e refluent vers Virton ».

Les régiments de la division sont mal disposés pour se déployer. Ils s'engagent successivement : le 124e (3e bataillon Favier) sur la route d'Etalle et le 2e bataillon (Brunet) vers l'Ouest. Un bataillon du 115e, par suite d'une erreur d'interprétation d'un ordre, « abandonne les hauteurs qui dominent Virton vers l'Est ; l'ennemi les occupe aussitôt et on ne peut les reprendre ».

Il est 8 heures 45. Le brouillard se dissipe. Le 117e reçoit l'ordre d'attaquer entre Virton et Houdrigny afin de déborder l'ennemi vers Robelmont.

« A partir de ce moment les bataillons, par un effort vigoureux, s'élancent et arrivent partout jusqu'à la crête. Malgré l'intensité du feu de mousqueterie et d'artillerie, ils s'y accrochent toute la journée ».

La position n'en devenait pas moins difficile dans la ville. « Le colonel Raymond est frappé d'une balle à la tête sur les marches de l'hôtel de ville. Le poste de commandement du 4e corps est transporté un peu au Sud de Virton, cote 280 (route de Saint-Mard à Harnoncourt) et y reste fixé jusqu'à 7 heures 30 du soir.

« Les obus de l'artillerie lourde ennemie tombent dans Virton » ou bien, passant au-dessus de la ville, « rendent les routes intenables ». Le général Boëlle s'installe solidement entre Vieux-Virton et les Ruettes, décidé à résister à tout prix. Il se prépare même « à envoyer des troupes vers sa droite pour appuyer le 5e corps qui signale sa situation délicate vers Signeulx. D'ailleurs, à partir de ce moment, une intervention précieuse du 2e corps se produit sur le front Virton-Houdrigny. Le quatrième régiment d'une des

---

(1) Paul Gadois, chef d'escadron au 31e d'artillerie, habitait au Mans, 104, rue du Bourg-Belé. Il était propriétaire du Bois-Joli à Crannes.

deux divisions et une brigade de l'autre division sont engagés sur ce front.

« A partir de midi, le combat reste stationnaire. Des dispositions sont prises sur tout le front pour maintenir la lutte en avant de Virton. Vers 5 heures, avec le concours des éléments du 2ᵉ corps, on reste maître de Virton ». A 7 heures, « le feu de l'ennemi a faibli. Le 117ᵉ (colonel Jullien), qui n'a pas quitté son emplacement d'Houdrigny et qui fait liaison avec le 2ᵉ corps, se lance à la charge, clairon sonnant, et refoule, après un brillant engagement, l'infanterie ennemie dans les bois. C'est le succès et presque la victoire. C'est l'impression non seulement au 4ᵉ corps, mais aussi au 2ᵉ corps : *vers le soir, la charge sonne à notre gauche vers Houdrigny* — dit Robert Deville (1) — *les mitrailleuses crépitent ; cela a l'air d'aller rudement bien* ». Le commandant du corps d'armée n'ayant plus un bataillon à engager, affirme qu'il est maître du terrain par les rafales de l'artillerie du 31ᵉ (Joly (2)). Le 117ᵉ bivouaque sur le plateau de Robelmont. C'est seulement par un ordre qu'il se repliera à partir de 8 heures du soir (3). »

Le lendemain, lors de la retraite du côté de Lamorteau, le colonel Jullien, en passant devant le 317ᵉ, pourra dire avec fierté à haute voix au capitaine Duclos : *c'est le 117ᵉ qui a sauvé l'honnenr de la journée* (4).

« En somme, avec les alternatives du combat et grâce à la parfaite liaison tactique avec le 2ᵉ corps, si la 8ᵉ division n'avait pu déboucher au-delà de Virton, elle était maîtresse du terrain ». Malheureusement le combat avait été très meurtrier. Outre les colonels Chabrol et Laffargue, de nombreux officiers du 130ᵉ furent tués ou disparurent. Le colonel Raymont fut grièvement blessé. Le 124ᵉ perdit 21 officiers, dont trois chefs de bataillon (Favier, Brunet, Jeanson). De même aux 115ᵉ et 117ᵉ. Les pertes en hommes furent proportionnelles (5). »

---

(1) *Virton-La Marne*, p. 41.

(2) Pierre-Marie-Charles Joly, chef d'escadron au 31ᵉ d'artillerie, fut cité à l'ordre de la division pour sa bravoure à Virton. *Nouvelliste de la Sarthe* du 31 octobre 1915.

(3) G. Hanotaux, *Histoire illustrée de la guerre de 1914*, pp. 138-140.

(4) Paroles entendues par Edmond Gaulupeau, soldat à la 18ᵉ compagnie du 317ᵉ, blessé plus tard à Boissy-Fresnoy, actuellement contre-maître à la fonderie de Saint-Pavin, au Mans.

(5) G. Hanotaux, *Histoire de la guerre de 1914*, p. 140.

Parmi les blessés de Virton, je remarque Pierre Térouanne, du Mans, sergent au 117ᵉ, qui reçut trois balles aux deux bras. Obligé d'abandonner son arme, au moment d'un assaut, il ne quitta son poste qu'à la fin du combat, ainsi que le sergent Henaux du même régiment. Celui-ci, atteint de deux balles, soutint sa section sous un feu violent d'artillerie. Le caporal, depuis sergent-major, Henri-Marie Ardant, aussi du 117ᵉ, ne se montra pas moins énergique; il n'hésita pas à prendre le commandement d'un groupe dont les officiers étaient blessés et le maintint, malgré un feu violent de mousqueterie. Il fut d'ailleurs blessé d'une balle à la poitrine.

« Nos régiments de ligne, ceux surtout de la 8ᵉ division, ont terriblement souffert, écrit Paul Lintier (1). Certains bataillons sont diminués des deux tiers. Dès le soir de Virton, beaucoup de compagnies ne comptaient plus que cinquante ou quatre-vingt fusils et avaient perdu tous leurs officiers. »

J'ai laissé les brancardiers de la 8ᵉ division le 22 août à Dampicourt d'où ils se rendent à Virton.

« A 1 kilomètre de Virton — nous dit le sergent brancardier Louis Bourneuf — les balles allemandes sifflent au-dessus de nous, heureusement sans nous atteindre; seul un cheval d'artillerie est tué. Nous arrivons dans la ville à 8 heures du matin, au moment où les Allemands commencent le bombardement. On nous fait arrêter devant l'hôpital et nous recevons l'ordre d'aller chercher les blessés dans le poste de secours au bas de la ville; mais nous remontons précipitamment, nous trouvant dans cet endroit devant les mitrailleuses allemandes. Nous sommes tous un peu effrayés, ne nous étant pas encore trouvés dans un pareil cas. Nous attendions devant l'hôpital. Des hussards (du 14ᵉ) et leurs chevaux se placent devant nous. Tout à coup, un obus vient éclater sur la façade de l'hôpital. Alors les fils télégraphiques brûlent en tombant, les chevaux ruent, les éclats d'obus tombent autour de nous; quelques-uns de mes camarades sont touchés mais sans être blessés. C'est alors une panique et une bousculade effroyables. Nous abandonnons nos havre-sacs pour nous sauver plus vite et nous mettre à l'abri dans une rue transversale. Dix minutes plus tard, je remonte avec un de mes caporaux pour reprendre nos

---

(1) *Ma pièce*, p. 144.

sacs. Comme on évacue à ce moment tous les blessés de l'hôpital, nous donnons un coup de main. Un par un les brancardiers reviennent chercher leurs sacs. Nous partons alors pour Saint-Mard, qui est comme un faubourg de Virton. Malgré la situation critique, les habitants nous font un très chaleureux accueil et nous distribuent du café, du vin, de la limonade et des cigares. Il est 11 heures à ce moment. A 2 heures 30, nous repartons charger des blessés — très nombreux car le combat a été meurtrier — à l'hôpital, et partons à 4 heures pour Lamorteau, les blessés pour Rouvroy. Journée inoubliable pour nous, car c'est celle du baptême du feu. Arrivés à Lamorteau, nous recevons l'ordre de retourner à Saint-Mard, quand, sur le point d'arriver, on nous fait retourner définitivement à Lamorteau où nous arrivons à 8 heures du soir, au cantonnement (1). »

Ethe. – En même temps que la 8e division s'efforçait de tenir tête aux Allemands à Virton, la 7e division : 101e, 102e, 103e et 104e d'infanterie, les 26e et 44e d'artillerie, ainsi que le 14e hussards opéraient non moins courageusement à Ethe.

Le 14e hussards a cantonné à Chenois et à Saint-Mard, auprès de Virton. Il part au petit jour, à 5 heures 30, le 22 août, dans la direction de Saint-Léger. Après avoir traversé le village de Latour, il dépasse les avant-postes du 103e d'infanterie et continue sa route vers Ethe au milieu du brouillard. Les cavaliers marchent au pas. Tout à coup le régiment part au trop, puis au galop, au commandement de : *chargez !* Quelques minutes plus tard, il traverse à toute allure le village d'Ethe et apprend qu'il vient de poursuivre un détachement de cavalerie ennemie rencontré sur la route. Le régiment s'arrête derrière la gare d'Ethe. Des coups de feu lui annoncent qu'il est en contact avec l'ennemi. Les hussards se replient sur leur bataillon de soutien dans le village où ils se massent pendant que l'infanterie cherche à se déployer en avant de la gare (2).

L'avant-garde de la 7e division était sortie de Goméry vers 5 heures 30 et était arrivée à Ethe à 7 heures. Elle se composait

---

(1) *Carnet de route* de Louis Bourneuf.

(2) Extrait du Rapport fait, à son retour de captivité, par le médecin-major de deuxième classe Chon, du 14e hussards, dans *Rapports et Procès-verbaux d'enquête,* etc., III-IV, p. *173.*

de deux bataillons du 104ᵉ d'infanterie, de trois groupes d'artillerie divisionnaire (44ᵉ et 26ᵉ) et de quelques éléments de cavalerie ; elle était commandée par le général Félineau. Le 2ᵉ bataillon du 103ᵉ (commandant Jouvin), qui suivait la tête d'avant-garde, reçut l'ordre de flanc-garder la colonne au Nord sur la route Belmont-Ethe.

Tandis qu'Ethe est occupé, l'avant-garde progresse sur la route de Saint-Léger.

C'est vraisemblablement à ce moment qu'il faut placer la mort de notre compatriote, le sous-lieutenant Joseph-Henry Mousseaux (1), du 103ᵉ. Un épais brouillard enveloppait les troupes, le capitaine de la 12ᵉ compagnie, Moleux, décida de pousser une pointe vers une ferme qui se trouvait à 200 mètres. Mousseaux fut chargé de la reconnaissance. Il marchait en tête de sa section, voulait attaquer un petit bois et prendre une scierie qu'il soupçonnait d'être occupée par l'ennemi. A trente mètres, les Allemands ouvrirent le feu. Le jeune sous-lieutenant tomba le premier, une balle à la tempe. Son capitaine averti vint le voir. Il le trouva râlant, les yeux fermés, sans connaissance. Un sous-officier l'avait étendu sur le dos, avec un sac de chasseurs sous la tête. Son lorgnon avait sauté, mais n'était pas cassé. Il lui donna quelques gouttes d'eau-de-vie, lui fit un signe de croix sur le front et retourna au feu.

Le capitaine Pierre-André Moleux, qui devait trouver la mort le 24 février 1915, à Pertes-les-Hurlus, fut lui même blessé après s'être conduit de manière à mériter cette citation : « A engagé le combat d'Ethe en déblayant devant notre cavalerie un bois occupé par l'ennemi..., a poussé l'ennemi jusqu'à la prochaine crête, où il s'est maintenu jusqu'au moment où il reçut l'ordre de se replier ; s'est ensuite employé pour la défense du village d'Ethe, où d'un toit de maison, il dirigea le feu sur l'ennemi, jusqu'à ce que le toit fut démoli par l'artillerie lourde (2). »

Revenons à l'action générale. A peine l'avant-garde est-elle

---

(1) Joseph-Henry Mousseaux, fils de M. Mousseaux, armurier au Mans, avenue Thiers, était né à Saint-Mihiel (Meuse), le 17 décembre 1892. Ancien élève de l'Instution Saint-Louis du Mans, en 1900, il s'était engagé à 19 ans, au 117ᵉ d'infanterie. Elève officier à 20 ans, il avait été affecté comme sous-lieutenant au 103ᵉ d'infanterie. Il fut cité à l'ordre du jour du régiment par le colonel Nouvelles, commandant le 103ᵉ. *Le Petit Messager de Sainte Scholastique*, juin 1915. pp. 1673-1677.

(2) Le capitaine Moleux avait épousé Mlle de Forceville, d'où trois fils. *Gaulois* du 8 mai 1915.

sortie d'Ethe, flanc-gardée comme il a été dit, qu'une fusillade l'accueille des hauteurs au Nord de la voie ferrée. « Tout d'abord, écrit un témoin, on crut, tant les coups de feu étaient rares, qu'il ne s'agissait que d'une rencontre avec une patrouille ; dans le village, les soldats continuèrent à manger et à boire tranquillement. Mais, peu à peu la fusillade se multiplia, décupla ; le tac-tac des mitrailleuses se fit entendre de toutes parts et des volées de balles sifflèrent, claquant contre les maisons. »

Des hussards, qui ont franchi la ligne du chemin de fer, doivent se replier. De nombreux fantassins allemands occupent alors le pont et le remblai de la voie ferrée. Ils attaquent le village à revers et s'y installent. La bataille devient furieuse. Les mitrailleuses allemandes qui sont dans le cimetière, dans les jardins avoisinants, les canons placés dans le village, tirent sans discontinuer. Les feux allemands et français se croisent dans les airs. Le brouillard s'étant dissipé, on aperçoit derrière Ethe de nombreuses colonnes d'infanterie allemande qui se disposent à entrer en action. Vers neuf heures, les lignes de tirailleurs ennemis s'avancent en rampant (1).

« Dans la campagne, face à la voie ferrée, l'avant-garde se déploie tout entière. Le général de Trentinian, commandant la division, est au milieu de ses troupes et donne ses ordres pour le combat ; déjà les Allemands sont dans Ethe.... Si on ne les arrête pas, l'avant-garde est coupée : les deux bataillons du 104ᵉ combattant face à l'Est et au Sud-Est, à 2.500 mètres du village ; deux autres bataillons du 104ᵉ sont aux issues du village et aux abords de la voie ferrée ; le 1ᵉʳ bataillon du 103ᵉ en arrière dans le Jeune-Bois. Le 2ᵉ bataillon du 103ᵉ, qui était soutien du 14ᵉ hussards, se replie sur le village. Le général se porte au-devant de l'ennemi à la tête d'une compagnie et le rejette du village, sauf de quelques maisons. Le village est aussitôt organisé défensivement.

« Le brouillard s'est levé et l'artillerie ennemie, prenant comme objectif nos batteries surprises en ordre de marche, a tué les attelages et rendu deux batteries inutilisables ; cependant la 7ᵉ batterie se place à l'issue du village et entre en action.

« Le 14ᵉ hussards charge pour dégager l'infanterie. Le lieutenant-

---

(1) Rapport du médecin-major Chon. *Rapports et Procès-verbaux d'enquête*, etc., III-IV, p. 174.

colonel de Hautecloque (1) est blessé mortellement et la cavalerie
ne peut déboucher ; le chef d'escadron de Brémond d'Ars, selon
les termes de sa citation à l'ordre du jour, *après la mort du lieutenant-colonel Hauteclocque, par sa décision et son courage, rassemble sous
le feu les débris du régiment et se met à la disposition du général de
Trentinian.*

« L'artillerie ennemie a pris sous son feu toutes les issues du
village, notamment vers le Sud, et ses tirs de barrage rendent
difficiles les communications avec l'arrière. De 9 heures à midi la
situation apparaît très critique. » Paul Lintier le laisse voir dans
un récit que je vais donner plus loin.

L'ennemi avance, nos lignes plient. Des compagnies entières
d'infanterie se retirent. Les officiers confèrent, mais ils n'ont pas
d'ordres.

Au début de l'après-midi, les Allemands commencent à piller et à
incendier les maisons derrière le pont du chemin de fer. Ils défoncent les portes à coups de crosse les unes après les autres. On se bat
dans les rues. Vers quatre heures toutes les maisons brûlent. La
rue principale du village est une véritable fournaise, les toits s'effondrent, les balles sifflent de tous côtés. Les Allemands fusillent
une cinquantaine de prisonniers français. Un sous-officier achève à
coups de revolver ceux qui respirent encore. La plupart étaient des
infirmiers capturés dans les ambulances. Maintenant l'incendie dé-
vore Ethe et Belmont, incendie allumé systématiquement, maison
par maison ; aucune n'est épargnée. Des cris humains se mélangent
aux cris d'animaux qui brûlent vivants dans leurs étables. Quelques
malheureuses bêtes, le dos à moitié rôti, errent affolées autour
des brasiers (2).

Les sections et les compagnies d'infanterie qui se replient,
c'est l'avant-garde qui s'est dégagée et qu'un moment on a cru
cernée.

Le général de Trentinian qui, on l'a vu, avait organisé la défense
du village d'Ethe, s'inquiète de ne pas recevoir des renforts.
Pourquoi n'arrivent-ils pas ? « Il se rend de lui-même à Latour
pour faire avancer les troupes de l'arrière. Il laisse dans cette course

---

(1) Né à Belloy-Saint-Léonard (Somme), le 5 septembre 1866, le lieutenant-
colonel de Hauteclocque commandait le régiment depuis le 13 juin 1914.

(2) Médecin-major de 2ᵉ classe Chon. *Rapport et procès-verbaux d'enquête*, etc.,
III-IV, p. 177.

la moitié de son état-major. Sur son ordre, un bataillon du 101ᵉ se porte en avant et arrête l'ennemi qui tente un mouvement enveloppant vers Latour. La 13ᵉ brigade (colonel Lacotte) essaye en vain de dégager Ethe par le Jeune-Bois. Elle ne peut sortir de la forêt, la lisière étant battue par l'artillerie allemande et sa propre artillerie n'ayant pu découvrir les emplacements des batteries adverses.»

Malgré tout, la défense acharnée d'Ethe continuait. Ce qui restait d'artillerie française dans le village, commandée par le sous-lieutenant Georges Lhôte (1), infligeait à l'ennemi des pertes sérieuses et l'empêchait de déboucher.

Pendant ce temps, l'artillerie allemande tonnait, s'acharnant surtout sur le clocher de l'église sans pouvoir d'ailleurs le démolir complètement. Peu à peu le silence se fit et l'obscurité tomba avivant l'éclat des brasiers.

« A la nuit, le général Félineau ayant tenu jusqu'au bout, prend ses dispositions pour ramener vers Goméry son détachement et son matériel, grâce à un guide du pays, par un chemin de terre à travers bois. Soutenu par le 2ᵉ bataillon du 103ᵉ, il réussit. Par la Malmaison, Allondrelle et Charency, ce qui reste de troupes engagées atteint, le 23, au point du jour, Vezin et Villers-le-Rond où se fait le cantonnement de l'infanterie. »

Les pertes étaient cruelles: 124 officiers tués et blessés avec un nombre proportionnel de soldats. Le capitaine de Lavalade, du 103ᵉ, fut frappé à mort (2). « Le 2ᵉ bataillon du 101ᵉ, qui, à Bleid, au lieu de trouver le 5ᵉ corps d'armée, s'était heurté à l'ennemi » avait beaucoup souffert. « Le 14ᵉ hussards, qui, en fin de journée, avait protégé la retraite, avait perdu, outre son colonel, la moitié de ses officiers. Le chef de bataillon de Brémond d'Ars était porté disparu (3) ». Le lieutenant Simon Franchis était tué d'une balle en plein front à la tête de son peloton (4). Je parlerai plus loin du

---

(1) De Ruillé-sur-Loir, ingénieur des arts et manufactures, tué à Roye le 27 septembre 1914. Il avait deux frères au front : Léon Lhôte, adjudant au 117ᵉ, blessé à Liancourt le 24 septembre 1914, et Emile Lhôte, sous-lieutenant au 130ᵉ d'infanterie, blessé à Goyencourt le 1ᵉʳ octobre 1914. Tous trois avaient été élèves au collège de Sainte-Croix au Mans. *Nouvelliste de la Sarthe* du 8 septembre 1915.

(2) *Rapports et Procès-verbaux d'enquête*, etc. III-IV, p. 171. — Le capitaine Chadebec de Lavalade, du 103ᵉ, fut frappé d'une balle au cœur au moment où, à la tête de sa compagnie, il allait enlever nne position ennemie. *Gaulois* du 15 septembre 1914.

(3) G. Hanotaux, *Histoire de la guerre de 1914*. Fascicule 59, pp. 140-144.

(4) *Gaulois* du 18 mars 1915.

maréchal des logis René de Biré, blessé au cours de l'action et assassiné par les Allemands. Au nombre des blessés, je cite au hasard le lieutenant-colonel Ferran du 101ᵉ d'infanterie (1) et le capitaine Debraux du 104ᵉ qui reçut une grave blessure en conduisant sa compagnie sous un feu violent à l'attaque de l'ennemi solidement retranché et supérieur en nombre (2). Le capitaine Poigny, aussi du 104ᵉ, fils du receveur de l'Asile départemental des Aliénés de la Sarthe, fut cité à l'ordre du jour du 4ᵉ corps pour sa grande bravoure à Ethe « en maintenant au feu la mitrailleuse qui lui restait, alors que l'autre mitrailleuse venait d'être brisée par un obus et que sur quinze hommes, quatre avaient été tués et cinq grièvement blessés (3). »

« Le combat d'Ethe fut le type du combat d'Ardennes : bois, brouillard, rencontre inopinée ; nos troupes jetées en avant, s'étaient admirablement battues. Elles avaient souffert ; mais leur effort n'avait pas été vain. L'avant-garde de la 7ᵉ division, en combattant comme elle l'avait fait, avait protégé toute la journée, pour ainsi dire sans le savoir, la 8ᵉ division et le 2ᵉ corps contre l'attaque de flanc venue de Bleid par suite de l'échec matinal subi par une division du 5ᵉ corps général Brochin). Malheureusement le combat s'était trouvé scindé en quelque sorte, par l'arrivée trop tardive des renforts, et la retraite de la division l'avait empêché de reconnaître le mal que l'ensemble du corps avait fait à l'ennemi (4). »

LE 44ᵉ RÉGIMENT D'ARTILLERIE A ETHE. — Ce régiment, on s'en souvient, avait cantonné à Torgny le vendredi 21 août. Le lendemain matin, il atteignait Virton. Tous les habitants étaient aux portes offrant aux soldats du café, du lait, du tabac, des cigares.

« Nos batteries — raconte Paul Lintier (5) que je vais suivre — s'engagent derrière un groupe du 26ᵉ d'artillerie, sur la route

---

(1) *Tableau d'honneur de l'Illustration*, planche 107. — Le lieutenant-colonel Ferran, né à Gruissan (Aude), le 6 avril 1865, revint au front le 7 septembre 1914. Il fut tué le 15 en repoussant une violente attaque. Le lieutenant-colonel Lebaud lui succéda.

(2) *Ibidem*, planche 330.

(3) *Sarthe* du 24 février 1915.

(4) G. Hanotaux, *Histoire de la guerre de 1914*, Fascicule 59ᵉ p. 144.

(5) Je m'excuse d'emprunter souvent la plume de Paul Lintier au lieu de me servir de la mienne. Mais les récits du jeune canonnier — de purs chefs-d'œuvre — dégagent une telle saveur de réalisme, un tel caractère d'intense et terrible vérité, qu'on ne peut que les défigurer en les analysant.

d'Ethe, une belle route droite, bordée de grands arbres. Les gerbes sur les champs semblent, dans la brume, des silhouettes de fantassins. On s'y trompe un instant. Dans un village (1) sont installées des ambulances. Des mulets chargés de leurs cacolets attendent au fond d'un chemin creux.

« Nous avons à peine dépassé les dernières maisons qu'une fusillade éclate soudain, semblable à la déflagration d'un feu de bois sec. Une mitrailleuse crépite avec un bruit saccadé de cinéma.

« On se bat tout près d'ici, en avant de nous et aussi à droite, quelque part dans le brouillard... »

On commande : Demi-tour ! Au trot !

« Quoi ? Que se passe-t-il ? Que sont devenues les trois batteries (du 26ᵉ) qui nous précédaient ? Nous prenons une route à droite (2). La fusillade cesse... Nous savons bien, à présent, que l'ennemi n'est pas loin.

« On s'arrête enfin. Il est peut-être sept heures. Aucun bruit n'annonce plus la bataille. Nous débridons nos chevaux pour leur donner l'avoine. Couchés sur les bas côtés de la route, les servants sommeillent.

« De nouveau la fusillade s'allume, mais à gauche à présent... Tout à l'heure, on se battait à notre droite...

« Le bruit cette fois est plus lointain. Une détonation a éclaté, d'abord isolée, comme un signal... Maintenant, le crépitement de la mousqueterie nous arrive par rafales, comme si un grand vent le portait.... Les brumes flottent, immobiles.

« Brusquement le soleil paraît, le brouillard s'évanouit comme dans les féeries... En quelques minutes, le paysage se découvre dans son étendue. Aussitôt la canonnade commence.

« A droite, s'étendent des prairies où paissent des troupeaux, et, plus loin, des collines et des bois. On aperçoit un village, sur une côte, à la lisière d'une forêt. A gauche, vers le Nord, un hémicycle de collines, toutes proches, borne l'horizon. Un ruisseau coule au milieu... Un arbre, un grand saule en boule, fait une seule tache verte.

« Une batterie est installée là-bas. On aperçoit quatre points sombres : ses quatre pièces sur le champ.

---

(1) Le premier village qu'on rencontre sur la route de Virton à Ethe est le village de Belmont.

(2) Du coté de Latour, au Sud d'Ethe.

« Sur la route très droite, entre les arbres dont les fûts affirment la perspective, les douze batteries de mon régiment, suivies de leurs échelons de combat, forment une interminable ligne sombre, immobile.

« Le capitaine commande : — Dispositions de combat !

« Les servants, couchés dans l'herbe, se dressent. Ils enlèvent les couvre-bouches et les couvre-culasses de cuir qui protègent les pièces de la poussière des routes. Ils placent les appareils de pointage, vérifient le fonctionnement des manivelles de pointage et de hausse.

« Une explosion proche nous surprend dans ce travail. Au-dessus de la batterie, en position là-haut sur les chaumes, un petit nuage blanc flotte au ciel. Il s'élargit, puis s'efface. Et soudain, vers l'arbre en boule, coup sur coup, six shrapnells éclatent encore.

« ...J'ai l'intuition qu'une grande bataille s'engage, qu'il faut s'apprêter aujourd'hui à un rude effort.

« L'inquiétude rend les visages graves, rive les yeux sur ce point de l'horizon où les obus tombent à présent sans répit... L'ennemi n'aurait qu'à allonger son tir, pour nous atteindre ici, sans défense.....

« Le colonel (Sabattier) passe, accompagné du capitaine Maunoury et d'un état-major de lieutenants. Il promène sur nous un regard calme, clair, qui nous jauge et nous encourage à la fois. Ce peloton de cavaliers s'éloigne vite, gravissant les pentes que bombarde l'ennemi.

— « Garde à vous !

« Nous allons combattre.

« Au flanc des collines en fer à cheval, des sections d'infanterie se déploient et progressent par bonds. Tout à coup, les hommes se dressent, courent sur le champ, et soudain, à un commandement que l'on n'entend pas, s'abattent, disparaissent comme dans des trappes. Les fantassins s'éloignent, on les voit encore en silhouettes sombres, l'espace d'un instant, lorsqu'ils franchissent la crête.

« Il fait chaud. Il est environ dix heures. Du pays inconnu, qui s'étend de l'autre côté des collines, nous vient le bruit formidable de la bataille. La fusillade pétille. Les mitrailleuses font un vacarme pareil à celui des vagues s'écroulant sur des brisants. Le tonnerre de l'artillerie enveloppe tous ces bruits, les mêle en une seule voix, semblable à celle de l'Océan en tempête avec les heurts de ses flots, ses déferlements, ses coups sourds, confondus par les vibrations stridentes du vent sur les lames.

« La bataille semble orientée de l'Est à l'Ouest. Les Allemands tiennent le Nord, les Français le Midi. »

Il faut aller en avant, à travers la prairie. Mais où allons-nous ? « Vers l'arbre en boule, vers cette cime dont la mitraille allemande, depuis deux heures déjà, n'a pas épargné un arpent. »

Pourquoi nous mène-t-on là et non pas sur les collines où il y a des positions excellentes ? « Nous allons être massacrés !.. Et la colonne avance au pas vers le champ en pente qu'à chaque minute foudroient les obus.....

« On avance toujours au pas, les conducteurs pied à terre, à la tête de leurs attelages. Nous atteignons l'arbre en boule. Une volée... Au loin on entend d'abord un léger bruit d'ailes » qui s'amplifie « en un bourdonnement de frêlons. L'obus vient droit sur nous. . Les servants sont accroupis contre les roues des caissons, les conducteurs s'abritent derrière les chevaux. On attend l'explosion... La foudre ! On dirait qu'elle est tombée à mes pieds. Dans l'air la mitraille passe avec un bruit furieux de vent.

« Et voilà que la colonne s'arrête là, dans ce champ de pommes de terre, tellement retourné par la mitraille, qu'on a peine à trouver un passage pour les voitures entre les trous qu'ont ouvert les obus.

« Qu'attendons-nous ? Mettons nos pièces en batterie, au moins... Répondons, battons-nous !... Et nous restons là, immobiles......

« On repart. La marche est difficile, à travers le champ éventré. Les conducteurs sont à peine maîtres de leurs attelages. Les chevaux s'affolent, tirent en tous sens.....

« Un obus, qui soulève une gerbe de terre en avant des attelages, blesse à la tête le conducteur de milieu du caisson. L'homme s'abat.

— « En avant !

« Près de la crête, nous prenons position au bord d'un champ d'avoine. Les avant-trains vont se dissimuler quelque part, vers Latour, dont le clocher à notre gauche jaillit de la vallée. Blottis derrière les blindages des caissons, derrière les boucliers, nous attendons l'ordre d'ouvrir le feu. Mais le capitaine, agenouillé dans les moissons, en avant de la batterie, la jumelle aux yeux, ne découvre rien. Il paraît que là-bas, sur les grands bois d'Ethe et d'Etalle qu'occupe l'ennemi, une brume épaisse flotte encore. Autour de nous, en arrière de nos pièces, sur nos têtes, sans répit, des obus explosifs, des shrapnells de tous calibres éclatent, couvrant de mitraille la position. Nous n'échapperons pas à la mort... Derrière le canon, il y a un petit fossé. Je me couche là, en attendant les ordres. Un grand cheval de selle, bai, dont le poitrail béant laisse couler un ruisseau rouge, reste debout, immobile, au milieu du champ.

« Sifflements, explosions, coups de l'ennemi et coups d'une batterie voisine de 75, on ne reconnaît plus les bruits dans cet enfer sonore, de fer, de flammes et de fumée. Je sue. Mon corps trépide plutôt qu'il ne tremble. Le sang bouillonne dans ma tête, me bat les tempes ; une ceinture de fer m'étreint le ventre. Inconsciemment, comme un fou, je fredonne un refrain que nous chantions ces jours derniers au cantonnement :

> « *Trou là là, ça ne va guère,*
> « *Trou là là, ça ne va pas !*

« Je vais mourir dans ce trou. Quelque chose me frôle les reins... Je suis touché... Non, un éclat a déchiré ma culotte.

« Une fumée noire, puante, enveloppe la batterie. Quelqu'un râle. Je me lève pour voir. J'aperçois, dans un brouillard sale, le maréchal des logis Thierry, étendu au bord des avoines, et les six servants qui l'entourent. L'obus a éclaté devant la volée de son canon. Le frein est ouvert. La pièce est inutilisable.

« A genoux, côte à côte, le capitaine Bernard de Brisoult et le lieutenant Hély d'Oissel, la lorgnette aux yeux, fouillent l'horizon. Je les admire. A voir mes deux officiers, à voir le commandant qui, les bras croisés, paisiblement fait les cent pas derrière la batterie, j'ai honte de trembler... Je n'ai plus peur. Et, lorsque je m'abrite à nouveau, n'ayant rien d'autre à faire, puisque nous ne tirons pas, l'instinct a cédé. Je ne tremble plus......

« Quelques fantassins franchissent la crête, battant en retraite. Le bruit des mitrailleuses se fait plus proche. On l'entend à présent, très net, malgré les éclats du canon.

« L'ennemi avance, nos lignes plient.

« Sur nous le feu des batteries allemandes s'espace. Des compagnies entières d'infanterie se retirent. »

Les officiers confèrent. Que voulez-vous : pas d'ordres ! répète le commandant.

Et l'on attend encore. D'un instant à l'autre, l'ennemi peut prendre pied sur la crête. On amène les avant-trains.

« Il faut emporter Thierry, dont le genou est ouvert. Il souffre ; il ne veut pas qu'on le touche. Malgré lui, trois hommes l'installent sur l'échelle-observatoire. Il est très pâle. Est-ce qu'il ne va pas défaillir ? Il murmure : — Oh ! vous me faites mal. Achevez-moi donc !

« Les autres blessés, cinq ou six, se hissent sans aide sur les coffres, et, au grand trot, la batterie dévale sur la route de Latour.

« La bataille est perdue. Je ne sais ni pourquoi, ni comment Je n'ai rien vu. La droite française à dû reculer beaucoup, car j'aperçois, très avant vers le Sud-Est, des éclatements d'obus sur de grands bois qui ce matin étaient loin de nos lignes. Nous nous trouvons complètement tournés. Une angoisse me vient. Nos voies de retraite sont-elles libres ? Nous franchissons la ligne du chemin de fer (1), des prairies, un ruisseau. Nous abordons la série des collines, couvertes de bois jusqu'à mi-côte, qui s'étendent parallèlement à celles qu'occupait ce matin l'armée. Ce sont, sans doute, nos positions de repli... L'étroit chemin que nous suivons est défoncé, pavé de pierres roulantes......

« Il est à peu près deux heures de l'après-midi. Il fait une chaleur pesante. La bataille semble terminée. On n'entend plus le canon que loin sur la gauche du côté de Virton et de Saint-Mard.

« Notre colonne s'allonge en ligne noire, à flanc de coteau. A travers les bois qui couronnent les hauteurs, nous allons sans doute chercher une route pour gagner le plateau. L'horizon s'élargit. Soudain, vers Latour, une mitrailleuse crépite... ..

« Des balles sifflent. On nous mitraille du haut des positions que nous venons d'abandonner. Un cheval blessé tombe sur les genoux. Un homme, dont la cuisse est traversée, continue à marcher.

« Dans un vallon, à l'abri des balles, une prairie enfonce dans la forêt un coin d'herbe claire. C'est là que nos trois batteries se rangent en parc en attendant des ordres. Je vois tout de suite combien notre position est critique. A travers bois aucun chemin ne conduit au plateau. Plusieurs voitures de la 10e batterie se sont enga-

---

(1) Ligne venant de Virton, qui cotoie la route conduisant à Luxembourg par la vallée de la Basse-Vire.

gées dans un sentier forestier. Elles ne peuveut ni avancer ni reculer. Un canon est embourbé jusqu'aux essieux. Pour sortir d'ici, il nous faudra donc traverser ces champs ras, à droite et à gauche, affronter encore le feu des mitrailleuses et, peut-être maintenant, de l'artillerie ennemie qui a pu se rapprocher. Plus nous attendrons, moins nous aurons de chances de passer indemnes.

« Et puis, combien de temps les voies de retraite sur le plateau seront-elles libres ? Nous sommes tournés, et devant nous l'ennemi avance, dévalle des collines en fer à cheval. Il doit tenir maintenant le village de Latour. »

Le commandant attend des ordres. Il est nerveux. « Il a envoyé un brigadier chercher des instructions. Mais où trouver à cette heure l'état-major ? L'armée est en pleine retraite.

« Un dragon arrive au galop, met pied à terre devant nos officiers. Anxieux nous faisons cercle. Il apporte des renseignements. La retraite de l'armée s'opère à droite par la route des Ruettes. L'ennemi est bien à Latour. Il avance vers Ville-Houdlémont.

« Tout de suite la colonne s'ébranle. Devant, seul, à cheval, le lieutenant Hély d'Oissel éclaire le chemin. De nouveau, la mitraille crépite au loin. Mais cette fois nous n'entendons même pas siffler ses balles. Un instant une palissade nous arrête. Nous l'abattons à coups de hache... Par une petite route encaissée, nous atteignons les Ruettes.

« Un général est là, près de l'église, sans état-major, avec pour toute escorte trois chasseurs.

« La route de Tellancourt (1) est un fleuve.

« Dans les flots de la retraite, il faut se frayer de force un passage. De front, avec la colonne d'artilllerie, marchent les bataillons qui ont encore des chefs. Et, à droite et à gauche, ballotés comme des débris de liège au courant, emportés dans les remous, parfois jetés au fossé, et parfois entraînés par le torrent, des lambeaux de troupes achèvent d'encombrer le chemin : blessés, éclopés, hommes fourbus, sans fusil, sans sac, soldats égarés ; tous ceux-là avancent lentement. Il y en a qui font effort pour atteindre nos voitures et s'y accrocher. Ils se hissent sur les caissons ou se laissent trainer pareils à des automates.

---

(1) Tellancourt, premier village français. Il est situé au point de jonction de la route d'Ethe, par les Ruettes, à la route de Longuyon à Lougwy,

« Tandis que la retraite des divisions d'infanterie se poursuit par la grande route, un chemin à droite, par une pente très dure, nous conduit au plateau. Le jour baisse. La masse des bois de Guéville, entre le soleil et nous, projette son ombre jusqu'aux flancs de la colline proche. Il n'y a guère ici que des trainards. Beaucoup de blessés sont au fossé Ils se sont accordé un instant de repos avant de continuer la montée. Mais tous ne repartiront pas. On en voit dans l'herbe, dont le masque reflète déjà le visage creux de la mort. Les orbites sont profondes. Les yeux brillants de fièvre, grands ouverts et fixes contemplent on ne sait quoi. Le clin des paupières est pesant et ralenti. De la sueur colle les cheveux aux tempes, zèbre en coulant, les faces aux pommettes saillantes, au nez pincé, salies de poussière et de poudre. Presque aucun des blessés n'est pansé. Le sang a fait de grandes taches sombres sur les capotes, a éclaboussé le drap, a ruisselé. On n'entend pas une plainte. Deux hommes, sans sac ni fusil, exhortent un petit fantassin, dont un éclat a labouré l'épaule. Très pâle, les yeux clos, d'un mouvement du front entêté et las, il refuse de se laisser soulever. Des soldats atteints aux jambes, marchent encore en s'aidant de leur fusil comme de béquilles. »

Sur leur demande « nous leur donnons nos places sur les coffres.....

« Dans les champs, en marge de la route, traînent des sacs éventrés, d'où s'échappent des caleçons, des chemises, un calot, des brosses. Il y a au milieu du chemin des godillots, des gamelles, des marmites aplaties par les roues des voitures et les sabots des chevaux, des linges, des baïonnettes, des cartouchières dont les cartouches aux douilles de cuivre luisent dans la poussière, des képis, des lebels brisés. Cela serre le cœur à pleurer... Depuis un mois, pourtant, on ne parlait que de victoires. Nous voyions l'Alsace reconquise, l'Allemagne ouverte. Et au premier choc, voici notre armée, à nous, vaincue ! Avec un peu d'étonnement, je me dis que je viens d'assister à une défaite.

« Nous atteignons la lisière des bois de Guéville (1) que défendent des fantassins du 102ᵉ. Des armes, des effets jonchent toujours le chemin. La chaussée a été éventrée par l'artillerie et les convois. Les blessés sur nos caissons qui les cahotent ont des visages de crucifiés.....

---

(1) Les bois de Guéville forment la frontière belge au Sud de Virton et d'Ethe.

« A peine sortie des bois, la batterie fait halte, dans un champ où le blé est en gerbes, près d'un village qui s'appelle dit-on la Malmaison (1)... Des ordres arrivent; nous repartons. Nous traversons la Malmaison encombrée de troupes en désordre. La nuit vient. J'atteins aux limites extrêmes de la fatigue. Ma conscience des choses s'atténue. Je vois comme en rêve, les servants affalés sur les coffres, la tête ballante, les cavaliers vacillant à cheval et qu'on dirait ivres. J'entends encore un homme du 26e d'artlilerie, assis sur le caisson, raconter comment les trois batteries, qui nous précédaient ce matin sur la route d'Ethe, ont été mitraillées et prises par l'ennemi, en colonne, et comment il a réussi, lui, à s'échapper à peu près seul, grâce au brouillard.. ..

« Après une longue marche, vers minuit, nous nous retrouvons pour camper à Torgny. Ce soir là, on ne se compte même pas. Dans une grange, près de la porte, je me laisse tomber, la face dans le foin, et il me semble, quand je m'endors, que je meurs (2). »

Le temps n'est pas encore venu de publier la nomenclature des soldats manceaux tombés à Virton, à Ethe et dans les autres batailles. Je donnerai plus tard des listes aussi complètes que possible. D'ici là, je me contente de citer parmi les tués : A VIRTON : du 115e d'infanterie, le capitaine Elie *Chancerelle de Roquancourt* (Sous une grêle de balles, il déploya sa compagnie face aux assaillants. A ceux qui s'inquiétaient de sa témérité, il répondit : « On s'habitue à cette musique là ; cela fait plus de bruit que de mal ; j'aurai payé cette place dix louis », et il tomba frappé mortellement) (3). — Henri *Guilmet*, caissier chez M. Minard, notaire au Mans. — Du 117e : Le capitaine Arthur *Morel*, habitant au Mans, 210, rue Gambetta. — L'adjudant-chef Auguste-Célestin *Lauber*, de La Flèche, frappé d'une balle au front en s'élançant à la tête de deux compagnies de renfort pour occuper une crête qui venait d'être abandonnée. — Henri *Le Gall*, du Mans, sergent, ancien élève du Petit Séminaire de La Flèche. — Raymond *Binet*, de Saint-Calais, neveu du cardinal Dubois, archevêque de Rouen, caporal au 117e, blessé à Virton et mort en Allemagne le 14 septembre 1914. — Pierre *Lhomme*, du Mans, mort en criant à ses camarades : « En avant ! Vengez-moi ! » — Du 124e : Louis

---

(1) Premier village français à la sortie des bois de Guéville.
(2) Paul Lintier *Ma pièce*, pp. 70-88.
(3) *Gaulois* du 21 janvier 1915.

Brunet, chef de bataillon. — Jacques-Marie-Bernard *Brunet de la Charie*, caporal, ancien élève du collège de Ste-Croix au Mans, tué, croit-on, à Virton. — Du 130e : Le colonel *Laffargue*. — Alain *du Breil de Pontbriand*, capitaine. — Robert *Touchard*, sous-lieutenant, fils de M. Touchard, avoué à Mamers. — Du 31e d'artillerie : Le commandant Charles *Gaubert*, de la 7e batterie. Blessé grièvement au genou, le 22 août, il lutta jusqu'à épuisement de ses forces et succomba au Mans, le 10 octobre 1914. Ses obsèques eurent lieu dans l'église de la Couture, le lundi 12. Il fut inhumé au cimetière de l'Ouest.

A Ethe : du 101e : Marcel *Tison*, ancien élève du collège de Saint-Paul de Mamers, caporal, blessé mortellement à Ethe d'une balle à la tête et mort à Bleid. — Du 102e : Maurice-François-Marie-Joseph *Germain*, de Verron, ancien élève du collège Ste-Croix au Mans, blessé le 22 août. « Il resta seize heures sur le champ de bataille avant d'être relevé. Il fut d'abord soigné à Arlon (Belgique) dans un collège aménagé en hôpital, puis à Paderborn, où il mourut le 10 septembre 1914. — Paul *Martin-Fortris*, fils de M. Martin-Fortris, ancien avoué au Mans, ancien élève du collège de Sainte-Croix. Engagé volontaire, il fut mortellement frappé à Ethe le 22 août et mourut au château de Goméry. — Du 103e : Henri-Gervais *Boisseau*, du Mans, caporal fourrier. — Du 14e hussards : René *de Biré*, maréchal des logis.

Comme à Virton et à Ethe, les troupes françaises, qui se battaient le 22 août à Longuyon, durent se replier sous la poussée allemande. Le 23, à six heures du soir, la ville était complètement au pouvoir de l'ennemi, et le général von Molke, établi dans la mairie, menaçait de faire fusiller tout le monde avant de procéder au pillage. Henri-Alphonse *Cabaret*, de Neuville-sur-Sarthe, et Henri *Chassevent*, cultivateur à Doucelles, tous deux du 151e d'infanterie, trouvèrent la mort à Longuyon.

Une liste des soldats français tombés à Virton, à Ethe et aux environs, les 22 et 23 août, liste de cinq mille noms, dressée par le curé-doyen de Virton, aumônier des Carmélites de l'endroit, et par M. Marloye, professeur à l'école normale du même Virton, a été communiquée aux *Nouvelles du Soldat* (5, rue Jules Lefebvre, à Paris), au dire du journal *La Croix* du 9 juin 1916 (article signé Franc). J'ai aussitôt écrit aux *Nouvelles du Soldat* pour savoir s'il me serait possible de prendre connaissance sur place de ce document, vraisemblablement destiné à être consulté. La réponse ne m'est jamais venue. Même mésaventure m'est arrivée avec une société de *Secouristes français* (96 bis, rue des Marais, à Paris, Xᵉ arrondissement) qui avait fait annoncer par les journaux (voir *La Sarthe* du 17 janvier 1916) qu'elle possédait de précieuses données sur les tombes de nos soldats des 115ᵉ, 117ᵉ et 317ᵉ d'infanterie.

Les blessés de Virton et d'Ethe furent expédiés dans différents hopitaux de l'intérieur. Il en vint un certain nombre au Mans. Dans la journée du 24 août 1914, cinquante d'entre eux furent reçus à l'hôpital temporaire nᵒ 20 de l'avenue de Paris (Grand Séminaire). Le lendemain on en reçut de nouveaux (1). Les autres hôpitaux eurent aussi leur contingent.

---

(1) Le 24 août : 23 du 117ᵉ; 24 du 124ᵉ; 1 du 14ᵉ hussards; 1 maréchal des logis du 31ᵉ d'artillerie. Le 25 août : 2 du 115ᵉ; 6 du 117ᵉ; 2 du 124ᵉ; 2 du 130ᵉ; 2 du 102ᵉ; 1 du 130ᵉ; 2 du 104ᵉ; 2 du 91ᵉ; 1 du 26ᵉ d'artillerie; le capitaine Gaubert du 31ᵉ d'artillerie; 2 du 14ᵉ hussards. Communication de Mme Julien Chappée, vice-présidente de la Croix-Rouge du Mans.

CHAPITRE III

L'Allemand couve un fond inéductible de barbarie. Il ne distingue pas entre la force et la brutalité; il pousse l'amour de la discipline jusqu'à la cruauté contre soi-même et surtout contre les autres. C'est du sadisme politique et militaire, un besoin de faire souffrir pour exalter ses énergies. Non content de se vautrer dans la goinfrerie porcine (1), il rêve de couper, de trancher et d'inciser. Inciser dans la vie, tel est le devoir et la fonction du surhomme. Sa haine de tout ce qui peut gêner la libre expansion de sa vie le conduit à la haine du passé, à l'emploi raisonné et systématique de la destruction. Et, chez ce peuple gonflé par la concupiscence, par le pus d'un monstrueux orgueil, il se trouve des soi-disant disciples du Christ, des princes de l'Eglise, un von Bettinger, archevêque de Munich, un von Hartmann, cardinal archevêque de Cologne, pour approuver la violation des traités, pour lécher les bottes sanglantes d'un kaiser casqué, éperonné, cuirassé, qui fait parler Dieu à coups de canon et qui, sous l'œil bienveillant du Turc allié de Sa Majesté Apostolique d'Autriche, donne au monde des cours d'artillerie, d'assassinat et de haute morale.

Nous allons voir les Teutons, après la bataille d'Ethe, assouvir leur fureur sur de malheureux blessés du IVᵉ corps. Je laisse la parole aux témoins de ces abominables boucheries.

— *Récit fait au journal le TEMPS* par Marcel Michel, facteur des télégraphes au bureau de la place de la Bourse, à Paris, soldat au 104ᵉ d'infanterie, reproduit par *La Sarthe* du 10 mars 1915.

« Le 22 août, après une bataille qui avait été très meurtrière, nous étions restés à Ethe pour ramasser les blessés et ensevelir les

---

(1) Ceux qui ont vu certaines brasseries allemandes, à Munich en particulier, savent de quels ignobles excès sont capables les Teutons mâles et femelles. Quand ils sont repus de bière et de saucisses, ils s'en vont expectorer à l'extérieur pour remplir à nouveau leurs estomacs.

morts. Aucun avis de retraite ne nous ayant été donné, nous nous trouvions dans ce village, lorsque le 23, vers neuf heures du matin, une patrouille allemande y fit son apparition. Peu à peu, deux régiments au complet arrivèrent. Les officiers nous confirmèrent l'assurance qui avait été donnée par les hommes de la patrouille qu'on ne toucherait pas aux infirmières de la Croix-Rouge.

« Mais, un peu plus tard, un troisième régiment vint rejoindre les deux premiers. Et, sous prétexte que des femmes auraient tiré sur eux — fait qui n'a pu être établi autrement que par leur affirmation — les officiers de ce régiment décidèrent que le village serait brûlé. On fit alors descendre tous les soldats français dans la rue. Nous étions environ 200. On nous donna l'ordre de lever les bras en l'air et de nous ranger en colonnes de quatre. Puis, en nous tenant la baïonnette dans les reins, on nous conduisit dans une rue déserte. Nous marchions encore, lorsque sur un cri d'un des officiers, les hommes de notre escorte nous fusillèrent à bout portant. Ces brutes avaient tiré au hasard dans le tas ; il y eut plus de vingt morts. Pour ma part, je n'ai eu qu'une éraflure faite par une balle qui avait traversé mon pantalon.

« Les blessés et ceux qui n'avaient pas été atteints furent ramenés sur la place où l'on procéda à un tri. Tous ceux qui étaient en état de marcher furent groupés et réunis à des civils, qu'on était aller chercher dans les caves ; parmi ces civils il y avait des vieillards de 75 ans. Civils et militaires, on nous entraîna pêle-mêle dans un champ qui se trouve le long d'une scierie. Une soixantaine de soldats allemands étaient rangés sur deux rangs le long d'un des côtés du champ.

« A peine étions-nous engagés dans le champ que ces soldats commencèrent un feu de salve sur nous. Je me suis jeté à terre avant qu'ils tirent et dès que j'avais pressenti le sort qui nous était destiné. Deux de mes camarades frappés à mort tombèrent sur moi et me couvrirent de leur corps. Leur sang me ruisselait sur la tête. Après plusieurs décharges tirées en présence des femmes qu'on avait amenées derrière nous pour les faire assister à l'exécution de leurs maris, les soldats se retirèrent. Quelques-uns pourtant étaient restés en arrière et commençaient à fouiller avec leurs baïonnettes parmi les corps pour achever les blessés lorsqu'un officier survint et les en empêcha.

« Vers midi, d'autres soldats parurent. Ils montèrent sur le tas de morts et cherchèrent à dégager les blessés. Bien que je sentisse

sur moi leurs bottes et le poids de leur corps, je fis le mort. Ce n'est
que vers huit heures du soir qu'on vint avec des pelles et des pioches pour enterrer les cadavres. Mais comme on découvrit des
hommes qui respiraient encore, il fallut les porter jusqu'à l'ambulance installée dans la maison commune. Je profitai du temps que
prit ce transport pour me dégager et gagner la rivière qui coule
autour du champ. J'étais dans un état effrayant ; mes vêtements
étaient couverts de sang ; sur ma veste il y avait des fragments de
cervelle. A la faveur de l'obscurité, je pus atteindre un bois de
sapins où je restai la journée du lendemain (1). »

*— Extrait du rapport adressé au général de division Galliéni,
gouverneur militaire de Paris, par le soldat de 1re classe Lorsignol, infirmier au 103e d'infanterie, à son retour de captivité (2).*

« Le 22 août 1914, je me trouvais à Ethe avec l'ambulance,
quand, à la fin de la journée, le village fut occupé par l'armée allemande. Je restai pour la nuit dans une des rares maisons épargnées
par le feu, où quelques habitants s'étaient réfugiés. Au jour, avec
quelques camarades, je suis allé relever les premiers blessés et
grouper ainsi environ quatre cents blessés à la mairie d'Ethe. C'est
l'adjudant-major du Champ de la Genest (du 103e) et le docteur
Joyeux qui s'efforcèrent d'organiser cette ambulance.

« Nous étions là à prodiguer nos soins, lorsque, vers huit heures
du matin, arriva un détachement de vingt-cinq hommes bavarois
avec un officier, qui pénétrèrent dans la mairie, forçant les portes
des armoires, et fouillèrent partout pour voir si nous ne cachions
rien.

« L'officier donna l'ordre au personnel sanitaire présent de des-

(1) A partir de ce moment, Marcel Michel vit dans les bois avec six camarades
retrouvés par hasard. Tous se nourrissent de betteraves, de noisettes. Ils n'osent
approcher des villages dans la crainte d'être reconnus. A Allondrelle, ils peuvent
se procurer des vêtements civils et demander sans grand danger des aliments dans
les maisons habitées. Ils campent néammoins dans les bois par prudence, et, durant
l'hiver, ils s'y construisent des abris. Après différentes péripéties pour échapper
aux battues allemandes, ils arrivent à la frontière qu'ils franchissent le 15 février
1915, non sans avoir essuyé le feu des Boches. Michel arrivé en Hollande se fait
rapatrier par le consul de France à Rotterdam par la voie d'Angleterre et rejoint
le dépôt de son régiment à Argentan.

(2) Documents relatifs à la guerre, 1914-1915-1916. *Rapports et Procès-verbaux
d'enquête*, etc.., t. III-IV, pp. 178-179.

cendre dans la rue et y ajouta un certain nombre de blessés pouvant marcher, qu'il fit se relever à coups de bottes dans les reins. J'eus le bonheur, en dépit de ses menaces, de pouvoir rester auprès du capitaine Tourte, du 104ᵉ, qui se trouvait grièvement blessé et que j'étais en train de panser, ce qui m'évita quelques secondes l'attention des Allemands.

« De la fenêtre, je vis ceci : de mes camarades ou chefs rassemblés dehors, dix furent tirés à part et *une quinzaine, dont un sergent de mitrailleurs nommé Fuster, sans autre forme, furent fusillés cinq mètres plus loin ;* tous tombèrent, mais quelques-uns n'étaient que légèrement blessés. Les Allemands les contraignirent à se relever et à se joindre à un nouveau groupe formé de civils prisonniers, hommes, femmes, enfants, ainsi que certains prisonniers militaires de la veille. On les conduisit dans un pré, à l'entrée du village, *où une mitrailleuse anéantit là les deux cents à deux cent cinquante malheureux, parmi lesquels le secrétaire de la mairie et le curé.*

« Les assassins partirent, les laissant tous pour morts.

« Pendant la nuit, j'allai relever parmi les moribonds, trois femmes, deux vieillards et deux enfants, un de quatorze ans et un de dix ans, et quelques soldats français. »

Sept jours durant, les malheureux vivent dans des décombres brûlantes sans autre nourriture que celle qu'ils peuvent, durant la nuit, trouver dans les caves des maisons brûlées, car chaque troupe qui passe en patrouille, tire sur eux et rallume l'incendie. Les premiers ennemis étaient partis dans la direction de Gomery.

Le septième jour, nouvelle fusillade sur l'ambulance, mais elle n'atteint personne sur les quatre cents ou quatre cent vingt blessés et environ deux cents femmes du village qui s'étaient réfugiées à la mairie. Le huitième jour, ils sont ravitaillés par un groupe de Luxembourgeois et partent d'Ethe le 4 septembre 1914 pour Trèves.

— Extrait du rapport fait, à son retour de captivité, par le médecin aide-major Joyeux, du 104ᵉ régiment d'infanterie.

« Le Mans, 4 août 1915. — Ayant été affecté au 104ᵉ régiment d'infanterie dès le début de la mobilisation, j'ai été chargé d'assurer le service médical du 2ᵉ bataillon jusqu'au 22 août 1914. » Pendant la bataille d'Ethe, avec le médecin auxiliaire Bénard et l'infirmier Hardy, étudiant en pharmacie, « nous avons installé nos blessés en cinq ou six endroits différents, notamment dans la maison d’école, à la gare, dans un café et dans quelques maisons particulières. Les habitants nous ont aidé à les soigner.

« Vers sept heures du matin (le 23 août) ont commencé à arriver les premières patrouilles ennemies ; puis le gros des troupes a défilé Un officier supérieur nous a tous fait sortir, m’a ordonné de conserver dix hommes comme personnel sanitaire et de lui remettre tous les autres soldats se trouvant autour de moi, valides ou blessés pouvant marcher. Ils ont été emmenés *et fusillés une cinquantaine de mètres plus loin*, sans aucun motif.

« A partir de ce moment ont eu lieu des scènes d’horreur dans tout le village, qui ont duré plusieurs jours. *On a fusillé, sans le moindre motif, des soldats, des civils, femmes, enfants, vieillards.* La plus grande partie du village a été pillée et brûlée. Nous-mêmes, quoique médecins, avons été bien souvent menacés, lorsque nous voulions nous interposer et plusieurs fois emmenés par des soldats, dans le but avoué d’être massacrés au moindre prétexte.... Nous avons dû, sans les moindres ressources, subvenir à l’alimentation, au logement et aux soins de nos blessés, d’un certain nombre d’Allemands — une cinquantaine environ, – et de la population civile qui s’était réfugiée dans les greniers de l’école servant d’infirmerie. Nous avons pour cela réquisitionné la paille qui restait encore sur laquelle se sont couchés les blessés ; les animaux qui erraient dans les rues ont été sacrifiés et consommés ; enfin, nous avons pu trouver quelques paniers médicaux dans les voitures brisées abandonnées sur le champ de bataille.

« Les habitants du grand duché de Luxembourg, avec un zèle et un dévouement admirables, sont venus à plusieurs reprises nous porter secours. Ils ont évacué nos blessés en automobile, et nous-mêmes avons été emmenés à Luxembourg, d’où, selon la promesse d’un médecin allemand qui était venu nous visiter, nous devions rentrer en France. J’estime à six cents environ le nombre des blessés soignés à Ethe ; une trentaine ont succombé avant leur évacuation.

« En arrivant à Luxembourg, le 3 septembre, nous avons été, malgré nos protestations, dirigés sur Trèves, où on nous a internés à la Hornkaserne. transformée en lazaret... »

— « *Déposition faite par Gaston-Denis-Oscar Lefort, caporal-infirmier au 104ᵉ d’infanterie* et reçue le 19 décembre 1914, à

Argentan, par M. Limouzineau, procureur de la République (1).

« Le 22 août 1914, au soir, je me suis trouvé près de la gare d'Ethe où j'étais resté après la retraite de mon régiment, avec quelques infirmiers, pour donner nos soins aux blessés.

« Le 23, au matin, sur les ordres d'un médecin auxiliaire du 103e régiment, nous avons transporté à la mairie d'Ethe d'autres blessés, relevés pendant la nuit. Puis nous sommes allés chercher une partie des blessés que nous avions secourus la veille et qui se trouvaient sous un hangar, à l'extrémité du bourg, parce qu'ils devaient être plus confortablement à la mairie.

« A ce moment est arrivé une compagnie allemande qui appartenait, je crois, au 6e régiment d'infanterie bavaroise.

« L'officier qui la commandait, prétextant que le nombre des infirmiers qui se trouvaient à la mairie était trop considérable, en prit douze qu'il fit mettre au milieu de ses hommes et emmener avec quelques infirmiers, brancardiers et autres prisonniers qui s'y trouvaient déjà.

« Quelques instants plus tard, j'entendis une fusillade, et les habitants du village nous dirent que c'étaient nos camarades qui venaient d'être fusillés.

« Environ une heure après, je pus me rendre sur les lieux avec d'autres brancardiers et constater qu'il était exact que *soixante soldats français, dont vingt-cinq infirmiers ou brancardiers, avaient été fusillés à la sortie du bourg.* Il y en avait encore quelques-uns, trois au moins, qui survivaient, mais qui étaient affreusement blessés, deux sont d'ailleurs morts peu de temps après, bien que nous leur eussions donné des soins immédiatement

« Le même jour, de nombreux civils belges ont été fusillés à à Ethe par les Allemands. Je n'en sais pas le nombre exact ; nous en avons relevé plusieurs qui n'étaient pas encore morts, et que nous avons porté à l'ambulance. Nous avons notamment relevé un bébé de quatre ou cinq mois, à côté de sa mère tuée et de sa grand'-mère grièvement blessée.

« Le même jour, 23 août, le feu a été mis au hangar sous lequel se trouvait encore une partie de nos blessés, que l'arrivée des Allemands nous avait empêchés de transporter à la mairie, et *vingt ou trente environ de ces malheureux ont péri dans les flammes.*

---

(1) *Rapports et Procès-Verbaux d'enquête*, etc., t. III-IV, p. 169, n° 239.

« Dans l'après-midi, le village d'Ethe a été complètement pillé par les soldats ennemis, et la plupart des maisons ont été dé-truites... »

— *Extrait du Rapport fait, à son retour de captivité, par le médecin-major de 2e classe Chon, du 14e hussards* (1).

« Alençon, le 20 août 1915 ». — Après le récit de quelques inci-dents de la bataille d'Ethe relatifs à son régiment, le médecin Chon raconte ce qui suit :

« Nous avons avec nous (dans une maison d'Ethe convertie en ambulance) M. Levesque, aide-major de 1re classe de réserve ; le maréchal des logis Huet, sous-officier infirmier ; l'infirmier Guérin ; l'infirmier Léger ; le conducteur de la voiture de blessés, Bou-truche ; notre ordonnance, le cavalier Moulard ; l'ordonnance de M. Levesque, le cavalier Fourmond ; au total, deux officiers, un sous-officier, cinq hommes.

« Chacun d'entre nous épie, qui par une fenêtre, qui sur le toit de la maison, le moment propice qui nous permettra de fuir ; mais cet espoir nous abandonne peu à peu, l'action ne paraissant pas se dérouler à l'avantage des nôtres.

« La matinée (du 22 août) passe, terrible, et notre situation est toujours aussi critique. Au début de l'après-midi, les Allemands commencent à piller et à incendier les maisons situées derrière le pont du chemin de fer, tirent sur les fenêtres... Il est environ trois heures de l'après-midi.

« Les fantassins allemands défoncent les portes à coups de crosse les unes après les autres ; ils approchent de la maison où nous sommes abrités. Ils arrivent. Nos voitures et nos chevaux sont à la porte, ils s'en emparent, puis pénètrent dans la maison. On les conduit dans la chambre des blessés, où nous étions tous réunis. Revolver au poing, un sous-officier nous demande rageusement des explications ; heureusement nous pouvons lui répondre dans sa langue et lui expliquer que nous venons de soigner des blessés fran-çais et allemands. Il interroge les blessés allemands et sa colère semble se calmer. Il nous prend nos armes, puis emmène avec lui notre sous-officier et nos infirmiers, et nous dit de continuer à soi-gner sur place les blessés qui arrivent de plus en plus nombreux.

« On se bat maintenant dans la rue ; les fantassins français cou-

---

(1) *Rapports et Procès-verbaux d'enquête*, etc., t. III-IV, pp. 174-177.

pés de leurs unités, comme nous l'étions nous-mêmes, se défendent de leur mieux ; de nombreux blessés allemands arrivent dans notre ambulance. Deux médecins allemands sont là, qui nous regardent faire.

« Vers quatre heures, l'ordre est donné d'évacuer la maison, que, paraît-il, on va bombarder. On sort tous les blessés ; les médecins allemands emmènent les leurs et quelques-uns des nôtres. On nous laisse le soin de sortir nos blessés les plus graves et de les installer sur des civières improvisées. Toutes les maisons brûlent autour de nous ; celle que nous venons de quitter commence également à brûler. Escortés de fantassins allemands, aidés par quelques civils, on nous fait mettre en route.

« M. Levesque et moi portons nous-mêmes les blessés.

« Nous traversons la rue principale du village, qui est maintenant une véritable fournaise ; les toîts s'effondrent à nos pieds, les balles sifflent de tous les côtés. Péniblement, nous arrivons aux dernières maisons. Nous voyons là, sur le bord de la route, notre petite voiture pour blessés absolument éventrée, le cheval ayant été pris.

« Un peu plus loin un peloton d'exécution ; en face de lui, sur un petit talus, sur le bord de la route, *gisent enchevêtrés une cinquantaine de cadavres de prisonniers français qu'on vient de fusiller.* Nous approchons et reconnaissons à leur veste bleue, à leur brassard, nos malheureux petits infirmiers qui n'ont pas été épargnés. Un sous-officier achève à coups de revolver ceux qui respirent encore. » Après différents pourparlers, les médecins français obtiennent l'autorisation d'emmener avec eux ceux qui n'étaient pas morts.

« Ce fut un spectacle navrant et inoubliable de voir ces hommes échappés miraculeusement au trépas, se dégager lamentablement de ce monceau de cadavres. Un avait le nez complètement arraché et était horrible à voir ; d'autres, blessés aux jambes, nous suppliaient de venir les prendre. Nous pensions alors qu'après avoir remis nos blessés à une formation sanitaire allemande, nous pourrions revenir chercher ceux que nous ne pouvions prendre immédiatement. Il n'en fut rien, et plusieurs de ces malheureux moururent sans doute sans le moindre secours, à l'endroit où ils avaient été lâchement fusillés...

« Nous reprîmes notre route, portant toujours nos blessés, suivi des hommes, une vingtaine, qui, sortis du tas de cadavres, pouvaient, en se soutenant mutuellement, marcher encore. On nous mène devant une ligne de tranchées allemandes, et on trie nos blessés. Les moins graves sont tout de suite emmenés en arrière, pendant qu'on nous laisse, nous, devant les tranchées avec les cinq ou six blessés les plus graves. Ces malheureux poussent des cris affreux, et nous ne pouvons rien leur faire ; nous n'avons pas un pansement, pas une goutte d'eau à leur donner. » La nuit vient personne ne s'occupe de nous. « Nous faisons un lit avec de l'avoine que nous arrachons dans un champ voisin. Nous sommes gardés par deux sentinelles qui nous préviennent que, si nous fuyons, nous sommes morts.... et qui nous repoussent brutalement lorsque nous voulons nous approcher de nos blessés...

« Nous assistons au spectacle navrant de l'incendie d'Ethe et de Belmont, incendie allumé systématiquement, maison par maison ; aucune n'est épargnée. Des cris humains se mélangent aux cris d'animaux qui brûlent vivants dans leurs étables ; quelques malheureuses bêtes, dont nous distinguons le dos à moitié brûlé, à la lueur de l'incendie, errent affolées autour de nous. »

La nuit s'avance, personne ne vient, « nous pensons qu'on va nous laisser là jusqu'au lendemain... Nous savons que nous sommes avec le 25ᵉ régiment d'infanterie.

« Les sentinelles se relèvent toutes les deux heures ; leur garde finie, elles vont au village et reviennent deux heures après, ivres, leurs baïonnettes à dos en dents de scie absolument rouges de sang jusqu'à la garde. Elles nous les passent sous les yeux... La nuit nous parut terriblement longue...

« Au petit jour, le 23 au matin, on vient nous chercher pour être conduits auprès du général commandant le secteur. On nous oblige à laisser sur place quelques malheureux blessés .. On nous conduit derrière Ethe, dans la direction de Saint-Léger. Il y a là de nombreuses troupes d'infanterie, d'artillerie, de cavalerie. Il y a là également, solidement encadré, un groupe de cent cinquante prisonniers français environ, capturés la veille.

« On nous adjoint tout d'abord à deux médecins allemands appartenant au 46ᵉ régiment d'infanterie ; nous devons nous tenir à leur disposition. Nous assistons au rassemblement ; les régiments, les uns après les autres, prêtent leur serment avant la bataille et poussent les « hoch » et « hurrah » réglementaires.

« Le général arrive à cheval, entouré de son état-major parmi lesquels nous distinguons une femme portant le casque à pointe.

« Quelques ordres sont donnés ; puis, tout à coup, on fait lever les prisonniers français et le général prononce ces mots : *Abattez-les jusqu'au dernier !*

« Les malheureux avancent lentement, puis on les groupe ; les Allemands forment le cercle autour d'eux. Nous-mêmes, M. Levesque et moi, on nous fait laisser les médecins allemands à qui on nous avait adjoints tout d'abord, et on nous fait avancer avec le groupe des nôtres qu'on va fusiller.

« Nous faisons part à notre compagnon Levesque de l'ordre que nous venons d'entendre ; nous nous serrons la main et nous nous recueillons... Quand même, nous voulons tenter encore une su- prême démarche. Nous passons à la hauteur d'un des officiers d'or- donnance du général qui, la haine dans les yeux, les bras croisés, bombant le torse, regarde défiler devant lui tous ces prisonniers qu'au mépris des lois de la guerre et du droit des gens on va fusiller sans pitié. En allemand, nous lui demandons ce que nous pouvons avoir fait pour mériter le châtiment que nous venons d'entendre ordonner. Nous lui disons dans quelles conditions nous avons été faits prisonniers, pour avoir voulu soigner un des leurs. Nous lui rappelons que nous devons être respectés, et que nous sommes couverts par la convention de Genève.

« Cet officier (disons le mot cette brute) demande de nouveaux ordres à notre sujet au général et, après quelques instants, il est décidé qu'on va nous envoyer à Virton, distant de cinq kilomètres environ, pour y soigner les nombreux blessés français de la bataille de la veille et qui sont là sans médecins... »

On a vu plus haut qu'une bande d'assassins bavarois après les massacres d'Ethe, étaient partis dans la direction de Goméry. Suivons-les pour constater les exploits des soldats massacreurs du kaiser rouge.

Goméry est un village, avec château, situé à 2 kilomètres au sud d'Ethe sur la route d'Ethe à Tellancourt, par les Ruettes. Là se trouvent plusieurs ambulances remplies de blessés des régiments du IVᵉ corps. Celle du château a été organisée par le docteur Dutheil, médecin major au 14ᵉ hussards.

— Le premier témoin que nous interrogeons est Achille Bellan- ger, soldat brancardier au 26ᵉ régiment d'artillerie (1).

« Le 22 août, dit-il, pendant la bataille d'Ethe, j'ai transporté

---

(1) *Rapports et Procès-verbaux d'enquêtes*, etc., t. III-IV, pp. 73-74.

trois blessés à l'ambulance organisée dans le château de Goméry par M. le docteur Dutheil, médecin-major au 14e hussards... A neuf heures, M. Sédillot, aide-major du 1er groupe de mon régiment, qui avait monté une ambulance dans le haut du village, m'a envoyé chercher, ainsi que quelques autres infirmiers, parce qu'il était débordé. Au moment de sortir nous nous trouvons « nez à nez avec une patrouille allemande qui a tiré sur nous, bien que nous fussions porteurs de nos brassards. Personne n'a été atteint. La patrouille a visité le château puis s'est retirée. Entre onze heures et minuit, nous avons pu nous rendre à l'ambulance Sédillot.

« Le 23, dans la matinée, trois patrouilles appartenant au 47e régiment d'infanterie allemande s'y présentèrent successivement. La première se contenta de casser les fusils qui étaient déposés devant la porte et parlementa avec le lieutenant interprète Deschars, qui était blessé aux jambes. La seconde ne fit que passer. Au moment où arriva la troisième, j'étais en train de soigner un soldat dans la cage de l'escalier. Le sous-officier qui commandait cette troupe criait et paraissait menaçant ; aussi avons-nous descendu le lieutenant Deschars du premier étage au rez-de-chaussée pour qu'il parlât avec lui. Nous avons placé là M. Deschars sur une chaise, face à l'entrée. A peine le lieutenant interprète était-il installé, que le sous-officier allemand sans aucun motif, *lui brûlait la cervelle en lui tirant un coup de revolver à bout portant*. Cette scène s'est passée à un mètre de moi. Ne pouvant être d'aucun secours, j'ai essayé de sortir par la grange ; mais je me suis heurté là à des Allemands *qui piétinaient les blessés et les fusillaient*. Je me suis réfugié dans la cave.

« Pendant ce temps, d'après ce que m'a raconté mon camarade Bourgis, le médecin auxiliaire du 1er groupe Vayssière a été assassiné dans l'ambulance : le docteur Sédillot a été blessé. Au moment où je me sauvais, j'ai essuyé une trentaine de coups de fusil et j'ai vu un soldat allemand mettre le feu à la grange avec une torche. Toute l'ambulance a été incendiée, ainsi que les maisons voisines. Je suis certain que *trois cents de nos blessés au moins ont été brûlés* dans les granges. Des sentinelles placées aux portes les empêchaient de sortir. Ceux qui parvenaient à s'échapper étaient bientôt arrêtés dans leur fuite, *conduits au pied du mur du cimetière et fusillés*.

« Pendant que j'étais caché dans la cave, où se trouvaient également une vingtaine de blessés et le propriétaire de l'immeuble, j'ai, avec un de mes camarades, mis le feu à la paille qui était amoncelée à l'entrée. C'était le seul moyen d'empêcher les meurtriers de venir nous massacrer. Notre stratagème a réussi. Nous sommes restés vingt-quatre heures dans la fumée, nous avons failli être asphyxiés, mais nous avons pu échapper à la mort.

« Le lendemain, je suis sorti avec mon bidon pour aller chercher de l'eau. Un détachement allemand, autre que celui qui avait assailli l'ambulance, m'a arrêté et conduit près du mur du cimetière, où j'ai vu les cadavres des malheureux qui avaient été fusillés la veille. Il y en avait bien *une centaine, quatre-vingts au minimum*

« Le même jour, j'ai assisté au massacre du médecin du troisième groupe, M. de Charrette, et de trois blessés qui venaient de sortir avec lui d'une maison en partie brûlée. On les a fait rentrer l'un après l'autre dans le vestibule de cette maison pour les fusiller sous le prétexte qu'ils avaient tiré, ce qui était absolument faux, car ils n'avaient aucune arme.

« Tout à fait au début « de ces scènes » mon camarade Bourgis a reçu dans l'ambulance deux balles au côté droit, et un Allemand lui a placé sur le dos de la paille enflammée, tandis que le médecin Vayssière était tué. Bourgis a pu se sauver par le jardin. Aussitôt repris, il a été emmené devant le mur du cimitière et exposé à la fusillade avec les autres. » Au moment de l'exécution, « il s'est jeté à terre et il a ainsi évité d'être atteint par les balles. Comme il a fait le mort, on ne l'a pas achevé. Plus tard, des Allemands qui l'ont trouvé, ont consenti à l'épargner et il a été transféré avec moi en Allemagne, au camp Altengrabow. Après être restés tous deux captifs pendant deux mois et demi, nous avons été compris dans un échange de prisonniers.

« Le docteur Sédillot, qui avait reçu plusieurs blessures, a été également emmené en Allemagne, ainsi qu'un jeune sous-lieutenant Saint-Cyrien, qui, bien qu'ayant subi le matin même l'amputation d'un pied, avait sauté du premier étage dans le jardin pour échapper aux flammes. »

Ce courageux officier était Joseph Jeannin, ancien élève du collège catholique d'Aix, officier instructeur à l'école militaire de Saint-Cyr au moment de la mobilisation, neveu de l'abbé Jeannin, de Saint-Sulpice, et de l'abbé Wetterlé, le patriote alsacien. Agé de trente et un ans, il avait été affecté au 103e d'infanterie. Blessé d'un éclat d'obus et amputé d'un pied, comme on vient de le voir, il succomba deux jours plus tard (*Gaulois* du 9 mars 1915).

— La déposition faite, le 16 janvier 1915, à Paris, devant la Commission d'enquête, par Gustave Bourgis, soldat infirmier au 26ᵉ d'artillerie, confirme les faits précédents. En voici la plus grande partie :

« Le samedi, 22 août, dans la matinée, pendant la bataille d'Ethe..., j'ai transporté, avec d'autres brancardiers, au château de Goméry, mon camarade Féron, qui avait été atteint d'une balle au côté. Le docteur Dutheil, major au 14ᵉ hussards..., nous a ordonné de rester auprès de lui et nous a occupés à faire des pansements.

« Vers dix heures du soir, nous sortions pour nous rendre à l'ambulance du docteur Sédillot dans le même village, quand nous sommes tombés dans une patrouille de cavaliers allemands. Je marchais en avant avec le brancardier Bellanger. Nous avons fait vivement demi-tour et nous sommes rentrés au château, tandis que l'ennemi tirait sur nous sans nous atteindre. Dans le milieu de la nuit, nous avons enfin pu nous rendre à l'ambulance Sédillot.

« Le lendemain, 23, dès le matin, nous avons requis des voitures que nous avons garni de foin et sur lesquelles nous avons placé des blessés notamment le médecin-major de Charrette et un Saint-Cyrien pour les évacuer. Le Saint-Cyrien (Jeannin) était si grièvement blessé à la jambe ou au pied, qu'on dut lui faire l'amputation dans la voiture même. Peu de temps après, ayant appris par Mlle de Gerlache que les Allemands étaient partout aux environs, nous avons fait rentrer nos blessés. Les Allemands arrivèrent, en effet, aussitôt. Les deux premières patrouilles » ne « firent aucun mal. Il n'en fut pas de même de la troisième. Elle était composée de quatre-vingts hommes environ, commandés par un sous-officier. Ce dernier entra le revolver au poing et se trouva en présence du lieutenant-interprète Deschars, que nous avions installé, pour parlementer avec l'ennemi, sur deux chaises, dont l'une soutenait ses deux jambes étendues. Il échangea à peine quelques mots avec M. Deschars, et, d'un coup de revolver, brûla la cervelle au malheureux lieutenant. Il voulut ensuite tuer également le docteur Sédillot, qui se tenait auprès de l'interprète ; mais le médecin, se voyant menacé, lui saisit le poignet et ne fut atteint qu'à l'épaule au lieu de l'être à la tête.

« Pendant ce temps, les soldats tiraient sur nos infirmiers, sur nos brancardiers et sur nos blessés. Ce fut une véritable boucherie.

J'étais en train de faire un pansement. « Couchons-nous », me dit
le docteur Vayssière. J'obéis immédiatement. Un soldat allemand
s'approcha alors de nous, tira sur M. Vayssière à bout portant et,
me mettant l'extrémité de son fusil sur le côté droit, m'envoya successivement deux balles, qui, ayant glissé sur les côtes, ne me firent
que des blessures en séton. L'homme que je pansais fut tué.

« Aussitôt après, j'ai vu les ennemis mettre le feu à l'ambulance.
Le soldat qui avait tiré sur moi a enflammé deux poignées de paille
puis à jeté l'une sur le dos de M. Vayssière et l'autre sur moi.
Quand la patrouille se fut retirée, je me débarrassai de la paille qui
brûlait sur mes vêtements et j'enlevai également celle qu'on avait
placé sur M. Vayssière. J'ai pris celui-ci par les épaules, mais il n'a
rien dit, et j'en ai conclu qu'il devait être mort. J'ai alors sauté
dans le jardin par une fenêtre et j'ai rampé dans une planche de
choux, où je suis resté caché pendant une vingtaine de minutes, au
cours desquelles j'ai vu le Saint-Cyrien amputé sauter du premier
étage. Trois Allemands m'ayant découvert, m'ont fait relever en
me faisant sentir la pointe de leurs baïonnettes, puis, en m'emmenant m'ont obligé de traverser une grange qui brûlait et dans
laquelle *soixante ou quatre-vingts blessés, qui étaient en train de griller,*
poussaient des cris épouvantables. A chacune des deux portes de
la grange étaient placées deux sentinelles. Elles tiraient sur les
blessés qui essayaient de se sauver.

« J'ai été conduit au pied du mur du cimetière, au moment ou
on commençait à fusiller un premier groupe de prisonniers. J'ai
vu tomber devant moi mon ami intime, Henri Greiss, brancardier
à la première batterie. J'ai été placé dans le second groupe. Nous
étions dix ou douze. Le peloton allemand composé également de
dix ou douze hommes s'est placé à une dizaine de mètres devant
nous. » Au moment ou le sous-officier « donnait par un geste le
signal du feu, je me suis laissé brusquement tomber à terre. Les
premières détonations ont retenti ; chaque Allemand a tiré cinq
balles. J'ai eu la chance de ne pas être atteint ». La fusillade finie,
les exécuteurs s'approchèrent pour voir si nous étions tous morts.
Je reçus de nombreux coups de pied et de crosse, mais je ne bou-
geai pas.

« Au bout d'une demi-heure, deux soldats moins sauvages que
les autres m'ont relevé et m'on conduit auprès de la barrière du cimetière. Le docteur Dutheil, qui se trouvait à cet endroit, entre les
mains de l'ennemi, m'a fait un pansement. Je suis resté prisonnier.

« J'estime qu'au cours de ces scènes atroces,... *trois cents blessés environ ont brûlés et plus de cent ont été fusillés*. Le détachement allemand qui a commis ces crimes appartenait au 47ᵉ régiment d'infanterie.

« Parmi les victimes qui ont été fusillées auprès de moi, le long du mur du cimetière, se trouvaient les brancardiers ou infirmiers Rallu, Grimbert (étudiant en médecine), et Belaré. Tous trois, ainsi que Greiss et moi, portaient le brassard de la Croix Rouge. »

— Le 16 avril 1915, à Paris, l'aide-major de 1ʳᵉ classe Charles Sédillot certifia (1) que les récits faits par Bellanger et Bourgis étaient exacts « dans l'ensemble » avec « quelques erreurs de détails ». En ce qui le concernait, les premiers coups avaient été portés non au lieutenant Deschars, mais à lui-même. Pendant qu'il tombait blessé, les blessés et les infirmiers qui essayaient de se sauver étaient massacrés. « Je les voyais tomber, dit-il, et j'entendais des bruits de course éperdue, des cris d'effroi et des appels, tandis que les Allemands criaient : Encore un, encore un ! *Noch einer, noch einer !*

« Presque en même temps, je perçus un ronflement. C'était le feu qui dévorait la grange et qui gagnait la maison. Je me traînai sur le plancher, et quand je passais devant les fenêtres, je vis à travers la fumée, des ennemis fouillant nos morts et achevant les blessés. Je pus, en m'aidant des mains et des dents, monter par une échelle dans un faux grenier, ou j'eus la chance de trouver une petite ouverture à travers laquelle il me fut possible de respirer. Par ce trou, je vis les Allemands se retirer et plusieurs de mes camarades sauter du premier étage de la maison principale : parmi eux, le docteur de Charrette, qui était blessé, et le lieutenant de Saint-Cyr Jeannin, que j'avais amputé d'une jambe dans la matinée. Ce dernier, en sautant, a perdu son pansement et son moignon est entré en terre. Le malheureux officier est mort deux jours après. *Tous les blessés restés dans la maison ont été brûlés*. On entendait leurs hurlements. Je sautai moi-même et, dans ma chute, me brisai le péroné droit ».

Sédillot et ses compagnons se cachent dans un plan de choux et la nuit dans la cave de la maison. Ils en sortent le 24 et trouvent dans le jardin et dans la rue une grande quantité de cadavres. Le médecin est alors arrêté « par des hommes qui n'appartenait pas au même corps que les massacreurs, et conduit au cimetière, » où il

---

(1) *Rapports et Procès-verbaux d'enquête*, etc. t. III-IV, pp. 76-78.

vit « encore un grand nombre de cadavres alignés le long du mur » et quelques blessés vivants, « notamment le lieutenant Jeannin. »

Bientôt, continue Sédillot, « on amena auprès de nous quatre Français blessés : mon confrère de Charrette et trois soldats qu'on venait de faire sortir d'une maison et que les Allemands accusaient d'avoir tiré. Tous jurèrent que cette accusation était fausse, et l'un des soldats montra même ses deux bras cassés. Un capitaine n'en ordonna pas moins l'exécution, qui eut lieu sur la route, à trente mètres de moi. Au moment d'être fusillé, de Charrette remis son portefeuille à l'officier allemand, avec prière de l'envoyer à sa famille... Je crois me rappeler que les soldats allemands qui ont lâchement assassiné mes camarades appartenait au 6e régiment d'infanterie, mais je ne saurais l'affirmer. Je crois d'autre part, que ceux qui nous ont fait prisonniers et qui ont fusillé le docteur de Charrette étaient du 47e régiment.

« J'évalue à *cent ou cent vingt* le nombre de ceux de mes blessés qui ont péri sous les balles et dans les flammes.

— Le brancardier Defforge, du 26e d'artillerie, fait prisonnier à Goméry le 23 août et rapatrié le 11 juillet 1915, apporta aussi son témoignage (1), sur l'ordre du général Galliéni, gouverneur de Paris. Il donne les détails que nous connaissons déjà sur les massacres de blessés, de prisonniers et sur les incendies. Il signale parmi les massacreurs les Silésiens du 53e d'infanterie. « L'infirmerie, raconte-t-il encore, devint la proie des flammes et l'on voyait courir les Allemands près des malheureux Français gisant à terre, les piquant de leurs baïonnettes pour s'assurer que la mort avait fait son œuvre. Venant à moi, l'un d'eux me relevait avec violence et m'emmenait dans la rue, où je vis nos pauvres blessés couchés à terre dans des mares de sang. De là, on nous emmena, avec d'autres brancardiers et soldats blessés, à cent cinquante mètres environ de notre infirmerie dans un cimetière où nous aperçûmes avec effroi cinq rangées de camarades fusillés, agonisant. On nous rangea sur une sixième, nous obligeant à coups de crosse à nous mettre à genoux Le feu d'exécution commença, accompagné de chants et de rires de ces barbares. Nous tombâmes les uns après les autres, moi touché à la cuisse. Après avoir été retourné en tous sens, je fus abandonné comme mort.

---

(1) *Rapports et procès-verbaux d'enquête*, etc., t. III-IV, pp. 78-80.

« Vers seize heures, M. le major Dutheil, qui était resté la veille au château (de Goméry) et avait eu le bonheur d'être épargné, est venu en compagnie de M. Nicolas, domestique, inspecter, sous la surveillance des Allemands, la malheureuse localité, avec l'espoir de sauver, s'il le pouvait, quelques blessés échappés au massacre. Après avoir reconnu la voix de M. Nicolas, je me rassurai et j'appelai. On me releva ainsi que le sergent Gautier, du 102ᵉ d'infanterie, les deux seuls survivants qui restaient. Un ordre, paraît-il, était parvenu pour mettre fin au massacre. Nous fûmes déposés le long du mur, avec d'autres blessés. Nous restons là pendant deux jours ; ceux qui s'éloignaient, par respect, pour des besoins pressants, étaient fusillés.

« Le 24, M. Sédillot, bien que blessé, arriva avec les brancardiers Hubert et Bellanger, sous la garde de soldats allemands ; nous assistons dans cette même journée à l'exécution de M. le major de Charrette, accusé de mensonge. Il fut lancé dans les décombres enflammés, ainsi qu'un maréchal des logis de dragons et deux artilleurs blessés, et assassiné, ainsi que ces malheureux, à coups de fusils... La nuit du 24 et une partie de la journée du 25 se passèrent sans nourriture. Une sentinelle eut pitié de nous et nous donna un morceau de lard qu'il ramassa dans les décombres Aucun de nous n'ayant de couteau, je mordis dans le lard et distribuai les morceaux tout maculés de sang coulant de mon front, à mes camarades.

« Le 26, nous sommes conduits à l'école de Goméry, et comme, depuis quatre jours, nous n'avions touché aucune nourriture, nous recevons un peu de bouillon des dames du château et nous sommes transportés dans des charrettes jusqu'à Arlon, ou l'on nous embarque dans des wagons sans paille... (1) »

La justice doit nous faire confesser que certains soldats allemands plus humains protestaient contre ces nombreux attentats.

« Cette manière de faire la guerre, remarque lui-même un sous-officier de la landwehr, est véritablement barbare. Je m'étonne que nous puissions déblatérer sur la conduite des Russes, *car nous faisons bien pis en France* et, à toute occasion, sous un prétexte quelconque, on brûle, on pille. Mais Dieu est juste et voit tout :

---

(1) Arthur Chuquet a narré ces horreurs dans un livre intitulé : *Prouesses allemandes*, 1916, pp. 105-110.

ses moulins moulent lentement mais terriblement menu (1) ».

La barbarie dont l'Allemagne s'est fait une arme pour semer la terreur et obtenir une victoire qu'elle croyait prochaine, n'a ni troublé, ni démoralisé la nation intacte et ferme, unie et résolue ; l'âme de la France a résisté et elle a tenu. Elle n'a rien de commun avec quelques bandits dont la bassesse a tenté de servir au dedans, par des intrigues abjectes, les desseins de l'ennemi du dehors. Elle croit, avec le sous-officier de la landwehr, que Dieu est juste et qu'il voit tout. Elle espère que ses moulins moudront « terriblement menu » le peuple prévaricateur qui a donné au monde le hideux spectacle d'ignominies dont nous nous souviendrons.

____

(1) *Journal d'un sous-officier de la landwehr*, dans *Carnets de route allemands*. Traduction par Jacques de Dampierre. Paris, Berger-Levrault, 1916, pp. 126-127.

CHAPITRE IV

Le IVe Corps les 22 et 23 août

Le 22 août 1914, au soir, le 4ᵉ corps était établi dans les conditions suivantes :

Quartier général à Lamorteau (5 kilomètres Sud de Virton). La 8ᵉ division (115ᵉ, 117ᵉ, 124ᵉ, 130ᵉ), occupe la zône : Harnoncourt-Dampicourt-Saint-Mard-Lamorteau-Rouvroy. Toute la 7ᵉ division (101ᵉ, 102ᵉ, 103ᵉ, 104ᵉ), est au bivouac avec ses groupes d'artillerie, partie à Villers-le-Rond, partie à Charency.

Les troupes ont reçu l'ordre de se tenir prêtes à attaquer l'ennemi vers 2 heures du matin. De divers renseignements parvenus, il résulte que les Allemands du Kronprinz n'ont occupé, pendant la nuit, ni Virton, ni Saint-Mard. A Ethe, « après que les troupes françaises se furent retirées, ne laissant que les blessés, les ambulances et les soldats isolés, une patrouille allemande avait parcouru le village vers 9 heures du soir, puis s'était retirée. En plus de cette patrouille et de quelques incursions d'avant-gardes, le village resta vide de forces ennemies jusqu'à 7 heures du matin (1). C'est l'heure à laquelle trois patrouilles appartenant au 47ᵉ d'infanterie allemande parcoururent le village rapidement. Un médecin-major (2) resté près des blessés, et qui assista aux horribles scènes qui ensanglantèrent Ethe (3), constate cette situation ; on peut dire même qu'Ethe abrita, pendant une bonne partie de la nuit, certains éléments français.

« Le 4ᵉ corps aurait donc eu, du moins dans la région d'Ethe, Latour, Les Ruettes, le temps nécessaire pour reconstituer certains éléments éprouvés et pour être en mesure de reprendre la lutte sur de nouvelles positions. »

Par malheur, un décrochement très appréciable s'était fait dans le front du 4ᵉ corps. Si la 8ᵉ division, appuyée sur le 2ᵉ corps, se consolidait sur les fortes positions du Mont-Quintin, à Lamorteau, à quelques kilomètres en arrière de Virton, la 7ᵉ division avait

---

(1) A 8 où 9 heures d'après les documents cités au chapitre précédent.
(2) Le docteur de Lageneste du 2ᵉ bataillon du 103ᵉ d'infanterie.
(3) Voir plus haut pp. 50 et suivantes.

reculé jusqu'à Marville. De Marville, elle maintenait sa liaison avec la 9e division du 5e corps, en avant de Villers-le-Rond, c'est-à-dire sensiblement en arrière de la Chiers. Ce mouvement en éventail, prenant Mont-Quintin comme pivot, altérait singulièrement le front général de l'armée, puisqu'il substituait une ligne Nord-Sud à la ligne oblique qui était celle du début.

« D'autre part, le général Ruffey apprenait, dès 4 heures du matin, qu'il ne pouvait compter sur la solidité du 5e corps. Vers 9 heures, il était obligé d'autoriser ce corps à se replier sur la rive gauche de la Chiers en maintenant au plus quelques arrière-gardes sur la rive droite pour défendre les ponts. »

Vers 10 heures, ce mouvement s'accomplit.

Devant la 8e division du 4e corps, les troupes ennemies sont signalées comme se massant, au cours de la matinée, dans les bois de Robelmont, « c'est-à-dire à la jonction du 2e corps (4e armée) et du 4e corps. Vers midi, Robelmont est occupé; deux batteries ennemies sont établies sur la crête 305, à l'Est de Robelmont. »

De ce côté, l'ennemi se montrait donc extrêmement prudent et la situation restait bonne à la jonction du 2e corps et du 4e. Mais la droite de ce 4e corps (7e division) se trouvait dans une situation plus difficile.

Le général de Trentinian (7e division), « après avoir évacué Ethe, à la suite du combat d'avant-garde du 22 août, était venu cantonner entre Allondrelles et Villers-le-Rond; le recul était un peu marqué et indiquait que la division ne s'était pas rendu exactement compte du mal qu'elle avait fait à l'ennemi. Mais, il faut reconnaître que la situation du 5e corps, à droite de la 7e division, exposait celle-ci » à une attaque sur le flanc droit résultant de la disposition en échelon. C'est ce qui arriva.

Dans la matinée du 23 août, un bataillon qui tenait la croupe 234 à l'Est de Charency, fut attaqué sur sa droite que venait de découvrir subitement le 5e corps. Toute la division se replia alors sur Villers-le-Rond (1) non cependant sans perdre quelques unités, notamment Henri-Louis-Victor Cohin, de Beillé, soldat au 101e d'infanterie (2).

---

(1) G. Hanotaux, *Histoire de la guerre de 1914*, Fascicule 61, pp. 188-190.

(2) Henri-Louis-Victor Cohin, né à Beillé (Sarthe) le 28 mars 1892, était cultivateur chez ses parents, à la ferme de Marcé. Il fut enterré à Villette. Renseignement de M. le vicomte d'Elbenne, maire de Beillé.

Ce recul est un fait accompli vers 1 heure du soir. Le général de Trentinian demande une direction. On lui répond qu'il devra contre-attaquer vers 3 heures dans la direction de Longwy. Cet ordre arrive tard. Les deux bataillons envoyés de Marville sur la route de Longwy sont obligés de s'arrêter à 3 ou 4 kilomètres. A la tombée de la nuit, le général commandant la 7ᵉ division décide de battre en retraite immédiatement derrière l'Othain pour occuper la forte position de Marville.

La 8ᵉ division avait pu garder ses positions de Mont-Quintin-Lamorteau, appuyée qu'elle était, sur sa gauche, par le 2ᵉ corps qui avait réoccupé le plateau de Villers-la-Loue (ferme du Hayon) et était prêt à contre-attaquer. D'autre part, la 8ᵉ division était en liaison avec la 7ᵉ par Charency, de telle sorte que le 23 au soir, par suite du recul du 5ᵉ corps et de la 7ᵉ division, le corps présentait un front se développant exactement Nord-Sud : Mont-Quintin - Harnancourt - Lamorteau-Charency - Villers-le-Rond-Marville Saint-Jean-Petit-Failly.

Vers le milieu du jour, le 2ᵉ corps était obligé de se replier sur la ligne Somme-Thonne-Couvreux-Avioth, parce que un corps colonial avait dû reculer lui-même.

« Dans le cours de la journée du 24, l'ennemi est signalé comme s'avançant, mais progressant lentement sur les deux routes d'Ethe-Ruettes-Tellancourt-Latour-La Malmaison. »

Le danger vient de là, toujours à droite. « En effet, de ce côté, le 5ᵉ corps s'est replié définitivement sur l'Othain, et le 4ᵉ corps se trouve menacé de ce côté. Il est vrai que la 7ᵉ division contre-attaque de nouveau vers Petit-Xivry pour essayer de dégager le 5ᵉ corps ; mais elle est bien fatiguée et son élan s'arrête vite. »

Malgré tout, « la 8ᵉ division garde sa forte position de Mont-Quintin. La journée se passe en travaux et en repérages pour défendre la position Mont-Quintin-Marville. Le 4ᵉ corps, pour plus de sûreté, transporte son quartier général à Villecloye, près de Montmédy, et se tient en étroite liaison avec la place (1). »

Pendant que le 44ᵉ d'artillerie, le dimanche matin, 23 août, gagnait Lamorteau à travers champs pour atteindre le soir même Torgny et ensuite Marville (2), les 21ᵉ, 22ᵉ et 24ᵉ compagnies du 317ᵉ, qui avaient passé la nuit à la Malmaison pour protéger la

---

(1) G. Hanotaux, *Histoire de la guerre de 1914*, Fascicule 61, pp. 190-191.

(2) Paul Lintier, *Ma Pièce*, pp. 88-100.

retraite de la 7ᵉ division vers Villers-le-Rond, subirent le choc des Allemands sur le plateau d'Allondrelles, là où le commandant 'Bone fut blessé et remplacé par le capitaine Merlin (1).

Ce même dimanche, les brancardiers, cantonnés à Lamorteau, se réveillent à 3 h. 1/2 du matin. « Nous chargeons les blessés installés au couvent des Carmélites de Rouvroy, pour les conduire à la gare de Lamorteau, où on les embarque — dit le sergent brancardier Louis Bourneuf (2).   Ceci fait (il est 9 heures) on se retire vers Torgny. Nous y faisons une halte pendant laquelle un avion allemand plane au-dessus de nos positions afin de découvrir l'artillerie. L'infanterie tire dessus sans résultat, sur ce nous nous mettons en route, à regret, car nous commençons à battre en retraite et nous rentrons en France. Nous traversons Velosnes et arrivons à Othes où l'on passe la nuit, en plein champ. Heureusement, la paille ne manque pas.

« Le lundi, 24, nous sommes réveillés par l'infanterie qui se replie. Nous partons à 2 heures pour arriver à Villecloye, à 2 kilomètres de Montmédy, où nous cantonnons. »

Nos soldats avaient donné leur mesure. A l'issue des combats de Virton et d'Ethe, les chefs du 4ᵉ corps déclarèrent hautement leur confiance croissante dans leurs troupes.

Les défaillances tactiques contribuèrent à la perte des premières batailles. Dès le 24 août, la leçon, *l'enseignement* de cette nouvelle guerre fut dégagé par tout le monde, généraux et soldats. Le doigt est mis sur la plaie : infanterie, artillerie, cavalerie, reçoivent les directives qui doivent désormais régler leur action commune. Jusqu'à ce jour, les attaques n'ont pas été exécutées par une combinaison intime de l'infanterie et de l'artillerie. Désormais, il faudra préparer l'attaque avec l'artillerie, retenir l'infanterie et ne la lancer à l'assaut qu'à une distance où on est certain de pouvoir atteindre l'objectif. Toutes les fois qu'on avait voulu lancer l'infanterie à l'attaque de trop loin, avant que l'artillerie eut fait sentir son action, l'infanterie était tombée sous le feu des mitrailleuses et avait subi des pertes qu'on aurait pu éviter (3). C'est la liaison des armes qui est recommandée — un peu tard, il est vrai — et leur subordination au but qu'on se propose, non à des théories plus ou moins systématiques.

---

(1) *Carnet de route* de Léon Huet, adjudant de bataillon au 317ᵉ.

(2) *Carnet de route.*

(3) Note pour toutes les armées, datée du Grand Quartier général le 24 août 1914.

CHAPITRE V

Le 24 août 1914, s'achevait de Mons aux Vosges la première grande bataille de la campagne. Nous étions refoulés avec des pertes énormes.

« Engagés avec le 1er et le 2e marsouins — raconte l'un des survivants de la retraite, prisonnier en Allemagne — dans un pays boisé et insuffisamment exploré par la cavalerie, lancés beaucoup trop en avant pour compter sur aucun secours, cernés dès les premières heures du jour (du 22) par un ennemi très supérieur en nombre, nous n'avons pu que vendre chèrement notre vie... Des marsouins, quelques-uns ont pu échapper, de l'artillerie, personne. A 7 heures du soir, après être restés 12 heures sous un feu épouvantable, il ne restait plus qu'un charnier de notre belle artillerie divisionnaire; les canons étaient hors de service après avoir consommé toutes leurs munitions ; les chevaux étaient éventrés ; la moitié du personnel était hors de combat. Les survivants, à la nuit, étaient faits prisonniers par les Allemands. Les hommes ont été d'une bravoure sans égale ; pas un n'a bronché. Alors qu'ils étaient sûrs d'y passer tous, pas un n'a flanché : ils ont servi leurs pièces comme à la manœuvre (1). »

Il semblait qu'on fut revenu aux mauvais jours de 1870. L'Allemagne récoltait le fruit de quarante-quatre ans de préparation intensive. La France payait la confiance qu'elle avait placée dans les politiciens auxquels elle avait remis ses destinées. Les populations des frontières belges et françaises prirent la fuite devant les hordes du Kaiser. On les vit sur tous les chemins - femmes, enfants, vieillards — à la suite des convois de blessés, se répandre dans nos départements de l'intérieur à la recherche d'un gîte pro-

---

(1) *Vie d'Ernest Psichari* par Henri Massis dans *Revue hebdomadaire*, 1er janvier 1916, p. 61, note 1.

visoire. Les trains, qui transportaient ces troupeaux effarés, s'éternisaient sur les lignes encombrées et mettaient des jours et des nuits pour franchir de médiocres espaces, quelquefois à l'allure de 1 kilomètre à l'heure (1). Les émigrés, entassés dans les wagons avaient la ressource de descendre souvent sur les talus de la voie pour tromper leur ennui et absorber quelques vivres exhibés de torchons, de mouchoirs, de paniers ou de vieux sacs de voyage « Traînant avec eux quelques hardes prises au hasard, ils étaient montés dans la hâte de fuir, d'éperdument fuir devant l'horreur et la mort, devant le feu, devant les indicibles mutilations et les viols sadiques... Ils n'avaient plus ni village, ni foyer, ni famille ceux qui arrivaient là sans but. Beaucoup d'enfants, des petites filles dont les parents s'étaient perdus au milieu des incendies et des batailles. Et aussi des aïeules, maintenant seules au monde, qui avaient fui sans trop savoir pourquoi, ne tenant plus à vivre, mais poussées par un obscur instinct de conservation : leur figure, à celles-là, n'exprimait plus rien, pas même le désespoir, comme si vraiment leur âme était partie et leur tête vidée (2).

Le mal était bien autre quand il s'agissait de soldats grièvement blessés. L'administration sanitaire, prise au dépourvu, faisait voiturer à travers la France sous la surveillance de majors incapables de s'occuper utilement, durant des arrêts de trois ou quatre heures, des malheureux mutilés dont les blessures n'avaient souvent pas été soignées depuis le jour de la bataille. Beaucoup mouraient au cours de ces douloureuses pérégrinations alors qu'il eût été facile, chemin faisant, de confier les plus avariés aux soins d'ambulancières dévouées et diplômées, qui se trouvaient sur tous les parcours dans des baraquements construits *ad hoc* et qui n'avaient pas toujours l'autorisation de renouveler des bandages pourris ou raides de sang coagulé. Je me souviens encore d'un pitoyable zouave que je trouvai dans un train de blessés à la gare de la Hutte (3). Il avait été horriblement atteint au bas ventre et aux cuisses. On le traînait, souffrant mort et passion, depuis quatre ou cinq jours, sur la banquette en bois d'un wagon, à destination inconnue, mais certainement lointaine. Je dus m'employer, en

---

(1) Je l'ai plusieurs fois constaté à la Hutte et à Beaumont-sur-Sarthe, où je me trouvais alors.

(2) Pierre Loti, *La Hyène enragée*, Paris, Calman-Lévy, pp. 5-6.

(3) Station sur la ligne du Mans à Alençon.

même temps que Mme la comtesse d'Angély et le docteur Bruneau, pour qu'on le déposat à la gare; dès le lendemain matin, à la première heure, on dut l'opérer d'urgence à l'hôpital de Fresnay. Un petit gars breton, le bras gauche tumefié, au grand air — ses manches de chemise et de capote avaient été coupées, — grelottait de fièvre. Je lui jettai sur le dos, à sa grande satisfaction, en guise de couvérture pour la nuit qui approchait, un sac à pommes de terre, que je pris furtivement, sans autorisation, dans un coin de l'ambulance de la gare. Et au milieu de cette confusion, de trains de fugitifs, de soldats blessés, de convois de troupes françaises, anglaises et africaines, des attelages de quinze ou vingt locomotives venues de Belgique et des départements envahis, fuyaient l'approche de l'ennemi et soulignaient la retraite des vaincus de Charleroi, de Virton et d'Ethe.

C'était donc la défaite ! Mais c'est dans la défaite surtout que la Patrie se révèle à un peuple, à une armée. « Une armée, tout de suite victorieuse, ne peut atteindre les profondeurs de ce sentiment. Il faut avoir lutté, avoir souffert, avoir craint, ne fut-ce qu'un instant, de la perdre, pour comprendre ce qu'est la Patrie. Elle est tout le charme de la vie. Elle est toutes les affections, toutes les joies du cœur, de l'esprit Elle est ce qui fait que l'existence vaut d'être vécue; tout cela uni, personnifie en un seul être, un être vivant, souffrant, fait de la volonté de millions d'individus : la France ! La défendant, c'est soi-même qu'on défend, puisqu'elle est la raison d'être, de vivre. Alors, on préfère tomber, mourir là, parce qu'on sent que la France perdue, ce serait pire que la mort. Selon son esprit et selon son cœur, chaque soldat sent cela confusément ou d'une façon lumineuse et claire. Pourtant au camp, on n'en parle jamais. C'est que les mots qui en temps de paix voilaient trop souvent, sous leur grandiloquence, ces sentiments si profonds et si fins, nous offusqueraient à présent. Cette passion, car c'est une passion, habite tout au fond du cœur avec les émotions intimes et sacrées qu'on croirait profaner en les exprimant (1). »

La France entrait dans une série de surprises : un million d'ennemis par la Belgique alors qu'on n'en attendait que trois cents

---

(1) Paul Lintier. *Ma Pièce*, p. 126. — « La Patrie reste une abstraction un peu vague pendant la paix. Sa puissance apparait seulement quand elle est menacée. Dégagée alors du voile mystique qui l'enveloppait, elle devient une réalité assez forte pour transformer la conduite d'un peuple. » G. Le Bon, *Hier* et *Demain* p. 45.

mille ; des corps de réserve solides, alors que nous n'opposions souvent que des divisions de réserve insuffisamment instruites ; une nombreuse artillerie lourde et puissante ; un nombre effrayant de mitrailleuses ; dans l'infanterie et dans l'artillerie, une connaissance supérieure du combat moderne, des cadres subalternes nombreux et exercés et surtout une discipline de fer. De notre côté, l'inexpérience du même combat moderne, l'inexpérience dans le maniement des grandes masses d'hommes poussées à l'action par une volonté unique.

Coordonner une immense et délicate opération de guerre, avoir une vue nette et sûre du but à poursuivre et des moyens de l'atteindre, prévoir les mouvements de l'ennemi pour les combattre ou les déjouer, pousser en avant des corps considérables de façon qu'ils restent toujours liés, toujours prêts à se porter un mutuel secours au lieu de s'embarrasser ou d'être nuisibles, les uns aux autres, tenir compte de tout, des conditions d'une marche militaire aussi bien que des accidents qui peuvent se produire ou des besoins des hommes, c'est une autre affaire que de mettre sur pied une armée nombreuse, brillante, pleine de bonne volonté et de feu.

Rien de tout cela ne semble avoir été fait au début de la campagne. Il fallait donc, tardivement hélas ! profiter de la leçon donnée par des ennemis formidablement organisés et admirablement exercés (1).

Par bonheur, au dire d'un critique militaire, la cavalerie allemande de 1914 a été inexistante. Nulle part, elle ne s'est montrée en masse. Presque toujours ses pelotons, en avant-garde, ont fait demi-tour, chassés par l'attaque de nos patrouilles de quelques cavaliers. Ces patrouilles ont eu un allant et un mordant remarquables, tandis que la cavalerie allemande est restée prudemment derrière les fusils de son infanterie. L'invasion de la Belgique aurait dû être précédée d'une vague d'exploration. Il n'en a rien été.

La cavalerie allemande n'est pas sortie. La nôtre, au contraire, est allé, assez inconsidérément, promener ses longues colonnes et faire des centaines de kilomètres sur les routes de Belgique, sans

---

(1) « L'analogie, origine fréquente de jugements définitifs, alors qu'elle devrait être seulement créatrice d'hypothèses à vérifier, est une source de fréquentes erreurs. C'est en se guidant sur des analogies superficielles que les dirigeants de notre état-major accumulèrent tant de fautes et se refusèrent si longtemps à multiplier les canons et les munitions. » Gustave Le Bon, *Hier et Demain, Pensées brèves*. Page 24.

but et sans utilité. Elle s'est agitée dans le vide, confondant l'agitation avec l'action. On aurait dû d'autant plus la ménager que son service à jet continu, sans aucun repos entre les grandes manœuvres et l'arrivée immédiate des recrues, auquel la malheureuse loi de deux ans avait soumis ses chevaux, avait ruiné leur organisme et miné leur état à ce point de les rendre incapables d'une longue résistance.

Marville. — La journée du 25 août, — raconte G. Hanotaux — « fut, pour le 4ᵉ corps, une des plus décevantes de la campagne.» On espérait que, sur les fortes positions choisies par le commandement et organisées dans la journée du 24, « en présence d'un ennemi affaibli et un peu hésitant, le front se maintiendrait et que si la retraite ordonnée devait s'accomplir, elle se ferait méthodiquement... C'est sur cet espoir, résultant de la solidité de la gauche du corps toujours appuyé sur Mont-Quintin et toujours en liaison avec le 2ᵉ corps, que la journée se levait pour le général Boëlle.

« La 16ᵉ brigade (115ᵉ et 117ᵉ) et trois groupes d'artillerie tiennent le centre de résistance de Mont-Quintin avec le colonel Dervaux. La 15ᵉ brigade (124ᵉ, 130ᵉ, colonel Froppo) tient Velosnes et la rive gauche de l'Othain. La 14ᵉ brigade (7ᵉ division) occupe les hauteurs de Marville. La 13ᵉ brigade (7ᵉ division) tient Marville et la rivière jusqu'au Petit-Failly. En avant, le détachement Blin, qui a contre-attaqué la veille, et la batterie Jourdan du 26ᵉ, couvrent Villers-le-Rond. » La position de Marville, organisée par le génie, semblait d'autant meilleure que les maisons de la ville « s'étagent depuis les bords de la rivière jusqu'au sommet d'une colline qui offrait sur ses deux flancs de bons emplacements pour l'artillerie. »

Le détachement Blin a reçu l'ordre de se porter en avant. Mais il se trouve en présence de l'ennemi qui attaque de son côté vers 5 h. 1/2 du matin. « Les Allemands ont eu le temps de se réorganiser à leur tour et de « boucher leurs trous » dans la journée du 24. Ils ont manœuvré vivement dès qu'ils ont vu se confirmer un succès auquel ils croyaient à peine le 22 au soir. Leurs troupes sont dans un état de fureur et d'exaltation dont témoignent » les horreurs d'Ethe et de Goméry.

Les Allemands essayent d'ouvrirent sur la gauche du 4ᵉ corps une fissure qui le séparera du 2ᵉ corps. Ils profitent pour cela du recul précipité du 5ᵉ corps qui ne peut même plus tenir derrière l'Othain et qui se porte sur le Loison. A la manœuvre de la tenaille, ils opposent une manœuvre analogue, mais plus restreinte, qui tend à envelopper le 4ᵉ corps par les deux ailes. « Donc, attaque sur Mont-Quintin à notre gauche, attaque sur Grand-Failly à notre droite et coup de massue sur le centre de la résistance française à Marville ; ainsi s'engage le combat de Marville par deux offensives qui vont au-devant l'une de l'autre. »

Le général Boëlle a établi son poste de commandement à Iré-le-Sec, au Nord-Ouest de Marville, sur la route de Montmédy. Il est obligé de reconnaître que sa gauche, qui n'a pas bougé de Mont-Quintin depuis le 22, se trouve dans une position un peu risquée, car sa droite, très affaiblie, est découverte par le recul du 5ᵉ corps. Le 2ᵉ corps est entre Saint-Donnat et Saint-Valéry, prêt à contre-attaquer sur ce front ; mais la 7ᵉ division est sérieusement menacée. Sans tarder, il prend la résolution de resserrer son front pour soutenir son aile droite, et il enjoint à la 8ᵉ division de quitter Mont-Quintin en n'y laissant que de fortes arrière-gardes.

Au centre, le colonel Blin se trouve devant un ennemi supérieur en nombre. Il reçoit l'ordre de se replier sur Marville à l'abri de l'Othain ; le combat se concentre donc de Montmédy à Marville, sur un espace d'environ 10 kilomètres. A 8 h. 30, l'infanterie ennemie, s'emparant d'un gué sur l'Othain, au Nord de Marville, cherche à déborder la localité de ce coté. L'artillerie lourde couvre Marville de projectiles. Vers 9 heures, le général de Trentinian est averti que les Allemands ont enlevé le Grand-Failly au 5ᵉ corps. Il se décide alors à faire évacuer Marville et la cote 277.

Par malheur, l'ordre de retraite s'exécute mal ; les gros projectiles allemands tombent dans le ravin Sud de Marville et mettent le désordre dans les attelages.

La 8ᵉ division avait reçu l'ordre de résister coûte que coûte et de ne se replier qu'en cas de nécessité absolue sur Montmédy-Villecloye, Flassigny. Par une répercussion malheureuse de ce qui se passe sur le reste du front, cette division qui s'était toujours si brillamment comportée, cède à son tour. Avant même d'avoir été attaquée, sans attendre les ordres, elle commence sa retraite vers 11 heures. Fort heureusement, elle est recueillie par le 2ᵉ corps, qui forme barrage à la hauteur de Bois-Robert.

« Il est vrai qu'à midi le général Boëlle... reçoit l'instruction de se replier sur les Hauts-de-Meuse. Le recul se serait produit de toutes façons : il n'en reste pas moins que les espoirs très raisonnables conçus le matin et qui s'appuyaient sur la force de résistance du 4ᵉ corps s'étaient évanouis en quelques heures. La retraite sur la Meuse était voulue par le haut commandement, mais elle s'imposait aussi en raison des incidents tactiques.

« Le reste de l'après-midi du 25 ne fut marqué que par les incidents d'une retraite extrêmement laborieuse. Ce qui reste du régiment de cavalerie (14ᵉ hussards) la soutient et l'artillerie, placée sur une hauteur dominant le Loison, arrête l'ennemi qui ne lance, d'ailleurs que quelques escadrons (1). »

C'est à Marville que Bernard *Laffargue*, sous-lieutenant au 124ᵉ d'infanterie, fils du colonel Laffargue, tué à Virton, fut mortellement blessé (2). Le lieutenant-colonel Etienne *Josset*, du 104ᵉ d'infanterie, fut également tué, à la tête du 304ᵉ de réserve (3).

Parmi les Manceaux victimes du combat de Marville, je signale : Auguste-Georges-Joseph *Auvé*, cultivateur à Laigné-en-Belin, du 102ᵉ d'infanterie, disparu le 25 août 1914 ; Jean *Gouttière*, boucher à la Ferté-Bernard, du 315ᵉ d'infanterie, 5ᵉ bataillon, disparu le 25 août, et Jules-Joseph *Toulis*, de Ballon, du 315ᵉ, tué le 25 août (4).

Armand-François-Jules de la Rochefoucauld, duc de Doudeauville, propriétaire du château de Bonnétable, se distingua particulièrement en cette occurence comme capitaine au 14ᵉ hussards, ce qui lui valut plus tard cette citation à l'ordre du corps d'armée :

« Officier de réserve ayant toujours eu la plus belle attitude au feu, notamment le 25 août à Marville où il s'est avancé seul pour reconnaître un bois occupé par l'ennemi, et le 22 septembre où il a ramené sept chevaux pris à l'ennemi (5). »

---

(1) G. Hanotaux, *Histoire de la guerre de 1914*, Fascicule 61, pp. 191-193.

(2) *Gaulois* du 3 décembre 1914.

(3) *Gaulois* du 12 septembre 1914.

(4) Jules *Toulis* fut tué à Marville le 25 août (d'après Henri Goulvent, sergent au 315ᵉ d'infanterie) et non à Trésauvaux (Meuse), le 25 septembre, comme le dit le *Bulletin paroissial de Ballon* de janvier, février 1915 et de novembre 1916. Le 25 septembre, le 315ᵉ n'était plus dans la Meuse depuis longtemps.

(5) Par décret du 29 décembre 1916, le duc de Doudeauville fut inscrit au *Tableau spécial de la Légion d'honneur* avec cette mention : « Capitaine de réserve au 14ᵉ régiment de hussards, groupe 5/6 ; vaillant officier commandant depuis le début de la guerre un escadron qui a été pendant 45 jours en contact permanent avec l'ennemi ; a fait preuve dans des circonstances difficiles du plus grand courage, de beaucoup de sang-froid et de la plus belle énergie. » — Le fils aîné du duc (Sosthène-Marie-François de la Rochefoucauld) suivit l'exemple de son père. Engagé volontaire à dix-sept ans dans un régiment d'artillerie, il mérita cette citation à l'ordre du jour : « Le 7 septembre 1916, pendant un violent bombardement, n'a pas hésité à se porter au secours d'une corvée venant ravitailler en vivres la position de la batterie, et dans laquelle le chef de corvée avait été grièvement blessé et un conducteur et un attelage tués. Excellent soldat volontaire pour toutes les missions périlleuses. »

On laissa des arrière-gardes sur la rive Sud du Loison et la retraite s'accomplit par Remoiville. Les troupes étaient épuisées par quatre jours de marches et de combats. Ayant perdu le plus grand nombre de leurs officiers, elles étaient dans l'impossibilité de reprendre la lutte si on ne leur accordait pas un peu de repos. Dans la soirée, le 4e corps était replié sur la Meuse : le quartier général à Dun-sur-Meuse ; la 7e division à Brieulles-sur-Meuse ; la 8e division à Cléry-le-Grand, Cléry-le-Petit, Lion-devant-Dun ; l'artillerie à Sassey-sur-Meuse et Mont-devant-Sassey. Le corps faisait sa liaison avec le 5e corps par Bréhéville (1).

Les brancardiers de la 8e division étaient à Villecloye près de Montmédy, le lundi 24 août. Ils battirent en retraite ainsi que leurs régiments. Quittant Villecloye-sur-l'Othain le mardi 25, à 9 heures du matin, ils traversèrent Iré-le-Sec et arrivèrent à Louppy-sur-Loison, en lisière de la forêt de Wœvre. On se trouvait là en pleine coufusion. L'artillerie arrivait par trois routes à la fois, en même temps que les services de santé des 7e et 8e divisions, les ambulances et une longue file d'émigrés qui avaient précipitamment quitté leurs foyers devant l'ennemi. Quand l'ordre fut un peu rétabli, ils se remirent en chemin par Murvaux en avant de Dun-sur-Meuse, où ils arrivèrent à 6 heures du soir. Ils devaient y cantonner, mais sur la menace des Allemands, ils repartirent vingt minutes plus tard, passèrent à Milly-devant-Dun et arrivèrent à Sassey-sur-Marne à 9 heures du soir très fatigué d'une course d'environ 35 kilomètres, et heureux d'y passer la nuit (2).

Ecoutons maintenant Paul Lintier sur l'odyssée de son régiment :

Le 44e d'artillerie est arrivé à Marville le 24 août au soir, sans tenir à Flassigny, où on avait mis un instant les pièces en batterie sur une hauteur. « Je retrouve là un site connu. Nous avons traversé Marville en allant à Torgny. C'était alors une petite cité aimable avec des jardins fleuris, des châlets au bord de l'eau dans les dalhias. Aujourd'hui Marville est désert. De grandes charrettes de paysans meusiens, pleines de literie, de coffres, de paniers, attendent, attelées, prêtes à partir. Une cage à sereins y voisine avec une voiture d'enfant et un moïse. Et au milieu de tout cela, sont assises des femmes entourées d'enfants. Elles pleurent ; les petits se blottissent dans leurs jupes. Des chiens autour des voitures attendent pour suivre. »

<hr>

(1) G. Hanotaux, *Histoire de la guerre de 1914*, Fascicule 61, p. 194.
(2) *Carnet de route* de Louis Bourneuf.

Par où cette population doit-elle s'acheminer ? Elle ira au hasard d'un renseignement. Ah ! quelle misère !

« Notre bivouac est établi à l'entrée de la ville... Le capitaine de la 10ᵉ batterie arrive au cantonnement à cheval. Nous croyions sa batterie perdue. Il raconte au commandant comment, dans le bois de Guéville (1), il a réussi à sauver ses quatre pièces en abandonnant tous ses caissons. Sa batterie est en position quelque part sur les hauteurs qui dominent Marville, au Sud-Est. Il vient chercher des ordres... »

Le mardi 25 août, les artilleurs s'éveillent. On entend « un frôlement connu... Les hommes s'abattent où ils sont. En plein ciel, au-dessus du parc, un shrapnell éclate... Le parc s'agite. Autour des chevaux et des voitures, les canonniers se hâtent. En un clin d'œil... les attelages sont prêts à démarrer. Des obus explosibles tombent à présent sur Marville, et d'autres, hurlant au-dessus de nous, vont s'abattre sur les crêtes voisines que l'ennemi croit garnies d'artillerie française. Les conducteurs, penchés sur l'encolure de leurs chevaux, fouaillent leurs attelages et la colonne part au trot. » On prend position sur les côtes qui dominent à l'Ouest la ville, la vallée de l'Othain, et les hauteurs qui s'étendent de l'autre côté de la rivière, d'où débouche l'ennemi.

« Une trombe de plomb, d'acier, de feu s'abat sur Marville. Un des premiers obus a atteint le clocher. On ne peut voir d'ici la ville. Mais de grandes fumées montent en colonnes noires toutes droites dans le ciel. Marville brûle. Dans le vacarme de la canonnade — qui s'est enflée jusqu'à un tonnerre ininterrompu, qui croît, décroît, se répercute en échos, roule, sonne, éclate, sans cesser jamais — on a peine à distinguer les coups de l'ennemi de ceux de l'artillerie française. On finit pourtant par reconnaître, brève dans l'orage, la voix des 75.... Le canon se cabre comme un cheval pris de peur. Les crânes vibrent. On a dans les oreilles un tintamarre de cloches ; on est secoué de la tête aux pieds. Une grande lame de feu a jailli de la gueule de la pièce. Le vent du coup, autour de nous a soulevé la poussière. La terre tremble. On a dans la bouche une saveur fade d'abord, âcre à la longue. C'est la poudre. On ne sait si on la sent ou si on la goûte, et le tir se poursuit, rapide, sans à-coups. Les mouvements des hommes sont coordonnés, précis, brefs. On ne parle pas. Les gestes suffisent pour indiquer

______

(1) Au-dessous de Virton et d'Ethe, entre Les Ruettes, Lamorteau, Torgny et la Malmaison.

la manœuvre. On n'entend que les commandements de hausse du capitaine que répètent les chefs de pièce... Derrière le canon, les douilles noircies, fument encore.

— « Halte au feu !

« Les servants s'étendent dans l'herbe. On roule une cigarette.

« Encore un aéro !... On rage... Il nous survole.

« Tout de suite l'artillerie lourde ennemie ouvre le feu sur les côtes que nous occupons et sur un bois voisin. Il est temps de changer de position...

« Sans attendre que le tir de l'ennemi soit réglé, sur l'ordre du commandant, nous allons nous établir dans une cuvette du plateau... Devant nous et derrière nous, s'ouvrent des tranchées vides. Marville brûle toujours. La fumée salit tout l'horizon à l'Est. Le soleil est haut... Le vacarme de la bataille ne fait que croître... ». On aperçoit dans le lointain « des grandes masses d'hommes en marche. » Sont-ce des Français ? Tous l'ignorent. Enfin, « des sections d'infanterie apparaissent soudain au bord du plateau et se replient en hâte. Une compagnie du 101ᵉ vient s'établir dans les tranchées ouvertes derrière nos pièces ». Les obus pleuvent toujours ; l'un d'eux tombe dans la tranchée où sont les fantassins. Une, deux secondes se passent ; on entend un cri. Rien. Un homme se lève et s'enfuit, puis un autre, puis la compagnie tout entière. Tête basse, ils fléchissent les genoux. Derrière, un blessé se débarrasse en hâte de son sac et de son fusil et s'éloigne à cloche-pied.

« Une estafette apporte un pli au commandant : Ordre de se retirer. Le corps d'armée bat en retraite. Nous quittons la position. Au pas la colonne s'allonge... Dans la tranchée où vient de s'abattre l'obus, un fantassin est resté, un seul. Il est étendu sur le ventre. Il s'était fait un lit de paille pour être mieux. Il a un trou dans le dos. Autour, le sang fait, sur le drap, un grand rond noir. Sous lui la paille est rouge. Un autre éclat lui a ouvert la nuque ; son képi est tombé et son visage projeté en avant s'est enterré. En passant tous nos regards vont là. Mais personne ne dit rien. Qu'est-ce qu'il y a à dire sur un obus qui est tombé et sur un homme qui est mort !

« Encore une défaite ! Comme en 1870 ! C'est la pensée qui nous obsède et nous étreint.

— « Ils sont rudement forts ! Regarde ça ! me dit Desprez (le brigadier Jean Desprez), en étendant les bras vers ce plateau, où, jusqu'à l'horizon, fourmille l'infanterie française en retraite. Latour,

six heures de combat ; aujourd'hui, guère plus. Encore battus !
Malheur !

« Nous nous sentons de la rage contre ceux qui ont pliés. Nous
sommes bien restés près de l'arbre en boule, nous, samedi dernier !

« Au loin, vers Marville, des colonnes d'artillerie s'allongent
sur les champs ras. Un escadron bleu et rouge lève de la poussière.
Fluctuations de l'infanterie, décroissantes, mais sensibles, jusqu'à
l'horizon, poussière de cavalerie, lignes noires d'artillerie. Il fait
un grand soleil. Toute canonnade, tout bruit s'est tu. La terre,
sèche et chaude, exhale une vapeur qui confond ce grand mouvement d'hommes. On dirait que le plateau tout entier s'est mis en
marche (1). »

Le 44ᵉ d'artillerie arrive à Remoiville, village abandonné : pas
une âme ; portes et fenêtres closes. Il doit y attendre longtemps,
car il faut traverser le Loison et il n'y qu'un pont. « Le passage
s'opère en grand ordre. Puis, par une route unique, à travers des
campagnes vallonnées où alternent des forêts (2) aux verdures
profondes et des prairies fraiches entre bois, la retraite du 4ᵉ corps
commence (3) » ou plutôt continue.

« Sur la droite du chemin, se poursuit l'interminable défilé de
l'artillerie et des convois : canons de tous calibres, caissons, fourragères, chariots, voitures régimentaires, voitures du train, ambulances du corps, charrettes de paysans pleines de blessés exsangues,
coiffés parfois d'un turban de gaze que le sang rougit par places.
De front, tenant la gauche, l'infanterie avance en bon ordre. La
route est déjà très défoncée. Devant nous, roule une batterie de
120 court. Un de ses brigadiers porte, pendue à sa selle, la moitié
d'un mouton.

« La 10ᵉ batterie a perdu ses pièces Quand vers une heure, l'infanterie céda tout à fait, les canonniers ne purent les retirer. Le
feu de l'ennemi avait presque complètement détruit les attelages.
La capitaine *Jamin* (4) a été atteint au flanc par un éclat d'obus.
Nous l'apercevons étendu dans une charrette à foin, parmi les
blessés d'infanterie...

« Des chevaux fourbus ont été abandonnés. Ils sont là, debout,

---

(1) Paul Lintier, *Ma pièce*, pp. 98-109.
(2) La forêt de Wœvre qui s'allonge entre les deux routes de Stenay à Damvillers.
(3) Paul Lintier, *Ma pièce*, pp. 109-111.
(4) Il habitait au Mans, 5, rue Erpel.

dans les fossés, la tête basse, les yeux demi-clos, vitreux de chassie. Une roue les heurte parfois. Ils ne se rangent même pas. Ils ne se couchent que pour mourir (1). »

Le régiment aborde les hauteurs qui, par une série d'éperons, dominent la plaine et la forêt de Wœvre. Là, il doit protéger la retraite du 4ᵉ corps qui se poursuit toujours, en bas, sur la route. Les deux batteries du groupe de Paul Lintier, sept pièces, sont spécialement chargées d'arrêter l'ennemi Par la fenêtre de la mairie d'un village, Lintier aperçoit le général Boëlle : « son visage est grave sans sévérité » et son regard n'exprime aucune inquiétude (2).

Après Marville. — On enseigne qu'il faut normalement dix heures à un corps d'armée pour opérer sa retraite par une route unique. A l'aube du mercredi 26 août, il y avait plus de quinze heures que la retraite du 4ᵉ corps vers la Meuse était commencée ; les artilleurs du 44ᵉ pouvaient donc songer à se retirer eux aussi sur la vive gauche du fleuve. Ils le firent dans la soirée du 26, par le pont de Dun-sur-Meuse, qui, ayant été miné, sauta aussitôt après leur passage (3 .

A Sassey, à 3 kilomètres au nord de Dun, le génie fit également sauter le pont sur la Meuse, dans la journée du 26. Les brancardiers de la 8ᵉ division, qui avaient perdu un des leurs, Armand Héligon, à la relève des blessés (4), traversèrent le même jour Mont-devant-Sassey, Villers-devant-Dun (Meuse), Andevanne (Ardennes) et arrivèrent au cantonnement à Bantheville (Meuse). Après un repos de deux jours (27 et 28 août), ils partent le samedi, 29, à 4 heures du soir, pour prendre 5 blessés à Andevanne, et, à 7 heures du soir, vont cantonner, par Bantheville, à Romagnes-sous-Montfaucon. Le dimanche 30, ils sont à Remonville (Ardennes), d'où ils partent, à 8 heures du soir, chercher des blessés, sous la mitraille, entre Villers-devant-Dun et Mont-devant-Sassey.

« Nous nous trouvions en plein bois à 3 kilomètres de Villers-

---

(1) Paul Lintier, p. 112.

(2) Paul Lintier, *Ma pièce*, p. 115.

(3) Paul Lintier, *Ma pièce*, pp. 119-123. — Un maréchal des logis du 44ᵉ d'artillerie, Jules Renault (de la vallée de St-Blaise, au Mans), fut cité à l'ordre de l'armée pour sa belle conduite en cette occasion. Blessé peu après, il eut la médaille militaire et fut soigné à l'hôpital temporaire n° 20 (Grand Séminaire du Mans) de l'avenue de Paris, à partir du 14 septembre 1914.

(4) *Nouvelliste de la Sarthe* du 13 novembre 1915.

devant-Dun — raconte Louis Bourneuf — lorsque les obus alle- mands qui jusque là tombaient à notre droite et à notre gauche, vinrent tomber en plein sur nous. Un d'eux éclate juste au-dessus de nos têtes, tue un brancardier, en blesse deux autres (tous trois de la 4ᵉ escouade) et blesse également un médecin aide-major. Un éclat d'obus coupe une grosse branche de chêne qui tombe au pied de l'arbre et ensevelit un de mes collègues, le sergent Jouachim, pendant que l'autre extrémité me tombe sur la tête, barrant complètement le sentier dans lequel on se trouve. A ce moment, une de mes sections de mitrailleuses arrive, faisant demi- tour; elle est obligée d'attendre que le sentier soit déblayé. Nous chargeons vivement les blessés et nous repartons pour Andevanne, où on arrive à 2 heures du matin. Nous passons le reste de la nuit sur place, nos cantonnements sont occupés par d'autres troupes et des blessés.

« Le 31 août, à 10 heures, on conduit à sa dernière demeure notre pauvre victime de la veille tombée au champ d'honneur. Le soir, à 7 heures, nous retournons à Villers (devant-Dun), charger des blessés. Ceci fait, on reçoit l'ordre d'aller dans une ferme relever d'autres blessés, mais le colonel du 115ᵉ (Gazan), nous fait faire demi-tour, la ferme étant occupée par l'ennemi (1). Le 115ᵉ, tout au moins une partie du régiment, se trouvait alors à Villers, tandis que le 117ᵉ occupait Montigny et Mont-devant- Sassey, à quelques kilomètres au Nord, sous la protection de batteries du 31ᵉ d'artillerie.

À Montigny, le 31 août, le lieutenant Papin, du 117ᵉ, déjà blessé à Virton, après la disparition de son commandant, rallie ses hommes et les ramène en bon ordre avec les blessés. Le soldat David, du 117ᵉ, relève son capitaine blessé, incapable de marcher et le ra- mène à l'arrière sous des rafales qui le jettent plusieurs fois à terre. D'autres actes de courage furent accomplis par le sous-lieutenant Firmin Mocquais, le sergent Aimable Doderai de Verneil-le- Chétif, le sergent-major Haby, le sergent Emile Bouvier, tous du 117ᵉ, ainsi que par le sergent Boulard du 317ᵉ. Le sous-lieutenant Augustin-Léon Desgranges, du 117ᵉ, du Mans, fut blessé le 31 août à Montigny ou à Mont-devant-Sassey, ainsi que le sous- lieutenant Giraud, du 31ᵉ d'artillerie, et le maréchal des logis Eugène Collin, aussi du 31ᵉ d'artillerie.

(1) *Carnet de route* de Louis Bourneuf.

Au nombre des tués ou disparus, on rencontre : le capitaine Pierre-Marie *Mourgeon*, du 117ᵉ, tué le 31 août en défendant Montigny, cité à l'ordre du corps d'armée pour son héroïque conduite ; Pierre Hardouin-*Duparc* (1), du Mans, sergent au 117ᵉ, disparu ; Paul *Daubert*, du Mans, adjoint-technique des mines, secrétaire du colonel du 117ᵉ, tué ; Henri *Cruchet*, de Saint-Pierre-de-Chevillé, du 117ᵉ, disparu le 30 août, et Louis-Auguste *Guenier*, de Pirmil, du 117ᵉ, tué le 1ᵉʳ septembre.

A Villers-devant-Dun, tombèrent le 31 août : Henri *Collet*, du Mans ; Ernest-Auguste *Simier*, de Saint-Denis-d'Orques ; P.-Eugène *Vallienne*, de Savigné-l'Evêque ; *Pageot*, du Mans ; Clément *Loutelier*, du Mans, tous du 115ᵉ. A Aincreville (canton de Dun-sur-Meuse), le même 31 août, ce fut François *Thielleux*, de Château-du-Loir, du 317ᵉ.

On l'a vu, le 44ᵉ d'artillerie avait traversé Dun-sur-Meuse. Le lendemain 27, il va prolonger une forte position d'artillerie qui garnit les hauteurs de la Meuse. Des collines, vers Stenay, le bruit du canon arrive par rafales. Très au-dessus des bois, on aperçoit des éclatements de shrapnells (2). D'après certains récits, une de nos divisions avait éxécuté une magnifique charge à la baïonnette à Cesse, au Nord de Stenay, le 26, et le lendemain, 27, un régiment allemand qui tentait de passer le fleuve à Sassey, avait été complètement anéanti (3). Dans l'après-midi du 27, quelques cavaliers, des uhlans sans doute, apparaissent à la lisière d'une forêt lointaine. Une rafale du 44ᵉ d'artillerie les fait rentrer sous bois (4).

Le 28 août, départ de grand matin, « derrière l'infanterie, dont on entend l'énorme piétinement de troupeau en migration ». Au loin, gronde le canon. Bientôt, les premières clartés du jour éclairent les collines boisées de la rive gauche de la Meuse. « Quand nous arrivons à Beauclair, dit Lintier, l'action semble terminée. Devant l'église, sur la place hérissée de faisceaux, l'infanterie qui vient de combattre se repose. Au milieu des armes, les soldats, la plupart pâles, quelques-uns très rouges, se sont couchés sur la terre nue, au soleil. Pas un ne bouge. Les masques durcis des

---

(1) Il avait épousé le 9 juillet 1912 à Saint-Pierre-de-Chaillot, à Paris, Mlle Solange Blache. Ses deux frères, Paul et Gabriel, furent tués plus tard.

(2) Paul Lintier, *Ma pièce*, pp. 128-129.

(3) *Histoire de la guerre* dans l'*Almanach Hachette* de 1916, p. 101.

(4) Paul Lintier, *Ma pièce*, p. 130.

dormeurs expriment une lassitude tragique. Les capotes et les chemises ouvertes découvrent les poitrines. Tous les hommes sont boueux. Les pantalons ont des emplâtres de terre aux genoux... A Halles, à 2 kilomètres de Beauclair, nous allons cantonner au pied de hautes collines. L'artillerie, qui depuis longtemps s'était tue, recommence à tonner. L'ennemi, par dessus nos têtes, bombarde les collines. »

A 2 heures du matin, le samedi 29 août, il faut partir tout de suite. Les Allemands, dit-on, on passé la Meuse. Arrêtés sur la côte raide du Tailly, on attend des ordres. Le jour monte et envahit le ciel. « Un à un les régiments de la 7e division surgissent du ravin et nous dépassent (1). Les hommes semblent harassés. Leurs yeux sont caves ; les visages les plus jeunes, jaunis, ternis de misère, sont égratignés de grandes rides ; les coins des lèvres tombent. Penchés en avant sous l'écrasement des sacs, dans l'atti·tude du Christ sous sa croix, les fantassins gravissent cette côte comme un calvaire. Tous les cent mètres, ils s'arrêtent pour remonter leur fardeau d'un coup de rein. Il y en a qui tiennent leur fusil à bout de bras, comme un balancier qui les aide à marcher. Quelques-uns se plaignent de ne pas avoir mangé depuis deux jours. Un homme du 101e, un grand garçon hâvre, aux yeux fiévreux, s'est arrêté près de nous. Il carresse la volée du canon.

— « Tiens, dit-il à Hurtin, tu devrais bien me tirer un obus dans le ventre. Au moins ça serait fini !

— « Tu n'as pas honte, lui répond le maître pointeur.

« L'homme fait de la main un geste vague, hausse les épaules et s'en va en traînant la jambe. »

L'infanterie passée, les artilleurs prennent position sur le plateau, à la lisière des bois derrière lesquels se retirent les régiments de ligne. Ils attendent les têtes de colonnes ennemies qui, d'un instant à l'autre peuvent déboucher du vallon de Tailly. La nuit close, ils s'en vont cantonner de l'autre côté des bois.

Le dimanche 30 août, le 44e reprend sa marche. La batterie de

---

(1) A Tailly, le chef d'escadron Tournaire et les capitaines Condé et Citreux, du 44· d'artillerie, protégèrent énergiquement la retraite de la 7· division. Le chef d'escadron, Paul Pinel de Grandchamp, du même régiment, se distingua également à Tailly, le 31 août, tandis que les capitaines Després et Maunoury, du même 44· d'artillerie, y étaient grièvement blessés. Le comte Portalis, également capitaine au 44· d'artillerie, blessé mortellement à Stenay où à Tailly, le 31 août, mourut de ses blessures à Troyes. Il habitait au Mans, 9, rue Hémon.

Paul Lintier s'arrête dans un étroit ravin aux abords de Villers-devant-Dun. Le canon semble tonner aussi bien à l'Ouest et au Midi qu'à l'Est et au Nord. Un écho très sonore fait illusion. En réalité, on se bat surtout du côté de Dun-sur-Meuse. Par des chemins déjà parcourus, le régiment va occuper au-dessus de Tailly ses positions de la veille. Il a cheminé inutilement « pendant plus de 7 heures le long d'une grande boucle. » A la suite de différentes péripéties : aéroplane allemand, bombardements, etc. « la journée s'achève dans l'immobilité. Vers Tailly et vers Stenay, rien ne révèle la présence de l'ennemi. »

Mais le lendemain lundi, 31 août, le canon réveille de bonne heure les artilleurs. Il faut retourner au feu. Les Allemands bombardent les hauteurs voisines de Tailly. En colonne, dans le village, le 44ᵉ attend des ordres. On se bat rudement dans la trouée de Beauclair. L'ennemi cherche à forcer le passage. Les ordres viennent : « En avant ! au trot ! — Trois cents mètres sur la route de Beauclair...; on nous arrête encore. Des soldats blessés aux mains, aux bras, aux épaules, reviennent du combat... Des hommes atteints aux jambes commencent à passer. Ceux-là souffrent. Ils suent de fatigue et de chaleur, car le soleil, en plein ciel à présent, tombe droit dans le trou où serpente la route. Plusieurs pour s'aider ont pris des bâtons dans les haies... »

A travers champs, par des pentes rudes, les artilleurs vont prendre position sur les hauteurs qui commandent la trouée de Beauclair et la route qu'ils viennent de quitter. « Au loin, l'infanterie allemande, qui débouche des bois sur une prairie, semble une armée d'insectes sombres sur un tapis d'un beau vert uni. Tout de suite nous ouvrons le feu. Sous nos obus, en hâte, l'ennemi rentre au bois ; nous bombardons le bois. »

L'action paraissait favorablement engagée. Des batteries françaises s'avançant par la route de Beauclair, s'engageaient dans la trouée. Sur les collines, d'autres batteries tonnaient sans répit. « Des poussières, des éclairs de feu dans les verdures » révélaient « des pièces qu'on ne voyaient pas... Une vapeur âcre de poussière et de poudre » flottait « dans la vallée dont les échos somptueux » multipliaient « le fracas de l'artillerie » ; les ondes sonorent se confondaient, se mêlaient.

Tout à coup un commandement : « Cessez le feu ! »

Il est midi. Les hommes s'immobilisent autour des pièces. Brusquement, l'ennemi commence à bombarder Tailly et les sapinières qui dominent. « Des avant-trains établis depuis le matin à la lisière des bois, s'éloignent en hâte. Une section d'infanterie émerge de la fumée d'un obus explosif. » Peu à peu, le feu de l'artillerie française se ralentit. « Une batterie installée de l'autre côté de la sapinière a du être repérée par l'ennemi, sous un feu infernal d'obusiers, elle ramène ses pièces une à une à travers bois. »

Encore la retraite ! — Des sections d'infanterie franchissent les crêtes et se replient. Le 44ᵉ se remet en batterie sur ses positions de la veille et ouvre le feu sur l'ennemi, pendant que derrière lui des compagnies se retirent en ordre déployé. Le soir venu, il reçoit l'ordre de se retirer aussi (1).

Le mardi, 1ᵉʳ septembre, très longue marche du 44ᵉ d'artillerie. Le régiment s'arrête vers 1 heure du matin et repart vers 4 heures. Au matin, il est auprès de Landres (Ardennes). « La matinée est calme, dit Paul Lintier. On mange, on fume, on écrit. A midi, les coups nets, brefs, rythmés du 75 commencent à sonner sur les collines voisines. A 1 heure, nous recevons l'ordre d'aller soutenir un groupe d'artillerie engagé sur des hauteurs au Nord de Landres. A peine installés, un aéroplane passe, un Allemand. On n'en voit jamais d'autres. Tout de suite, des obus s'abattent autour de nous. Et toujours, comme par miracle, la batterie demeure indemne au milieu des éclatements, dans la fumée de la mélinite… A la fin, le tir de l'ennemi s'allonge, ses obus vont tomber derrière nous, au fond d'un ravin, sur une route où l'on voit, dans d'épais nuages de poussière, des échelons de combat qui s'éloignent au galop. »

Des ordres arrivent : « Nos batteries retournent à Landres » et le soir, au soleil couchant, des « escadrons bleus et rouges, scintillants de sabres au clair », des chasseurs, frôlent les artilleurs et « gravissent l'autre face de la vallée. »

Après 4 petites heures de sommeil, le mercredi 2 septembre, on doit repartir. « Nous atteignons la grande route Il faut laisser passer l'infanterie de la 7ᵉ division. Le corps d'armée bat en retraite. On dit que nous allons embarquer… Il paraît que nous avons été remplacés sur la Meuse par des troupes fraîches, et qu'on va reformer le 4ᵉ corps… A plein la route, flots sur flots, avec un grand bruit d'écluses ouvertes, les bataillons succèdent aux bataillons. Les fantassins semblent assez dispos. Il y en a qui chantent. » Les 101ᵉ et 102ᵉ défilent. « Derrière les régiments de ligne de la 7ᵉ di-

---

(1) Paul Lintier, *Ma pièce*, pp. 131-163.

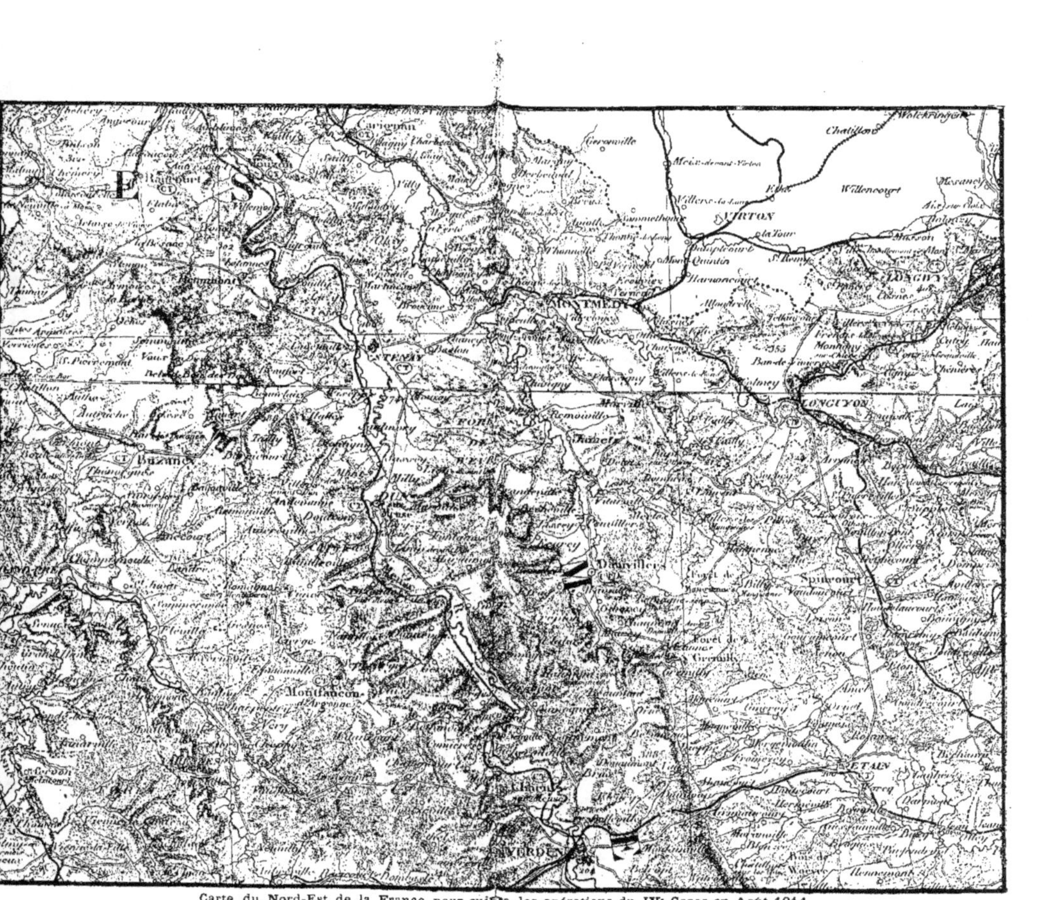

Carte du Nord-Est de la France pour suivre les opérations du IV° Corps en Août 1914

vision, commence une marche d'une fastidieuse lenteur. Il fait chaud. La poussière, que soulève l'infanterie, nous enveloppe, nous étouffe. La route est jalonée de chevaux morts.

« A Châtel, sur un chemin libre, à gauche, enfin nos batteries peuvent prendre le trot. A travers les campagnes et les vallées, jusqu'à l'horizon, une ligne de poussière... indique la grande route de Varennes que suit la division.

« Il est midi... Et voilà qu'on entend le canon... pas très loin vers le Nord-Est. Près du village d'Apremont, à la lisière de la forêt de l'Argonne, où viennent de pénétrer les premières voitures de notre colonne, trois obus éclatent... Alors, l'ennemi nous poursuit ? Personne ne le contient ? Nous n'avons pas été remplacés ? C'est la défaite... l'invasion ?... La France grande ouverte ?

« Sur la route, de front avec notre colonne, cheminent des théories de charrettes. Toute la population fuit devant l'ennemi » : vieilles femmes, jeunes filles, mères avec des nourrissons, vieillards, enfants. Où vont-ils ? « Devant eux, en France, dans les pays où les Allemands n'iront pas. »

Et l'artillerie roule au milieu de ce flot humain. Après la traversée de l'Argonne, elle s'arrête à Servon, « village à l'orée des bois, où les fantassins font la grand'halte. » Il est 2 heures. Près de Ville-sur-Tourbe, on forme le parc. Le soir, on atteint Sainte-Menehould qu'on traverse pour s'arrêter à minuit en pleine campagne.

Le jeudi matin, 3 septembre, sur la route, coule le fleuve de l'émigration. « Il faut faire ranger, dans les champs, les voitures d'émigrants pour livrer passage à l'infanterie du 2ᵉ corps venant de Clermont-sur-Argonne et de Sainte-Menehould. Ces troupes semblent avoir été moins éprouvées que les régiments de ligne du 4ᵉ corps, mais pas plus que nous, ces hommes ne savent où on les mène. » Ils parlent de victoires en Alsace, dans le Nord, de victoires navales. « Ils ne semblent pas se douter que les Allemands avancent derrière nous !.. »

Vendredi, 4 septembre. Levée du camp dans la nuit. La diarrhée fatigue les soldats. « Les chevaux sont encore plus las que les hommes. Beaucoup ont été légèrement blessés dans les combats de lundi et de mardi (à Tailly et à Landres). Leurs plaies suppurent. Personne ne les soigne, et ce n'est pas le pire, car quelques-uns ont à subir les remèdes stupides de leurs conducteurs... Presque tous les chevaux boitent... Rarement dételés, jamais déharnachés, les traits, les culerons, les croupières surtout ont fait de grandes plaies couvertes, tout le jour, de mouches et de taons. Cavalerie misérable, affaiblie encore, comme les hommes, par une incessante diarrhée.

« Toute la matinée nous cheminons. Nous traversons Givry-en-Argonne, Sommeilles (1), Nettancourt, Brabant. Les bornes des routes portent *Meuse*, puis *Marne*. La poussière voile à demi les pentes graves et lentes de ce beau pays, les masses somptueuses de la forêt d'Argonne qui se profilent à l'Est.

« Vers le milieu du jour, nous atteignons Révigny-aux-Vaux, une jolie ville blanche au milieu des prairies. Au bord de l'Ornain, près de la gare, nous formons le parc... A la nuit tombante, nous embarquons. Des lanternes à pétrole éclairent de loin en loin le grand quai où traîne de la paille. Les chevaux, la tête basse, abrutis de lassitude, se laissent disposer dans les wagons sans résistance. Les servants achèvent d'établir les pièces sur les trucs. Vite, tout s'immobilise. Les hommes, 30 par fourgon, s'installent pour la nuit, les uns étendus sur les bancs, les autres dessous. Les manteaux servent d'oreillers ; on a jeté les armes dans un coin. Et, comme l'occident s'éteint tout à fait, le long du quai morne où rien ne bouge plus, le train démarre. »

Samedi, 5 septembre. Tous les trois quarts d'heure, le train s'arrête. Des hommes torturés par la dyssenterie, en profitent pour sauter sur la voie. « Dès que le train stoppe, on aperçoit, au bord des talus, des files d'artilleurs qui, au coup de sifflet, se hâtent de regagner leurs wagons, en remontant leurs culottes. Heureusement le convoi démarre lentement. ·

« Triste journée, occupée à voir distraitement passer les paysages, l'esprit hypnotisé par la pensée de la défaite. Souvent, le train ne va pas plus vite qu'un homme au pas (2). »

Le dimanche, 6 septembre, au réveil, le régiment est dans la banlieue de Paris. Les Parisiens surtout ne tiennent plus en place. Brusquement, après ce morne voyage, les hommes se reprennent à espérer. Ce n'est pas la puissance du camp retranché qui les rassure. C'est une instinctive confiance d'enfant qui se retrouve au foyer, une « sensation inexprimable et précise d'une présence, aimée,

---

(1) Le même jour, 4 septembre, les 315· et 317· d'infanterie s'embarquent à Sommeilles pour Paris.

(2) Paul Lintier, *Ma pièce*, pp. 163-185.

formidable, immortelle. C'est un *souffle vivant*, c'est l'appui d'une personne, d'une divinité invincible ; c'est on ne sait pas bien quoi... C'est Paris ! (1(».

Un sous-officier allemand de la landwehr, écrivait, le 3 septembre 1914, dans son *Carnet de route :* « Bien que partout l'Allemagne ait jusqu'à présent l'avantage, je ne puis me défendre d'une singulière impression, un pressentiment, que, malgré cela, tout finira mal (2). »

Au contact de Paris, du cœur de la Patrie. les soldats français ne peuvent se défendre de ce pressentiment opposé, que malgré la défaite, les fautes commises, tant au civil qu'au militaire, tout finira bien.

———

(1) *Ibidem,* pp. 187-188.

(2) *Journal d'un sous-officiei de la landwehr,* dans *Carnets de route de combattants allemands,* traduits par Jacques de Dampierre. Paris, Berger-Levrault, libraires-éditeurs, 5-7, rue des Beaux-Arts, 1916, p. 98.

CHAPITRE VI

Le 25ᵉ régiment d'infanterie territoriale (Laval), le 26ᵉ (Mayenne),
le 27ᵉ (Mamers), et le 28ᵉ (Le Mans), formèrent, en 1914, la 84ᵉ
division territoriale. Elle était complétée par le 44ᵉ d'artillerie
territorial, le 14ᵉ hussards territorial et le 4ᵉ régiment de génie
territorial.

« Dès le 16 août 1914, le général d'Amade qui, antérieurement,
commandait la région de Lyon, avait reçu l'ordre de se rendre à
Arras pour prendre le commandement supérieur d'un groupe de
divisions territoriales. Le 19 août, ce groupe était constitué ainsi
qu'il suit : la 81ᵉ division d'infanterie territoriale (général Marcot),
entre Hazebrouck et Saint-Omer ; la 82ᵉ division territoriale
(général Vigny), autour d'Arras ; 84ᵉ division territoriale, celle
du Maine (général de Ferron), à Douai et aux environs. Les forces
de chacune de ces divisions se composaient de 4 régiments d'infanterie à 3 bataillons, 2 groupes d'artillerie, 2 escadrons de
cavalerie, 1 compagnie de génie ; total approximatif : 250 officiers,
14.000 hommes, 2.100 chevaux.

C'était donc une armée de 40 à 45.000 hommes qui devait
veiller de ce côté. Renforcée encore et appuyée, au besoin, par
les puissantes garnisons qui occupaient Maubeuge et Lille, elle
devait empêcher un ennemi, qui, vu les distances, ne pouvait
arriver en forces jusque-là et courir jusqu'à Dunkerque, jusqu'à
la mer.

Le premier objectif donné aux groupes de divisions territoriales
était, en effet, de mettre nos communications ferrées et fluviales à
l'abri des incursions possibles des détachements de cavalerie
ennemis et de constituer un barrage de Dunkerque à Maubeuge.

Bientôt, sur les nouvelles qui se précisaient de la marche de l'armée von Klück en Belgique, l'armée d'Amade fut portée en avant vers l'Est pour tendre la main à l'armée britannique.

Le 20 au soir, la 81ᵉ division est entre la Lys et la mer, la 82ᵉ entre la Scarpe et la Lys, la 84ᵉ sur Arleux, Estrun et Valenciennes, avec des avancées sur Condé, Tournai et Lille.

« Le général d'Amade donne les ordres pour achever la défense de Lille, commencée par le général Percin, et nomme le général Herment, gouverneur de la place et du camp retranché. Le 22 au matin, une nouvelle division, la 88ᵉ, est mise à la disposition du groupe. Par suite de l'arrivée de l'armée anglaise, la 84ᵉ gagne Valenciennes. Les précautions sont donc prises de ce côté. Entre Maubeuge et Lille, on pourrait presque dire entre Maubeuge et la mer, une chaîne est tendue — 40.000 hommes à Maubeuge, 40.000 hommes à Lille, 60.000 hommes à l'armée d'Amade — et il ne peut être question pour l'ennemi de la briser sans un effort de ses gros (1). »

A la lumière de ces données générales, de cette belle théorie illustrée par le nom de Percin, qui croûla lamentablement, nous allons suivre de plus près les soldats sarthois de notre 84ᵉ division.

Les territoriaux de la Sarthe, le 27ᵉ et le 28ᵉ régiments, partirent au milieu du mois d'août ; le 28ᵉ quitta Le Mans le jeudi 13, à 2 h. 1/2 du matin. Ils arrivèrent à Massy-Palaiseau et enfin à Choisy le Roi, par une chaleur torride et insuffisamment nourris. Le 28ᵉ fut installé vaille que vaille dans une ancienne usine à caoutchouc (2). Un soldat du régiment se noya en se baignant dans la Seine ; un autre, Rouillard, de Parigné-l'Evêque, mourut d'insolation (3).

« Nous quittons Choisy, cette nuit, écrivait le 17 août 1914, à madame la comtesse d'Angély, Henri Tourteau, du 27ᵉ territorial, pour le Nord de la France, personne ne sait où, mais tout le monde croit que c'est pour suivre les armées françaises en Belgique et assurer leurs derrières. Tout le monde est prêt à faire son devoir, d'une gaîté calme, impressionnante, il faut même y ajouter

---

(1) G. Hanotaux. *Histoire de la guerre de 1914.* Fascicule 63, p. 256.

(2) *Carnet de route* de Georges Nourry, du Mans, caporal, puis sergent au 28ᵉ territorial, tué le 9 septembre 1915. (Sa mère habite, 49, rue Julien-Bodereau, au Mans).

(3) *Carnet de route* de Louis Horpin, du 28ᵉ territorial, 7ᵉ compagnie, 11ᵉ escouade, habitant au Mans, 71 *bis*, chemin de Rouillon.

une pointe de gravité. Tout cela est beau quand on pense que nos régiments ne sont composés que de pères de famille de 35 à 40 ans. Nous formons une division territoriale complète de 18.000 hommes et composée de quatre régiments d'infanterie, un régiment de cavalerie et un régiment d'artillerie ; génie, section, etc. Nous sommes sous les ordres du général de Ferron qui a la réputation d'être aussi énergique que bon. Notre commandant de brigade est le colonel d'Harcourt (1), qui paraît bien fatigué. Madame la comtesse a bien raison d'avoir confiance ; on peut, je crois, tout espérer quand on a vu cette organisation. C'était merveilleux d'ordre : vêtements, équipages pour les chevaux, tout est neuf jusqu'au moindre fil, et, avec cela, tout se passe sans le moindre à-coup. Ici, banlieue de Paris, et souvent ramassis de gens peu brillants, règne le plus grand calme ; pas de cris, pas la moindre parole discordante, tous nous fêtent comme ils peuvent. »

Ces territoriaux si bien équipés ! allaient être envoyés à l'extrême gauche de l'armée constituée par le corps anglais de French, pour résister à la poussée de von Klück qui descendait de Tournai et de Mons sur Saint-Amand-les-Eaux et Valenciennes (Nord). Pour des raisons qui restent obscures, très obscures, les troupes françaises de la garnison de Lille du général Percin ne purent ou ne voulurent pas intervenir (2). La frontière n'était gardée en aucun point. Les forts, plus ou moins déclassés, se trouvaient à la merci d'une poignée d'ennemis.

Le 28e territorial. — Nos territoriaux du 28e, embarqués à Yvry, furent dirigés sur Douai, où ils débarquèrent le mardi 18, à 6 heures du soir, après avoir passé par Montdidier, Péronne et Cambrai. De là, le 20 août, ils descendirent pour cantonner, le 1er bataillon à Arleux, le 2e à Palluel (3), et le 3e à Estrun, s'employant de leur mieux à fortifier le canal de la Sensée (4). Bientôt,

(1) Des environs de Caen. Il fut blessé le 25 août 1914, du côté de Solesmes, fait prisonnier et rapatrié comme grand blessé.

(2) Pierre Dauzet, *Guerre de 1914. De Liège à la Marne*, p. 36. — Percin fut relevé de son commandement et, en 1917, nommé Grand-Croix de la Légion d'honneur.

(3) Palluel, près d'Arleux (Pas-de-Calais), sur la Sensée qui forme là un marécage.

(4) Le canal de la Sensée, long de 25 kilomètres, joint l'Escaut à la Scarpe. Il a son origine dans la Scarpe, à 4 kilomètres au-dessus de Cambrai, passe à Arleux où il est alimenté par la Sensée qu'il descend pour rejoindre l'Escaut à Estrun, en aval de Cambrai.

on fut averti de l'arrivée des ennemis qui avaient franchi la frontière belge.

Un récit, publié dans le *Grand Almanach manceau* pour l'année 1916, sous ce titre : *Trois mois de campagne du 28ᵉ territorial*, nous raconte ce qui suit :

« Le 20 août, le 28ᵉ territorial cantonna à Arleux venant de Douai, où quatre jours après arriva l'ordre de tenir coûte que coûte. Alors, sur le canal de la Sensée, les territoriaux firent de leur mieux pour construire des barricades : herses, voitures, sacs de tourteaux, ils employaient tout ce qui leur tomba sous la main. Le 24 août, la journée s'écoule dans l'attente, la nuit parait longue. De mauvaises nouvelles circulent. De nombreux habitants s'enfuient des villages envahis et viennent chercher un refuge derrière la ligne de nos soldats. Le 26 août, le combat s'engage dans la direction de Bouchain. L'artillerie anglaise a pour mission de faire reculer l'aile droite de l'ennemi qui est en position sur Bouchain, Denain et Valenciennes. Un duel d'artillerie commence l'action, les airs sont sillonnés par des aéroplanes. La mort, hélas ! est semée dans les rangs des nôtres par les terribles marmites allemandes. Le régiment doit se replier. Derrière lui, le génie fait sauter les ponts. Le 28ᵉ arriva le 30 (1) à Doullens, à une heure du matin, mais les Allemands étaient signalés ; il dut, malgré une fatigue extrême, se remettre en marche presque aussitôt et il débarqua le soir même à 9 heures à Amiens.

« Les braves territoriaux n'avaient rien mangé depuis 24 heures. Ils n'ont, hélas ! qu'une nuit de repos, car le lendemain à 7 heures l'ordre est donné de continuer encore la retraite. L'ennemi approche toujours ; on prévoit qu'il sera dans deux heures à Amiens. Le régiment quitte alors la ville et se dirige vers Rouen. »

S'il fallait en croire le *Carnet de route* de Georges Nourry, le 28ᵉ territorial se serait battu les 24 et 25 août à Bapaume (2), où il aurait dû marcher à la baïonnette pour faire évacuer le village. Le fait est controuvé et nié par Louis Horpin. D'après ce dernier, le 28ᵉ, ou du moins le 2ᵉ bataillon du 28ᵉ, se trouvait le 25 août dans les tranchées de Palluel, à environ 30 kilomètres au N.-E. de

---

(1) Plutôt le 29 août. Voir plus bas.

(2) Voir sur la bataille de Bapaume des récits plus ou moins exacts, publiés dans le *Gaulois* du 6 septembre 1914, et dans la *Croix* du 5 septembre 1914.

Bapaume. « Le mercredi 26 août, dit encore Louis Horpin, l'ennemi est signalé entre Cambrai et Marquion. Envoyés en patrouille nous avons fait cinq hussards de la mort prisonniers dans les marais d'Arleux (à 1 kil. au nord de Palluel, sur la Scarpe). Vers midi, l'ennemi apparaît sur la lisière d'un bois entre Oisy-le-Verger (Pas-de-Calais), et Paillencourt (Nord). Immédiatement, nous ouvrons le feu sur un groupe de vingt cavaliers qui ripostent pendant cinq minutes, puis ouvrent leur front et les mitrailleuses nous fauchent. On a juste le temps de se jeter à plat ventre dans les tranchées. Les 11 et 12e compagnies sont anéanties à Estrun-Paillencourt, 400 morts ou disparus ».

C'est là que moururent le capitaine Maurice *Lessart*, vice-président du conseil de Préfecture de la Sarthe, le capitaine *Martin du Nord*, du château de Mangé à Verneil-le-Chétif, Albert-Marie *Beaulieu*, du Mans, typographe de la maison Benderitter, et autres

« Jeudi 27, départ précipité d'Arleux à une heure du matin pour faire place au 12e corps de réserve (de Limoges), qui doit occuper nos positions. Passons par Vitry (en Artois), Ury, Ecoust-Saint-Mein, Bapaume, où le génie fait sauter les rails du chemin de fer pour couper la retraite aux Allemands qui venaient pour prendre Bapaume. — Arrivons à Miraumont (Somme), à minuit, après une marche de 45 kilomètres (pluie torrentielle pendant 3 heures).

« Vendredi 28, départ de Miraumont à 5 heures. Arrivés à Orville à 8 heures du soir, en passant par Acheux. A 11 heures, alerte, l'ennemi cherche à nous encercler ; sac au dos et en route pour Doullens où nous devons embarquer, mais les ponts ayant sauté, nous prenons la route d'Amiens, où nous arrivons à 11 h. du soir le samedi 29, d'où nous repartons le dimanche 20 (1). » Le lendemain, 31, les Allemands occupaient la ville.

Pendant que le 21 août, une partie du 28e territorial (1er et 2e bataillon) occupaient Arleux et Palluel, une autre fraction du même régiment (le 3e bataillon) prenait position à Estrun, au nord de Cambrai.

Sans vouloir répondre de l'exactitude du contenu, je donne ici le texte d'une lettre écrite sur ce sujet, par M. Denimal, maire d'Estrun (2).

---

(1) *Carnet de route* de Louis Horpin.

(2) Lettre écrite de Paris le 6 août 1915, à Madame Perrault, de Luché (Sarthe), dont le mari, du 28e territorial, avait été tué à Estrun le 26 août. (Communication de Mme Bruneau, du Mans, actuellement décédée).

« La 12ᵉ compagnie du 28ᵉ territorial arriva à Estrun dans la nuit du 21 au 22 août, vers 3 heures du matin, heure à laquelle un adjudant vint me réveiller pour fournir le logement. Elle remplaçait une compagnie du 27ᵉ territorial de Mamers. Quel contraste entre ces deux compagnies ! Aùtant ceux du 27ᵉ territorial étaient de bons papas, des soldats par la force des choses (1), autant ceux du 28ᵉ territorial, dont beaucoup étaient médaillés, étaient alertes, joviaux ; on sentait chez eux l'infanterie de marine, les coloniaux. Quelles grandes chopes de bière ils ont pris à Estrun. Oh ! les braves gens.

« Depuis 15 jours environ, nous entendions le canon dont le bruit sourd nous énervait.

« C'étaient les batailles de Liège, Namur, Charleroi, Mons, ensuite Maubeuge. A vol d'oiseau, Estrun se trouve à 60 kilomètres environ en moyenne de ces différents points. Ce qui faisait que nous entendions aussi distinctement les coups, c'est que c'étaient les gros obusiers de 420 qui semaient tant la terreur que la destruction.

« Pourtant, rien ne faisait prévoir l'envahissement de notre pays, au moins aussi vite. Le 24 août, j'allais encore à Cambrai et, à 10 h. du matin, un adjoint au maire lisait bien haut au perron de la mairie le communiqué officiel. Rien, dis-je, ne faisait prévoir que le lendemain, 25 août, les Allemands seraient à 2 kilomètres de notre village et que, pour nous annoncer leur arrivée, une trentaine d'obus nous seraient envoyés *gratis pro Deo*.

« Sans s'y attendre, le 25, vers 9 heures du matin, un sifflement sinistre nous fit comprendre de ne pas rester à découvert et qu'il fallait se mettre à l'abri ; les caves nous servirent. En cette journée, trente obus tombèrent sur le village, tuèrent un soldat, en blessèrent quinze. Depuis 3 heures du matin déjà, des personnes des villages voisins fuyaient, nous annonçant l'arrivée des Allemands. L'on n'y croyait pas, ou du moins on supposait que c'étaient des escarmouches. Rien n'était plus faux que le raisonnement que nous tenions. La journée du 25 se termina sans autre alerte.

« La journée du 26 fut terrible Dès 5 heures et demie du matin, la fusillade crépitait. Les Allemands en nombre voulaient forcer le pont du Bassin-Rond sur l'Escaut. Je dirai entre parenthèse, que le village d'Estrun est un des points les plus importants de France

---

(1) C'est une appréciation personnelle et en l'air.

au point de vue maritime. Sur le canal de la Sensée se trouve un garage pour y loger 650 bateaux, et il y passe annuellement chez nous onze millions de tonnes de charbon des bassins houilliers du Pas-de-Calais et d'Anzin, se dirigeant sur Paris.

« Ceci dit, revenons à nos moutons. Les barbares tenaient à être les maîtres de l'Escaut. C'est le pont du Bassin-Rond que défendaient les braves de la 12e compagnie du 28e territorial. Ils tinrent en échec les Allemands de 5 heures et demie à 9 heures du matin. Ils étaient soutenus par une batterie du 44e d'artillerie territoriale. Pendant ces quelques heures, plus de 300 obus tombèrent sur le village.

« Aussitôt l'ennemi maître du pont, ce fut un sauve qui peut parmi les soldats restés debout ; mais ils étaient suivis par les mitrailleuses qui semaient la mort sans arrêt. L'entrée des Allemands dans le village fut terrible ; ils incendiaient, achevaient les blessés, mettaient à sac les maisons, pillant, jetant l'épouvante. Me trouvant au milieu du village dans une maison où nous étions réunis une cinquantaine, femmes, hommes, enfants, vers 10 heures du matin, une horrible vision se présentait à mes yeux : ce sont les casques à pointe. En deux instants, il ne restait plus debout que les murs de la maison : vitres, portes, tout avait volé en éclats.

« Revolver sur la tempe, douze baïonnettes sur le ventre, en quatre secondes, je fus enlevé comme prisonnier avec quatre de mes concitoyens. Pendant sept heures et durant tout le combat, ils nous tinrent en tête de leur compagnie. De plus, plusieurs fois, ils firent le simulacre de nous fusiller. Ensuite, ils nous firent subir un conseil de guerre, nous fouillèrent, nous conduisirent au village de Tilloye (1), à 10 kilomètres, et nous laissèrent libres.

« En rentrant dans Estrun, c'était le désastre. Des soldats étaient tombés de tous les côtés. Le premier que je rencontre, c'est le capitaine Lessard (2). Il avait été assassiné : en se rendant, un officier prussien lui brûla la cervelle. Six civils habitant la commune avaient été tués durant le combat, plus quelques blessés. Le nombre des soldats blessés était d'environ 200, autant d'Allemands que de Français ; ils étaient installés dans le château et dans l'église.

---

(1) Arrondissement et canton de Cambrai.

(2) Il habitait au Mans, avec sa mère, 11, place de la Préfecture. — On a vu plus haut qu'il avait été tué.

« Pendant la journée des 26, 27 et 28 août, le nombre des Allemands qui passèrent à Estrun fut d'environ 80.000 avec 2.000 canons.

« Un commandant et plusieurs médecins étaient restés à Estrun installés au château. Cent cinquante fantassins poméraniens faisaient la garde — garde d'apaches. — La nuit se passa dans une terne inquiétude, mélangée de terreur. On était réunis par groupes dans différentes maisons tandis que les autres restaient vides.

« Le lendemain, le commandant me fit appeler, me donna des ordres ; d'abord d'avoir à les ravitailler en pain, beurre, viande et vin, enfin de tout ce qu'il est possible de deviner (il fallait se soumettre), ensuite d'avoir à relever les cadavres français et allemands pour les enterrer. J'avais la liberté de choisir le lieu qui me semblait le plus propice. Ayant de la place dans le cimetière, je choisis de préférence ce lieu. Alors ce fut la cérémonie funèbre. Je réquisitionnai chevaux, voitures et hommes disponibles. C'était le 27 août, il faisait une chaleur sénégalienne. Avec le cœur gros, tout le monde fit son devoir et vite.

« Ils sont là, au bord de l'Escaut, ces braves cœurs et ces braves défenseurs ; ils sont là au pied du camp de César ; enfin, ils sont là au milieu d'une population qui, à tout jamais, respectera et vénérera leur dépouille.

« Mon devoir n'était pas accompli : une vingtaine de soldats du 28e territorial s'étaient cachés ; il en est même deux qui restèrent invisibles dans mon jardin pendant 36 heures sans que je le sache. Ils n'avaient pris aucune nourriture. A tous, je fis donner des vêtements civils, leur délivrai un sauf-conduit et les fis partir. Le commandant allemand le sut par l'espionnage. Il me fit savoir que s'il apprenait qu'un soldat français se trouvait encore dans le village, il mettrait le feu aux quatre coins et me ferait fusiller. Heureusement mon devoir était rempli (1). »

L'adjudant Félix *Bruneau*, du 28e territorial, de Sillé-le-Guillaume, et neveu de M. le chanoine Hamonet (2), trouva la mort à l'affaire d'Estrun. A cette occasion, J. Croissard, professeur au Prytanée militaire de La Flèche, prisonnier à Dirotz, écrivit le 5 décembre 1915, à la veuve de l'adjudant, les lignes suivantes (3) :

---

(1) Les Allemands quittèrent Estrun le 3 septembre.

(2) Félix Bruneau, né au Mans, rue de Quatre-Roues, en 1874, était marchand mercier à Sillé-le-Guillaume. Il était marié et père de trois enfants.

(3) Communication de Mme Bruneau, mère de l'adjudant.

« Madame... J'étais du peloton de votre mari dont je suis fier d'avoir été l'ami. Le 26 août 1914, notre peloton était chargé de la défense du pont d'Estrun. La conduite de l'adjudant Bruneau fut héroïque. Ce n'est que lorsque la lutte fut reconnue impossible que nous nous repliâmes vers le village d'Estrun. A ce moment, les mitrailleuses allemandes étaient à peine à cent mètres. Votre mari avait tenu à honneur de partir le dernier. Il fut, hélas ! blessé grièvement au-dessus du cœur. Je sais l'endroit. Lorsque, une heure plus tard, fait prisonnier, j'étais ramené en arrière avec d'autres camarades, j'aperçus votre mari assis à la même place où il était tombé. Je l'appelai pour lui signaler ma présence. Une demi heure environ après — c'était vers une heure de l'après-midi — votre mari transporté à l'ambulance me faisait demander. Un soldat allemand vint me chercher. Avec quelle émotion je serrai la main de mon pauvre et vaillant ami. Toute ma vie je me rappellerai ses paroles : « Croissard, vous pouvez dire aux miens que j'ai fait tout mon devoir », et puis des mots entrecoupés : « Ma femme, mes enfants ! »

« Entre temps, deux camarades étaient venus nous rejoindre ; nous voulons le rassurer sur son état ; mais il nous dit qu'il était perdu. Sur son désir, j'appelai un aumônier militaire allemand qui l'administra. Mes deux camarades et moi, nous nous retournions pour dissimuler nos larmes. Nous dûmes partir après un dernier adieu et tous trois avec des paroles d'espoir.

« Depuis j'ai appris que votre mari n'était mort que le lendemain matin, transporté au village et administré de nouveau par le curé d'Estrun ou celui de Paillencourt (1). Un de ceux qui pourraient vous renseigner à ce sujet, est le sergent Jules Barlay, qui, blessé, fut soigné à Estrun, mais qui maintenant n'est plus dans mon camp ; il est à Müchberg. Il est cafetier tout près de la Ferté-Bernard. Après la guerre d'ailleurs, je me ferai un devoir de vous donner tous les renseignements complémentaires que je pourrai recueillir. S'il est quelque chose qui puisse alléger votre immense douleur et celle de votre famille, c'est la pensée que la conduite de celui que vous pleurez fut héroïque... »

Suivant le journal le *Progrès du Nord*, le 26 août « un grand combat se livra autour du Bassin-Rond, à Estrun, Ramillies et Paillencourt, entre les troupes allemandes très solides et les

---

(1) Arrondissement et canton de Cambrai.

troupes françaises composées principalement de territoriaux. Un bataillon territorial de la région du Mans (du 28ᵉ) surpris au repos à Ramillies et pris sur ses derrières par une batterie de mitrailleuses allemandes, souffrit particulièrement, mais il lutta désespérément pendant deux heures et demie, infligeant à l'ennemi des pertes très sérieuses. Les trois batteries qui soutenaient cette troupe firent merveille et, après avoir épuisé toutes leurs munitions, les chefs de pièces firent sauter leurs canons pour ne pas les laisser intacts à l'ennemi, ne pouvant les emmener, leurs chevaux ayant été tués (1). »

Parmi les braves du 28ᵉ territorial qui se distinguèrent dans ces affaires qu'on peut appeler le combat de Cambrai, je signale le lieutenant Alphonse Hubert. Son capitaine ayant été tué à ses côtés le 26 août, il rassembla les débris de sa compagnie, une cinquantaine d'hommes environ, et, avec ce faible effectif, il contribua à protéger la retraite de son bataillon (.2).

Le 26ᵉ et le 25ᵉ territorial. — Le 3ᵉ bataillon du 26ᵉ territorial (de Mayenne), donna à Ramillies, entre Estrun et Cambrai, le 26 août. Il eut à déplorer la mort de son commandant Charles, du lieutenant Chevalerais, de Paris, et du sergent de Montigny (10ᵉ compagnie), de Mayenne (3).

Les Allemands entrèrent à Cambrai le 26 août. Ils venaient d'Escaud'œuvres (canton de Cambrai). Dans cette localité, sous prétexte qu'un coup de revolver avait été tiré d'une maison, ils avaient pénétré dans l'immeuble, ligoté ses occupants : hommes, femmes et enfants, et les avaient brûlés vifs (4). A Cambrai, ils tirèrent des coups de fusil sur des brancardiers qui relevaient des blessés. André Morillon, médecin-major de 2ᵉ classe, en témoigna le 21 novembre 1914, devant M. Bertaud, procureur de la République à Laval.

« J'étais (dit-il), médecin-chef au 25ᵉ régiment territorial, en garnison à Laval. Je suis parti avec mon régiment au début de la mobilisation. A Cambrai, le 26 août, dans l'après-midi, ayant établi

---

(1) Extrait du *Progrès du Nord* dans le *Petit Manceau* du 9 décembre 1914.

(2) *Sarthe* du 13 décembre 1915.

(3) Renseignement donné par Léon Landemaine, du 26ᵉ territorial, actuellement sacriste à la Cathédrale du Mans.

(4) *Les Allemands à Cambrai* dans *La Sarthe* du 13 janvier 1917, d'après la famille Lebrun rapatriée de Cambrai.

mon poste de secours dans la clinique du docteur Salmond, je suis appelé à aller secourir deux blessés, dont le capitaine Renard, tombés près du pont de la gare de Cambrai. Je commande quatre brancardiers, deux brancards, et, accompagné de M. Fourneau, aumônier volontaire au 25ᵉ territorial (1), je me rends près des blessés. Nous étions tous munis, y compris l'aumônier, des brassards de la Croix de Genève estampillés par le Ministère de la Guerre. L'ennemi nous a laissés avancer jusqu'auprès d'une chaussée à 12 mètres du pont. Les Allemands qui étaient sur le toit de la gare et dans un belvédère, à cent cinquante mètres à peine de là, nous voyaient parfaitement ainsi que nos brassards. Nous voyant, ils ont tiré sur nous et une balle a traversé mon képi. Ils ne pouvaient tirer sur d'autres que nous, car nous étions seuls à cet endroit. Nous avons dû nous replier sans pouvoir ramasser les blessés. La meilleure preuve qu'ils nous visaient, c'est que le feu a cessé dès que nous nous sommes repliés (2). »

Ces Teutons qui assassinaient, pillaient et incendiaient sans l'ombre d'une hésitation, n'étaient que les exécuteurs des hautes œuvres de Guillaume II, de celui qui lança un jour à son armée de l'Est, les paroles suivantes :

« Rappelez-vous que vous êtes le peuple élu ! L'esprit du Seigneur est descendu sur moi, parce que je suis empereur des Germains. — Je suis l'instrument du Très-Haut. — Je suis son glaive, son représentant. — Malheur et mort à tous ceux qui résistent à ma volonté ! — Malheur et mort à ceux qui ne croient pas à ma mission ! — Malheur et mort aux lâches ! — Qu'ils périssent tous les ennemis du peuple allemand ! — Dieu exige leur destruction, Dieu, qui par ma bouche, vous commande d'exécuter sa volonté (3). »

Peuple de fous mystiques et sanguinaires, conduit par un sinistre cabotin !

Le 27ᵉ territorial. — On a vu plus haut que le 21 août, le 27ᵉ territorial avait cantonné à Estrun. C'était le 3ᵉ bataillon du régiment. Le 1ᵉʳ bataillon s'était rendu à Saint-Amand-les-Eaux et

---

(1) L'abbé Joseph Fourneau, né à Saint-Loup-du-Gast en 1879, professeur à l'Institution de l'Immaculée Conception à Laval.

(2) *Rapports et Procès-verbaux d'enquête*, etc., III-IV, p. 164, nᵒ 235.

(3) *Gazetta Porann* de Varsovie, 13 septembre 1914. Yves Guyot, *Les Causes de la Guerre* dans *Journal des Economistes*, nᵒ du 15 août 1915.

le 2ᵉ bataillon à Valenciennes et à Condé-sur-Escaut (1). A Condé, les territoriaux ne trouvèrent aucun appui, mais ils rencontrèrent les Teutons qui les rejetèrent sur Valenciennes où la 9ᵉ compagnie fut entièrement dispersée.

Le 24 août, à Maulde (8 kilomètres N.-O. de Condé), le 14ᵉ régiment de hussards put constater que les Allemands se protégeaient contre le feu des Français par un rideau de femmes et d'enfants. « Le 24 août, dans le bourg de Maulde, — raconte Louis de Gueydon, sous-lieutenant au 14ᵉ hussards — j'ai vu les troupes allemandes arriver sur nous en se faisant précéder par des femmes et par des enfants, pour se protéger contre notre feu. Ces malheureux, poussés par l'ennemi, faisaient entendre des cris de terreur (2). » Le fort de Maulde avait d'ailleurs été bien défendu ! A l'arrivée des ennemis, on y trouvait trois douaniers détenteurs de sept fusils (3).

Le 26 août, 20 000 Allemands occupèrent Valenciennes (4). Ordre avait été donné au 27ᵉ territorial de battre en retraite. Le 1ᵉʳ bataillon se replia dans la direction de Cambrai. Le 2ᵉ et le 3ᵉ bataillons firent leur jonction auprès de Valenciennes à Famars. Ils résistèrent aux Allemands pendant une demi journée en avant de Saint-Martin et de Solesmes. Ecrasés par l'ennemi, ils battirent en retraite. Le 1ᵉʳ bataillon prit le train au Cateau et se dirigea vers Rouen (5) Les autres territoriaux du 27ᵉ, ou une partie des autres, s'embarquèrent pour rentrer à Mamers où ils arrivèrent le 28 août. Ce fut une stupeur !

---

(1) Renseignement donné par Henri Tourteau, de Dangeul, du 27ᵉ territorial.

(2) *Procès-Verbaux d'enquête*, etc., III-IV, p. 24, n° 1

(3) Renseignement donné par Jean-Baptiste Balan, de Saint-Amand-les-Eaux, qui put s'enfuir à l'arrivée des Allemands et qui sert maintenant dans un régiment d'artillerie lourde.

(4) Un sous-lieutenant du 33ᵉ d'infanterie, blessé le 15 août 1914, au combat de Dinan, fut évacué sur l'hôpital de Laon et ensuite sur Valenciennes où il arriva le 22 dans sa famille. Prévenu le 24 de l'approche des Allemands, il quitta la ville pour se rendre à Arras, par Wallers, Somain et Douai. A l'entrée de Somain, on l'avertit qu'un escadron de uhlans, 200 environ, étaient en train de mettre le feu à la mairie et à l'église. Il descendit de voiture, passa la nuit dans une ferme pendant que les uhlans faisaient sauter les cabines d'aiguillage de la gare. Le lendemain matin 25 août, les Boches arrivés de Marchiennes, gardaient les ponts de Douai et de Bouchain. Ne pouvant plus avancer, il voulut retourner a Valenciennes que l'ennemi n'occupait pas encore. Mais le soir même, 20.000 Allemands s'installaient dans la ville. Voir *La Sarthe* du 28 juillet 1915.

(5) Renseignement fourni par Henri Tourteau, du 27ᵉ territorial.

Les malheureux venus des champs mamertins où, durant la paix, beaucoup avaient esquivé les obligations militaires, à la faveur de l'appui d'un gros personnage gouvernemental dont le nom est sur toutes les lèvres, s'étaient trouvés lancés au hasard, le nez au vent, pour accomplir une besogne à laquelle personne, pas même les officiers, ne comprenaient rien. En face des ennemis qu'ils prenaient souvent pour des soldats anglais, les hommes s'éparpillèrent de côté et d'autre, laissant des victimes à Valenciennes, à Famars (1), à Solesmes (2) et ailleurs (3).

« Ce matin, vendredi, 28 août, — lit-on dans le *Courrier de Mamers* (4) — une portion de quelques centaines d'hommes du 27ᵉ territorial d'infanterie, sous la conduite d'un commandant et de plusieurs officiers, est rentrée à Mamers D'autres fractions du même régiment l'y rejoindront bientôt. A ce sujet, les bruits les plus alarmants ont été répandus dans la ville : on allait jusqu'à dire que le 27ᵉ avait été décimé, presque anéanti. Il n'en est rien et il convient de remetre les choses au point.

« La vérité est que le 27ᵉ faisait partie d'une division territoriale placée à l'aile gauche de notre armée du Nord, tout à fait à l'Ouest de la ligne frontière. Cette division territoriale, après avoir accompli strictement la mission qui lui incombait, a eu à subir

---

(1) Arrondissement et canton de Valenciennes.

(2) Chef-lieu de canton de l'arrondissement de Cambrai. — Un correspondant du *Times*, à Paris, raconte qu'à Solesmes « les Allemands, après avoir dépouillé six habitants de leurs vêtements, les attachèrent aux roues de leurs canons. Pendant la nuit, un paysan réussit à couper leurs liens et ils purent s'enfuir. Dans la même localité, les mêmes Allemands se distinguèrent à nouveau en brûlant l'hôpital rempli de blessés. » *Gaulois* du 6 septembre 1914.

(3) Deux erreurs sans nom furent commises en 1914 par le haut commandement français, erreurs irréparables : « la non défense du Nord qui permit l'invasion et l'occupation du plus riche quartier de la France », ensuite « l'abandon de Briey qui donna à l'Allemagne le moyen de tenir et de supporter une guerre de durée pour laquelle elle n'était pas préparée. » Bien plus, Charleroi procéda d'une erreur tragique. « Rien n'arriva comme l'avait prévu notre haut commandement ; rien n'arriva de ce qu'il avait prévu. Il y eut surprise sur toute la ligne et, chose grave, surprise non seulement stratégique, mais intellectuelle, le renversement d'une doctrine de guerre... L'erreur fut absolue et ce qui stupéfie, volontaire, car jamais attaque ne fut plus prévue, plus annoncée, plus prophétisée que celle qui se produisit en août 1914. Les stratèges de la vieille école non seulemnet l'avaient prédite depuis 40 ans, mais nous avaient donné le moyen d'y parer. On bafoua leurs idées et on abolit leur œuvre... L'offensive de Lorraine fut une des plus lourdes fautes de la guerre... » Fernand Engerand, député du Calvados : *Le drame de Charleroi* dans *Le Correspondant* du 25 avril 1918, pp. 219-253.

(4) Nº du dimanche 30 août 1914.

en partie, dans sa retraite, avec des détachements de l'armée anglaise, le choc d'une division de cavalerie allemande appuyée d'artillerie et de soutiens d'infanterie.

« Le 27ᵉ territorial a, pour sa part, vaillamment supporté le choc, sans être trop éprouvé, mais il a dû se fractionner en se repliant. Il est déjà rentré en partie à Mamers, avec son drapeau que nous saluons bien bas, ainsi que les officiers, sous-officiers et soldats qui l'ont si bravement défendu.

« Le régiment va se reposer durant quelques jours après les rudes fatigues endurées, se reconstituer et, complété de compagnies de dépôt, bientôt repartir pour un nouvel effort. Tous nos vœux de nouveau l'accompagnent. »

Sans vouloir incriminer les « bons papas » du 27ᵉ territorial, les pacifiques électeurs de M. Caillaux,

(Censuré)

« Mamers, mardi, 1ᵉʳ septembre 1914 .. Je suis arrivé ici cette nuit avec cinquante rescapés du 27ᵉ et nous repartons ce soir ou cette nuit pour Nogent... Le pauvre 27ᵉ est décimé ; il est encore impossible de connaître le chiffre des pertes.

(Censuré)

· « Mercredi matin. Je reprends ma lettre que j'ai dû laisser précipitamment. On vient d'arrêter tous nos officiers sous prétexte de commission d'enquête. Il ne faut à aucun prix que le général Percin soit coupable. Mᵐᵉ la comtesse comprendra quand je lui aurai dit que tout cela est mené par le général Faurie (1) qui est à

---

(1) Le général Faurie qui commandait le 16ᵉ corps d'armée à Montpellier, par décret du 14 novembre 1913 avait été mis d'office à la retraite à la suite des grandes manœuvres du Sud-Ouest. Au commencement de la guerre, le décret avait été rapporté.

Mamers en ce moment. Nous sommes tous bouleversés; nos officiers étaient tous de braves gens que nous aimions et estimions et qui marchaient (1). Ils sont victimes des fautes commises beaucoup plus haut, comme je l'ai dit. J'écris sur mes genoux en chemin de fer. »

Tout fut étouffé. L'histoire établira vraisemblablement un jour les responsabilités de ceux qui conduisirent si mal les opérations du Nord en août 1914.

En attendant que cette question soit élucidée, il est permis de constater que Percin fut relevé de ses fonctions de commandant de la première région militaire et envoyé comme inspecteur des formations d'artillerie de réserve et de territoriale (26 ou 27 août) puis définitivement mis à pied. Gustave Hervé, dans la *Guerre Sociale*, voulut d'abord défendre le général cher au cœur des socialistes. Il fut forcé de reconnaître que Percin avait été frappé à la demande du général Joffre pour insuffisance dans son commandement de Lille. Les plus mauvais bruits couraient en effet sur cet officier supérieur, lequel, disait-on, avait épousé une Autrichienne. Persuadé que la loi de deux ans était suffisante et que la France pouvait être défendue par des milices, il aurait immobilisé à Lille plus de 40.000 hommes, laissant en ligne sur un front de vingt kilomètres quelques milliers de réserviste d'infanterie sans artillerie et sans cavalerie.

Un autre officier supérieur, le général d'Amade essaya de couvrir Percin par la lettre suivante :

« Mon général. Les rumeurs malveillantes et mensongères auxquelles vous faites allusion dans votre lettre du 28 août, sont en effet parvenues ici. On a fait courir le bruit que vous vous seriez suicidé et, comme cela ne suffisait pas, on vous aurait en outre fusillé.

« Ai-je besoin de vous dire que personne, du moins personne de sensé, n'a accordé le moindre crédit à de pareilles sottises. Elles donnent plutôt la mesure du dévergondage d'imagination et de la

---

(1) Le même rescapé écrivait le 28 décembre 1915 : « Ce n'est pourtant pas l'exemple de nos officiers territoriaux qui est fait pour nous encourager. » — Il y avait peut-être des exceptions. Le commandant Joseph Bourdel, du 27ᵉ territorial, fut cité à l'ordre de l'armée et nommé Chevalier de la Légion d'honneur, pour avoir bien conduit son bataillon « dont il sut, au début des opérations, dans des circonstances difficiles, rallier et conserver les éléments éparpillés et fortement éprouvés. » *La Revue Hebdomadaire* du 1ᵉʳ janvier 1916. *Actualités*.

méchanceté de ceux qui les répandent dans le public; elles donnent aussi la mesure de la bêtise de ceux qui les croient. Enfin, elles désignent au mépris public ceux qui veulent profiter des évènements actuels pour faire renaître entre Français de vieilles querelles éteintes.

« Je vous ai vu plusieurs fois à Arras ou à Lille. Ce fut toujours pour rendre hommage à votre dévouement et à l'esprit de devoir patriotique qui vous avait ramené sous les drapeaux.

« Votre bonne volonté dépassait même vos forces physiques, et vos 68 ans pouvaient être une difficulté pour l'accomplissement d'une tâche devant laquelle de plus jeunes auraient reculé.

« Au moment où je préparais la défense de Lille et faisais affluer dans cette ville tous les dépôts armés de la 1ʳᵉ région, j'ai fait venir de Douai le général Herment. Celui-ci exerça, sous vos ordres, les fonctions spéciales de commandant de la défense de Lille. Ensuite, faisant appel à votre haute compétence technique, M. le Ministre de la guerre vous désigna, avec mon agrément et après m'avoir chargé de vous consulter, pour exercer les fonctions d'inspecteur général des formations d'artillerie de la réserve et l'armée territoriale. Voilà toute l'histoire de vos fonctions pendant ma période de commandement.

« A aucun moment, la moindre défaillance n'a pu vous être reprochée. Je le proclame bien haut, et cette affirmation doit mettre vos légitimes scrupules en paix vis à vis du devoir accompli. — Général d'*Amade* (1). »

Dans les milieux militaires, on considéra cette intervention comme un acte d'insigne faiblesse de la part d'un soldat qui avait eu de beaux moments, mais qui, à la suite d'initiatives malheureuses, au début de la campagne, s'était vu, lui aussi privé de son commandement et qui essayait de le rattraper en se raccrochant à la politique.

J'ai cité plus haut (pp. 96 et 99) quelques territoriaux tués dans les combats du Nord en août 1914. J'ajoute à ces noms ceux du sergent Albert *Reynaud*, tué à Bapeaume le 25 août; de Joseph *Lemarié*, du Mans, tué le 25 août à Haspres (canton de Bouchain, arrondissement de Valenciennes), du 26ᵉ territorial. Du 27ᵉ : le lieutenant-colonel *Bernard*, tué le 25 août vers Famars ou Condé;

---

(1) Le *Petit Parisien* du dimanche 4 octobre 1914.

Charles *Guittet*, instituteur à Nouans (Sarthe), de la 10ᵉ compagnie, mortellement blessé à Famars Du 28ᵉ : Alexandre *Landry*, sergent, 11ᵉ compagnie, voyageur de la maison Taillard, du Mans, tué à Paillencourt, le 25 août, et le lieutenant Victor-Louis-Joseph *Gangloff* (1), tué le 26 août au pont d'Estrun.

(1) Gangloff, né à Forbach (Lorraine) le 18 janvier 1867, s'était engagé le 17 février 1885, au 1ᵉʳ régiment étranger et s'était fait naturaliser français le 16 août 1888. Il passa ensuite au 117ᵉ d'infanterie le 1ᵉʳ septembre 1896. Promu adjudant le 5 novembre 1897, il prit sa retraite avec ce grade. Il fut nommé sous-lieutenant au 28ᵉ territorial d'infanterie le 5 juillet 1909, et lieutenant le 5 juillet 1911. Cité à l'ordre de l'armée. Il avait à son actif seize campagnes aux colonies et était titulaire de la médaille coloniale. Avant la guerre, il habitait au Mans, rue Lafayette. Mᵐᵉ Gangloff et ses enfants firent célébrer pour lui un service dans l'église de Saint-Pavin-des-Champs.

CHAPITRE VII

En même temps que le IVe corps reculait avec la troisième armée dans le nord de la Meuse, au-dessus de Verdun (1), l'envahisseur manœuvrait pour envelopper notre aile gauche par son aile droite que commandait von Klück. Des combats avaient bien eu lieu entre Cambrai et le Cateau (25 et 26 août), on l'a vu plus haut, au-dessous de Mézières (28 et 29), à Lannoy, Signy-l'Abbaye, Novion-Porcien et à Guise (29 et 30), ils n'en continuèrent pas moins à avancer. Le Ier septembre, les Allemands tenaient Compiègne, Soissons, Laon, Reims, Rethel. Le 2 septembre, ils étaient à Chantilly, à 40 kilomètres de Paris, où ils se vantaient, dit-on, d'entrer pour y célébrer l'anniversaire de notre désastre de Sedan en 1870.

Le généralissime français, considérant la défense de Paris impossible et rejetant l'idée du maréchal French d'organiser une ligne de défense sur la Marne, prescrivait à l'armée, par une instruction générale (n° 4) du Ier septembre, de se replier à 100 kilomètres environ au Sud de la capitale, sur une ligne générale marquée par Pont-sur-Yonne, Nogent-sur-Seine, Arcis-sur-Aube, Brienne-le-Château et Joinville. Il en résultait l'abandon de Paris et, comme conséquence, son incendie quartier par quartier, afin d'obliger le gouvernement à une paix immédiate. Devant cette décision de Joffre de se replier au Sud de la capitale, le ministre de la guerre de cette époque déclara à ses collègues réunis en conseil, qu'il refusait formellement d'intervenir dans les opérations militaires. A la suite d'une discussion où il fut appuyé par MM. Ribot, Thomson, Guesde, Viviani et le président de la

---

(1) Voir Chapitre V.

République, M. Briand obtint que l'ordre fut donné au généralissime d'arrêter la retraite de notre armée et de livrer bataille aux Allemands déjà arrivés aux portes de Paris. Cette décision sauva la France (1).

C'est alors que le IVe corps fut détaché de la 3e armée (Sarrail) pour renforcer la 6e armée (2) qui se trouvait dans l'Oise couvrant Paris au Nord-Est et développée, le 6 septembre au matin, sur le front Dammartin-en-Goële-Claye.

Les brancardiers de la 8e division quittèrent Villers-devant-Dun le mardi 1er septembre et arrivèrent le vendredi 4 à Givry-en-Argonne, après avoir traversé Remonville, Landres, Sommerances, Fléville, Apremont (Ardennes), Binarville, Vienne-le-Château, Sainte-Ménehould

« Arrivés à Givry-en-Argonne, le 4 septembre, à 7 heures du matin — raconte Louis Bourneuf — nous nous embarquons à 8 heures, avec tout notre matériel, à destination de Paris, où tout le IVe corps est affecté. Le train est mis en marche à 10 heures. On passe à Saint-Dizier (Haute-Marne), Chaumont, Troyes, Montereau, Melun, et on arrive enfin à Pantin, le lundi 7 septembre, à 8 heures. Nous sommes restés trois jours dans ce train par suite de l'encombrement des voies d'une part, et, d'autre part, par un déraillement sur la ligne de Châlons, qui nous obligea à prendre l'autre beaucoup plus longue (3). A Pantin (Seine), nous débarquons notre matériel et nous allons cantonner à Pavillons-

---

(1) Gustave Lebon, *Enseignements psychologiques sur la guerre européenne.* Paris, 6e mille, p. 330. — *Premières conséquences de la guerre*, Paris, 5e mille, p. 99, note.

(2) Cette 6e armée (Maunoury) comprenait le 7e corps, la 45e division active; deux divisions de réserve, la 55e et la 56e; trois divisions de cavalerie. Elle sera renforcée au cours de la bataille de la Marne, par la 61e division de réserve prélevée sur la garnison de Paris, par le IVe corps, enfin par la 62e division de réserve de Paris. Gustave Babin, *La victoire de la Marne* dans l'*Illustration* du 11 septembre 1915, p. 267.

(3) « Du 25 août au 4 septembre 1914, les ordres de repli s'exécutent. Mais la rapidité de marche de l'aile droite ennemie, les délais nécessaires à l'armée britannique pour se recompléter et se renforcer, certaines difficultés dans nos transports, provenant de l'encombrement des voies ferrées par les évacuations de Paris, obligent les débarquements d'une partie des troupes envoyées de l'Est au général Maunoury à s'exécuter plus au Sud qu'il n'avait été prévu le 25 août. L'offensive en est retardée. » *Les ordres du général commandant en chef et la victoire de la Marne* dans *Bulletin des Armées de la République*, n° 104, du dimanche 6 au mercredi 9 juin 1915.

sous-Bois, où nous sommes bien accueillis par la population, ainsi du reste que sur tout notre parcours en chemin de fer.

« Le mardi, 8 septembre, départ à 3 heures ; nous passons à Livry-Sevran (Seine-et-Oise) et faisons halte à Saint-Mard. On repart. Nous passons au Plessis-Belleville et arrivons à Chevreville (Oise), où nous passons la nuit sur une place, n'ayant qu'un peu de paille pour coucher (1). »

Le 44ᵉ régiment d'artillerie que j'ai laissé plus haut dans la banlieue de Paris débarqua à Pantin le dimanche 6 septembre et alla cantonner à Rosny-sous-Bois, sur un plateau qui domine d'un côté la ville et de l'autre la plaine de Brie. On y entendait le canon, au loin, vers le Sud Est (2). Les régiments d'infanterie du IVᵉ corps (3), ayant suivi à peu près le même chemin que leurs brancardiers, n'arrivèrent à l'armée Maunoury, que du 5 au 8 septembre, très fatigués des marches et des contre-marches de la retraite ainsi que de leur long trajet en chemin de fer.

Les troupes étaient ainsi placées : 6ᵉ armée (Maunoury) et armée britannique (maréchal French), en face de la 1ʳᵉ armée allemande (von Klück) ; 5ᵉ armée (Franchet d'Espérey), se développant des plateaux du nord de Provins jusque vers Sézanne, en face de la 2ᵉ armée (von Bulow) ; 9ᵉ armée (Foch), occupant le front Sézanne-camp de Mailly, en face de la 3ᵉ armée (von Hausen) ; 4ᵉ armée (Langle de Cary), s'étendant au sud de l'Ornain, de Sompuis à Sermaize, en face de la 4ᵉ armée (duc Albrecht de Wurtemberg) ;

---

(1) *Carnet de route* de Louis Bourneuf.

(2) Paul Lintier, *Ma pièce*, pp. 187-190.

(3) Itinéraire du 315ᵉ d'infanterie : 24 août 1914, *Marville*, commencement de la retraite ; — 25 août, le 6ᵉ bataillon escorte des convois de munitions. — 26 août : cantonnement à *Ingreville, Apremont* (Ardennes). — 28 août : *Saint-Juvin, Grandpré* (Ardennes), *Binarville*. — 29 août : *Lançon* (Ardennes). — 30 août : *Vienne-la-Ville*. — 31 août : *Sommerance* (Ardennes). — 1ᵉʳ septembre : *Châtel-en-Argonne* (Ardennes). — 2 septembre : *La Neuville-au-Pont* (Marne). — 3 septembre : *Braux-Saint-Rémy* (Marne). — 4 septembre : Embarquement à *Sommeilles* (Meuse). — 6 septembre : Arrivée à Paris gare de *Pantin*. — 7 septembre : *Rosny-sous-Bois, Villeneuve-sous-Dammartin* (Seine-et-Marne). — 8 septembre : *Nanteuil-le-Haudouin*. (Carnet de route de Henri Goulvent, sergent au 315ᵉ, 21ᵉ compagnie).— Itinéraire du 317ᵉ : 24 août : Bivouac à *Marville*. — 25 août : Retraite générale ; traversée de la Meuse. — 26 août : *Sommerance* (Ardennes). — 27, 28 août : *Landres* (Ardennes). — 29-30 août : *Remonville* (Ardennes). — 31 août : *Villers-devant-Dun*. — 1ᵉʳ septembre : Retraite sur l'Argonne. — 2 septembre : Bivouac à *Servon* (Marne). — 3 septembre : *Sainte-Menehould* ; bivouac à *Verrière*. — 4 septembre : De *Verrières* à *Sommerance* ; embarquement à *Sommeilles*. — 5-8 septembre : En chemin de fer. Débarquement au *Raincy* (Seine-et-Oise). Bivouac au nord de *Nanteuil-le-Haudouin*. (Carnet de route de Léon Huet, adjudant au 317ᵉ, 6ᵉ bataillon).

3e armée (Sarrail), en face de la 5e armée (Kronprinz). L'armée Sarrail se déployait sur une ligne Revigny-Souilly (au Sud-Ouest de Verdun), et remontait dans la direction Sud-Ouest Nord-Est, et maintenait le contact à sa droite avec la défense mobile des Hauts-de-Meuse.

Le 4 septembre, les reconnaissances de notre cavalerie, celles des avions de l'armée britannique, de l'armée Maunoury et du gouvernement militaire de Paris avaient fait connaître que l'aile droite allemande (von Klück) infléchissait sa marche vers le Sud-Est (Meaux et Coulommiers) abandonnant la direction de Paris (1). L'Etat-Major discerna aussitôt la situation aventurée de l'armée de von Klück, car ce mouvement de conversion prêtait le flanc aux troupes du camp retranché de la capitale. C'était l'heure attendue. Joffre donna le signal de l'arrêt, enjoignit de faire face partout et régla le dispositif de la bataille : une immense bataille — plutôt une série de batailles — engageant deux millions d'hommes sur un front d'au moins 300 kilomètres.

Voici l'ordre du généralissime donné dans la soirée du 4 septembre :

« 1° Il convient de profiter de la situation aventurée de la 1re armée allemande pour concentrer sur elle les efforts des armées alliées d'extrême gauche. Toutes dispositions seront· prises dans la journée du 5 septembre, en vue de partir à l'attaque le 6.

« 2° Le dispositif à réaliser pour le 5 septembre au soir, sera : *A)* Toutes les forces disponibles de la 6e armée, au Nord-Est de Meaux, prêtes à franchir l'Ourcq, entre Lizy-sur-Ourcq et May-en-Multien, en direction générale de Château-Thierry. Les éléments disponibles du 1er corps de cavalerie qui sont à proximité seront remis aux ordres du général Maunoury pour cette opération. — *B)* L'armée anglaise établie sur le pont Changis-Coulommiers, face à l'Est, prête à attaquer en direction général de Montmirail. — *C)* La 5e armée, resserrant légèrement sur sa gauche, s'établira sur le front général Courtacon Esternay-Sézanne, prête à attaquer en direction générale Sud-Nord, le 2e corps de cavalerie assurant la liaison entre l'armée anglaise et la 5e armée. — *D)* La 9e armée (2) couvrira la droite de la 5e armée, en tenant les débouchés Sud des

---

(1) *Bulletin des Armées de la République,* n° 104, du dimanche 6 au mercredi 9 juin 1915, p. 2

(2) La 9e armée avait été constituée le 27 août entre la 5e et la 4e

marais de Saint-Gond, et en portant une partie de ses forces sur le plateau au Nord de Sézanne.

« 3° L'offensive sera prise par ces différentes armées le 6 septembre dès le matin. »

Dès le lendemain matin des ordres furent donnés en conséquence aux 4ᵉ et 3ᵉ armées opérant à la droite des précédentes :

« 4ᵉ armée. — Demain, 6 septembre, nos armées de gauche attaqueront de front et de flanc les 1ʳᵉ et 2ᵉ armées allemandes. La 4ᵉ armée, arrêtant son mouvement vers le Sud, fera tête à l'ennemi, en liant son mouvement à celui de la 3ᵉ armée qui, débouchant au Nord de Revigny, prend l'offensive en se portant vers l'Ouest.

« 3ᵉ armée. — La 3ᵉ armée, se couvrant vers le Nord-Est, débouchera vers l'Ouest pour attaquer le flanc gauche des forces ennemies qui marchent à l'Ouest de l'Argonne. Elle liera son action à celle de la 4ᵉ armée, qui a l'ordre de faire tête à l'ennemi. »

Le 6 septembre, au matin, le général en chef adressa aux armées une proclamation qu'on a prise, à tort, pour un ordre tactique et qui n'était, en réalité, qu'un appel au dévouement des troupes ; cette proclamation était ainsi conçue :

« Au moment où s'engage une bataille dont dépend le salut du pays, il importe de rappeler à tous que le moment n'est plus de regarder en arrière ; tous les efforts doivent être employés à attaquer et à refouler l'ennemi. Une troupe qui ne peut plus avancer devra, coûte que coûte, garder le terrain conquis et se faire tuer sur place plutôt que de reculer. Dans les circonstances actuelles, aucune défaillance ne peut être tolérée (1).

La première prise de contact de la 6ᵉ armée (Maunoury) avec l'ennemi est une première friction des avant-gardes entre Yverny et Monthyon, en Seine-et-Marne (Nord-Ouest de Meaux), suivi d'un repli de notre part. Elle surprend von Klück, lancé, très confiant, en avant, et lui donne l'alarme. Il a senti le péril ; il se retourne contre cette menace imprévue. Mais, déjà nous avons l'ascendant, et, le 6 septembre, en avant de Barcy, à 3 kilomètres du canal de l'Ourcq, nous gagnons de 8 à 10 kilomètres. Le IVᵉ corps allemand de réserve est arrêté. Le IIᵉ puis le IXᵉ actifs viennent à la rescousse. Ensemble, ils font tête le 7 et le 8, sur un terrain, sans point d'appui pour nous, terrain ingrat et difficile.

---

(1) *Bulletin des Armées de la République*, n° 104. Du dimanche 6 au mercredi 9 juin 1915, p. 2.

Journée du 6 septembre 1914

La journée du 5 septembre avait été employée, toute entière, par les différentes armées, à gagner les positions d'où elles allaient passer à l'attaque. Mais au cours de ces préparatifs, le corps de réserve de l'armée Maunoury (55e et 56e divisions) parti d'Iverny (Seine-et-Marne, arr. de Meaux, canton de Claye) et de Cuisy et qui formait l'avant-garde de l'armée en mouvement, se heurta au IVe corps de réserve allemand qui couvrait la marche de l'armée von Klück et qui était demeuré au Sud de la Marne. Le combat s'était engagé près de Monthyon (Nord-Ouest de Meaux), dans un terrain difficile. Cette action restreinte, sans doute, mais assez âpre, avait fait sentir notre offensive à l'ennemi et lui avait révélé le danger. Il avait aussitôt cherché à y parer en ramenant au Nord de la Marne ses IIe et IVe corps actifs, pour appuyer le IVe de réserve ainsi engagé à l'improviste.

Le 5 au soir, notre réserve (général de Lamaye), avait dû se replier sur sa première position, tenant Cuisy, Plessis l'Evêque, Iverny et Neufmoutiers. Nous n'avions pas gagné de terrain, mais, du moins, les cavaliers marocains avaient fait dans les rangs du IVe corps allemand, du côté de Penchard, de belles coupes sombres.

Le 6, au matin, conformément aux ordres, le combat reprit. L'armée Maunoury accentua son offensive, tendant au but qui lui avait été montré : de franchir l'Ourcq entre Lizy et May-en-Multien ou Neufchelles, en direction de Château-Thierry.

Tandis que le corps de réserve s'applique à reprendre son mouvement vers l'Est, à sa gauche le 7e corps attaque la ligne Marcilly-Arcy-en-Multien. Le point de liaison des deux corps est un mamelon non loin d'Etrépilly.

Au point du jour, on enlève Saint-Soupplets et Monthyon, en faisant plusieurs centaines de prisonniers et en prenant quelques canons. A 8 heures, la 8e division, de Lartigues (115e, 117e, 124e, 130e d'infanterie, du 4e corps), à peine débarquée de la Meuse, donne la main à 8 kilomètres au Sud de Meaux, au 3e corps britannique (1). A 10 heures, deux colonnes allemandes, infanterie et artillerie, remontent du Sud, vers Varreddes et Lizy-sur-Ourcq. A midi, on domine nettement, sur la ligne Chambry-Crégy, le IVe corps de réserve allemand qu'on refoule vers l'Est. Mais, dans l'après-midi,

---

(1) L'armée anglaise comprenait six divisions formant 3 corps d'armée.

du renfort lui arrive : ce sont les deux colonnes signalées le matin, qui ont passé la Marne à Varreddes et à Mary ; elles appartiennent au IIᵉ corps.

Néanmoins, vers 5 heures du soir, notre mouvement en avant s'accentue : trois colonnes ennemies sont en retraite dans les bois de Meaux (1) devant la 8ᵉ division, demeurée au Sud de la Marne (2). Dans cette dernière partie de la journée, le gros de la 6ᵉ armée est engagé, sur les rives droites de la Marne et de l'Ourcq, sur le front Chambry - Barcy - Marcilly - Puisieux - Acy-en-Multien, contre le IVᵉ corps de réserve allemand, que le IIᵉ actif vient appuyer au Nord, face à notre gauche, et qui ne se maintient sur la rive Ouest de l'Ourcq que grâce à ce soutien. En fin de journée, la 6ᵉ armée a progressé sensiblement.

Journée du 7 septembre

Le général Maunoury a l'intention d'agir sur la gauche par la 61ᵉ division de réserve — laquelle venue de Paris va lui être amenée en renfort par voie ferrée — et avec toute sa cavalerie.

Mais les difficultés de cette manœuvre enveloppante vont augmentant. Le IVᵉ corps actif allemand, qui se sent menacé sur ses derrières, s'est retourné, a fait à son tour son rétablissement et se retranche autour de Trocy.

Le IVᵉ corps de réserve ennemi, qui a subi toute la matinée la pression de notre aile gauche, très ardente dans ses efforts soutenus, en attendant l'appui que doit lui apporter la 61ᵉ division de réserve, commence à fléchir dans l'après-midi. A 4 heures du soir, nous avons atteint la crête à l'Ouest d'Etavigny. L'action s'étend. La 61ᵉ division arrive à Villers-Saint-Genest, à l'Ouest de Nanteuil-le-Haudouin. Notre corps de cavalerie se porte de Bargny sur Cuvergnon.

Mais les IIᵉ et IXᵉ corps actifs allemands, qui ont pu repasser la Marne, sans être retenus par les Anglais, arrivent à la rescousse. Le IIᵉ corps attaque la gauche de notre 7ᵉ corps (le corps Vauthier) à Etavigny et, d'autre part, le débusque d'Acy-en-Multien : ce fut ici le théâtre de l'un des engagements les plus farouches de toute la bataille.

Bonne journée cependant. Au soir, la 6ᵉ armée a progressé contre

---

(1) Entre Germigny-l'Evêque, Trilport et Changis.
(2) A Saint-Fiacre et à Villemareuil, au Sud de Trilport.

le IV⁰ corps de réserve et le IIᵉ corps, qui semblent reporter leur gros sur la rive Est de l'Ourcq. Notre 8ᵉ division (115ᵉ, 117ᵉ, 124ᵉ et 130ᵉ) qui occupe Saint-Fiacre et Villemareuil, est toujours engagée contre l'adversaire tenant les lisières des bois de Meaux et leurs débouchés au Sud. De gros rassemblements ennemis sont signalés vers les Essarts, Coulombs et Saint-Quentin. On croit qu'il s'agit de troupes appartenant au IVᵉ corps actif, signalé la veille dans la direction de Rebais. D'autre part, des bataillons d'étapes venant de Creil et de Pont-Sainte-Maxence se sont réunis à Senlis et portés vers Crépy-en-Valois. De longues colonnes sont également signalées en retraite sur la Marne, s'écoulant par toutes les routes qui courent dans la direction Sud-Nord.

Journée du 8 septembre

Maunoury se propose, dans cette journée, d'attaquer avec la 45ᵉ division vers Etrépilly et de déborder l'ennemi avec la 61ᵉ division de réserve. Pour les Allemands, qui doivent sentir tourner la fortune, ce sera une journée de violentes contre-attaques. Sans cesse, ils renforceront leur droite pour se protéger contre l'enveloppement qui se dessine, et leur artillerie de gros calibre va jouer un rôle important.

Toute la matinée notre offensive se poursuit sur tout le front. La 45ᵉ division prononce sur la ligne Barcy-Marcilly, dans la direction de Varreddes-Etrépilly, l'attaque prévue. Vers 8 heures, la 8ᵉ division (de Lartigues) coopère, avec la gauche de l'armée britannique, à une offensive qui se développe sur le front Villemareuil - Pierre-Lévée (1).

Vers 7 heures du soir, l'offensive de la 45ᵉ division est enrayée momentanément par une violente canonnade dirigée dans la région de Varreddes. Le centre est stationnaire. La ligne allemande est sérieusement retranchée et renforcée. Du coté d'Etravigny et le Bas-Bouillancy, une violente contre-attaque est prononcée contre notre 7ᵉ corps actif. L'ennemi occupe Betz et Thury-en-Valois.

Le général Maunoury porte en avant, sur sa gauche, la 61ᵉ division de réserve qui engage en première ligne trois régiments. Il garde en réserve la 7ᵉ division (2) (101ᵉ, 102ᵉ, 103ᵉ et 104ᵉ d'in-

---

(1) Curieuse coïncidence, ce front Villemareuil - Pierre-Lévée, traversait *la forêt du Mans*.

(2) La 7ᵉ division était arrivée de Paris, la veille, en autos. Paul Lintier, *Ma Pièce*, p. 194.

fanterie). En même temps, la cavalerie, qui est en arrière de notre aile gauche, reçoit l'ordre d'opérer un mouvement par la gauche et de se rabattre à l'Est. C'est toujours l'effort pour déborder l'ennemi. La 8ᵉ division (115ᵉ, 117ᵉ, 124ᵉ, 130ᵉ) venant de Saint-Fiacre et de Villemareuil, pousse sur Trilport et Changis, car on a signalé que, de ce côté, les Allemands passaient la Marne sur des pontons. La canonnade est intense.

A 2 heures, de gros renforts arrivent aux Allemands à Lizy-sur-Ourcq, May-en-Multien et Rosoy-en-Multien. D'autres masses ennemies sont reconnues vers Saint-Gengoulph et Brumetz, et sur l'Ourcq vers Neufchelles. On signale que Thury-en-Valois est fortement organisé.

Acy a été tout le jour l'arène d'une étreinte implacable de part et d'autre ; la 63ᵉ division y a fait merveille. Le soir, l'ennemi occupe toujours le bourg ; mais nous gardons le petit bois triangulaire qui le domine à l'entrée, tout encombré de cadavres entremêlés des adversaires. On demeure face à face à quelques pas les uns des autres.

Au cours de cette journée où le combat s'achève vers 8 heures, le général Maunoury a reçu un nouveau renfort, dont il a senti, la veille, la nécessité, en voyant quelles forces se jettent d'heure en heure contre lui. Le général en chef lui avait envoyé le 4ᵉ corps (général Boëlle), prélevé, on le sait, sur la 3ᵉ armée (Sarrail). Mais, dans le même temps, le général French, craignant qu'une partie des troupes ennemies qu'on voyait refluer d'heure en heure, se portassent contre lui, avait demandé de son coté du soutien. Maunoury lui avait prêté une division du 4ᵉ corps, la 8ᵉ, qui s'était intercalée (on l'a vu plus haut, dès le 5 septembre) entre les deux armées, tandis qu'il envoyait l'autre, la 7ᵉ division, à sa gauche, où elle prit place entre la 61ᵉ division de réserve et le 7ᵉ corps fortement pressé.

Journée du 9 septembre

Dans la nuit du 8 au 9 septembre, le général Galliéni, gouverneur militaire de Paris, fit opérer un audacieux coup de main ; il lança, en automobiles, sur Senlis et Creil, des zouaves, dont la venue soudaine détermina chez l'ennemi une si vive panique qu'il laissa entre leurs mains un certain nombre de prisonniers. Ce raid avait dégagé la région.

Mais, harassée par le rude effort qu'elle soutenait depuis trois longs jours, l'armée Maunoury avait grand besoin d'un renfort pour soutenir sa tâche. Le gouverneur de Paris lui avait envoyé la veille et pour appuyer un repli éventuel, la 62ᵉ division de réserve. Dans cette journée, les Parisiens avaient vu leurs boulevards s'animer soudain d'un défilé interminable de fiacres automobiles. Galliéni, afin d'assurer la rapidité de transport de ces troupes de secours, avait eu l'ingénieuse idée de réquisitionner tous les taxis disponibles. D'autre part, Maunoury redemandait à French de lui renvoyer la 8ᵉ division qu'il lui avait prêtée la veille et qui arriva en chemin de fer.

A ce moment, l'ennemi doit sentir que sa situation est compromise. Il manque très visiblement « de cran ». Dès 8 heures du matin, le général von Klück a reçu de mauvaises nouvelles au sujet du corps de cavalerie de von Marwitz, employé à contenir l'offensive anglaise au Sud de la Marne ; ce corps a dû abandonner la ligne du Petit-Morin.

Il faut que l'armée allemande fasse un violent effort pour dégager son aile droite, pressée comme elle l'est de toutes parts et menacée au Nord d'enveloppement. Dans un suprême soubresaut, elle arrive à se saisir de Nanteuil-le-Haudouin (1). Notre gauche se replie sur Silly-le-Long. Tout le reste de notre front tient bon et presse l'ennemi sur toute la ligne. A 11 heures, nous venons à bout des dernières résistances : les Allemands abandonnent Betz. Il semble que leur retraite définitive commence. Ils tiennent pourtant sur quelques points encore, sur Nanteuil, qu'ils ne peuvent se résoudre à lâcher si vite, sur Etavigny, et si fermement qu'on reste dans l'incertitude sur leurs intentions.

Mais les nouvelles envoyées par von Marwitz vers midi, vont compliquer leur situation indiquant au commandement allemand qu'il ne peut se maintenir.

Vers 5 heures du soir, nos avions signalent la retraite de nombreuses colonnes ennemies : une colonne de toutes armes, de 15 kilomètres de long, marche de Coulombs vers le Nord-Est; une autre de trois groupes d'artillerie s'en va de Lizy vers Cocherel ; d'autres, comprenant toutes les armes, sont en retraite de Mary et

---

(1) Le 9 septembre, de Baron, au N.-O. de Droiselles et de Nanteuil-le-Haudouin, débouche une attaque de 1500 Allemands. Nous étions débordés et nous allions être enveloppés. Les Français se replient vers Nanteuil (sur Silly-le-Long) entraînant le recul de toutes nos forces, face au Nord. *La Victoire de la Volonté*, par Adrien Vely, dans *Le Gaulois* du 28 novembre 1914.

de Jaignes, toujours vers le Nord-Est. C'est la débâcle sur toute la rive gauche de l'Ourcq.

A 8 heures du soir, von Klüch lance à toute son armée l'ordre de retrait immédiat. On ne le saura que plus tard, comme on apprendra aussi que la Iʳᵉ armée allemande est tellement lasse et entamée qu'il lui faudra plusieurs jours pour se reconstituer.

Dans cette déroute véritable, l'aile droite allemande est en grand péril et le suprême effort pour von Klück, consiste à lancer vers Nanteuil-le-Haudouin une forte colonne d'infanterie appuyée d'artillerie, afin de se dégager : c'est la dernière convulsion de la bataille de l'Ourcq. Notre gauche fait d'ailleurs face fermement à cette diversion.

A la fin de la journée, Maunoury envoie à la 8ᵉ division, devenue inutile à sa droite, l'ordre de se porter vers Silly-le-Long, afin d'appuyer une nouvelle attaque de sa gauche, qu'il est décidé à lancer le lendemain matin. Il se peut, après tout, qu'on ait à subir un retour offensif, et des éléments du 4ᵉ corps qui se battent à cette extrémité, notamment une partie du 317ᵉ, sont à bout de force ; ils reçoivent cependant dans la nuit la consigne de se faire tuer sur place.

Journée du 10 septembre

Enfin, on acquiert la certitude que les Allemands sont en retraite. Au moment où, fidèle aux ordres reçus la veille au soir, la 6ᵉ armée va reprendre l'offensive par son extrême gauche, elle ne trouve à peu près rien devant elle. Toute la nuit, l'ennemi s'est écoulé vers le Nord, à l'Est de l'Ourcq, en continuant à se couvrir soigneusement contre la 6ᵉ armée. Il tient encore Nanteuil-le-Haudouin ; une attaque l'en chasse dans la matinée. Etavigny est pareillement repris.

Vers midi, notre gauche arrive à Lévignen, sur la route de Nanteuil-le-Haudouin à Villers-Cotterets. Notre droite (45ᵉ division), soutenue à sa droite par la brigade de cavalerie de réserve du général Gillet, en liaison avec l'armée anglaise, remonte l'Ourcq par les deux rives ; la poursuite est facile, malgré les cavaliers de rideau qui couvrent la retraite précipitée. Le gros ennemi est déjà arrivé, à marches forcées, au Nord de la forêt de Villers-Cotterets, à plus de 30 kilomètres de Nanteuil-le-Haudouin, arrêté dans la région Rétheuil, Mortefontaine, Montgobert. Une colonne est groupée de Séry à Fresnoy-la-Rivière, au Nord de Crépy-en-Valois. Les arrière-gardes tiennent Bonneuil-en-Valois, Vez, Largny, et au Sud de la forêt de Villers-Cotterets, Autheuil-en-Valois.

Les jours suivants, nous continuons la poursuite sur la ligne Soissons-Ribécourt (1).

Le 44ᵉ d'artillerie à la bataille de Nanteuil-le-Haudouin.

— Débarqué à Pantin et cantonné à Rosny-sous-Bois, le 6 septembre, le régiment traversa le mardi 8, au petit jour, Dammartin-en-Goële Au delà de cette localité, « la route est toujours jalonnée de chevaux morts, gonflés comme des outres, et qui menacent le ciel de leurs pattes raides aux ferrures luisantes... » La batterie, de Paul Lintier, « au trot, se perd dans le nuage de poussière qu'elle soulève. » Elle croise « des blessés, des centaines de blessés, des lignards, des chasseurs alpins, des marsouins blancs de poussière avec des pansements rouges. Ils s'entraident. La plupart marchent en petites troupes... Le ciel bleu, très pur à l'horizon du Nord et de l'Est, est ocellé de fumées blanches de shrapnells. Des incendies et des obus explosifs, au loin, font des fumées noires... »

On traverse un village « L'ennemi y a cantonné. Les portes ont été enfoncées à coups de crosse. Presque toutes les vitres ont été brisées. Les fenêtres ne sont plus que des chassis hérissés d'éclats de verre. A travers, les rideaux salis flottent à l'extérieur. Des contrevents arrachés gisent sur le trottoir parmi des bouteilles brisées, des débris de carreaux et des boîtes de conserves D'autres, qui ne tiennent plus que par un gond, battent les façades.

« Par les portes grandes ouvertes, on voit des armoires fracturées, abattues au milieu du logis. Les tiroirs vidés, les bibelots des cheminées, des portraits, des gravures jonchent les intérieurs carrelés de rouge. De la lingerie, des draps maculés de boue, marqués de gros clous, traînent jusqu'au milieu de la rue, donnant à ces malheureuses maisons un peu de l'horreur des corps éventrés.

---

(1) Extrait de *L'Illustration* du 11 septembre 1915 : *La Victoire de la Marne,* par Gustave Babin, pp. 269-278. — « Le 10 septembre, nous trouvions sur les emplacements des batteries évacuées précipitamment par les Allemands, des murailles de munitions ; sur les routes des autos abandonnés pour de légères pannes, et, près de Betz, presque tout le matériel d'une boulangerie de campagne, avec un grand approvisionnement de farine et la pâte à moitié pétrie... » Extrait d'un discours prononcé en juillet 1917, à la distribution des prix du Lycée de Périgueux par le général Clergerie, ancien chef d'Etat-major du gouvernement militaire de Paris. Voir *la Sarthe* du 17 juillet 1917.

« Des meubles jetés par les fenêtres, des voitures d'enfants, des futailles défoncées encombrent la chaussée. Du bois craque sous les roues des caissons. Un corset rose traîne au ruisseau.

« Sur une plaque Michelin, à la sortie du village », on lit : « Attention aux enfants. *Sennevières* (1). Et sur le revers, l'inscription : *Merci*, est dérisoire et lamentable... Au Nord, à l'Est, la bataille gronde, siffle, hurle comme une tempête de l'Océan. On croirait que c'est d'un cataclysme profond de la terre que vient ce bruit infernal... Des bataillons, débouchant de Sennevières, se déploient en tirailleurs et d'autres hommes, des centaines, des milliers, qu'on ne soupçonnait pas, surgissent du sein de la terre et fourmillent. Les pantalons, à l'infini, tachent de rouge le vert sombre des champs. Devant les lignes en marche, des lièvres affolés fuient... »

Les batteries prennent position, et ouvrent le feu en même temps que d'autres batteries de 75, placées en avant. Les obus ennemis ne se font pas attendre. Ils éclatent de tous côtés. Un servant agonise. Son front troué inonde de sang les culots d'obus. Un maréchal des logis de la 12ᵉ batterie tombe. Il se relève de suite. « Deux éclats lui ont ouvert au-dessus des yeux, deux trous rouges d'une atroce symétrie. Il s'éloigne, le front en avant, pour que le sang ne lui coule pas dans les yeux. » Ce n'est rien, dit-il, « la boîte n'est pas démolie. » Des ordres viennent : les batteries se retirent. « A cette heure, le bruit de la fusillade s'égrène. Le canon se tait à son tour... Des incendies, dont les lueurs grandissent à mesure que la nuit se fait, constellent la plaine.

« Le jour d'ardente lutte qui s'achève n'a rien décidé. Les adversaires couchent sur leurs positions. »

Mercredi, 9 septembre. Dans un champ, près de Sennevières, en position d'attente, les artilleurs préparent le café. La bataille a été longue à s'engager. « Mais, maintenant, au Nord-Est et à l'Est, la canonnade roule sans répit, comme hier. » Brusquement, vers le milieu du jour, à gauche, la ligne de feu s'infléchit, s'allonge. Allons-nous être tournés encore ? Les compagnies, les bataillons français sortent des bois, de derrière les haies, surgissent des chaumes, se massent dans les vallons. Ce sont des troupes de

---

(1) Village à 4 kilomètres Sud-Est de Nanteuil-le-Haudouin sur la route de Nanteuil à Acy-en-Multien.

seconde ligne qu'on fait avancer vers le Nord, pour faire face à l'ennemi qui déborde.

Les artilleurs reçoivent l'ordre d'aller prendre position entre Sennevières et Nanteuil-le-Haudouin. Les conducteurs lancent leurs attelages en avant.

« Sur la grande route de Paris, et entre la route et la ligne de chemin de fer, des masses profondes d'infanterie débouchent de derrière Nanteuil. Un immense fer à cheval ennemi nous enveloppe. Il semble à cette heure qu'il ne reste plus, pour la retraite du 4ᵉ corps, qu'une étroite voie libre entre Sennevières et Silly-le-Long, vers le Sud-Est...

« Le commandant fait tourner les pièces bout pour bout.

« D'un instant à l'autre, raconte toujours Paul Lintier, nous risquons d'être pris entre deux feux, car, au Nord-Ouest de Nanteuil, sur les hauteurs dominant la route, nous ne pouvons douter que de l'artillerie s'installe pour appuyer le mouvement de l'infanterie ennemie.

« Nos batteries ouvrent le feu.

« Tout de suite, le même délire trépidant s'empare des hommes et des canons. Les pièces sont des monstres hurlant, des dragons en démence qui, à pleine gueule, vomissent du feu à la face du soleil, dont la chute s'achève dans un somptueux crépuscule d'été. Les douilles s'amoncellent et fument. Là-bas, on voit les hommes se débander, courir, s'écrouler en monceaux. Des hauteurs qui dominent Nanteuil et d'où l'on pourrait compter nos pièces, aucune artillerie ne répond.

« Longtemps le massacre continue.

— « Ah ! Ils n'iront pas à Paris, ceux-là !

« La nuit vient. En ordre, les régiments de ligne se replient par le fond du vallon dont nous occupons les pentes (1). Des chasseurs à cheval passent au trot, puis toute une brigade de cuirassiers. C'est la retraite !

« Nous sommes battus... battus !... L'ennemi marche sur Paris.

« Le soleil n'est plus qu'un croissant à l'horizon. Les cavaliers allant vers Silly disparaissent dans la poussière qu'ils lèvent. Nous tirons toujours, couvrant de mitraille la plaine de betteraves où, çà et là des hommes bougent encore.

---

(1) C'était les régiments de la 8ᵉ division que Maunoury envoyait vers Silly pour appuyer le lendemain une nouvelle attaque.

— « Cessez le feu !

« On n'a point entendu ou point voulu entendre... Trois pièces tirent encore. Il faut que le commandant répète l'ordre en hurlant.

« Les hommes s'épongent, rouges, suants. Les bras croisés, debout derrière leurs pièces, sans parler, ils contemplent ces champs dont pas un pouce n'a été épargné.

« Nous attendons maintenant l'ordre de battre en retraite à notre tour.

« C'est un ordre de passer la nuit ici qui nous arrive. On nous envoie un bataillon d'infanterie de soutien. A deux cents mètres du parc,... les fantassins se déploient en tirailleurs et s'immobilisent sur le champ (1)... »

Un soldat du 44ᵉ d'artillerie, Alexandre *Vavasseur*, cultivateur à Chaufour (Sarthe), reçut six blessures à Silly-le-Long, le 9 septembre et mourut le 6 décembre 1914, à l'hôpital de Brest (2).

Le jeudi, 10 septembre, les artilleurs s'attendent à une vive canonnade dès la pointe du jour. Pas un coup de canon n'est tiré. Un lieutenant-colonel, qui passe à la tête d'un bataillon, apprend au chef d'escadron Solente que les Allemands battent en retraite. C'est la victoire ! La nouvelle passe de pièce en pièce et secoue de joie tous les hommes qui s'y attendaient si peu. Vers midi, ordre d'avancer. A Nanteuil, un peu de vie renaît déjà. La route où sont engagées les batteries, longe les champs où l'ennemi avait été arrêté la veille au soir, par l'artillerie. On fait halte. « Entre la route de Paris et la ligne du chemin de fer, des cadavres vêtus de gris, aussi loin qu'on peut voir, parsèment les betteraves. Au bord de grands champs de maïs, six Allemands sont tombés en monceau. Le dernier atteint s'est abattu à la renverse sur les autres. Ses jambes raides, que soulève une croupe humaine, se dressent vers le ciel. Son cou, sous le poids du corps, s'est plié : le menton du mort touche sa poitrine. Les yeux grands ouverts, la bouche tordue dans une horrible grimace d'agonie, ce Prussien casqué semble faire effort pour regarder son nombril. Des autres cadavres du tas, on ne voit que des épaules, des nuques, des talons de bottes. Seulement, un blessé à moitié enseveli sous les morts, a dû agoniser longtemps. Scalpé par un éclat d'obus, qui a arraché l'aigle impérial de son casque, l'homme a tenté de se libérer de l'effroyable

---

(1) Paul Lintier, *Ma Pièce*, pp. 187-210.
(2) *Nouvelliste de la Sarthe*, du 11 décembre 1914.

fardeau qui lui écrase les jambes et les reins. Il n'a pu. Son buste seul émerge du monceau. Arc-bouté sur un coude, la bouche grande ouverte et hurlante, il a expiré en tendant son poing noueux, énorme, à ces collines » qu'on vient « de quitter, et d'où lui est venue la mort...

« Plus loin, trois tringlots tournent autour d'un Prussien étendu sur le dos, et dont les bras en croix semblent prêts à une terrible étreinte. Comme l'un d'eux lui soulève la tête pour le dépouiller de son casque, de la bouche entr'ouverte du mort, du sang noir lui jaillit soudain aux mains. Il grogne », lâche un gros mot « et torche ses mains aux pans de la capote grise de l'Allemand.

« Un sous-lieutenant du génie compte les cadavres pour les enterrer.

« C'est vous, les artilleurs, qui avez fait ce travail-là ? J'en ai déjà compté dix-sept cents ! Et je n'ai pas fini. Ça va faire plus de deux milles. »

Et le régiment remonte vers le Nord pour avoir l'occasion de bombarder les queues de colonnes allemandes en retraite.

« Les marges de la route sont jonchées de mausers, de baïonnettes, courtes comme des couteaux de boucher, des cartouchières, des casques, des sacs en peau de vache, des sacoches, des selles et des chevaux morts.

« La route des Ruettes, le soir de la bataille de Virton, était pareille à celle-ci. Je me disais alors, un peu surpris, dans ma lassitude : « « *J'assiste à une défaite française* ». Et aujourd'hui je me trouve étonné d'avoir pris part à une victoire, dont voici les preuves, une victoire qui dégage Paris, qui sauve la France, qui nous ouvre peut être une ère nouvelle... Il faut se répéter : « c'est la victoire, c'est la victoire ! » pour sentir encore la joie, pourtant si profonde, de savoir la Patrie sauvée (1). »

---

(1) Paul Lintier, *Ma Pièce*, pp. 210-215.

CHAPITRE VIII

Les brancardiers de la 8ᵉ division avaient, on s'en souvient,
passé la nuit du 8 au 9 septembre à Chevreville. Ils en partirent
le 9, à 9 heures du matin, firent le tour par Ognes complètement
dévasté, ruiné, pillé par les Allemands, et arrivèrent, à 7 heures
du soir, à Sennevières pour prendre les blessés sur le champ de
bataille. S'étant avancés trop loin, ils furent repérés par l'artillerie
ennemie qui ne leur épargna pas les obus. Comme leur mission se
trouvait ainsi entravée, et que les Boches cherchaient à les
encercler, ils revinrent à Ognes coucher à la belle étoile. Le jeudi
soir, 10, après la retraite de von Klück qui avait laissé de nombreux
morts sur le terrain, perdu 13 canons, 7 mitrailleuses, environ
2.000 prisonniers et de grands convois (1), ils traversèrent
Nanteuil-le-Haudouin et arrivèrent à Droiselles pour coucher dans
les communs du château. Le vendredi, ils purent visiter le château
lui-même qui avait été pillé et au premier étage duquel les Allemands avaient, durant la bataille, installé plusieurs mitrailleuses
en batterie, dont les soldats du 317ᵉ eurent beaucoup à souffrir (2).

Sous ce titre : « *Les réservistes sarthois à la bataille de la Marne*,
le journal la *Sarthe*, du 17 octobre 1915, a publié les détails
suivants fournis par un combattant, détails qu'il est utile de conserver à titre documentaire.

« Depuis le 8 (3), les régiments 317ᵉ et 315ᵉ étaient dans la
région de N (anteuil), et le 9 septembre, ayant comme objectif la
ligne de P (aris) à S (oissons), les fusils de nos braves crépitèrent
sur les communes de D (roiselles) (4), V (ersigny) et N (anteuil).

« Une des compagnies du 317ᵉ, qui était en reconnaissance, fut

---

(1) Pierre Dauzet, *Guerre de 1914. De Liège à la Marne*, p. 73.

(2) *Carnet de route* de Louis Bourneuf.

(3) Le récit de la *Sarthe* porte le 9. Toutes les dates qui y sont données retardent
d'un jour. Je les rectifie.

(4) Droiselles fait partie de la commune de Versigny, au Nord-Ouest de Nanteuil.

surprise par les Boches qui se cachaient dans les bois qui longent, à cet endroit, la voie ferrée (1). Le combat fut très meurtrier de part et d'autre, ainsi qu'en témoignent deux ossuaires français et allemand qui marquent les lieux de cet engagement. Le capitaine Paradis, qui commandait cet avant-garde, tomba héroïquement.

« Quelques corps ont été transportés dans le cimetière de M (ontagny-Sainte-Félicité ?) et dans celui de Droiselles. Ces derniers sont à l'ombre d'une très belle petite église toute tapissée de lierre. Nos braves compatriotes reposent là, allignés comme à la parade, ayant à gauche leur chef, le capitaine Paradis.

« La bataille dura pour les nôtres en cet endroit une longue journée et le matin du 10, les Boches détalèrent vite, comme ils le firent en maints endroits.

« A D (roiselles) et à V (ersigny), comme à C (répy ?) les habitants gardent un souvenir reconnaissant de nos 315e et 317e d'infanterie. Les tombes sont fleuries et entretenues pieusement, parées de drapeaux. J'ai noté là un détail bien touchant et qu'on pourrait dire bien Français. J'ai vu des petits garçons qui là, comme ailleurs, portent des bonnets de police, mais sur lesquels on a fait coudre des écussons des 315e et 317e.

« Il est à D (roiselles) une héroïne locale que nos soldats doivent connaître et se rappeler : c'est Mme Meunier, fermière des Essarts, et surnommée Madame Risquetout.

« Mme Meunier a, si l'on peut dire gagné ses galons de caporal avec les nôtres et elle a mérité par sa courageuse conduite ainsi que par un acte de bravoure, peu commune pour une femme, la citation à l'ordre de l'armée.

« Mme Risquetout, aussi maligne que franche luronne, avait gagné la confiance des avant-gardes allemandes en feignant de les prendre pour des Anglais. Les peu roublards soldats de Guillaume la laissèrent dans son ignorance espérant en profiter. Ce double jeu permit à la vaillante fermière de ravitailler et de porter des renseignements aux troupes françaises de N (anteuil).

« Les soldats du 117e purent la voir le jour de la bataille du 9 (2)

---

(1) Ces bois s'étendent entre Droiselles et Ormoy-Villers au Nord. Ils sont traversés par la voie ferrée et la grande route de Nanteuil à Crépy-en-Valois.

(2) Le sergent-major Marius Cadrot, du 117 d'infanterie, fut cité à l'ordre de la division, pour avoir entraîné sa section aux combats de *Droiselles*, le 9 septembre, de Quennevières (13 septembre), et du Quesnoy (29 et 3 septembre), où il fut très grièvement blessé, *Sarthe* du 27 août 1917.

traverser la ligne de feu pour apporter son lait à notre ambulance.

« Elle a risqué sa vie plusieurs fois à la recherche des blessés et elle leur a donné les premiers soins dans sa ferme des Essarts. Enfin, quand les Boches, pris de panique, se sauvèrent, elle sauta à la gorge de l'un d'eux, un officier armé d'un fusil et d'un revolver, et le fit prisonnier.

« Pour qui ne connait pas de réputation la fermière des Essarts, la chose pourrait sembler singulière. Dans tout le canton, on en raconte bien d'autres d'avant guerre et qui expliquent sa hardiesse. Mme Meunier est décédée hélas ! avant de porter la Croix de guerre qu'elle avait si bien méritée. Quelques jours avant Pâques dernières, un simple accident de travail eut raison d'une nature aussi courageuse. »

« Mme Meunier, fermière à l'Essart, ferme aux champs de ma paroisse, surnommée madame Risquetout — m'écrivit M. le curé de Versigny, chanoine honoraire, le 22 août 1916 — fut admirable de dévouement et d'abnégation, risquant continuellement sa vie pour ramener les blessés et ce à travers les balles et les obus. Elle fut citée à l'ordre de l'armée avec Croix de guerre. Malheureusement quand on voulut lui attacher la croix elle n'était plus. Elle qui avait traversé balles et obus, mourut d'un coup de pied de cheval dans la cour de la ferme. »

Beaucoup de soldats de la Sarthe, du 317e d'infanterie particulièrement, restèrent sur le terrain à Nanteuil-le-Haudouin, à Droiselles, à Boissy-Fresnoy. Venus des communes du Mans, d'Ardenay, du Breil-sur-Mérize, Chaufour, Clermont, Cré-sur-Loir, Coulans, La Chapelle-Saint-Aubin, La Flèche, Joué-en-Charnie, Laigné-en-Belin, Luché, Mansigné, Mayet, Neuvillalais, Pont-vallain, Ruillé-en-Champagne, Sablé, Tassé, Vallon-sur-Gée, etc., ils dorment maintenant dans les ossuaires de Droiselles et des environs. J'en donnerai une liste quand la censure le permettra (1).

Au lendemain de la bataille de Nanteuil, la région présentait un aspect lugubre. En voici le tableau donné par le journal la *Liberté* (2).

« Vendredi soir, 11 septembre, à Nanteuil-le-Haudouin, on s'y battait la veille (le 9 surtout). Le long des talus du chemin de fer

---

(1) Le soldat Jouanne, du 317e d'infanterie, fut blessé par une balle explosible, le 9 septembre, à Nanteuil-le-Haudouin. *Rapports et procès-verbaux d'enquêtes*, etc., III-IV, p. 55, note.

(2) Voir la *Sarthe* du 18 septembre 1914.

nous avons pieusement recueilli le corps d'un petit Français. Les fils télégraphiques sont arrachés Les maisons des voies, désertes, ouvrent dans le soir les trous béants de leurs portes défoncées et de leurs fenêtres sans carreaux. — De la gare à la ville, dans la nuit noire, la route monte entre les arbres. Une odeur fade de chevaux morts et de viande abandonnée monte à la gorge. Dans tous les sens, des autos vont et viennent, jettent une lueur aveuglante et un cri sinistre. La place est pleine de troupes — des voitures, des caissons, des hommes — pas de lumière. On se faufile entre les rangs, et je cherche dans l'ombre des visages connus. Les maisons sont vides. On entre, on sort ; de la paille, des chiens errants. A l'intérieur, des tiroirs renversés, des meubles ouverts, des bouteilles répandues, des draps coupés ; le pillage, l'orgie, la saleté. Je trouve le maire, M. Thuillier, M. Delaitre, le ménage Guibert, M. Corbie, quelques autres. Les Allemands étaient là hier. Ils ont tout pris, tout pillé, le vin, les provisions, les chaussures.

« Nous dînons à quatre d'une épaule de lapin qui reste et d'un pain frais que M. Beaujard nous envoie. Ils n'ont tué personne. Dieu Merci ! mais quelles brutes ! Chez le maire, ils imaginaient du champagne. Ils ont tout saccagé pour en trouver. Peine inutile. Le maire est sobre. Ils se sont vengés en éventrant les meubles.

« La nuit est venue. Très loin, le canon tonne encore, vers Retheuil (1). Nous trouvons un lit où ils ont couché. Les chiens hurlent. De la fenêtre, au clair de lune, après l'orage, on voit la plaine où ils se battaient. On est entre Français, c'est bon.

« Cinq heures du matin : les troupes partent ; je m'en vais plus près des batailles, vers les plaines sinistres. Ormoy-Villers (2) est intacte ; près des chevaux morts, des vaches passent ; des poules sortent du bois, coq en tête, en chantant ; la vie renaît.

« Plus loin encore, la gare de Boissy-Levignen : quatre murs ; au pied, la fontaine. Je m'approche. En cercle, sur des civières, cinq cadavres de uhlans, raides, la poitrine nue, les plaies saignantes. ils ont été abandonnés sur leurs civières. L'un d'eux, avec ses mains fines, sa longue taille, sa tête énergique, est d'une

---

(1) Aisne, arr. de Soissons, canton de Villers-Cotterets.

(2) Oise, arr. de Senlis, canton de Crépy-en-Valois.

beauté impressionnante, et les soldats, entre leurs cadavres, tirent de l'eau.

« J'interroge le garde barrière. Il était là. Il a vu les derniers coups de canon, et, subitement, l'armée en marche s'arrêter, se retourner, fuir, abandonnant tout.

« Je m'informe si l'on peut manger. Il n'a rien : le pain laissé par les soldats, du pain noir, dont il ne lui reste qu'un morceau. Son puits est empoisonné ; dans son jardin, des chevaux tués sont couchés, gonflés, les sabots vers le ciel.

« Je vais au champ de bataille : dans les betteraves, dans les avoines en gerbes, des paniers d'obus abandonnés, des sacs, des cartouches. Çà et là, des taches brunes, ce sont des morts.

« Une heure. C'est la solitude et le silence. En galop, vers l'ennemi, les Français sont passés. Nous restons seuls avec les employés de la voie qui réparent. Ils ont dormi cette nuit en plein air, gardés par huit cadavres ! Ah ! les braves gens.

« Au quart, une voiture passe. Elle vient de Villers-Cotterets. Les Allemands sont en fuite. Ils courent. Trois jours avant, ils étaient insolents ; hier, ils mangeaient avec leur revolver sur la table ; au moindre bruit, ils sursautaient. Ils ont fui au petit jour. Notre armée est sur leur piste.

« Là, on a du pain et des œufs durs. On partage et nous retournons à Nanteuil. Levignen (1) a souffert, mais l'ensemble du village est intact et les vies sont sauves. Voici Boissy (2) avec les toits criblés de balles. Péroy-les-Gombries (3) respecté. Au loin, la plaine étend ses avoines en gerbes ; des hommes y travaillent. Ils ont des pelles et des pioches. Entre les gerbes, la terre s'élève ; des monticules avec une croix indiquent les morts. A la porte du village, trois Allemands sont assis dans le fossé ; ils ont entre les mains des cartes françaises. Un obus a interrompu la partie.

« Les figures sont calmes, comme figées. Ce n'est pas de l'horreur, mais un étonnement, une sorte de joie mélancolique qui pénètre le cœur, monte vers nos soldats et, dans le lointain, les salue.

« Je suis revenu avec les prisonniers. Ils étaient parqués à la gare. Le capitaine leur a parlé : « les Français sont bons, vous

---

(1) Oise, arr. de Senlis, canton de Betz.
(2) Boissy-Fresnoy, Oise, arr. de Senlis, canton de Nanteuil-le-Haudouin.
(3) Canton de Nanteuil-le-Haudouin.

êtes saufs » et j'ai vu s'épanouir les larges lèvres. Et les petits soldats leur donnaient à boire.

« L'horrible chose que la guerre ! Et pourtant ! pourtant comme le cœur grandit et s'élève à de tels spectacles ! »

Le 10 septembre (1), par un ordre du jour, daté de Claye (Seine-et-Marne), le généralissime félicita les combattants de l'armée Maunoury pour leur courage et leur endurance : « Camarades, le général en chef vous a demandé, au nom de la patrie, de faire plus que votre devoir ; vous avez répondu au delà même de ce qui paraît possible. Grâce à vous, la victoire est venue couronner vos drapeaux... Merci à vous et honneur à tous les combattants de la sixième armée ! »

La défaite de Belgique (Charleroi, Virton, Ethe) avait été notre punition de n'avoir pas préparé, dans la paix, l'œuvre de mort ; mais la Marne, par un miracle de volonté de la race française, a cruellement frappé le colosse allemand et libéré le monde d'un joug exécrable.

« La victoire de la Marne fut la récompense d'une splendide manœuvre qui demeurera incontestablement la plus belle conception stratégique des temps modernes, conception incomprise du public puisqu'il la qualifie encore de miracle !

« La gloire en demeurera au généralissime qui la partage, à divers degrés, avec les Galliéni, les Castelnau, les Foch, les Sarrail, les Langle de Cary, les d'Espérey, les Maunoury et toute l'immortelle phalange de ses lieutenants, tous hommes de tête et d'exécution, auxquels il convient de joindre le maréchal French.

« Fait sans précédent dans l'histoire militaire de tous les temps et de tous les pays, une grande armée, d'abord battue et ayant reculée sur tout le front, se ressaisit, se rétablit par ses propres moyens, remporte une grande victoire et force l'ennemi à battre précipitamment en retraite (2). »

---

(1) Le 10 septembre 1914, Louis-Joachim-Auguste Le Dréau, maréchal des logis au 26⁰ d'artillerie, écrivait à sa famille, à Arçonnay (Sarthe) : « Les combats ont été très durs ; nos troupes épuisées viennent se reformer en arrière. Mon régiment est bien abimé puisque sur neuf batteries, quatre seulement sont revenues. » Le Dréau fut cité à l'ordre du jour de l'armée. *Bulletin paroissial d'Arçonnay*, août 1915.

(2) C.-Henry d'Estre, *L'énigme de Verdun*, dans *le Correspondant* du 10 juillet 1916, p. 63. — « Après la retraite de Charleroi, un esprit raisonnant selon les

On comprend l'enthousiasme des Français à la nouvelle de la première victoire de la Marne. Il est peut-être prématuré de porter un jugement sur les causes prochaines qui déterminèrent alors le redressement de notre armée et à quel chef il faut en attribuer la gloire. Quant aux Allemands, ils ne se résignèrent jamais à avouer leur défaite et leurs communiqués des 5 au 20 septembre sont absolument mensongers. Les critiques militaires des pays neutres, eux, ne s'y sont pas mépris. Le colonel Feyler, dans le *Journal de Genève*, et le capitaine Gatti, dans la *Corriere della Sera*, ont fait justice de l'orgueilleux bluff allemand prétendant que le recul de leur armée était voulu et que leur situation devant Paris et Verdun restait favorable (1).

données de la psychologie, de la stratégie et de l'histoire, n'eût jamais prévu qu'une armée en retraite se retournerait brusquement et arrêterait net l'élan d'un envahisseur victorieux ». G. Le Bon. *Hier et Demain*, p. 33.

(1) Général Malleterre, *De la Marne à l'Yser*. Paris 1915, pp. 40-41.

CHAPITRE IX

Notre victoire de la Marne avait fait espérer une retraite difficile de l'ennemi. Par malheur, nos troupes, infanterie et cavalerie, étaient harassées par leur effort et nos munitions étaient épuisées. D'autre part, les Allemands avaient, grâce à leur espionnage, repéré depuis longtemps les magnifiques positions de défense du Nord de la France. Vaincu, l'état-major ennemi terra ses troupes et aménagea certaines carrières du Soissonnais. Ces fortes organisations nous interdirent la poursuite.

Si les Allemands avaient possédé un véritable homme de guerre, ils ne se seraient pas terrés après leur défaite de la Marne dans ce fossé bourbeux dénommé front. Avec leurs deux millions d'hommes concentrés, une nouvelle attaque de leur part eût été peut-être mortelle pour la France. Nous n'avions pas assez d'hommes en première ligne, nous avions perdu une partie de nos fusils ; notre artillerie légère ne disposait pas d'un assez grand nombre de pièces et ces pièces s'usaient rapidement ; les munitions nous faisaient défaut ; nous ne possédions pas d'artillerie à longue portée ; les vêtements, fourniments et harnachements manquaient. Et alors, la France seule avait une armée très inférieure en nombre à celle de l'empire germanique et ne possédant rien de ce qu'il fallait pour résister aux innombrables bataillons que l'Allemagne avait jeté sur notre sol. L'Angleterre ne pouvait mettre en ligne que 60 à 80.000 hommes. La Russie n'était qu'au début d'une mobilisation difficile. Tout semblait réuni pour assurer le triomphe, à bref délai, des empires centraux. Ceux-ci croyaient qu'une fois accrochés au sol, dans leurs tranchées, derrière des rideaux de fils de fer barbelés et de mitrailleuses, les Français, terrifiés par les massacres, les bombardements et les incendies, en seraient bientôt réduits à solliciter une paix libératrice. Ce fut l'erreur fatale des Teutons (1).

Malgré tout, les Allemands gardaient l'espoir de tourner notre gauche en même temps que nous formions celui de déborder sa droite. Le développement de cet effort commun, cette phase de la guerre, est une lutte de vitesse qui, à la fin d'octobre, prolongera jusqu'à la mer du Nord les fronts en présence et y accumulera les forces pour y trouver la solution, alors que de l'Oise aux Vosges, les opérations resteront secondaires avec le caractère commun d'usure. De l'Oise à la mer, nos ennemis vont mettre en mouvement près de huit cent mille hommes (18 corps d'armée) et quatre corps de cavalerie. Pour leur faire échec, nous constituerons trois nouvelles armées (de Castelnau, de Maud'huy, d'Urbal), renforcées par l'armée anglaise, venue de l'Aisne, et l'armée belge, venue d'Anvers (2).

A partir du 10 septembre, jour de la retraite des Allemands, nous voyons nos régiments du 4ᵉ corps remontant toujours vers le Nord du département de l'Oise. Depuis le 10, il ne cessait de pleuvoir. Les Teutons fuyaient. Quelques obusiers qui semblaient manquer de munitions, couvraient mal leur retraite. Ils tiraient sur la campagne, au hasard et sans insistance. Leur repli tournait à la déroute. « Fantassins débandés, sans armes, artilleurs, cavaliers démontés, fuyaient pêle-mêle, le plus vite qu'ils pouvaient, poursuivis par le 75 et harcelés par nos avant-gardes (3). »

Pour suivre les régiments dont ils devaient relever les blessés, les brancardiers de la 8ᵉ division quittèrent le château de Droiselles le vendredi 11 septembre, à 3 heures du soir. Ils arrivèrent à Glaignes (4) et cantonnèrent dans les communs du château de Chezelles, où on leur distribua du vin. Le samedi, 12, ils partirent à 9 heures, voyageant toute la journée « dans une boue infecte », traversèrent un coin de la forêt de Compiègne, passèrent à cinq cents mètres du château de Pierrefonds et arrivèrent à Roylet, où ils reçurent l'ordre d'aller chercher des blessés à Cuise-la-Motte (5).

---

1 Voir dans le *Petit Parisien* du 14 juillet 1916, une conversation du général Galliéni avec M. de Lanessan.

2) *Histoire de la guerre* dans l'*Almanach Hachette* de 1916, p. 112.

(3) Paul Lintier, *Ma Pièce*, pp. 216-222.

(4) Oise, arr. de Senlis, canton de Crépy-en-Valois.

(5) Oise, arr. de Compiègne, canton d'Attichy.

« Trempés jusqu'aux os », ils rentrèrent à Roylèt; à 9 heures du soir, pour cantonner (1).

On venait de se battre et on se battait encore auprès de Cuise, à Pierrefonds, à Chelles, à Haute-Fontaine, au Croutoy et aux environs. Le 12 septembre, Léopold Vaidie, infirmier à la 4ᵉ section de la 7ᵉ division, fut tué à Chelles, en allant relever des blessés (2), ainsi que Joseph Morillon, instituteur-adjoint au Mans (Petit-Saint-Georges), du 102ᵉ d'infanterie, mort de ses blessures le 13 septembre. Le Capitaine Condé, du 44ᵉ d'artillerie, se distingua à ce combat (3), et, tout auprès, à Haute-Fontaine, le soldat maître-pointeur Gaston Mercier, du même régiment, mérita des éloges pour avoir pris le commandement de sa pièce, alors que son chef et plusieurs servants avaient été blessés (4). Georges *Hervé*, du Mans, maréchal des logis au 44ᵉ d'artillerie, 9ᵉ batterie, trouva là mort à Haute-Fontaine, le 12 septembre (5).

De nombreux sarthois furent tués ou blessés mortellement au cours de ces actions. Parmi eux, je cite : Félix *Jousse*, aide de culture à la Métairie, à Chahaignes, du 102ᵉ d'infanterie, mort de ses blessures à l'hôpital d'Attichy le 16 septembre ; Fernand *Bohème*, de Rouperroux, du 115ᵉ, blessé mortellement à Attichy, le 13 septembre ; Arsène-Edouard *Herpin*, plâtrier, de Beaumont-sur-Sarthe, du 115ᵉ, blessé mortellement à Berneuil le 13 septembre, et mort à Creil ; Jules *Lehec*, de Saint-Léonard-des-Bois, du 115ᵉ, blessé mortellement à Berneuil le 13 septembre, et mort le 15 suivant ; Emilien-Jean-Claude *Riballier des Isles*, sergent au 117ᵉ, 12ᵉ compagnie, blessé mortellement à Attichy le 13 septembre (6) ; Alexandre *Bouhours*, de Nogent-le-Bernard, du 315ᵉ, tué à Berneuil le 13 septembre ; Adrien *Denise*, de Saint-Léonard-des-Bois, du 315ᵉ, tué à Berneuil le 13 septembre ; Constant-Michel *Serizay*, journalier à Ségrie, du 315ᵉ, tué à la ferme de Morenval, à Attichy ; Jules *Dodier*, du Mans ou de La Chartre, caporal au 317ᵉ, blessé mortellement à Berneuil le 13 septembre, et mort le lendemain ; Auguste-Joseph *Boileau*, de

---

(1) *Carnet de route* de Louis Bourneuf.

(2) *Sarthe* du 8 novembre 1915. — *Nouvelliste* du 13 novembre 1915.

(3) *Nouvelliste* du 22 novembre 1915. — *Sarthe* du 20 novembre 1915.

(4) *Nouvelliste de la Sarthe* du 28 octobre 1915.

(5) Il habitait au Mans, rue Emile-Zola. *Mairie du Mans*.

(6) Voir *Bulletin* nº 1, pp. 5, 28-29.

Ruillé-sur-le-Loir, caporal au 317ᵉ, disparu à Attichy le 13 septembre ; François-Désiré *Laurent*, du Mans, du 317ᵉ, 21ᵉ compagnie, tué à Attichy, ferme de Morenval, le 13 septembre ; Georges-Eugène *Leroy*, du Mans, clairon au 317ᵉ, 20ᵉ compagnie, mort de ses blessures le 14 septembre ; Auguste-Ernest *Soyer*, du Mans (Saint-Georges-du-Plain), du 317ᵉ, blessé mortellement à Attichy le 13 septembre, mort le 14 ; Victor *Teilley*, de Saint-Symphorien, du 317ᵉ, 20ᵉ compagnie, blessé mortellement et mort à Berneuil.

Près d'Attichy, le 13 septembre, des batteries du 44ᵉ d'artillerie avaient pris position sur la route de Tracy-le-Mont, passant devant la ferme de Morenval. « Et voilà — raconte Paul Lintier — qu'on entend, venant de la route, qui, coup sur coup, fait deux détours (1) et s'enfonce ensuite sous une voûte obscure de grands hêtres, un bruit confus de gémissements, de cris et de piétinements... Des obus sifflent, passent. On court. Brusquement, au détour du chemin, une vision atroce m'immobilise une seconde, sans souffle.

« Sous le soleil qui, à travers les branches, marbre le fond clair de la chaussée, il y a un amas informe d'hommes et de chevaux fauchés. L'attelage entier de la forge et celui du chariot de batterie se sont effondrés en monceaux mouvants de chairs saignantes. Dessous, il y a des hommes. Deux servants sont étendus la face contre terre, au milieu de la route. D'autres se traînent sur les mains parmi les chevaux de selle abattus. Dans les fossés des blessés bougent.

« De ce charnier montent de longs gémissements, des plaintes étranges semblables aux cris angoissants de bêtes de nuit... Du sang coule en ruisseau dans les ornières de chaque côté du chemin. Une puanteur d'abattoir, fade à vomir, une sorte de tiédeur, une odeur de chair fumante, de vie ruisselante, une odeur de cheval, de viscères et de digestion prend à la gorge, énivre, écœure.

« Un homme, dont le buste est enseveli sous l'attelage de la forge, a réussi à passer un bras à travers une masse de boyaux répandus. Mais les viscères lui ont garrotté le poignet. Il les secoue furieusement, projetant des gerbes de sang. Des chevaux

______

(1) A deux kilomètres d'Attichy, la route de Tracy-le-Mont, qui court de l'Est à l'Ouest, s'infléchit brusquement pour remonter au Nord sur un plateau de 135 mètres d'altitude.

qui crèvent, pètent, lâchent du crottin, grattent le sol de leurs jambes raidies. Leurs ferrures crissent sur les cailloux. Dans leur agonie, ils tendent les traits ; des chaînes craquent. La voiture à laquelle ils sont attelés avance un peu, puis recule.

« Un fantassin, mort, tend sa poitrine béante. Ses yeux grands ouverts ont un regard droit, trouble, un regard bleu qui m'entre dans la poitrine. Un artilleur a été cloué au talus. Il est resté là, presque debout, le ventre ouvert ; sur ses bottes, un cheval blessé, immobile, saigne des naseaux.

« Lorsque, par instants, les râles et les plaintes s'interrompent, on perçoit le bruit du sang qui s'écoule flot à flot, le borborygme des intestins qui s'épanchent blanchâtres et roses et qui se tordent sur la route. »

Je cours « dégager l'homme qui suffoquait enseveli sous l'attelage de la forge, et d'un coup de revolver j'achève un cheval qui dans son agonie, menaçait d'achever un canonnier blessé aux reins. C'est alors que j'aperçois étendu entre deux chevaux, mon ami M..., très pâle, les yeux clos. Je cours à lui, je passe mon bras sous son corps pour le soulever... Tout mon sang s'arrête brusquement de couler, mon cœur de battre... Mon bras s'est enfoncé jusqu'au coude dans le dos ouvert de mon ami.

« Je me redresse. Un instant, le charnier tourne autour de moi. Est-ce que je ne vais pas défaillir d'horreur ?... Je porte la main à mon front ; elle est rouge... Je me barbouille le visage de sang. Pour ne pas tomber, je dois m'adosser à la roue de la forge. »

La voiture d'ambulance est hachée par la mitraille. Sur un brancard intact on porte un servant, le pied presque détaché, et hurlant de douleur, à un poste de secours dans une ferme ; « il faut franchir des membres de chevaux épars, enjamber des morts si défigurés que je ne les reconnais pas... La toile serrée du brancard retient le sang du blessé. Son pied trempe dans une mare rouge. Il souffre comme un crucifié, tord ses bras hors du brancard et gémit... Sur la route, devant la ferme-ambulance, des majors ont établi, à l'ombre, une table d'opération volante. On aligne les blessés au bord du fossé... Portés sur des brancards ou à pied, seuls ou soutenus par des camarades, nos blessés arrivent à l'ambulance. Le menton de l'un d'eux n'est qu'une bouillie sanglante. Un de ses yeux est clos et l'autre grand ouvert. »

Chevaux morts, artilleurs tués gisent sur la route. Dans les ornières, « les ruisseaux de sang se sont figés ». Deux prisonniers descendent du plateau qui domine Attichy. « Les fantassins qui les accompagnent, craignant que ce spectacle de mort donne trop de joie à ces ennemis, leur ont bandé les yeux. Ils les conduisent par la main à travers les cadavres. Mais les Allemands ont reconnu l'odeur du sang. Un pli d'inquiétude barre leur front. Ils reniflent l'air longuement » (1).

Les brancardiers de la 8ᵉ division avaient couché à la ferme de Morenval. Le 14 septembre, à 5 heures du matin, par une pluie battante, ils en repartirent pour explorer le terrain. Ils ramenèrent cinq blessés, après quoi, ils quittèrent la ferme pour se rendre à Berneuil. A 3 heures du soir, départ pour Saint-Crespin-au-Bois, à l'orée de la forêt de Laigue, où ils firent une halte de quatre heures avant d'aller cantonner à la ferme de la Sanche (la Cense). Le 15, ils quittèrent la Cense à 11 heures, pour revenir à la ferme de Morenval. Pendant une halte, trois avions français, les premiers qu'ils voyaient, vinrent atterrir auprès d'eux. Ils gagnèrent ensuite leur cantonnement à la ferme d'Escafaut (2).

Dans ces mêmes jours, vers le 12 septembre je crois, il y avait eu rencontre entre Français et Allemands, à Escafaut. Des soldats du 31ᵉ d'artillerie furent cités à l'ordre du régiment, le 22 septembre, pour leur sang-froid, « lors de l'alerte d'Escafaut », particulièrement l'aspirant Georges *Lebrun*, les adjudants Gaston *Bourdeix* et Philippe *Moraisin* ; André-Marie-Gaétan *Prévol*, maréchal des logis ; Antoine-Marius *Hamel* ; Arsène *Moireau* et le maréchal des logis *Dupré* qui sauva le drapeau d'un régiment d'infanterie (3).

Escafaut se trouve sur un vaste plateau d'une altitude moyenne de 140 mètres, entre l'Oise et l'Aisne. A l'Est, la forêt de Laigue, occupant l'angle formé par le confluent des deux rivières, fait suite à la forêt de Compiègne qui étale ses 14.000 hectares de beaux arbres, le long de l'Oise et sur la rive gauche de l'Aisne. Ce plateau est une région de grande culture. Quelques boqueteaux y marquent l'emplacement des fermes : Escafaut, Morenval, la Cense, Quennevières, Les Loges et Touvent, à la naissance d'un ravin, au fond duquel un petit cours d'eau trouve son chemin vers l'Aisne, par Bitry. Au Nord, sont disséminés, à travers les bois de

---

(1) Paul Lintier, *Ma pièce*, pp. 223-230.
(2) *Carnet de route* de Louis Bourneuf.
(3) *Nouvelliste de la Sarthe* du 2 novembre 1915.

la forêt d'Ourscamps, les villages de Tracy-le-Mont, Tracy-le-Val, Nampcel, Bailly, Carlepont, Caisnes et Pontoise, cette dernière localité (rive gauche de l'Oise), sur la grande route de Coucy-le-Château à Noyon, à Roye et à Amiens.

Du 14 au 18 septembre, la bataille continua dans cette région, entre Attichy et Pontoise. Les Allemands s'étaient retranchés sur des hauteurs boisées, dans des carrières, et leur artillerie balayait le plateau, mais non sans attirer la riposte de la nôtre.

« L'action est maintenant engagée du côté de Tracy-le-Mont, raconte un caporal-brancardier. Le duel de notre 75 et de leurs obusiers tapageurs a commencé. Là bas, en-deçà de la ferme de [Quennevières], qui, vers l'Est, se détache dans une grosse masse de verdure, et, de chaque côté, deux batteries inondent l'ennemi d'une pluie d'obus qui, vraisemblablement, fait merveille. Un crépitement lointain indique que l'infanterie, elle aussi, est aux prises. Les mitrailleuses allemandes, dont nous entendons l'exaspérant roulement de moulin à café, pouvant causer des dommages dans les rangs français, il y a lieu, pour le service de santé, d'avancer le plus près possible du centre de l'action afin de secourir ceux qui vont peut-être tomber...

« La ferme de Quennevières nous avait été signalée comme servant de refuge à de nombreux blessés français et allemands. Mais le tir de l'artillerie en rendait l'approche, sinon impossible, du moins extrêmement périlleuse. Sur une longueur de plusieurs kilomètres, le chemin d'exploitation étendait un ruban blanc déjà marqué par places de taches noires qui étaient des trous d'obus. La perspective d'une promenade sur ce chemin n'avait vraiment rien de réjouissant.

« Les docteurs A... de La Flèche, et T... de Mamers, n'hésitèrent pas un instant. Je suivis mes deux chefs, non sans douter du succès de cette hasardeuse tentative. Nous atteignîmes sans encombre la hauteur des batteries françaises qui, de chaque côté du chemin, faisaient rage sur l'ennemi. Le danger ne commençait en somme qu'en cet endroit. A droite et à gauche la terre, comme une écumoire, était crevée d'obus ; dans un champ, trois vaches étaient couchées côte à côte ; elles semblaient dormir. En nous approchant, nous vîmes que toutes les trois, en enfilade, avaient été traversées par un même obus. Un peu partout, sur la terre féconde, chaude déjà sous le gai soleil, des soldats reposaient dans leur dernier sommeil.

« Nos obus passent maintenant au-dessus de nos têtes. Les détonations, fortes et brèves, se succèdent de près, quatre par quatre, et des sifflements ébranlent les couches d'air. Nous nous regardons en riant : « Ce qu'ils doivent en prendre là-bas ! » Mais tout à coup on cesse de rire ; au loin, un grincement comme un bruit de roue de charrette mal graissée ; puis c'est un ronronnement de rouet, qui, soudain grandit et passe dans un hurlement atroce pour s'arrêter tout à coup ; l'obus a touché terre, cent mètres en arrière, où il éclate dans une gerbe de pierres et de morceaux d'acier, avec un bruit effroyable. L'obus passé, on reprend la conversation interrompue.

« Cependant, nous arrivons à la ferme. Des deux côtés du chemin, les arbres se redressent, aux troncs balafrés, fendus même dans toute leur hauteur, aux branches déchirées et brisées par les balles et par les éclats d'obus. Partout, à droite et à gauche, devant nous, sur la route, des excavations profondes, en entonnoir, marquent la place où les obus sont tombés ; le sol est jonché d'éclats d'acier, aux bords déchiquetés et tranchants et d'un poids souvent inimaginable. Les murs de clôture de l'exploitation, qui semble importante, sont abattus par places. Tout indique que les canons allemands s'acharnent sur cette ferme, qu'ils supposent sans doute servir de rempart à notre artillerie... » Les obus continuent à pleuvoir.

« Nous passons le portail ; la grande cour intérieure entourée des logis du maître et, de trois côtés, par les bâtiments de service, est calme, tout est en ordre. Par les portes ouvertes des étables, nous voyons de bonnes vaches paisibles, ruminant, indifférentes. Rien n'indique dans cet intérieur de ferme cossue et tranquille la lutte tragique qui se déchaîne à l'entour.

« Seul un chien, abominablement maigre, semble inquiet ; il jappe tristement en tournant autour de quelque chose : c'est une grande tache rouge sur le sol, une mare de sang, d'un sang déjà caillé. La pauvre bête aboie sans trève, lamentable appel à son maître qui est tombé là.

« Nous entrons : la cuisine et trois chambres au rez-de-chaussée sont pleines de blessés ; uniformes français et allemands pêle-mêle ; quelques officiers, six soldats allemands valides, dont trois porteurs d'un brassard de la Croix-Rouge, soignent les uns et les autres — nous devons le dire à leur honneur — avec une égale sollicitude. Nous retrouvons avec plaisir un médecin et des officiers français dont le concours nous sera précieux.

« Beaucoup de ces malheureux, étendus sur la paille sanglante, avaient des blessures horribles. Il en venait toujours un peu de partout. La ferme leur apparaissait comme un refuge assuré, et ils se traînaient comme ils pouvaient vers cette retraite qui, pour plusieurs d'entre eux, allait être un tombeau.

« Au bout d'une heure, il y en a dans tous les coins, jusque sur les marches de l'escalier. Les plus gravement atteints sont étendus sur des lits et des matelats. Un soldat demande à boire, et quand il se soulève, tendant la main vers le verre d'eau qu'on lui présente, une balle, au travers du volet, vient le frapper en plein cœur. Le malheureux s'affaise sans une plainte... Et tout alentour les balles et les obus font rage, sapant les arbres, éventrant les murs.

« Pourtant une accalmie permet aux brancardiers d'évacuer la plupart des blessés. Les docteurs A......: et T...... restent avec les derniers blessés et avec les Allemands, qui apportent un réel courage à les aider. Il est 3 heures de l'après-midi. Le tir, après s'être apaisé un instant, a repris, plus violent qu'auparavant. Les obus sifflent sans discontinuer.

« Un adjudant qui a une blessure effroyable nous supplie : « Mes bons amis, je vous en conjure, par pitié, mettez-moi dans la voiture ! » Etre dans la voiture qui, dans la cour, attend une seconde accalmie du tir pour emmener de nouveaux blessés, c'est aux yeux du malheureux, la garantie de son évacuation. Nous nous rendons à son désir. A peine repose-t-il dans la voiture qu'un shrapnell éclate, l'étendant mort dans cette carriole qu'il considérait comme son salut.

« Le tir, soudain, se fait plus précis. Je vois des médecins, indifférents au danger toujours plus menaçant, se prodiguer aux blessés. Les obus tombent en des points toujours plus rapprochés de la partie de l'habitation que nous occupons. Déjà la plupart des bâtiments de service se sont effondrés. Dans l'étable, les vaches beuglent, épouvantées.

« Dans la cuisine, un blessé m'appelle. Le malheureux, atteint d'une balle en pleine poitrine, halette. Il se soutient sur un bras qui glisse toujours sur la paille ensanglantée. De l'autre main, il cherche sur sa poitrine, dans sa capote raidie, empesée par le sang figé, une lettre qu'il me tend les yeux pleins de larmes ; en disant : « C'est pour tout à l'heure n'est-ce pas ? Nous y passerons sans doute tous deux. Mais si tu en réchappes, tiens, voilà une lettre. »

« Il s'interrompit. Un obus passait, pour s'abattre vingt mètres plus loin sur le chemin. Le pauvre garçon me regardait en souriant tristement : « Ma fiancé ! » murmura-t-il. Et je vis, dans ses doigts rouges de sang, une petite mèche de cheveux noirs qu'il pressa sur ses lèvres dans un baiser d'une tendresse infinie.

« Je m'assieds près du blessé ; l'oreille aux aguets, dans une tension de tous les nerfs et de tous les muscles. Nous attendons la mort avec impatience maintenant. Après avoir employé toutes nos énergies à lutter contre elle, notre devoir accompli, nous la désirons presque cette grande libératrice de toutes les angoisses et de toutes les souffrances. Et comme si elle répondait à notre appel, la voici tout à coup. En levant les yeux, je vois le plâtre se fendre en une étoile gigantesque, et paraître, par une crevasse béante, la partie antérieure d'un obus monstrueux...

« Le plafond s'affaisse en entonnoir, en même temps retentit le craquement sinistre des poutres et l'effrayante détonation de l'obus. En un instant la nuit se fait dans mon cerveau ; Je n'entends même pas les éclats frapper les murs. Puis, je reviens à moi, à demi asphyxié par la poussière et les gaz de la dynamite brûlée.

« Je me dégage non sans peine. J'étais pris entre la poutre maîtresse, dont une extrémité était appuyée contre la muraille et dont l'autre reposant sur le sol et la chaise, maintenant brisée, sur laquelle j'étais assis au moment de l'explosion ; renversé en arrière sur le parquet, j'avais la tête enfouie sous des briques, platras et débris de toutes sortes.

« L'air, irrespirable d'abord, se renouvelle maintenant. La maison s'est abimé du haut en bas, et le ciel bleu et serein nous apparait par le toit effondré. Les hommes les moins épouvantés dégagent leurs camarades. Un Allemand affolé gesticule : *Züm Keller ! Züm Keller !* (à la cave) braille-t-il. Et sa mimique et son cri jettent une note comique dans cette scène terrible. Presque tous sont en sang. Le pauvre fiancé est mort, broyé ; la plupart des blessés ont été atteints à nouveau par l'explosion.

« La situation est atroce. Les obus ont abattu la maison des deux côtés. Dans la partie restée debout, un sergent mortellement frappé, regarde, l'œil indifférent, le plafond s'incliner dans un craquement, prêt à s'écrouler sur lui.

« Nous descendons les blessés dans la cave. La voûte épaisse et massive, semble solide ; mais pourra-t-elle résister longtemps aux énormes obus allemands ? Oh ! cette cave pleine en un instant de l'odeur fade du sang, d'une fumée âcre, et où retentit sans cesse la plainte monotone des blessés ! Je vois encore un jeune médecin-major qui, ayant pu atteindre la ferme au moment de l'explosion, a été étourdi par la commotion. Il cherche à panser un blessé ; mais ses efforts sont vains et je dois prendre sa place. Je n'oublierai jamais le regard de reconnaissance que me jette ce vaillant médecin qui, vaincu par la souffrance, voit avec désespoir qu'il ne peut remplir sa mission sacrée.

« Cependant, je m'entretiens avec les Allemands. Fort surpris de la courtoisie française, ils s'épanchent avec moi, donnant libre cours à leur exaspération. Ils n'ont pas mangé de pain depuis trois jours. Une tasse de café, voilà tout ce qu'on leur a donné. Les troupes sont à bout de forces, surtout à bout de patience. Aussi bien pourquoi cette guerre, ces souffrances, ces massacres ? On les mène à la bataille à coups de fouet. Pourquoi continuer la guerre, briser tant d'existences, puisque la défaite est inévitable ? Ils l'attendent cette défaite, la désirant, plus que la victoire, comme la délivrance nationale (1).

« Ma pauvre femme ! Mes pauvres enfants ! », disait l'un d'eux frappé d'un éclat d'obus dans le ventre. Et un autre ajoutait : « Ma femme à moi, est Française, et j'ai vu, dans un groupe de prisonniers mon beau-frère ! »

« A ce moment, dans un angle obscur, nous entendons un long sanglot. Une voix de femme, d'une tristesse navrante, s'élève dans l'ombre : « Tous mes enfants à moi sont morts, et mon mari a été tué, là haut, dans la cour ! »

« C'est la propriétaire de la ferme. Elle a assisté impuissante à l'œuvre de destruction. Enfants, mari, fortune, elle a tout perdu. Elle vient d'entendre la plainte des Allemands, que je traduisais à haute voix, et elle pleure, elle aussi son bonheur écroulé. Et là haut, je revois le chien, le pauvre chien maigre, hurlant dans la cour devant le sang figé de son maître.

« La situation était toujours fort grave. Il fallait à tout prix emmener les blessés hors de cette cave, où les obus pouvaient les ensevelir d'un instant à l'autre. A l'asphyxie sous cette voûte qui d'ailleurs pouvait s'effondrer, la mort par les balles sur la plaine

---

(1) Mettons beaucoup de points d'exclamation à la suite de ces sortes de récits.

était encore préférable. Tenter de ramener tout de suite les blessés à Tracy-le-Mont, c'était pour eux la seule chance de salut.

« Ceux-ci sont rapidement chargés sur la voiture, et le docteur T...... les emmène au galop. Nous regardons avec admiration le jeune médecin auxiliaire dont le dévouement doit sauver la vie à tous ces malheureux. Je demeure dans la ferme avec le docteur A......, afin de secourir deux blessés dont l'état fort grave ne permet pas le transport et tous ceux qui peuvent encore chercher un refuge à la ferme. L'heure de la délivrance n'a pas sonné pour nous

« C'est de nouveau l'attente angoissante dans la cave, avec une femme et deux hommes à l'agonie. Quatre heures terribles, pendant lesquelles nous ne cessons pas d'entendre les obus s'abattre sur la maison. Nous étouffons dans cet espace étroit, éclairé d'une lanterne fumeuse, dont les reflets sinistres projettent autour de nous des ombres grimaçantes. L'air n'arrive dans notre refuge qu'à travers une crevasse creusée par l'explosion d'un obus. Les soins que nous donnons aux blessés trompent notre anxiété.

« A 7 heures la ferme entière était effondrée, mais la mitraille tombait toujours drue. Dans un de ces silences, mornes et pesants, qui séparaient les rafales d'obus, un grand cri s'éleva : « Le feu ! » Faut-il tenter un effort suprême ? En aurons-nous la force ? En nous entr'aidant, nous combattons l'incendie sous la pluie des obus. Quelques sceaux d'eau judicieusement employés ont provisoirement raison des flammes.

« Ce devait être notre dernière épreuve ; à 9 heures le bombardement avait pris fin. Nous abandonnions les ruines fumantes encore de la ferme, emportant nos blessés sur une petite voiture à bras. Quelques lumières dans le lointain ; çà et là, des ombres entrevues s'épanouissent dans la nuit, ombres fugitives et sinistres de bandits pillant les morts. Un cheval avait été à demi enfoui dans la route, écrasé par un obus, un autre, éventré, s'était traîné sur le chemin.

« Nous marchions silencieux, pénétrés de pitié pour tous ces héros. Le ciel s'illuminait par instants de rapides clartés : les projecteurs français fouillaient les nuages. Derrière nous, un reflet d'incendie : la ferme flambait maintenant et, lugubres, les flammes dansaient à l'horizon profond.

« Nous atteignîmes Tracy-le-Mont. Le docteur T......, échappant à des dangers toujours renaissants, avait eu le bonheur d'y conduire tous ses blessés. Pendant que le docteur A...... confiait les nôtres aux soins diligents des sœurs de l'hôpital, je me sentais pénétré de respect et d'admiration pour ces deux jeunes médecins qui, au prix d'un sacrifice cinquante fois renouvelé, avaient conservé à la France cinquante de ses enfants (1).

Dans ces jours, tombèrent au Croutoy : Marcel *Madelein*, de Spay, et Louis *Pasteau*, de Saint-Mars-de-Locquenay, tous deux du 102e d'infanterie.

Le dimanche, 13 septembre, à Vic-sur-Aisne, en attendant que le 44e d'artillerie puisse traverser la rivière sur un pont de bateaux, Paul Lintier entre dans une maison bourgeoise pillée par les Allemands. Il y trouve un bon repas préparé pour le grand duc de Mecklembourg-Schwerin, repas interrompu par l'arrivée des avant-gardes françaises (2).

Le chef de bataillon Léonard Dubost, du 130e d'infanterie, qui devait bientôt devenir lieutenant-colonel au 124e, franchissait alors l'Aisne à Berneuil avec quelques hommes, ramenait au combat des fractions de son régiment qui commençaient à céder et, durant la nuit, poussait son avant-garde jusqu'à Bailly, où il prenait de très judicieuses dispositions pour assurer le débouché de la division (3).

« Le dimanche 13 septembre — dit Louis Bourgneuf — on part de Roylet à 11 heures. On passe à Cuisse-la-Motte, où on traverse l'Aisne sur un pont construit par le génie, les Allemands ayant fait sauter le pont de fer (4). On passe ensuite à Berneuil, et là je pars avec ma section (de brancardiers) à la ferme de Morenval (4 kil. Nord de Berneuil) chercher de nombreux blessés, un combat acharné ayant eu lieu la veille. On amène les blessés à l'ambulance de Berneuil et nous retournons coucher à Morenval (5).

Avec Paul Lintier, nous allons assister à un dramatique incendie d'une ferme dans les mêmes parages.

---

(1) *Sous la Mitraille* (extrait du *Temps*) dans *La Croix* du dimanche 18 et lundi 19 octobre 1914 (signé) Pierre de Lorraine.

(2) Paul Lintier, *Ma pièce*, p. 222.

(3) Il fut tué le 19 février 1915, à l'attaque du bois des Trois-Sapins. *Sarthe* des 11 novembre 1914, 14 mars et 14 juillet 1915.

(4) Cuisse-la-Motte est à 2 kilomètres au sud de l'Aisne. Le pont se trouve au lieu dit la Motte, à 1 kilomètre de Berneuil.

(5) *Carnet de route* de Louis Bourgneuf. — 13 septembre 1914. « Passage de l'Aisne à Berneuil-sur-Aisne. Combat de Morenval. » *Carnet de route* de Léon Huet, adjudant au 317e d'infanterie.

Le 44ᵉ d'artillerie, au sortir d'Attichy, s'était installé aux environs de Tracy-le-Mont, le 14 septembre. « Ce matin, mardi 15 septembre, dit Lintier, la bataille s'est engagée de bonne heure avec une rare violence, sur un front qui semble orienté d'Est en Ouest. Aussi loin qu'on peut voir, le ciel est souillé de fumées d'obus... Les Allemands se sont retranchés d'une façon formidable sur des hauteurs boisées et dans des carrières. La poursuite est arrêtée. Une nouvelle bataille s'engage... Le bruit de la bataille n'annonce aucune décision. Il ne se rapproche ni ne s'éloigne. Les blessés qui passent nous disent que l'infanterie déferle depuis le matin contre d'énormes retranchements, sans pouvoir les entamer. La canonnade ne s'apaise qu'à la nuit. A travers le plateau que les ténèbres montantes, à cette heure, dissimulent à l'ennemi, nous rejoignons nos batteries. Quelque part, une mitrailleuse crépite encore... Il faut camper en plein champ... Nous ne dételons pas nos chevaux... »

Le mercredi, 16 septembre, « de bonne heure un coup sourd, lointain, d'obusier a roulé d'abord d'écho en écho. Et tout de suite, comme par l'effet d'une trainée de poudre, toutes les pièces établies sur le plateau se sont mises à tonner... La batterie prend position. L'échelon retourne au ravin qui l'a abrité hier... A cinq cents mètres à peine du parc, les bâtiments d'une grande ferme sous les obus allemands s'allument. Les murs d'enclos des jardins décrivent sur la nudité des champs de betteraves, un rectangle massif de maçonnerie claire. La fumée monte en volutes, qui roulent d'abord lourdes et ténébreuses, illuminées d'éclairs fauves, puis se fondent en une haute colonne droite dans le ciel calme.

« Nous savons qu'il y a là des moutons. Le bombardement a cessé. Je songe à sauver de l'incendie quelque gigots pour égayer notre ordinaire. Deux canonniers de la 12ᵉ batterie, dont les voitures sont rangées près de la mienne, ont la même idée.

« Sans tarder, nous nous acheminons vers la ferme. Le champ qu'il faut traverser a été retourné hier par les obusiers allemands. L'ennemi pensait sans doute que, hors de sa vue, derrière les bâtiments, de l'infanterie s'était rassemblée. Toute la journée son artillerie lourde foudroya vainement les betteraves... Au bord d'un entonnoir, deux gendarmes sont étendus côte à côte parmi les mottes éparses. L'un, un grand homme roux, montre une poitrine béante, et son bras droit, replié étrangement, semble avoir deux coudes. Le corps de l'autre, un brigadier à poils gris, semble intact. Seulement, à la place de l'un des yeux, dans l'orbite, il n'y a qu'un caillot de sang, et l'œil, un œil bleu, pend vers la tempe au bout d'un tendon blanc.

— « Pauvre vieux ! murmure un artilleur. Il se penche sur le cadavre, dont l'horrible face borgne regarde le ciel, et, pieusement, la couvre du képi à grenade et à galon d'argent tombé près du mort.

« Derrière un des toits d'ardoises bleues de la ferme, encore intacte, éclatent à présent de brusques flambées que, tout de suite, étouffent les amoncellements de la fumée. Un beau sapin conique, d'allure funéraire, se dresse sur l'incendie, dans une étrange majesté.

« Nous approchons. Deux chevaux et deux artilleurs gisent le long du mur d'enclos. Ils viennent d'être tués. Du sang à terre est encore rouge. Je reconnais l'un des hommes. Il était ordonnance d'un de nos officiers supérieurs. L'autre est tombé sur la face, les bras en croix.

« Un obus a troué la cour de la ferme... Sur le grand rideau sombre de fumée qui, d'ici, masque la moitié du ciel, la charpente d'une grange se détache comme une armature fascinante de métal ardent. De grandes flammes jaillissent de la porte... On n'entend presque plus le bruit profond du canon. Le grand pétillement de l'incendie et le grésillement aigre des étincelles » dans une petite mare « le couvrent. »

Les artilleurs se dirigent vers la bergerie, séparée du hangar qui brûle par un fournil. « Elle est pleine de fumée. Les dos des bêtes y sont comme d'autres flocons de fumée plus dense. La porte est ouverte. Les moutons n'ont pas fui ; stupides, ils se sont entassés contre le mur du fond, sous la lucarne qui communique avec le fournil et d'où leur vient l'asphyxie. Ils se pressent. On dirait que, de leurs fronts, ils s'efforcent de renverser le mur. »

On abat plusieurs moutons qu'on emporte. Soudain « de gros obus s'annoncent. On s'allonge derrière les moutons qui font rempart. Les obus tombent entre la ferme et nous. Au trot, malgré la charge, nous nous écartons de la ligne de tir des obusiers. Nous revoyons les gendarmes morts. Nous ne nous arrêtons que derrière une ligne de peupliers qui nous cache. Trois obus s'abattent à la place que nous venons de quitter.

« A travers les petits ravins du plateau, et en longeant des taillis. sans encombre, nous regagnons le parc... En menant les chevaux boire aux citernes, je coupe au court à travers champs... Au revers d'une butte, sur du blé en javelles, des fantassins sont étendus. On aperçoit de très loin leurs culottes rouges. Ce sont des morts des combats du 12.

« Dans un vallon proche, il y a aussi des cadavres allemands. Treize Français et dix-sept ennemis sont tombés là, presque côte à côte. Pourtant les Français semblent plus nombreux. Taches rutilantes sur le jaune des chaumes, ils émeuvent. On voit à peine les Allemands.

« Les armes et les sacs des morts ont été enlevés. On a déboutonné capotes, vestes et chemises pour prendre les médailles. La musculature du cou, celle de la poitrine mise à nu, les orbites des yeux déjà ont verdi. Un petit sergent, tombé à la renverse sur les gerbes qui lui font oreiller, lève son bras droit. Les doigts crispés de sa main, semblent, en l'air, une serre douloureuse. Sur sa manche, la baguette d'or brille au soleil.

« Comme je m'éloigne, des hirondelles, dont le vol bas annonce la pluie, sur la butte, frôlent les cadavres de leurs ailes aigues (1). »

L'artilleur, ordonnance d'un officier supérieur, tué près du mur d'enclos de la ferme, doit être Léon *Caignaire*, 2ᵉ canonnier conducteur au 44ᵉ, et ordonnance du général commandant l'artillerie, tué à Tracy-le-Mont, le 12 septembre 1914, cité à l'ordre de la brigade pour son sang-froid et son grand dévouement en accompagnant son officier dans ses reconnaissances, ou bien l'artilleur *Monnay*, ordonnance de l'officier d'état-major du commandant d'artillerie, cité également à l'ordre de la brigade, et tué aussi à Tracy-le-Mont, le 15 septembre 1914 (2).

De nombreux officiers et soldats du 44ᵉ d'artillerie se firent remarquer à Tracy-le-Mont. On peut citer : le chef d'escadron Edmond *Solente*; le capitaine *Citreux*; le capitaine *Condé* — pendant les trois journées du combat de Tracy-le-Mont, sous un feu violent d'obusiers de 183 et de 105 ᵐ/ₘ, il dirigea avec calme, un feu efficace contre l'artillerie ennemie et obligea une batterie d'obusiers à cesser le feu (3) —; le capitaine *Hachette* — pendant les deux premières journées de Tracy-le-Mont, il resta à son poste très périlleux, bombardé violemment par des obusiers de 150 et de 105,

---

(1) Paul Lintier, *Ma pièce*, pp. 230-247.
(2) *La Sarthe* du 26 novembre 1915.
(3) *La Sarthe* du 20 novembre 1915.

protégea notre infanterie et contribua puissamment à repousser des attaques de l'infanterie allemande — ; le capitaine *Maréchal* blessé. Le trompette *Bouguel* se maintint, le 16 septembre, « courageusement à son poste de trompette du chef de groupe, sous le feu violent de l'artillerie lourde, sans abri, tenant et calmant les chevaux effrayés, jusqu'à ce qu'il fut grièvement blessé à la tête et au thorax par les éclats d'un obus qui tua un canonnier et cinq chevaux, blessant un autre trompette (1). » Marcel *Thierry*, simple aide maréchal, sauta spontanément à cheval pour remplacer un artilleur blessé (2).

Le sous-lieutenant *Béranger*, du 317e, à la tête de la 19e compagnie, en avant-garde de la division, s'empara le 13 septembre d'un bois occupé par l'ennemi auquel il fit quarante-deux prisonniers (3).

Au nombre des fantassins tués à Tracy-le-Mont et à Tracy-le-Val, je puis nommer : Marcel *Morineau*, d'Oisseau (Sarthe), du 102e d'infanterie, mort de ses blessures reçues à Tracy-le-Mont, le 18 septembre ; Gustave-Louis-Eusèbe *Rondeau*, aide de culture à la Bussonnière, en Rouessé-Vassé, du 103e, tué à Tracy-le-Val, le 15 septembre ; Ernest *Taillebois*, de La Suze, du 115e, tué à Tracy-le-Mont, en septembre ; *Duclos*, capitaine au 117e, tué à Tracy-le-Mont, le 13 septembre ; Henri *de la Ferrière*, aspirant au 317e, fils du vicomte de la Ferrière et de la vicomtesse, née Marguerite Junot d'Abrantès, tué le 15 septembre ; Clément *Donné*, du Lude, sergent au 317e, tué à Tracy-le-Mont le 14 septembre ; Auguste *Fontenay*, du Lude, du 317e, tué à Tracy-le-Mont le 13 septembre ; Gustave-Victor *Hiver*, aide de culture à Sablé, du 317e, tué à Tracy-le-Mont le 13 septembre ; Athanase *Lebreton*, de Joué-en-Charnie, du 317e, tué à Tracy-le-Mont le 14 septembre.

Malgré la bataille qui se poursuit de plus en plus ardente vers Tracy-le-Mont, Tracy-le-Val, Moulin-sous-Toutvent, Puysalaine, Nampcel, Carlepont, Caisne, Pontoise, malgré les cadavres qui pourrissent sur la terre et les blessés qui geignent dans les ambulances ou dans les fossés, les soldats n'ont garde d'oublier leur estomac.

« Un petit café, raconte Paul Lintier (4), près duquel un obus est

---

(1) *Sarthe* du 16 juin 1915.

(2) *Sarthe* du 20 novembre 1915. *Nouvelliste de la Sarthe* des 23 novembre et 29 décembre 1915.

(3) Tableau d'honneur de l'*Illustration*, pl. 59, et *Sarthe* du 9 février 1915.

(4) *Ma pièce*, p. 251.

venu ce soir (17 septembre) trouer la chaussée, est plein de tringlots, de marsouins et de zouaves. Des bouteilles, une cruche, des
verres sur le comptoir masquent à moitié une lampe de cuivre sans
abat-jour, portent à travers l'étroite salle enfumée et sur les murs
de grandes ombres difformes.

« On parle haut, on rit, on boit surtout. Il y a encore ici des
liqueurs et du rhum. Les soldats, très las, tout de suite sont gris
d'alcool, de tabac et de récits de guerre. Dans l'immense fatigue
nocturne, parmi les milliers d'hommes étendus partout, dans les
granges ou sur la terre nue, endormis aussi profondément que les
morts que la mitraille vient de coucher sur les champs, ce coin,
où il y a un peu de clarté, un peu de chaleur et beaucoup d'oubli,
est un vrai refuge.

« On a trouvé pour nous une bouteille de champagne. Jamais la
mousse du vin ne m'avait semblé aussi délicieuse. » Quand nous
rentrons au cantonnement, « personne ne dort encore. Malgré les
plaintes des artilleurs, les fantassins du Midi s'interpellent, jurent,
laissent la porte ouverte... »

Avec le R. P. Jean Deslandes, de la Société de Jésus, adjudant
au 124ᵉ d'infanterie, nous allons trouver une société moins bruyante.
Celui-ci eut l'honneur d'être cité à l'ordre du régiment pour avoir
donné à ses hommes « le plus bel exemple de bravoure et de
sacrifice » à Moulin-sous-Touvent. Il y fut d'ailleurs très grièvement blessé. Lui-même raconte son accident en ces termes :

« J'ai été blessé le 15 septembre à l'attaque du village de Moulin-
sous-Touvent (1). Un peu en éminence sur un très vaste plateau,
cette position était fortifiée par des tranchées de toutes sortes.
Autour, d'immenses champs de betteraves de plusieurs kilomètres
carrés. Nous passâmes une partie de la journée dans ces champs,
tapis derrière de petits abris de terre que nous installions. Balles
et obus chantaient autour de nous dans des tonalités différentes.
Un moment, je reçois l'ordre de me porter en avant avec ma
section. Nous partons par bonds ; mais voilà qu'au bout d'un
moment, la compagnie qui couvrait ma gauche, recule ; je m'arrête
donc et je me retranche sur place. Nouvelle station prolongée
dans le champ.

« Mon ami B... et moi, nous nous mettons à causer en examinant l'horizon. Nous causions ainsi depuis dix minutes, quand un

____

(1) A environ 6 kilomètres au Sud-Est de Tracy-le-Mont.

obus vint se mêler à notre entretien, en nous renversant tous les deux. Mon compagnon était atteint au bras gauche peu grièvement. Pour moi, je reçus un éclat d'obus en pleine tête et j'eus, pendant une minute, quelque inquiétude sur la solidité de ma boîte crânienne. Mais non, pas une égratignure, une bosse tout au plus ; voilà ce que peut un obus allemand sur une tête de breton.

« Pourtant, à la tombée de la nuit, on nous dit d'enlever le village à tout prix. On n'y voyait plus ; nous risquions de nous embrocher les uns les autres, tandis que les canons et les mitrailleuses allemandes étaient réglées depuis longtemps sur notre parcours. Tous nos chefs, capitaines et lieutenants, s'en rendaient compte ; ils ont obéi sans broncher. De fait, cette attaque ne réussit pas. Pour moi, au bout de 800 mètres, je tombais, frappé dans la basse poitrine par une balle qui me traversa de part en part. Entrée un peu à gauche, sous la dernière côte, elle sortit par le côté droit (1). »

Le soir de la journée du 15 septembre, Georges *Bellamy*, du 124e d'infanterie, écrivit à sa femme : « Toute la journée sous les balles et les obus à Moulin-sous-Touvent. Je n'ai rien, mais la moitié du bataillon y est resté (2). »

Le sergent-major Eugène *Perroux*, du 317e d'infanterie, fut cité à l'ordre de la division pour le courage qu'il déploya le 16 septembre « au ravin de Moulin-sous-Touvent », où fut blessé le même jour Eugène-Emile *Noye*, maître pointeur au 44e d'artillerie, et où se distingua le chef de bataillon *Tournaire*, du même régiment.

Les brancardiers de la 8e division, venus d'Escafaut, se rendirent le mercredi 16 septembre, à 4 heures du matin, à Moulin-sous-Touvent, pour charger des blessés. Ils en revinrent par un chemin de traverse, ayant de la boue jusqu'aux genoux. « La route étant balayée par les obus allemands, dit Louis Bourneuf (3), on amène les blessés à la ferme de Morenval où on fait la soupe. A une heure, on repart chercher des blessés au poste de secours. Au moment de

---

(1) Transporté durant la nuit pluvieuse, il arriva à l'aube à un poste de secours. A l'ambulance se trouvent B... et M. de F(orceville). Il fut conduit à la gare d'Attichy, le 20 septembre. On laissa les blessés dans leurs fourgons jusqu'à 11 h. du matin. *Impressions de guerre de prêtres soldats* recueillies par Léonce de Grandmaison. Paris, Plon-Nourrit, 1916, 5e édition, pp. 11-14.

(2) *Le Petit Messager de Sainte-Scholastique* (du Mans), décembre 1915.

(3) *Carnet de route.*

repartir, passant sur un point culminant, les obus pleuvent sur nous et nous nous cachons dans un petit bois, mais nous ne pouvons rester là. Notre convoi se remet en route à travers champs, en file indienne. On passe à 100 mètres de notre artillerie, lorsque les obus tombent à peu de distance de nous. Une panique se produit parmi nos blessés pouvant marcher à pied et qui s'enfuient en désordre, mais heureusement personne n'est touché.

« Le jeudi, 17, on repart à 3 heures du matin pour Moulin-sous-Touvent; on ramène le reste des blessés à l'ambulance. Nous rentrons à 9 heures et nous nous reposons le reste de la journée. — Le lendemain, 18, deux escouades retournent à Moulin, ramènent quelques blessés et rentrent à 10 heures. »

Nos soldats tenaient également tête aux Allemands au Nord de Moulin-sous-Touvent et de Tracy-le-Mont, à Puysaleine, Nampcel, Carlepont, Caisnes et Pontoise.

A Puysaleine, Eugène *Ermenault*, cultivateur à Doucelles, du 315ᵉ, et Henri *Lavie*, de Saint-Corneille, également du 315ᵉ, restèrent sur le terrain, le 16 septembre. A Nampcel, le même jour, c'étaient Désiré-Louis *Durieux*, d'Avesnes, du 115ᵉ, et Louis *Plaçais*, de Saint-Denis-d'Orques, du 117ᵉ, qui tombaient pour ne plus se relever.

Carlepont, gros village sur un affluent de l'Oise et à la croisée des deux routes de Vic-sur-Aisne à Noyon et de Choisy-au-Bac à Cuts, fut pris, abandonné, repris par les Allemands et par les Français après de durs combats.

« Nous passons par Montmacq, traversant la forêt de Laigue et nous dirigeons sur Carlepont, le 15 septembre, dit Georges Lhôte, sous-lieutenant au 31ᵉ d'artillerie. De là reconnaissance sur Cuts, Pontoise. Bivouac à Hesdin (entre Carlepont et Cuts), où nous avons opéré un mouvement tournant incompréhensible.

« 16 septembre. Je me demande comment nous ne sommes pas cernés; les Allemands ont repris Carlepont; la 16ᵉ brigade s'est laissée enfoncer... Nos troupes coloniales ont beaucoup donné et ont eu assez de pertes. Elles ont repris Carlepont.

« 17 septembre. Je suis à la disposition de la brigade marocaine. Nous sommes à Carlepont évacué par les Allemands à 5 heures...

« 18 septembre. De nouveau attaché à la 16ᵉ brigade, je suis allé à Carlepont à l'aube, nous l'avons abandonné à 8 h. 1/2 et nous nous sommes repliés sur Tracy-le-Val, Ollancourt. A la nuit tombante, les troupes marocaines ont pris notre place et nous sommes partis sur Compiègne (1) ».

Du combat de Carlepont il nous reste un récit que je reproduis ici en substance. Il est du P. Doncœur, S. J., aumônier militaire.

« Le Mériquin (à Carlepont) est une grosse ferme qui, dans la plaine vide, fait une vraie citadelle carrée. Depuis le matin du 16 septembre 1914, on se bat tout autour, et déjà les blessés sont nombreux, quand l'ordre est donné à mon régiment de laisser un seul bataillon du 104e pour défendre la position. Nos médecins doivent se retirer. Il y a tant de malheureux que je reste. La défense continue, tenace, durant tout le jour. Il est entendu qu'à la nuit nous formons un convoi de blessés, on prépare déjà les voitures quand de grosses détonations nous annoncent du nouveau : l'artillerie lourde donne cette fois contre nous. La cour de la ferme est couverte d'obus ; on m'amène les premiers blessés et je reconnais Pierre *Greslier*, heureusement légèrement atteint. Mais, la pluie dure ; méthodiquement, le canon arrose les bâtiments formant carré. Les écuries sont détruites, et, tout à coup, une immense gerbe de feu. C'est la grange aux pailles qui brûle. En trois minutes, le brasier gagne tout le côté Nord de la ferme... S'il nous atteint, aucun des blessés ne pourra y échapper. D'ailleurs les obus se rapprochent de plus en plus, tombent sur la porte, puis sur le toît et les chambres où nous sommes. Les pauvres gens cloués par terre sont fous de frayeur.

« Les derniers combattants se retirent, emmenant les blessés légers, plus de chevaux pour les voitures. Il n'y a pas de médecins ici. Décidément, j'y reste. Ils sont là plus de cent à souffrir et à mourir. Et puis, la canonnade dure encore. Quelle boucherie va-t-elle faire ? Vite sur le toît un drapeau d'ambulance ! Rien n'y fait : les obus défoncent notre plafond, nous couvrent de poussière et de plâtras. Le prochain va faire une hécatombe. Je cours mettre des drapeaux aux deux portes et l'on attend..., mais cette fois rien ne vient. Il fait nuit d'ailleurs. On se compte ; je n'en crois pas mes yeux, aucun blessé n'a été atteint par les marmites... Reste maintenant d'attendre l'assaut. Il ne tarde pas : des cris sauvages sur la face Ouest, c'est une compagnie allemande qui se rue vers la ferme. » On s'explique. Comme il n'y a que des blessés, tout se passe régulièrement.

---

(1) *Carnet de route* de Georges Lhôte, de Ruillé-snr-Loir.

Une contre-attaque française a lieu le 17 septembre. Derrière la ferme, les batteries allemandes commencent à cracher. La fusillade s'approche. Des officiers allemands font dire qu'il y a dans la campagne un blessé français abandonné. Le père Doncœur part à sa recherche. « Je trouve, dit-il, un corps étendu, un caporal du 115ᵉ, il a la tête toute noire de sang, le haut de la figure est fracassée ; il ne voit rien. Je m'agenouille : Eh bien ! mon petit, me voilà. — Qui ? — L'aumônier du 115ᵉ mon petit, c'est nous. — Ah ! monsieur l'aumônier, quelle joie ? C'est vous ?... Oh ! que je suis heureux ! Enfin, toute la nuit dans les betteraves, sous la pluie, j'ai dit mon chapelet, toute la nuit, pour que vous veniez !... On le soulève. Il a une cuisse brisée. C'est hier (16 septembre), à 7 heures du matin qu'il est tombé, puis il est resté là tout le jour. Vers 4 heures, les Allemands sont venus à lui, l'ont retourné ; il a montré sa cuisse brisée, et, à bout portant, ils lui ont tiré deux balles dans la tête ; une lui a arraché les yeux. Et il est resté là, toute la nuit, à dire son chapelet et à m'attendre. » Placé sur un matelas, l'aumônier lui donne l'absolution. Au dehors la bataille se poursuit. Les blessés allemands affluent, mais on les évacue au cours de la nuit. De nouvelles troupes ennemies occupent la ferme, et un officier allemand vient se confesser.

Le 18 au matin, les médecins allemands suivent leurs troupes, mais le père Doncœur demeure prisonnier (1).

C'est à Carlepont, à la ferme de Mériquin, que l'abbé François-Léon-Eugène *Gros*, lieutenant au 115ᵉ d'infanterie, ordonné prêtre au Mans depuis peu, trouva une mort glorieuse Il avait été cité à l'ordre du jour et élevé au grade de lieutenant, quand, le 17 septembre, dans l'après-midi, son capitaine est blessé. Gros prend sa place aussitôt et la compagnie, jointe à des zouaves et à des tirailleurs, charge l'ennemi. La troupe avance, le lieutenant en tête. Un shrapnell lui traverse la poitrine. Il tombe très pâle. Les hommes s'arrêtent et un sergent blessé se penche sur lui. Le lieutenant fait signe à ses soldats de continuer leur marche. Le sergent, avec son propre pansement, tâche d'étancher le sang qui coule en abondance ; il veut emporter son chef avec l'aide d'un soldat. Celui-ci refuse, tout en sortant de sa poche le portefeuille contenant l'argent de la compagnie. Comme le sergent lui demande

---

(1) Il fut libéré en novembre 1914. *Impressions de guerre de prêtres soldats*, pp. 160-170.

s'il n'a pas quelques dernières volontés à exprimer, il répond que c'est fait, recommande à ceux qui l'écoutent l'accomplissement de leur devoir, met les bras en croix et meurt (1).

Eugène *Laurière*, réserviste de la classe 1890, demeurant au Mans, rue Guillot-Ami, mérita de grands éloges pour sa belle conduite. « Au combat de Carlepont — dit sa citation — détaché à Huleu (2) avec son bataillon, alors que les brancardiers du 121ᵉ d'infanterie (3) refusaient de marcher, est allé sous les balles, à cent mètres du hameau, chercher deux blessés du 121ᵉ, qui, ayant les deux jambes brisées, n'avaient pu rejoindre l'ambulance. Il ramena l'un des deux blessés sur ses épaules, puis l'autre ensuite dans une brouette, et, par sa bravoure, décida les brancardiers à faire leur devoir (4).

Le magnifique château de Carlepont (5), dont le parc avait été labouré par les obus, servit de refuge à un grand nombre de blessés français. Durant la bataille, son perron s'encombra d'armes brisées, de vêtements déchirés et sanglants, de paille et de matelas souillés (6). Le 17 septembre, le pharmacien Henri *Deluard* s'offrit spontanément pour rester avec plus de 300 blessés inévacuables à l'ambulance du château de Carlepont, au moment où cette ambulance allait tomber aux mains des Allemands (7).

Le capitaine Etienne *Darasse*, du 117ᵉ, fut blessé à Carlepont le 17 septembre, ainsi que le sergent Jean de Vanoise, du 115ᵉ qui, de plus, fut fait prisonnier. Parmi ceux qui se distinguèrent je cite au hasard le sergent Emile *Bouvier*, du 117ᵉ (16 et 17 septembre), et Jacques-Marie-Joseph *Madelaine*, originaire de Beaumont-sur-Sarthe, médecin auxiliaire au groupe des brancardiers de la 7ᵉ division. Il fut cité à l'ordre du jour pour son sang-froid à Carlepont

---

(1) *L'Indépendant de l'Ouest* du 25 octobre 1914. — *Semaine du Fidèle du Mans* du 10 avril 1915. L'abbé Gros était né à Evreux (Eure) le 23 août 1887. — Voir *Bulletin du Souvenir Sarthois*, nᵒ 1, pp. 24-26.

(2) Hameau à l'entrée de la forêt d'Ourscamp, à 1 kilomètre à l'Est de Carlepont.

(3) 16ᵉ corps, Montluçon.

(4) Laurière fut nommé caporal et décoré de la Médaille militaire le 28 septembre à Roye, puis sergent le 4 octobre suivant à Goyencourt. Il fut tué à Souchez le 16 juin 1915. *Sarthe* du 11 mars 1916.

(5) Propriété de M. Victor Marcé.

(6) *Impressions de guerre de prêtres soldats*, p. 172.

(7) Fait prisonnier, il fut rapatrié après dix mois d'internement, fut cité à l'ordre du régiment et reçut la Croix de guerre. *Sarthe* du 14 juillet 1917.

en sauvant, le 16 septembre, une partie du matériel sanitaire sous le feu de l'ennemi (1),

Tombèrent à Carlepont : Augustin *Frère*, de Mamers, capitaine au 115ᵉ, tué le 17 septembre ; l'abbé Louis *Pain*, clerc-tonsuré, de Bazouges-sur-Loir, caporal au 115ᵉ, blessé mortellement le 17 septembre, à la ferme de Mériquin, assisté par l'abbé Gros, qui fut tué au même endroit une heure plus tard ; Fernand *Brière*, d'Ancinnes, du 115ᵉ, blessé et disparu ; Léon *Durot*, de la Chapelle-Saint-Rémy, du 115ᵉ, tué le 18 septembre ; Eugène *Ermenault*, d'Assé-le-Riboul, du 115ᵉ, disparu ; André *Riauté*, du Mans, du 115ᵉ, tué le 17 septembre à la ferme de Mériquin ; Eugène *Tessier*, de Saint-Aubin-de-Locquenay, du 115ᵉ, tué le 18 septembre ; Léon *Forestier*, garçon boulanger au Mans, de Vivoin, du 115ᵉ, tué le 18 septembre à la ferme de Mériquin ; Louis-Clément-Eugène *Touchard*, du Mans, du 115ᵉ, tué à la ferme du Mériquin, du 16 au 18 septembre.

Le village de Caisnes n'est situé qu'à trois kilomètres à l'Est de Carlepont. Le 117ᵉ s'y battit rudement. Plusieurs soldats du régiment y trouvèrent la mort, entre autres : Louis-Abel *Duché*, sous-lieutenant, mortellement blessé le 17 septembre « au combat de Caisnes-Carlepont » à la tête de sa section ; Georges *Boucher*, du Mans, sergent, tué le 17 septembre, à Caisnes, à la tête de sa demi-section ; Edmond *Lanier*, sergent, tué le 17 septembre d'une balle au front en entraînant ses hommes ; Joseph *Taron*, de Mézeray, tué le 17 septembre (2).

L'armée française, le 115ᵉ en particulier, s'était avancée jusqu'à Pontoise (18 septembre), pour franchir la rivière en vue de Noyon. Elle avait même infligé un échec aux Allemands du côté de Baisme, Saint-Paul-au-Bois et Blérancourt, dans l'Aisne (3). Néanmoins, elle avait dû se replier par une marche de nuit, sous la pluie (4),

---

(1) *Bulletin paroissial* de Beaumont-sur-Sarthe, août 1915.

(2) Parmi les blessés, je rencontre : le caporal Maurice Ricordeau, du 117ᵉ blessé le 18 septembre et le sergent Boulard, du 317ᵉ, qui, le 16 septembre, reçut à Caisnes une blessure le privant en partie de l'usage de la main droite. Ce même Boulard s'était distingué par son attitude au feu à Virton le 22 août, et à Montigny le 31 août.

(3) Voir dans *La Sarthe* du 31 octobre 1914, un extrait de *La Liberté* concernant cette affaire.

(4) « 18-19 septembre 1914. Marche de nuit de 50 kilomètres, sous la pluie, par Compiègne. Cantonnement à Monchy-Humières ». *Carnet de route* de Léon Huet, adjudant au 317ᵉ d'infanterie. — Les communiqués officiels n'ont jamais fait mention de ce recul.

pour ne pas être enveloppée par l'ennemi descendant, le 19 septembre, de Noyon sur Ribécourt. De là, nécessité pour elle de retraverser l'Aisne et de repasser l'Oise à Compiègne afin de reprendre contact avec les Allemands du côté de Ribécourt, sur la rive droite de la rivière.

Nos régiments du IVᵉ corps laissèrent encore plusieurs de leurs hommes sur le terrain. A Pontoise (canton de Noyon) : Roger *Desnos*, fils de l'instituteur de Neuville-sur-Sarthe, sergent au 115ᵉ, tué ou blessé mortellement ; Auguste *Lelasseux*, de Voivres, du ....., tué le 18 septembre ; Joseph-Octave *Loison*, de Loué, du ....., tué le 18 septembre ; Albert *Loudière*, de Vancé, du 115ᵉ, tué le 18 septembre ; Gustave *Parage*, de Saint-Mars-sous-Ballon, du 115ᵉ, disparu ; Auguste *Pichon*, aide de culture à la Grande-Ratellerie, à Saint-Denis-d'Orques, né à Châtre (Mayenne), sergent au 115ᵉ, tué le 18 septembre ; Roger *Renoult*, employé de chemin de fer à Sablé, du 115ᵉ, tué le 18 septembre, au combat de Pontoise ou à la ferme de Mériquin à Carlepont ; Léon *Tronchet*, de Nogent-le-Bernard, du 115ᵉ ?, tué à Pontoise en septembre 1914 ; Camille-Auguste-Clément *Vallée*, représentant de commerce au Mans, du 117ᵉ, 3ᵉ compagnie, blessé mortellement aux environs de Compiègne, le 19 septembre.

La retraite de l'armée sur Compiègne eut lieu dans la nuit du 18 au 19 Septembre.

« Le vendredi soir, 18, vers 4 heures, raconte Louis Bourneuf (1), au moment de manger la soupe, un aéroplane atterrit près de nous, mais repéré aussitôt par l'artillerie allemande, les obus pleuvent sur la ferme de Morenval et les alentours que nous sommes forcés d'évacuer en même temps que 150 blessés qui s'y trouvent. Dans l'espace d'un quart d'heure, tout le monde est parti. Le matériel qui ne sert pas au transport des blessés se dirige vers la ferme de la Sanche pendant que les blessés sont dirigés sur l'ambulance de Berneuil. Etant de service ce jour là, j'accompagnai le convoi et, en arrivant à Berneuil, ordre est donné d'évacuer les blessés à la gare de Lamotte-Breuil à 3 kilomètres de là. La nuit vient, on traverse le pont de bateaux et arrivons à la gare où on dépose les blessés sous un hall, en attendant leur embarquement. On retourne à Berneuil chercher d'autres blessés et nous nous trouvons dans une cohue indescriptible : infanterie, artillerie repassent l'Aisne. Enfin,

---

(1) *Carnet de route.*

on retourne à Breuil par une pluie battante et rentrons trempés jusqu'aux os. Nous retrouvons nos camarades et le matériel parti pour
la Sanche ayant fait demi-tour par suite du bombardement de cette
ferme. Il est 11 heures, on cherche où coucher, enfin on trouve
place dans un grenier. Un caporal et quatre hommes de ma trosième
escouade passent la nuit à côté des blessés à la gare et les embarquent le samedi 19 septembre pendant que toute la formation repart
à 4 heures et arrive aux portes de Compiègne. »

Le 44e d'artillerie est toujours à son poste, croisant « de grandes
troupes de blessés : des tirailleurs, des zouaves, surtout des lignards »
qui « passent à plein la route, d'un pas alourdi qui s'attarde dans
les ornières et les flaques d'eau. » Nous sommes au 18 septembre.
Les artilleurs « n'ont pas peur ; mais l'habitude du danger qui les
a rendus braves, ne les empêche pas d'aimer la vie, cette vie qu'ils
sentent bouillonner en eux et qui, tout à l'heure peut-être, se ré-
pandra, avec tout leur sang rouge, sur le champ de betteraves. Ils
songent aux morts d'hier, au brigadier *Gratien*, au capitaine
Le Goff (1), un officier adoré de ses hommes, aux six servants de la
6e batterie, réduits au fond de leur tranchée à une bouillie sanglante. » La batterie de Paul Lintier prend de nouveau position
auprès de la ferme, incendiée le 16, dans laquelle se trouvait
encore de nombreux blessés installés sur la paille des écuries et des
étables.

« La journée s'achève sans qu'on puisse entrevoir encore le
dénouement de cette bataille qui dure depuis cinq jours déjà,
seulement, vers le soir, sur la route proche, commence à défiler,
se dirigeant vers le Sud, vers l'Aisne, le long convoi de carabas
marocaines. De l'infanterie suit. Qu'est-ce que cela signifie ? dit
Lintier. On ne peut se défendre d'une inquiétude.

« Le crépuscule s'éteint. Les grandes lueurs d'or des projecteurs
commencent à balayer le plateau...

« De l'artillerie passe à présent sur la route, allant aussi vers
l'Aisne. On ne la voit pas. On la devine à son cahotement. Lorsque
parfois il s'interrompt, on entend un bruit lointain de torrent, un
bruit de grandes eaux : c'est l'infanterie en marche quelque part
sur un autre chemin du plateau.

« Il recommence à pleuvoir... Nous percevons dans les ténèbres
l'immense houle » des pas de l'infanterie. Le 103e passe. Le corps

---

(1) Il habitait au Mans, 133, avenue de Paris.

d'armée bat en retraite. On dit « qu'on allait faire une mouvement du côté de la forêt de Compiègne et de la forêt de Laigue avec la division marocaine. Dans la nuit, sous la pluie, « l'ombre est pleine de lointains piétinements, de roulements atténués, de vagues cliquetis d'armes, de grands souffles d'hommes et de bêtes.

« Derrière les régiments de ligne de la division, commence (pour le 44e d'artillerie) une marche lente, interrompue par les haltes de l'infanterie et par on ne sait quels encombrements.

« Vers minuit, nous passons l'Aisne. Il n'a pas cessé de pleuvoir, Deux falots marquent seulement l'entrée du pont construit par le génie. Il vacille sous le pas des attelages, on entend l'eau clapoter sur les panses de tôle de bateaux. »

La route est libre. Les batteries prennent le trot et s'égarent. Elles repartent à l'aube du samedi 19, « à travers d'interminables futaies de grands hêtres, d'où l'eau s'égoutte pesamment ; les bords de la route sont jalonnés de chevaux morts. Des enfilades de tranchées désertes et inondées se perdent dans l'ombre des sous-bois. »

On arrive à Compiègne ; le canon se fait entendre au loin vers le Nord-Est. « L'Oise passée, nous retrouvons nos batteries cantonnées à Venette, un lointain faubourg (1). »

Quant au 31e d'artillerie, il s'égara à Choisy-au-Bac. Au jour, il trouva la brigade partie, le pont sur l'Oise sauté et 45 maisons incendiées. Néanmoins, il·put cantonner à Rémy (2).

Les brancardiers de la 8e division franchirent eux aussi l'Oise à Compiègne sur un pont de bateaux, le 19 septembre, pour aller coucher à Lachelle. Le lendemain dimanche 20, ils passèrent à Rémy, Estrées-Saint-Denis et cantonnèrent à Grandvilliers-au-Bois. Le lundi 21, ils traversent Méry-Cuvilly et arrivent à Sorel, petit hameau dépendant d'Orvillers, pour y cantonner. Le 22 ils passent à Orvillers, Couchy-les-Pots, entrent dans la Somme, traversent Tilloloye et vont cantonner à Popincourt (3) à 5 ou 6 kilomètres au-dessous de Roye.

Ils avaient contourné les régions de Ribécourt, de Dreslincourt et de Lassigny, où les Français se trouvaient aux prises avec les Allemands et où, ces derniers, obligés de se rabattre sur Noyon

---

(1) Paul Lintier, *Ma Pièce*, pp. 252-261.

(2) *Carnet de route* de Georges Lhôte.

(3) *Carnet de route* de Louis Bourneuf.

n'avaient pas toujours été très heureux, d'après ces aveux d'un officier allemand :

« 19 septembre. Sur la route de Remicourt (lire Ribécourt). Notre dernière victoire qui a eu pour théâtre le petit village et les environs de Remicourt (Ribécourt) a été pour nous une victoire à déplorer. Les plus éprouvés ont été les régiments de Hambourg, Altona, Brême, en somme toute la province de Slesvig-Holstein... Cela a été une véritable boucherie. Notre division dut engager le combat dans des conditions extrêmement difficiles...

« 20 septembre. Noyon. Nous avons dû battre en retraite avec d'énormes pertes. La fusillade des Français a été meurtrière. Leurs positions dans les bois étaient imprenables. Nous avons trouvé ici, en outre des autres troupes régulières, deux brigades de Marocains. Les coloniaux sont la terreur de nos soldats ; leur tir est très bon et ils visent toujours au cœur... A peine entrés dans les bois, nous fûmes assaillis par une grêle de projectiles... En un instant, un régiment fut décimé : c'étaient des Marocains, qui, grimpés sur les arbres, déchargeaient sur nous leurs feux de salve. Hier, est enfin arrivée une brigade de Bavarois appelée en renfort.

« 21 septembre. — La 17ᵉ division, qui n'est plus une division, mais une petite compagnie à bout de forces et de munitions, n'a pu résister à l'ennemi. Je dois dire que les chefs ne m'ont pas semblé être suffisamment habiles et prudents ; leur attitude m'a paru celle de gens désorientés, inquiets et aucunement maîtres d'eux-mêmes.

« 21 septembre. Breslincourt (lire Dreslincourt). — Que nous réserve l'avenir ? Je ne sais et je n'ose me l'imaginer. Si notre division décimée ne reçoit pas de secours, nous ne pouvons pas avancer. L'aide des Bavarois nous a été fort utile, mais leur intervention n'a pas suffi. On a dû recourir à deux autres batteries de renfort. Notre beau 17ᵉ de réserve, en fait d'artillerie de campagne, ne possède plus que quatre batteries commandées par deux officiers et deux adjudants. Le fait est qu'il nous a fallu évacuer le village de Ribécourt où l'ennemi a désormais pénétré. Avant de nous en éloigner, nous l'avons pris comme cible et maintenant encore nos projectiles achèvent l'œuvre de destruction.

« Nous sommes très embarrassés pour nous orienter ; nous n'avons pas de cartes pour reconnaître la position de l'ennemi, qui reste à l'abri dans ses retranchements. Dès maintenant, beaucoup périssent de fatigue et de privations. Les officiers surtout ont les nerfs surmenés ; ils n'en peuvent plus. Les chevaux qui déjà, depuis des semaines, mangeaient, buvaient et dormaient tout harnachés, tombent subitement à terre et ne remuent plus, morts de fatigue et d'épuisement. La même chose se produit dans la masse des soldats. Il ne reste debout que l'élite, que la fine fleur de nos troupes. Les autres ne résistent pas à tant de maux et tombent à terre tués par les efforts et par les souffrances que notre devoir nous impose (1). »

De Venette, où il se trouvait le 19 septembre, le 44ᵉ d'artillerie marcha vers l'Ouest d'abord, puis vers le Nord. C'était le mouvement tournant contre l'aile droite allemande que l'on tentait. Le lundi 21, sur le midi, une batterie lourde française, à proximité de la route, entra soudain en action Les officiers du 44ᵉ s'éloignèrent au galop, en reconnaissance, pour savoir s'ils devaient engager leurs batteries. On n'en eut pas besoin, et on envoya le régiment cantonner dans un parc, près du village de Ribécourt, d'où les Allemands venaient d'être chassés (2). Les pièces furent installées « sur une pelouse, le long d'une belle futaie de hêtres, bordée de rhododendrons... »

Le mardi 22 septembre, la batterie de Paul Lintier s'ébranle. A ce moment, « un bruit de mousqueterie et de mitrailleuses accompagne le tonnerre de l'artillerie. L'ennemi résiste à l'enveloppement et fait face. Il faut, sans doute, accentuer le mouvement ». On reprend la marche vers le Nord, vers Roye.

« Dans un champ, au bord de la route, dit Lintier, des tirailleurs sénégalais, en uniforme bleu marine, de beaux hommes d'ébène, préparent le café avec ces gestes simples et ces attitudes admirables des primitifs.

« Nos officiers, en reconnaissance, se sont éloignés. Au milieu de grands champs de betteraves formant cuvette, près du village de Fresnières (3), où tombent de gros obus, on nous arrêtent le long d'un talus.

« La ligne de feu, qui forme un angle vers Compiègne, s'étend ici du Nord au Sud. A vol d'oiseau quelques kilomètres seulement doivent nous séparer des plateaux que nous occupions ces jours

---

(1) Extrait d'un journal de Gênes, le *Lavaro* du 13 octobre 1914 (Correspondance d'un officier allemand). *Sarthe* du 22 octobre 1914.

(2) Voir plus haut.

(3) Entre Lassigny et Noyon.

derniers au bord de l'Aisne, vers Tracy-le-Mont... (1) On se bat à gauche vers Ribécourt et vers Lassigny. La batterie lourde qui bombardait Fresnières s'est tue. Des shrapnells à fumée de soufre ponctuent à présent des silhouettes d'arbres isolés. De derrière les bois, montent des colonnes de fumée noire. Incendies ou éclatements d'obus ? On ne sait.

« Mais ce qui nous inquiète, c'est l'horizon du Nord que marquent des lignes de peupliers et où seulement de brèves fusillades révèlent la présence de l'ennemi. Les Allemands ne tentent-ils pas de répondre à l'enveloppement par une manœuvre pareille.

« A la lisière des bois, vers le Nord-Ouest (entre Balny et Avricourt), se dessinent de grands mouvements de troupes. Une longue colonne d'artillerie serpente, noire, sur la campagne. La marche d'un escadron lointain, au trot, ressemble à une reptation. La campagne tout entière bouge. D'ici, on dirait seulement une ondulation des feuilles de betteraves sous le vent. C'est l'infanterie qui avance en ordre déployé.

« Nous prenons position ». Notre batterie, par suite de la nature du terrain « va perdre toute homogénéité », mais à cela, il n'y a point de remède.

« Devant nous, des 77 balayent le champ. Ce ne sont pas eux qui nous inquiètent beaucoup... Nous sommes bien défilés.

« Mais, par delà Lassigny, en tache claire dans les verdures, se dressent de grandes collines boisées qui dominent tout le pays (2) et du haut desquelles notre batterie est certainement visible... Nous sommes certainement à portée de l'artillerie lourde, si l'ennemi en a installé là-bas... Fiévreusement, on ouvre une tranchée derrière le caisson. Un groupe de 75, dont les positions proches sont perpendiculaires aux nôtres, ouvre le feu sur Lassigny. Le tir du 77 s'allonge et nous menace davantage à chaque volée. » La batterie de Paul Lintier se met en mesure de riposter, quand des fantassins viennent s'établir en avant. Ils finissent cependant

---

(1) De Fresnières à Tracy-le-Mont, on compte 22 kilomètres à vol d'oiseau. Ces deux localités sont reliées par la route d'Attichy à Roye. Après Attichy, la route traverse Tracy-le-Mont, Bailly, l'Oise, la ligne de Compiègne à Noyon, Ribécourt, Thiescourt, Lassigny, Fresnières, Crapeaumesnil et débouche à Roye.

(2) Autour de Fresnières l'altitude varie entre 78 et 101 mètres, tandis qu'au Sud de Lassigny, à 9 kilomètres, se trouvent des hauteurs boisées de 171 et de 186 mètres.

par se garer. L'ennemi n'est pas loin, à 8 ou 900 mètres derrière une crête. La première pièce de la batterie crache son obus qui couche un monceau d'Allemands.

Le capitaine Bernard de Brisoult « s'est installé dans un pommier qui ombrage la quatrième pièce. Les balles, frôlant la crête, bruissent trop haut » pour atteindre les artilleurs ; « mais autour du capitaine, elles détachent des feuilles. On le supplie de descendre ». Le commandant lui-même insiste. « Mais le capitaine, la jumelle aux yeux, fouillant l'horizon du Nord, lui répond très doucement :

— « Je vois très bien, mon commandant, très bien. Neuf cents (ils sont à 900 mètres).

« Les tireurs répètent : Neuf cents.

« Notre infanterie s'est sans doute emparée de Lassigny. Des obus allemands à fumée jaune éclatent maintenant sur le bourg. »

L'ennemi recule et on cesse le feu.

« Dans une prairie où l'herbe est haute, continue Paul Lintier, entre deux lignes de peupliers, notre batterie va prendre position, plus près encore de l'ennemi. Tout de suite, les 77, qui, depuis ce matin, nous cherchent sans nous atteindre, viennent nous menacer ici... Un fantassin passe, se tenant le ventre à deux mains. Il saute d'un pied sur l'autre dans une trépidation d'atroce souffrance. » C'est une balle qui lui a traversé les parties. On lui indique une ambulance, derrière les arbres. « Le malheureux s'éloigne en se tordant... »

De Brisoult « s'est installé en observation » au pied d'un peuplier. Les obus des 77 éclatent. On s'abrite. « De minute en minute, les shrapnells ennemis arrosent de balles la position. Le plomb, par volées, sonne sur l'acier des blindages. Personne ne bouge, personne n'est encore blessé... Le feu de l'ennemi augmente encore de violence Les balles d'obus criblent les peupliers avec un bruit de grêle ; des feuilles détachées, que poussent le vent, viennent s'éparpiller autour des pièces.

« Un des agents de liaison... blessé au flanc, quitte au plus vite la position. Astruc (un des artilleurs), atteint à la poitrine et qui vomit le sang à pleine bouche, s'éloigne soutenu par un camarade ». A ce moment, Paul Lintier est blessé lui-même à la main droite et le lieutenant Hély d'Oissel le fait partir au plus vite.

« Je prends ma course à travers la prairie, écrit-il, le dos rond, sous la menace de la mitraille. Mon sang éclabousse mes houseaux, mes cuisses, colle le drap de ma culotte à mes genoux. La balle a projeté, de ma main sur ma poitrine, une étoile rouge de chair et de tendons.

« En l'air des obus bourdonnent.

« Au pied d'un peuplier, deux chasseurs viennent d'être tués. Je me jette à terre entre les chevaux, dans l'herbe haute teinte de sang. Les shrapnells éclatent. Avec un bruit mat, un grand éclat vient éventrer un des cadavres qui me protègent.

« Tout de suite je repars, m'écartant au plus vite de la ligne de feu des 77. Ma main blessée est souillée de terre et de sang de cheval. Comme je franchis une route en remblai, je me trouve brusquement en avant des gueules menaçantes de vingt pièces françaises alignées sur le champ. Il me faut revenir sur mes pas.

« Derrière cette artillerie immobile, des tirailleurs marocains sont couchés dans les betteraves. On ne les voit que lorsqu'on va mettre le pied dessus... »

Un capitaine fait un premier pansement à Lintier et lui donne une gorgée de rhum. Le blessé se dirige vers les ambulances de la division, à Fresnières. Là « un gros obus vient de tuer, devant la porte de l'ambulance, un major, une religieuse et quatre blessés. On a rangé les cadavres sur le trottoir. Seul, le corps d'un artilleur, un géant noir aux bras déployés d'une envergure extraordinaire, traîne encore sur la chaussée effondrée. L'air est plein de lointains sifflements d'obus... Dans la cour de l'ambulance, parmi les brancards où gisent des hommes sanglants, sur une grande table de ferme couverte d'une toile cirée à fleurs, des infirmiers étendent les grands blessés. Deux majors les pansent en hâte...

« Un gros homme brun à lunettes d'or », veut couper le pouce de Lintier ; mais celui-ci se recrie, panse lui-même sommairement sa blessure et, à l'insu des majors qui donnent leurs soins à un marsouin qu'on vient d'apporter, sort de l'ambulance. Un café est resté ouvert sous les obus. Il achète une fiole d'eau-de-vie, place son étui à revolver à portée de sa main valide, « car la nuit tombe, et souvent, à la faveur des ténèbres, des patrouilles de cavalerie allemande s'infiltrent à travers le réseau des grand'gardes françaises et des petits postes ». Il se dirige à travers champs vers Canny, où il trouvera les autres ambulances divisionnaires ; il rencontre des fantassins couchés et aussi des morts !

« Je vais passer, écrit Lintier. Mais je distingue..... une forme humaine agenouillée près d'un cadavre. L'homme ne m'a pas vu.

Il retourne le cadavre et le fouille. Tout de suite, j'arme mon revolver soigneusement, sans trembler, je vise le pillard. Je vais l'abattre quand une crainte m'arrête. Je discerne bien ses mouvements ; mais sa silhouette... reste confuse. La pensée que ce peut être un gendarme identifiant des morts me fait abaisser mon arme. Je crie :

— « Qu'est-ce que tu fais là ?

« L'homme bondit comme sous un coup de fouet. Alors, son ombre nette se dresse sur le ciel. Je reconnais sur sa tête une casquette plate à grande visière.

« Il me répond :

— « T'en fais pas pour moi... Je fais mes affaires.

« Il s'enfuit, sautant de ça, de là, sous la menace de mon revolver, comme une bête qui fait ses défaites.

« Je tire. . Il s'arrête un instant. L'ai-je atteint ? Sur son ombre paraît un éclair. Une balle siffle à mon oreille. Mais, à l'instant où il va disparaître derrière un buisson, pour la seconde fois je fais feu. Il me semble que l'homme s'abat dans les ronces... »

De Canny, où il arrive enfin et où on lui donne un billet d'hôpital, Paul Lintier va le lendemain, 23 septembre, à pied, s'embarquer à Ressons, en compagnie d'autres blessés à la tête, aux bras, aux épaules, qui trouvent place dans un « wagon à bestiaux à moitié plein de boules de pain moisi... »

A l'hôpital, il reçoit une lettre, datée du 25 septembre 1914, de son ami le maître-pointeur Georges Hutin (1) contenant ces lignes : « ... Peut-être ne sais-tu pas le malheur qui est arrivé à la batterie quelques minutes seulement après ton départ. Le capitaine (Bernard de Brisoult) a été tué : une balle d'obus sous l'œil gauche Tu te rappelles que nous disions tous : « Celui-là, s'il lui arrive quelque chose, il peut compter sur nous (2) ». Quand on l'a vu tomber, dix, à la fois, on a couru à lui pour le secourir. Cela n'a servi à rien. Tout était fini. On a rapporté son corps à la batterie. Le lieutenant Hély d'Oissel a pris le commandement et a continué

---

(1) Voir le portrait de Hutin tracé par Lintier. *Ma pièce*, p. 13.

(2) Cet officier « d'une distinction et d'un tact innés » était adoré de ses hommes même les plus frustes. Il ne commandait jamais, il donnait ses ordres sur le ton de la conversation. Voir *Ma pièce*, p. 46. — Le capitaine de Brisoult, marié, habitait au Mans, 102, rue de la Fuie.

le feu (1). Il pleurait en donnant les hausses. Quand vers huit heures, on a reçu l'ordre de quitter la position, et qu'on a assis le capitaine de Brisoult sur un des coffres de la première pièce, la moitié des hommes avaient les larmes aux yeux. Deux servants le tenaient entre eux. On lui avait couvert le visage d'un mouchoir blanc. A Fresnières, on l'a veillé toute la nuit. C'est là qu'il est enterré... (2) »

« Moi aussi, dit Lintier, j'ai pleuré en lisant cette lettre ».

Ainsi se termine le beau-livre, le chef-d'œuvre, *Ma pièce*, écrit par Lintier, durant sa convalescence : « A la Mémoire du capitaine Bernard de Brisoult, dont la mort, face à l'ennemi, arracha à des yeux brûlés par la poudre et les veilles ces larmes terribles des soldats ».

J'ai puisé largement à cette source qui doit compter parmi les témoignages les plus vivants de la *Grande Guerre*, à cet « incomparable document offert à tous ceux qui plus tard étudieront l'âme et les gestes de cette génération de héros par qui la France fut sauvée (3). » Mes lecteurs ne s'en plaindront pas, mais, comme moi, ils regretteront que ce guide fasse si vite défaut.

---

(1) Hély-d'Oissel, sous-lieutenant de réserve au 44ᵉ d'artillerie, fut cité à l'ordre de l'Armée, pour sa vaillance : « Le 22 septembre 1914, le capitaine ayant été blessé mortellement, a pris le commandement du feu avec une rare énergie et a infligé des pertes sérieuses à l'ennemi. Est allé, avec quelques canonniers chercher le corps de son capitaine au poste de commandement à 200 mètres de la batterie, sous un feu violent d'artillerie et d'infanterie... » *Sarthe* du 11 novembre 1914.

(2) *Ma pièce*, pp. 263-285.

(3) *Ma pièce*. Préface d'Edmond Haraucourt.

CHAPITRE X

La fin de septembre et le mois d'octobre furent surtout marqués
pour nos troupes du IVe Corps par les batailles de Roye et du
Quesnoy-en-Santerre, dans le Sud-Est du département de la Somme.
On peut suivre nos régiments à la trace du sang dans un rayon
d'une quinzaine de kilomètres autour de Roye : à Lassigny, Crapeaumesnil, Margny-aux-Cerises, Roiglise, Champien, Carrépuis,
Gruny, Rethonvillers, Crémery, Billancourt, Liancourt-Fosse, Etalon, Fonches, Fonchettes, Beuvraignes, Goyencourt, Damery,
Andéchy, Erches, Bouchoir, Arvillers et jusqu'à Montdidier.

Les Allemands qui avaient occupé Roye du 30 août au 4 septembre et du 7 septembre au 22 du même mois, quittèrent la ville
à cette dernière date à l'approche des Français, pour aller occuper
des positions à Champien-Carrépuis et dans les bois d'Ognolles,
entre *Solente* et *Beaulieu-lès-Fontaines*.

Après avoir traversé l'Oise à Compiègne le 19 septembre —
ainsi que je l'ai dit plus haut — nos troupes s'acheminèrent vers
Roye, petite ville de 4.000 habitants environ située sur la rive
droite de l'Avre. La lutte, dans cette région, revêtit exactement le
même caractère que sur la rive droite de l'Aisne. Auprès de Roye,
comme auprès de Soissons, les Allemands avaient su utiliser les
carrières, organiser leurs défenses. Là, comme en maints endroits,
l'ennemi avait, dès le temps de paix, préparé le terrain, à notre nez,
à notre barbe.

Le 19 septembre, raconte dans son carnet de route Georges
Lhôte, sous-lieutenant au 31e d'artillerie, « nous sommes passés à
Compiègne où nous avons pû nous ravitailler en conserves. Nous
cantonnons à Rémy (1).

« 20 septembre. Nous continuons notre marche vers le Nord ;
nous partons dans la direction de Montdidier. Cantonnement à

---

(1) Oise, canton d'Estrées.

Montiers. Quel bon dimanche ! Nous sommes arrivés au cantonnement à 3 heures, dans une ferme où il y avait une belle salle à manger et un salon avec piano ; nous avons fait un peu de musique. Comme ce retour au temps de paix m'a semblé bon ! Je me suis revu à Brou et à Ruillé !... A 5 heures du soir, nous avons eu une toute petite cérémonie pour le repos de l'âme d'un de nos soldats tué mercredi. Qu'elle était belle cette cérémonie, oh ! mon Dieu ! dans la petite église de Montiers (1) abandonnée depuis le commencement de la guerre parce que le curé défend, lui aussi, sa patrie. Une petite allocution d'un de nos aumôniers, brancardier à la 6e batterie, nous a bien émus...

« 21 septembre. Nous remontons toujours vers le Nord et Nord-Est, nous passons par Méry, Orvillers et nous cantonnons à Couchy-les-Pots (Oise, canton de Ressons). Je suis maintenant attaché près du colonel (Wallut). Toujours mauvais temps. Le canon se rapproche de plus en plus et nous avons failli mettre en batterie. La cavalerie allemande est signalée sur le front Roye-Montdidier.

« 22 septembre. Notre marche continue sur Roye. Quelques unités sont en batterie près de Beuvraignes (Somme, canton de Roye). Le soir, à la nuit, nous cantonnons à Laucourt, à 2 kilomètres de Roye (2). Roye a été occupé par nous, un peu bombardé, on ne signale devant nous que de la cavalerie et de l'artillerie.

« 23 septembre... Marche dans le brouillard, peut-être imprudente !... Vers 10 heures, notre A. T. est attaqué dans sa marche, à Rethonvillers (canton de Roye). Nous passons le reste de la journée dans des alternatives de bonnes et de mauvaises nouvelles. Le 130e se serait en particulier encore fait abîmer en attaquant Billancourt (entre Roye et Nesle). A 5 heures, on suspend les attaques à l'annonce d'un corps d'armée débarqué à Saint-Quentin et se dirigeant contre nous. Nous fortifions les positions acquises pendant la nuit. Cantonnement à Liancourt (3) ».

---

(1) Oise, canton de Saint-Just-en-Chaussée. — « 20 septembre. En route vers Montdidier, orage, halte à Montiers ». *Carnet* de M. l'abbé Patoureau, brancardier à la 7e batterie du 31e d'artillerie.

(2) « 22 septembre. Mise en batterie près de Roye ». *Carnet* de l'abbé Patoureau.

(3) « 23 septembre. Surprise au petit jour. Violent combat ; le 130e d'infanterie abîmé. Entre Roye et Billancourt, obus sur nous comme d'habitude. Joie des habitants de Rethonvillers à notre passage... » *Carnet* de l'abbé Patoureau.

J'interromps un instant le récit de Georges Lhôte, pour donner de suite le fragment de *Carnet* de son frère Emile-Lucien-Henri Lhôte, lieutenant au 130ᵉ d'infanterie, relatif à l'attaque de Billancourt.

« 23 septembre, mercredi. — 3 heures, alerte ; brouillard assez épais : le 130ᵉ à l'avant-garde. Itinéraire suivi par la compagnie : Roye, dont une maison brûle, Carrépuis, ferme de Vaucourt (1). — Mission : Echelon à droite du 3ᵉ bataillon. Nous recevons des coups de fusils devant Billancourt que nous ne voyons pas encore. *Gérault* est tué. Le 124ᵉ arrive à droite et l'artillerie donne sur la lisière du village. Le 124ᵉ en avant. Nous arrivons au village. Nombreux blessés allemands ; blessures affreuses, faites par l'artillerie. Vu le docteur Mascarel qui me dit que le 3ᵉ bataillon a été assez éprouvé. Il m'annonce : capitaine *Larère*, probablement tué ; commandant *Dubosc*, blessé ; *Sanchez*, tué et d'autres blessés. Peu de pertes à la compagnie. Billancourt sera occupé par un bataillon du 124ᵉ. Je suis averti que le 130ᵉ se reforme à Rethonvillers. Nous creusons des tranchées en avant du village avec le génie (2) ».

Les brancardiers de la 8ᵉ division parcourent la région pour relever les blessés.

« Le mercredi 23 septembre, écrit Louis Bourneuf, départ de Popincourt à 5 heures du matin pour Roye, où on arrive à 11 heures. On fait halte sur la place d'Armes. On repart à 2 heures et demie et on passe à Carrépuis où on attend des ordres. Nous repartons pour Rethonvillers chercher des blessés, environ deux cents, qu'on amène à l'ambulance installée à Carrépuis. Nous rentrons et cantonnons à la ferme de Vaucourt, à 11 heures du soir.

« Le jeudi, 24, la première section des brancardiers part à 7 heures du matin pour l'ambulance. On charge les blessés et nous les conduisons à Roye, à l'hôpital ; nous rentrons à midi. A 2 heures, départ pour Carrépuis où nous faisons halte. Au moment de se coucher au bord de la route après avoir été chercher de la paille, les obus nous tombent dessus ; force nous est de circuler. On retraverse Roye, passons à Saint-Mard et, par un chemin de traverse, nous arrivons à Saint-Aurin, où nous cantonnons (3) ».

---

(1) Ferme sur la route de Champien à Gruny, près de sa croisée avec la route de Roye à Nesle.

(2) *Carnet* d'Emile Lhôte.

(3) *Carnet* de Louis Bourneuf.

Revenons maintenant au *Carnet* de Georges Lhôte.

« 24 septembre. Changement dans la Brigade. Le général Devau prend le commandement de la 15e brigade et est remplacé à la 16e par le colonel Gazan (du 115e). Le IVe Corps occupe définitivement la ligne Fonchette-Cressy (1). Des forces allemandes nous font maintenant face. Nous avons dû abandonner Liancourt et nous replier sur Cremery puis Gruny. La journée a été chaude. J'ai été envoyé à Liancourt au moment où il allait être pris et j'avoue que ce n'était qu'à moitié drôle, comme d'ailleurs le matin quand j'ai été envoyé à Etalon. Dans Liancourt, je n'ai vu que deux officiers et quelques hommes... Le soir nous avons reculé au delà de Gruny en y laissant peut-être des avant-postes. Nous avons rejoint la division à Carrépuis ; nous sommes allés cantonner à Dancourt (route de Roye à Montdidier). J'ai dû chercher le groupe dans la nuit, ce qui ne m'a pas tout du amusé (2) ».

La lutte avait été chaude à Liancourt-Fosse défendu par le 117e et le 124e d'infanterie et qui avaient dû se replier pour ne pas être cernés.

« Après l'Oise, la Somme, la course au Nord, les combats de Roye — dit un historique officiel du 117e — ; le 24 septembre, le régiment est, près de Liancourt, attaqué par des forces considérables venues de Nesles et de Chaulnes. Le capitaine *Avice* entraîne la 7e compagnie dans une charge hardie. Le lieutenant *Mocquais* (3) blessé, prend part à un assaut. Le cycliste *Demay*, la cuisse traversée par une balle, vient apporter au château d'Etalon, à la 1re compagnie que l'ennemi va encercler, l'ordre de repli, et lui permet ainsi de se dégager à temps. Un crime allemand marque la journée : un rideau de femmes et d'enfants masque à notre fusillade les mouvements de l'ennemi odieux. Et cependant, ils les voient. Ce crime sera vengé le 27 septembre au plateau de Gruny, où les batteries du 31e écrasent les colonnes massives qui tentent de déboucher du village ».

« On traverse Liancourt — raconte Léon Lhôte, adjudant au

<hr>

(1) Cressy-lès-Roye ou Cressy-Omancourt.

(2) *Carnet* de Georges Lhôte. — « 24 septembre. Bombardement par les Allemands de trois villages à quelques kilomètres l'un de l'autre ; recul des échelons à 3 kilomètres ; canon toute la journée sans une minute d'arrêt. Le 117e et le 124e d'infanterie cernés au soir ; le feu partout, très vive fusillade ; recul. » *Carnet* de l'abbé Patoureau.

(3) Sous-lieutenant avant la guerre, il habitait au Mans, 67, rue du Pavé.

117ᵉ d'infanterie, — se dirigeant sur la grande route (de Roye à Péronne) sur Fonches et Fonchettes. La 8ᵉ compagnie est engagée. Le commandant Détrie (1) qui vient de prendre le commandement du bataillon nous envoie la renforcer. Naturellement, c'est la 1ʳᵉ section qui est envoyée. A peine est-on retranchés, qu'on voit les Allemands à mille mètres, faire des bonds en tirailleurs et filer vers la droite dans un bois. Toutes nos munitions sont épuisées. L'ennemi qui nous avait d'abord envoyé peu de balles nous fait un feu terrible. Nous sommes contraints de nous replier. Je vais demander des ordres au lieutenant Caurière ; une balle me traverse le bras. Je me replie par bonds à travers une grêle de balles, et je me demande comment j'ai pu passer sans être tué dans cette longue plaine de 500 mètres de long (2) ».

Pendant que ces événements se passaient à Liancourt, le 130ᵉ et le 115ᵉ d'infanterie occupaient une position d'attente, le 130ᵉ à Rethonvillers et Marché-Allouarde et le 115ᵉ à Thilloy, petit village de la région (3). Quant au 315ᵉ, il se tenait du côté de Crapeaumesnil, d'Amy et de Champien, avec mission de maintenir les Allemands s'ils tentaient de sortir d'Avricourt pour tourner les nôtres occupés au Nord de Roye.

Un sergent du 315ᵉ, Etienne Nicklès, instituteur à Montreuil-le-Chétif, nous donne en ces termes ses impressions sur la journée du 24 septembre :

« Pas d'attaque de nuit. Nous avons veillé écoutant et guettant. Dès l'aurore, la fusillade se fait entendre par intermittence : d'abord à droite, puis à gauche. Le lieutemant m'a envoyé me percher en haut d'une meule de paille, d'où je peux inspecter toute la plaine avec des jumelles. Une brume légère flotte au ras des champs de betteraves et des luzernes. Le soleil paraît ; elle se dissipe. Une belle journée d'automne se prépare. La fusillade est intense à gauche et semble s'éloigner. Je fouille les lignes d'arbres avec mes jumelles. Rien. — L'artillerie allemande tire. La nôtre commence à répondre. Voici des marmites à 7 ou 800 mètres à droite. A chaque éclat, la meule où je suis monté tremble de la

---

(1) Avant la guerre, le capitaine Détrie habitait au Mans, 183, rue Gambetta.

(2) *Carnet* de route de Léon Lhôte, frère de Georges et d'Emile, ces deux derniers tués. — Léon Lhôte fut cité à l'ordre de la Brigade pour sa belle conduite à Liancourt. Voir *Bulletin*, n° 6, p. 136.

(3) *Carnet* de route d'Emile Lhôte.

base au faîte. Si par malheur, un obus y tombe, je ferai un joli saut. — 2 heures : Rien de nouveau. La fusillade s'est éloignée vers la gauche. On ne l'entend plus directement. C'est bon signe. Le mouvement du IVᵉ corps a donc dû réussir. Des obus allemands pleuvent encore de temps en temps, peu nombreux. Des éclats sont tombés sur ma meule où je me faisais bien petit. — 6 heures : Situation inchangée. Nous couchons encore ce soir dans la tranchée : une nuit de plus sans sommeil, car il fait déjà très froid. Le vent souffle du Nord-Est (1) ».

Les jours suivants, continuation du duel d'artillerie (2). Suivons le 31ᵉ d'artillerie avec Georges Lhôte :

« 25 septembre. Départ de Carrépuis à 3 heures et quart, pour occuper des positions entre Roye et Gruny. On nous annonce que la 31ᵉ division et le 14ᵉ corps font une attaque d'ensemble à notre gauche. Journée moins dangereuse qu'hier. Malheureusement la 7ᵉ division a encore faibli et nous avons dû nous replier sur Roye au milieu d'une panique d'infanterie. Nous avons tiré jusqu'à épuisement des munitions sur les Allemands que nous voyions déboucher de Cressy. Nous avons fini par arrêter la fusillade au moyen d'un rideau de feu. Le soir, encore cinq incendies différents. Même ennui pour la recherche du groupe qui est parti dans la nuit comme hier. — Nous cantonnons à 2 kilomètres de Roye, à Saint-Mard. Seraient-ce les mauvais jours qui vont recommencer ? Nous n'avons plus de munitions d'artillerie et nous ne tirons que sur objectif bien défini. Quelle canonnade nous avons eu ce soir sous la fusillade des Allemands. Le colonel (Wallut) et le capitaine d'Argy sont restés les derniers. Pour la première fois, j'ai senti l'impression d'être grisé par la poudre.

« 26 septembre. Nous avons repris la bataille ce matin, à la lisière Nord de Roye. La 36ᵉ division va probablement attaquer Gruny que nous avons perdu hier. A 12 heures du soir, nous avons su que la 11ᵉ division (général de Castelnau) avait fait mettre en retraite l'ennemi à notre gauche. A 17 heures 30, je suis

---

(1) *Carnet* de route d'Etienne Nicklès, sergent au 315ᵉ d'infanterie, 20ᵉ compagnie. Le lendemain, 25 septembre, Etienne Nicklès était blessé à la tête à Amy-le-Grand. (Voir *Bulletin*, n° 4, p. 112). — D'après un *Carnet* d'Henri Goulvent, sergent au 315ᵉ, le 24 septembre, le 5ᵉ bataillon du régiment était à Champien.

(2) « 25 septembre. Duel d'artillerie toute la journée; au soir, le feu partout; à la septième batterie 1 mort et 3 blessés ramassés par nous sous les obus ». *Carnet* de l'abbé Patoureau.

revenu d'un avis à porter au camp de César et quelle malheureuse nouvelle m'y attendait. A l'endroit où j'étais assis quelques minutes auparavant et où l'Etat-Major de la brigade était resté, est tombé un obus qui a haché le colonel *Prévost* (du 317ᵉ) ; le commandant *Aublin* (du 317ᵉ)) ; le capitaine *Ogier de Baulny* (du 317ᵉ) ; blessé le commandant *Delisle* (du 31ᵉ d'artillerie) ; le capitaine *Marty* (du 31ᵉ d'artillerie) ; le capitaine *Deurt* (Etat-Major) ; le colonel *Beslier* et le lieutenant *Bousset* du 31ᵉ. Quelle providence, mon Dieu ! que je n'ai pas été là à ce moment ! (1) ».

Le 27 septembre au matin, les Allemands occupaient Gruny et Thilloy. Ordre fut donné à l'artillerie de battre ces localités où les ennemis avaient installé des mitrailleuses dans le clocher. Le poste de commandement de la 16ᵉ brigade avait été transféré dans une maison de Roye située sur la route de Péronne, au Sud de la sucrerie Lebaudy.

Pendant la matinée, le bombardement de la veille avait repris plus violent avec du 150 et du 210. Jusque vers midi, nul ne s'en souciait, lorsque subitement les éclatements se rapprochèrent et un obus tomba dans la cour de la maison où était installé le poste de commandement. Là se trouvaient le colonel *Gazan*, commandant la 16ᵉ brigade, le colonel *Wallut*, du 31ᵉ d'artillerie, le lieutenant Tissier et le sous-lieutenant Georges *Lhôte*, du 31ᵉ d'artillerie.

Impressionnés par l'accident de la veille, ces officiers voulurent changer de place. Au moment où ils sortaient de la maison, un projectile éclata dans la rue pavée, tuant sur le coup le colonel Gazan et le sous-lieutenant Georges Lhôte, et blessant très grièvement aux jambes le colonel Wallut. Le lieutenant Tissier ne dut son salut qu'au retard qu'il mit à quitter la maison.

Malgré ses blessures et ses horribles souffrances le colonel Wallut ne perdit pas un instant connaissance. Transporté sur un brancard au pensionnat ambulance, nᵒ 7, de Roye, il réclama et reçut les secours de la religion de l'abbé Fontaine, aumônier du 117ᵉ d'infanterie. Quelques heures après, il mourut dans les bras du médecin pendant que ceux-ci tentaient une opération qu'il ne put supporter (2).

Le colonel Maurice *Wallut*, le colonel *Gazan*, le lieutenant-co-

---

(1) *Carnet* de Georges Lhôte.

(2) *Le colonel Wallut*, in-12 de 16 pages, imprimé à Tours, chez Deslis frères et Cie. — Voir *Bulletin*, nᵒ 7, pp. 149-150.

lonel *Prévost*, le commandant *Aublin*, le capitaine *Ogier de Baulny*, et le sous-lieutenant Georges *Lhôte*, furent enterrés le 28 septembre dans la soirée, par le chanoine Grandin, aumônier du IVᵉ corps, dans le nouveau cimetière du village de Laucourt, à environ 3 kilomètres au Sud de Roye. Les corps avaient été placés dans des cercueils faits à la hâte qui laissaient suinter le sang par leurs joints mal assemblés, permettant d'entrevoir les uniformes galonnés des victimes. Chargés sur trois fourgons, ils furent amenés à l'église de Laucourt. L'abbé Grandin, assisté du curé de la paroisse, étendit un drap mortuaire sur les six cercueils et sur le tout deux drapeaux tricolores. Une quinzaine de hussards formaient une garde d'honneur. La nuit descendait atténuée par les petites lueurs de quatre cierges. L'aumônier prononça quelques paroles émues en guise d'oraison funèbre et récita les prières de l'absoute. Le cortège s'achemina ensuite vers le cimetière, situé à une assez grande distance du bourg. On aligna les cercueils dans une grande fosse, et le général Boëlle, entouré des officiers de son État-Major et d'une cinquantaine de soldats, prononça, en proie à une vive émotion, l'éloge des héros tombés pour la France. Tous vinrent jeter l'eau bénite. On entassa la terre et on planta au-dessus du petit tertre les six croix de bois qui avaient été placées sur les bières durant la cérémonie. A l'horizon, le canon tonnait furieusement sur Roye et les obus zébraient le ciel de sinistres lueurs. C'était pour les assistants un spectacle grandiose, fait pour glacer d'épouvante les âmes pusillanimes et pour exalter la foi patriotique des hommes de cœur qui n'étaient pas sûrs du lendemain.

Le 29 septembre, les Allemands continuent le bombardement de Roye (1) et, dans la soirée, les soldats du 130ᵉ (8ᵉ division) qui se trouvaient au Nord de la ville, entre les routes de Péronne et de Nesle, aperçoivent à leur droite un mouvement très net de recul de la 7ᵉ division, ce qui nécessite le lendemain matin un repli sur Carrépuis, Villers-lès-Roye et Andéchy (2). Les Allemands occupent Champien (3).

---

(1) *Carnet* de l'abbé Patoureau.

(2) « 29 septembre, mardi... Pendant la soirée, aperçu à droite (7ᵉ division) un mouvement très net de recul. Reçu au bataillon ordre de retraite pour la nuit. — 30 septembre, mercredi : 2 heures, départ par Carrépuis dont il ne reste pas grand chose, Roye encore peu atteint, Villers-lès-Roye. Arrivés à Andéchy à 5 heures ; cantonnement. » *Carnet* d'Émile Lhôte, lieutenant au 130ᵉ d'infanterie.

(3) *Carnet* de l'abbé Patoureau.

Dans la soirée du 29 septembre, raconte Louis Bourneuf, à 3 heures du soir, « nous sommes obligés de quitter notre cantonnement du faubourg Saint-Gilles de Roye, nous trouvant dans la ligne des obusiers allemands. Pendant toute la journée, bombardement de toute la partie haute de la ville. Nous revenons à la cote 85 (entre Roye et Laucourt). A 7 heures, nous retournons à Roye évacuer les blessés de la 7e division (101e, 102e, 103e et 104e d'infanterie) qui a été très éprouvée. Départ de l'hôpital à 11 heures. On passe à Laucourt, Armancourt, Andéchy et arrivons à Guerbigny à 2 heures du matin, après avoir fait 13 kilomètres (1). »

Suivant un récit du journal *La Liberté* reproduit par *La Croix* (2) le 30 septembre, les Allemands tentèrent une attaque à la baïonnette. Un sanglant corps à corps eut lieu dans les rues de la petite cité. Malgré la violence de leur offensive, les Teutons furent repoussés avec des pertes énormes. Au dire des témoins, il y avait tant de cadavres sur la place qu'on ne voyait plus les pavés. La population s'était réfugiée dans les caves. Plusieurs civils furent tués ou blessés au cours du bombardement.

Nous ne pouvons certes pas manquer de gratitude à l'armée à la fois patiente, tenace et d'une si magnifique ardeur qui nous protégea contre la foudroyante invasion et qui suppléa maintes fois à l'insuffisance de quelques-uns de ses chefs ; mais il est de notre devoir d'historien de constater les faiblesses de certains hommes qui ne parvenaient pas à maîtriser leurs nerfs en face d'effroyables dangers quotidiens. Imbus des méthodes surannées que notre Etat-Major n'avait pas su modifier, nos soldats, au début, se lançaient, ou étaient lancés follement, à découvert, contre des batteries qui les laissaient approcher et les anéantissaient sans subir aucune perte. Semblables procédés conduisirent vite au découragement un nombre relativement important d'individus capables d'un courage accidentel, relativement facile, mais inaptes à la vaillance continue, qui s'acquiert par une pratique presque inconsciente.

Des hommes cherchaient à sortir de la terrible fournaise par des moyens répréhensibles qu'il était urgent d'enrayer. Le 11 octobre, le général commandant le IVe corps d'armée fit savoir qu'un « certain nombre de militaires » s'étant « mutilés volontairement », il était indispensable de ne pas les laisser échapper au châtiment qu'ils·

---

(1) *Carnet* de Louis Bourneuf.
(2) Numéro du 10 octobre 1914.

avaient mérité. D'un autre côté, le général de Castelneau s'exprimait ainsi : « Le général commandant l'armée ne peut admettre le nombre de disparus signalés par certains corps, en particulier par le XIVᵉ corps d'armée, au cours des derniers combats. La plupart des hommes considérés comme disparus ne sont en réalité que des soldats qui ont quitté la ligne de feu et qui généralement ne tardent pas à rentrer dans le rang après le combat ; il convient donc de les traiter en déserteurs et de les traduire sans retard devant les cours martiales pour abandon de leur poste en présence de l'ennemi. Le général rappelle à cette occasion qu'il est du devoir absolu de tout gradé de ramener énergiquement au feu tout homme qui tente de s'enfuir et en faisant au besoin usage de ses armes sans aucune hésitation (1). »

Les communiqués officiels ne nous renseignent que très imparfaitement, et, il faut l'avouer, que très inexactement sur la bataille de Roye qui dura une quinzaine de jours et qui ne tourna pas à notre avantage puisque nous dûmes reculer de 12 kilomètres. Les journaux de l'époque montraient les Allemands anxieux et découragés. « Du 25 septembre au 2 octobre, écrit *La Croix* (2), les contre-attaques allemandes n'avaient cessé de s'exercer inutilement d'ailleurs sur Ribécourt, Lassigny, Chaulnes ; le 28 les troupes de la Garde qui donnaient contre Roye étaient décimées par notre artillerie et devaient reculer nous laissant 800 prisonniers... A mesure que la confiance augmente en France, au cours de la gigantesque bataille, l'Allemagne devient la proie du découragement. L'armée des barbares voit de plus en plus que la retraite s'impose et c'est pour éviter que cette retraite ne tourne en déroute qu'un effort colossal a été dirigé contre Anvers, le même jour que des attaques violentes et inutiles se poursuivent dans la région de Roye, où nous avons fait depuis deux jours 1.600 prisonniers... »

Par malheur, ces déclamations étaient aussi vaines qu'erronées ; l'armée des barbares ne donnait aucun signe de défaillance et nos soldats avaient besoin de tout leur héroïsme pour tenir tête aux Teutons.

« Au cours de la guerre actuelle, remarque le docteur Gustave Le Bon, les rapports officiels des diverses puissances furent impirés par différents principes psycologiques qui se ramènent aux suivants :

---

(1) *Carnet* de route d'un adjudant du 317ᵉ d'infanterie.
(2) Numéro du 12 octobre 1914.

1° Taire ou dissimuler les revers ; 2° altérer la vérité de façon à agir sur l'opinion publique. La première méthode, que l'on pourrait qualifier de méthode du silence, fut employée par les Anglais et les Français surtout au début de la campagne. Les Allemands ont usé largement de la seconde. Les Russes utilisèrent alternativement la première et la seconde, Quant au système se bornant à dire exactement la vérité, inutile de le mentionner, car persónne ne l'employa. Il est du reste tout naturel que les adversaires en présence dissimulent leurs défaites et exagèrent leurs succès... »

« Lorsque la bataille de la Marne arrêta l'invasion allemande et nous conduisit à quelques succès, le gouvernement continua à faire preuve, dans la censure des journaux, d'une médiocre psycologie. Des choses que ne pouvaient ignorer les Allemands, telles que les lieux de combat, les numéros des régiments ennemis nous restaient cachés. Des actes de courage, qui auraient pu relever l'opinion, étaient passés sous silence. Les exploits héroïques qui sauvèrent le pays semblaient avoir pour auteur de vagues abstractions. Il fallut plusieurs mois à nos dirigeants avant de découvrir l'énorme influence de la contagion mentale et comprendre la nécessité de publier les faits de bravoure tenus secrets jusque là. Ce réconfort de la population civile n'était pas, cependant, une arme négligeable. Il importait grandement de dissiper les craintes, les douleurs des non-combattants par le récit de nos premiers exploits. Les gestes des héros sont une semence d'héroïsme (1).

A nos dirigeants, il reste encore beaucoup à apprendre !

---

(1) *Enseignements psycologiques de la Guerre Européénne*, Paris, Ernest Flammarion, pp. 317-318-320.

CHAPITRE XI

Goyencourt ~ Andéchy ~ Erches ~ Guerbigny. — Attaque et prise du Quesnoy~en~Santerre. — Le lieutenant~colonel du Paty de Clam et quelques~uns de ceux qui se distinguèrent au Quesnoy.

Du 1er au 30 octobre 1914, les régiments du IVe corps se tiennent à l'Ouest et au Nord-Ouest de Roye, dans les régions d'Erches, Guerbigny, Davenescourt, Becquigny, s'opposant aux efforts que tentent les Allemands pour enfoncer nos lignes du côté de Goyencourt et d'Andéchy. C'est ainsi que le 1er octobre, la 10e et la 11e compagnie du 130e d'infanterie, commandées par le lieutenant Emile Lhôte (le lieutenant Marc de la 10e venait d'être blessé) et mises à la disposition du commandant Graff du 115e, à Goyencourt, doit creuser des tranchées, face à Fresnoy-lès-Roye, le long de la route de Goyencourt-Parvillers (1). Parvillers est bombardé ; le clocher flambe (2). Le lendemain, 2 octobre, les Allemands entrent à Goyencourt et les Français arrosent à leur tour le village d'obus (3).

Le vendredi matin, 2 octobre, raconte Emile Lhôte, « arrivent des vaguemestres. Canonnade dès 8 heures venant de Fresnoy. Les vaguemestres partent, abandonnant leurs bicyclettes. Vers 10 heures, une canonnade très violente venant de la droite bombarde le village (de Goyencourt). Plus tard, les obus tombent en arrière du village. Je suis blessé en observant à droite de Fresnoy une ligne qui s'avance. Un quart d'heure après, sentant mes forces faiblir, je laisse le commandement et je pars vers Damery où des artilleurs me proposent de monter. J'arrive à Andéchy, où un major du 117e, je crois, me panse. Je suis embarqué de suite pour Montdidier (4). »

Les journées de Goyencourt, suivant un Historique officiel (5),

---

(1) *Carnet* d'Emile Lhôte.
(2) *Carnet* de l'abbé Patoureau, du 31e d'artillerie.
(3) *Carnet* de l'abbé Patoureau.
(4) *Carnet* d'Emile Lhôte.
(5) *Historique des régiments rattachés au début des 117e, 317e, 404e d'infanterie et du 28e territorial.*

les 2 et 4 octobre, firent apparaître une mâle figure, celle du lieutenant-colonel au 117e, *du Paty de Clam*, qui blessé au bras, sa légendaire couverture sur les épaules, ne quitta le village que parmi les derniers (2 octobre). Deux jours après, le 117e partit de « la Cambuse » et lança sur Goyencourt une section de la 7e compagnie sous les ordres du sous-lieutenant Pierre-Félix *Ajam* qui se distingua particulièrement dans cet assaut et qui fut tué en criant à ses hommes : « En avant ! vengez-moi ! (1).

Andéchy, situé, route de Roye à Montdidier, sur un plateau de 96 mètres d'altitude dominant la rive droite de l'Avre, en face de l'Echelle-Saint-Aurin, ne pouvait échapper au sort des autres villages de la région. Le 3 octobre, les Allemands bombardent la localité et y entrent le 4, après avoir fait reculer les Français. Du 6 au 8, on se bat près d'Erches (2) et le commandant *Graff*, qui vient d'être nommé lieutenant-colonel du 115e, est tué en entraînant ses hommes, dans la nuit du 7 au 8 octobre (3), pendant qu'à Andéchy le 117e multiplie ses efforts malgré des pertes cruelles. « Ayant rassemblé les hommes sous le feu des mitrailleuses, le capitaine Raoul Civrays, avec le concours de la 3e compagnie, cloue les Allemands dans le village, d'où ils ne peuvent déboucher. Scène inoubliable : la 16e brigade tout entière (sous les ordres du colonel Jullien, du 117e), dans une nuit clair de lune, baïonnette haute, charge à la voix des tambours et des clairons du 115e. L'ennemi nous provoque ; ses propres instruments, ses cris accompagnent notre assaut. Mais Andéchy nous échappe, tant d'héroïsme est vain, les mitrailleuses ont raison des nôtres (4). »

Les jours suivants, on voit le 130e et le 317e dans les tranchées en avant de Guerbigny sur la rive droite de l'Avre (5). Mais, la grande action ne doit avoir lieu qu'à la fin du mois, au Quesnoy-en-Santerre.

Le Quesnoy-en-Santerre est un modeste village d'à peine 200 habitants situé dans une immense plaine dénudée, à 2 kilomètres de la route de Roye à Amiens, au point de jonction de six

---

(1) Voir *Bulletin*, n° 1. pp. 18-19. — Les combats qui se livrèrent autour de la Cambuse, à Damery et à Goyencourt, coutèrent au 117e la perte de 3 officiers et de 600 hommes. Voir *Bulletin*, n° 3, p. 86.

(2) *Carnet* de l'abbé Patoureau.

(3) *Historique des régiments*.

(4) *Historique des régiments*.

(5) *Carnet* de Léon Huet, adjudant de bataillon au 317e d'infanterie.

chemins qui conduisent à Bouchoir, Rouvray, Parvillers, Damery, Andéchy et Erches. Les Allemands l'avaient transformé en une sorte de forteresse. Des tranchées profondes, des fils de fer barbelés, des murs crénelés, en faisaient une position redoutable dont nous avions intérêt à nous emparer. On savait que l'action serait chaude et dure et l'on se prépara en conséquence.

D'après une note que m'a communiquée l'adjudant Michel-Marcel Ruel, du 117ᵉ d'infanterie (1), l'attaque du Quesnoy aurait commencé dès le mercredi 28 octobre, vers 4 heures du soir, à la faveur d'un fort brouillard, par le 317ᵉ, les 115ᵉ et 117ᵉ en réserve, et le XIVᵉ corps d'armée sur la gauche, face à l'ennemi. On place cette attaque dans la matinée du 29. Je laisse maintenant la parole au colonel Jullien, du 117ᵉ (plus tard général, qui nous a donné lui-même le récit suivant (2).

La bataille du Quesnoy par le général Jullien

« La 16ᵉ brigade tenait un secteur s'étendant de la route d'Erches à Andéchy jusqu'à la grande route exclue d'Amiens à Roye où elle se reliait à la 62ᵉ division. Cette division avait devant son front un saillant de la ligne ennemie, que le commandement voulait réduire, et formé par le village du Quesnoy-en-Santerre.

« Les attaques de la 62ᵉ division n'ayant pas réussi, la 16ᵉ brigade, qui tenait le secteur voisin, reçut la mission d'enlever le village.

« Le 117ᵉ, le 317ᵉ, appuyés par l'artillerie de la division, et des éléments de la 62ᵉ division d'infanterie, devaient prendre part à l'attaque.

« Tous ces éléments étaient placés sous les ordres du colonel Jullien, commandant la 16ᵉ brigade (3), qui eut la mission de préparer cette attaque, de donner les ordres et de diriger personnellement l'opération.

« Cette opération était rendue difficile par la position du village, au milieu d'une région uniformément plate, sans cheminement, ni couvert, par la pénurie des cadres expérimentés, disparus pour la plus grande partie dans les divers combats du début. La plupart

(1) Au moment de la guerre, au Prytanée militaire de la Flèche.

(2) Voir *Bulletin*, nº 3, pp. 87-91.

(3) Le lieutenant-colonel Bizard, commandait alors le 117ᵉ d'infanterie. Au moment de la mobilisation, il habitait au Mans, 89, avenue de Paris.

des unités, sections, compagnies, bataillons, avaient à leur tête des gradés hâtivement promus, ayant plus de bonne volonté que de savoir et d'autorité, de jeunes sous-officiers promus parfois officiers.

« L'attaque débuta dans la matinée du 29 octobre. Le gain de cette journée se réduisit à quelques centaines de mètres à la suite de l'entrée en ligne des compagnies de réserve du 317e.

« Pendant la nuit et la matinée du 30, le combat se poursuivit sans progrès sensible, malgré le renfort successif de deux autres compagnies du 315e de ligne.

« Le combat traînait, était décousu ; l'impulsion du début était progressivement éteinte ; il fallait à tout prix la ranimer pour arriver au but. Le colonel Jullien, accompagné du capitaine Marcel, son officier d'état-major, parcourt toute la ligne, parvient à rendre confiance aux hommes et à leurs cadres et les prévient qu'il va prendre personnellement le commandement de toute la chaîne, qu'ils devront obéir à son signal donné par la sirène que tous connaissent aux 117e et 317e, pour se porter en avant ou se plaquer au sol.

« De l'horizon, vers le saillant Ouest d'Erches, le général commandant la 8e division, des officiers de divers Etats-Majors, le général d'Amade, venu pour suivre l'attaque, virent avec un étonnement qui les remplit d'admiration, au cours de cette journée du 30, quatre fois de suite progresser sous le feu, se porter en avant à toute allure, puis se coucher comme une simple section à la manœuvre, une chaîne composée de plus de 2.500 hommes, au coup de sirène du général Jullien.

« Le quatrième bond avait amené l'attaque à environ 150 mètres du village, à la fin de l'après-midi.

« L'action de notre artillerie s'était fait sentir vigoureusement, surtout celle de deux pièces amenées à moins de 1.500 mètres du village (1). Une ferme importante brûlait à la lisière Sud, éclairant toute la campagne au moment du crépuscule.

« On sentait que l'ennemi était impressionné par les mouvements méthodiques de la ligne qui se rapprochait : son tir était imprécis ; il cherchait sans y réussir à la prendre d'enfilade avec des canons de 77 placés dans le bois carré. Les fusées des projectiles débouchés

---

(1) Le capitaine Jules-Eugène-Marie Guillet, du 31e d'artillerie, fut cité à l'ordre du corps d'Armée pour sa bravoure au Quesnoy. On lit dans sa citation qu'il mit une pièce en batterie à 600 mètres du village et qu'il ouvrit ainsi un chemin à l'infanterie. *Nouvelliste de la Sarthe* du 31 octobre 1915.

à zéro, traçaient, avec les étincelles qui en sortaient, des trajectoires bien visibles, qui précédaient la chaîne.

« Mettant à profit une nouvelle accalmie de feu, le colonel commandant la brigade faisait sonner la charge, mettre la baïonnette au canon, et, aux cris de « Vive la France, à la baïonnette », entraînait de nouveau la chaîne que dirigeait à droite le lieutenant-colonel du Paty, et, à gauche, le commandant Boone.

« Les fils de fer très bas qui garnissaient les approches du village, les redoutes à deux étages des saillants contenant canons et mitrailleuses, n'avaient pu arrêter l'attaque. Les troupes du 117ᵉ, du 317ᵉ et du 315ᵉ pénétrèrent dans le village par la lisière Sud.

« Environ quinze minutes plus tard, un bataillon du 140ᵉ régiment d'infanterie, seule fraction de la 62ᵉ division qui, jusque là, avait suivi l'attaque de la 16ᵉ brigade, sonnait à son tour la charge et pénétrait par la face Sud-Ouest.

« On pouvait présumer, par les commandements violents entendus vers les petits bois 101 et carré, que l'ennemi chercherait à reformer sa défense, à préparer une contre-attaque. Aussi le commandant de la brigade demande deux pièces de 75 du 31ᵉ régiment d'artillerie, près de la route d'Erches. Il place en échelon, vers le prolongement de la lisière Est, à proximité de la grand'route, les sections de mitrailleuses de *Marcelu* (1) et de *Gramont*. Le commandant *Fabry*, du bataillon du génie divisionnaire, reçut l'ordre d'établir avec la dernière compagnie du 315ᵉ, une redoute sur la route de Roye et d'y placer cette compagnie pour augmenter les flanquements de la défense.

« Cette défense est constituée par des groupements formés sur les lisières à l'aide des cadres et des hommes que le colonel Jullien trouve sur place, éléments de compagnies et de corps divers, forcément mélangés au cours de l'attaque. Pendant cette opération, des coups de feu proviennent de Boches cachés dans les ruines. Un nettoyage s'impose. Le colonel, accompagné du commandant *Treillard* (2), du commandant de bataillon du 140ᵉ, de son cycliste,

-----

(1) Il faut probablement lire : de *Marcieu* ? Edme de *Marcieu*, lieutenant de réserve au 117ᵉ d'infanterie, fut cité à l'ordre de l'Armée pour s'être distingué dans un combat où il dirigea brillamment les mitrailleuses du régiment ». *Sarthe* du 9 décembre 1914.

(2) E.-H.-J. Treillard, chef de bataillon au 117ᵉ, fut élevé dans ce temps au grade d'officier de la Légion d'honneur. Motif : « énergie, excellent entraîneur d'hommes, blessé, a rejoint son bataillon qu'il a commandé d'une façon admirable à la prise d'un village. Vient d'être atteint de quatre nouvelles blessures. » *Sarthe* du 25 novembre 1914.

se fait couvrir par une forte patrouille pour gagner la partie Nord du village.

« Les unités de la 62e division qui avaient pour objectif le saillant Nord-Ouest et une partie de la lisière Ouest, ne s'étaient pas conformées au mouvement de la 16e division. Cette circonstance permit une intervention d'une fraction de l'ennemi qui faillit être tragique pour le colonel Jullien et ceux qui l'accompagnaient au cours de l'organisation défensive de sa conquête.

« Il venait de s'arrêter à hauteur de l'église, près du cimetière, dans les cavaux duquel quelques Boches avaient été débusqués ; la patrouille fouillait les ruines d'une grosse ferme de l'autre côté de la rue centrale du village orientée Est-Ouest.

« Le colonel Jullien profitait de cet arrêt pour rédiger un compte-rendu succint au général commandant la division. L'obscurité commençait à venir ; il s'était placé contre un soubassement de briques, restes d'une maison détruite ; le commandant Treillard l'éclairait d'un morceau de bougie.

« Brusquement, une fusillade intense se fait entendre : les balles claquent alentour, dispersant les hommes de la patrouille ainsi que le commandant du 140e ; un homme est tué, puis, à une cinquantaine de mètres, venant de la lisière Ouest, sur la route, un groupe d'une soixantaine de Boches, par quatre, baïonnette au canon, précédés de trois officiers, revolver au poing, apparaissent au pas de charge, criant : « Hurrah, Hurrah ! ».

« Le groupe passe, sans les apercevoir, à moins de quatre ou cinq mètres du colonel Jullien, du commandant Treillard, du cycliste Jolain (1), qui avait eu l'heureuse inspiration de se jeter à terre le long du petit mur de briques et de se recouvrir de la paille d'un édredon, de débris gisant sur le sol.

« Cette opération du groupement des éléments en vue de la défense des lisières, de la détermination de la zône de chacun était heureusement terminée quand se déclanchèrent les nouvelles contre-attaques de l'ennemi. Elles s'effectuèrent pendant toute la nuit, la journée et la nuit suivante. Leur nombre atteignit sept, avec des moyens de plus en plus grands.

« Les troupes de la 16e brigade, épuisées par deux jours et deux

---

(1) Le soldat de 2e classe, Jolain, cycliste au 117e se vit citer à l'ordre du corps d'armée pour sa belle conduite au feu et pour avoir accompli différentes missions périlleuses, notamment au Quesnoy. *Sarthe* du 20 novembre 1914.

nuits de combats ininterrompus, heureusement renforcées avant d'être complètement relevées par la brigade Ninous (62ᵉ division), repoussent tous les assauts. L'ennemi venant de l'Est, cheminant dans le couloir de Damery, fonce aveuglément sur la lisière du village, sans se rendre compte que les pertes qui l'arrêtent et brisent son élan, sont dues pour la plupart aux sections de mitrailleuses ou aux feux de la compagnie du 315ᵉ composant la redoute, placées sur le flanc du village, dans l'angle de la route de Roye avec le chemin d'Erches.

« Les contre-attaques étaient fournies par la garde hessoise et les autres troupes du XVIIIᵉ corps de Francfort. Cette grande formation avait été détournée de l'opération qu'elle était sur le point d'entreprendre avec un autre corps d'armée, au Sud de Rosières, pour reconquérir le Quesnoy.

« La victoire du Quesnoy-en-Santerre coutait à la 16ᵉ brigade la perte de neuf officiers tués ou blessés, et de 420 sous-officiers, caporaux et soldats (1).

« Deux canons, trois caissons de munitions, des mitrailleuses et du matériel avaient été pris à l'ennemi qui avait perdu 1.200 hommes tués et 150 prisonniers.

« La conquête du Quesnoy-en-Santerre valait au colonel Jullien ses étoiles de général et le commandement de la 63ᵉ division d'infanterie. De nombreuses distinctions étaient données aux troupes d'attaque. »

Le 317ᵉ d'infanterie au Quesnoy (2)

En octobre 1914, « le régiment reçoit l'ordre de se porter dans la région Guerbigny, Andéchy, Erches. A la Cambuse, à Armancourt, à Damery, il prend part à de vifs engagements puis s'installe dans son premier secteur à Guerbigny. Il y reste jusqu'au 27 octobre. De Becquigny, où il se repose un jour, il repart le 29 octobre pour Erches d'où il prend part à l'attaque du Quesnoy-en-Santerre.

« Le 30 octobre, à la tombée de la nuit, une brillante charge à la baïonnette a raison des dernières résistances de l'ennemi. Nos troupes enlèvent le village et le mettent rapidement en état de

---

(1) Ce paragraphe a été supprimé par la censure dans le *Bulletin du Souvenir Sarthois*, n° 3, p. 91.

(2) *Historique des régiments rattachés au dépôt, 117ᵉ, 317ᵉ, 404ᵉ d'infanterie et 28ᵉ territorial.*

défense. Les clairons *Le Franc* et *Lautier* n'ont pas cessé de sonner la charge pendant tout l'assaut aux côtés du colonel Jullien. Le sergent *Eluard*, entré le premier dans le village, est embrassé devant ses hommes par le général (Boëlle) commandant le IVᵉ corps qui arrive peu après.

« Le sous-lieutenant de *Gramont* ayant eu tous ses hommes tués ou blessés autour de lui, assure lui même, sous le plus violent bombardement, le service de sa mitrailleuse.

« Le 31 octobre, les plus furieuses contre-attaques de l'ennemi viennent se briser sur nos tranchées creusées en une nuit; sur certains points, les Allemands parviennent jusqu'au premier parapet où s'engage une lutte corps à corps. L'ennemi est partout repoussé. »

La prise du Quesnoy d'après un sous-lieutenant
blessé au cours de l'action

« C'est le 29 octobre que le 317ᵉ d'infanterie (1) reçut l'ordre d'attaquer le Quesnoy-en-Santerre. A midi, tout le régiment était prêt à prendre les formations de combat. C'est le 5ᵉ bataillon qui commence le mouvement en avant.

« Déployées en tirailleurs, les compagnies avançaient sous le feu de l'ennemi, mais cependant très bien soutenues par l'artillerie qui se tenait abritée, et se composait de nombreuses pièces de 75, ainsi que d'artillerie lourde.

« Dans l'après-midi nous étions réunis avec le 117ᵉ et nous avancions toujours malgré le tir de l'artillerie ennemie qui nous couvrait littéralement de shrapnels.

« Malgré tout cela les hommes marchaient avec confiance et une énergie digne de tous les éloges. Nous avions été renforcés depuis quelques jours par un contingent de territoriaux, de solides gars bretons, auxquels je tiens à rendre hommage Ils ont marché comme des lions...

« Dans la soirée, nous n'étions plus séparés du Quesnoy que de

---

(1) Le lieutenant-colonel Henri-Jean-Auguste Henry, commandant le 317ᵉ, fut cité à l'ordre du corps d'Armée. D'abord chef de bataillon au 104ᵉ d'infanterie, il se distingua à Ethe, le 22 août, et dans les combats de la Meuse. Après avoir pris le commandement du 317ᵉ, il se montra très très bon chef de corps et donna à son régiment très éprouvé à Roye, une grande valeur morale. *Sarthe* du 22 mai et du 24 septembre 1916.

500 mètres, lorsque je reçus l'ordre de me porter avec ma compagnie sur le village.

« Le signal de l'alarme devait être donné par quinze coups de canon : soudain, tout cela a duré une demie heure, mais les munitions s'épuisent, et devant l'impossibilité de continuer à avancer avec un ennemi dont le nombre me paraît bien supérieur à celui que j'estimais tout d'abord, je me replie à mon emplacement primitif où je fais creuser à la hâte des tranchées pour nous y loger en attendant de nouveaux ordres.

« Nous passons la nuit à travailler et à nous ravitailler en munitions, aidés dans cette besogne par la 5e compagnie du 117e, ce qui fait qu'au matin nous étions prêts à recommencer de nouveau, mais cette matinée ne fut qu'un duel incessant d'artillerie ; le terrain était criblé de projectiles de tous calibres ; les hommes étaient émerveillés d'un tel spectacle et pas un ne songeait un instant au danger, devant la supériorité de notre artillerie. Par moment, nous entendions les commandements de l'artillerie ennemie, ce qui nous exaspérait.

« Enfin, à trois heures de l'après-midi, une compagnie du 317e se porte en avant ; elle est immédiatement criblée de projectiles ; j'apprends que c'est la compagnie à laquelle j'ai appartenu avant d'avoir mes galons d'officier ; une étreinte me serre le cœur en apprenant que deux de mes vaillants camarades sont tombés, dangereusement atteints : les sous-lieutenants K... (1) et L... Quelques instants après, l'ordre arrive de me porter en avant, 117e et 317e, je vais donc avoir le sublime orgueil de pouvoir les venger.

« J'entraîne mes hommes et nous recommençons notre mouvement de la veille, mais, cette fois, je sens que le succès est assuré. L'élan est magnifique. Le capitaine M.., secondé par le sous-lieutenant C..., fait sonner la charge. Je crie : baïonnette au canon ! en avant ! en avant !

« Nous sommes accueillis par un feu d'enfer ; rien ne peut plus nous arrêter : il nous faut le Quesnoy coûte que coûte. Nous hurlons en bondissant sur les Boches, à un tel dégré que nos cris sont entendus à plusieurs kilomètres de là.

« Le 315e arrive à la rescousse. C'est la victoire. Au pas gym-

---

(1) Peut-être le sous-lieutenant Koch qui fut cité à l'ordre de l'Armée, pour avoir « entraîné ses hommes à l'assaut d'un village », où il fut grièvement blessé. *Sarthe* du *9 décembre 1914*.

nastique, nous enlevons la position, un sergent et une dizaine d'hommes s'emparent des mitrailleuses, d'autres des pièces d'artillerie. Quant à moi, j'inspecte les tranchées, pour voir si quelque Allemand n'y est pas resté, et nous nous emparons d'un officier et d'une centaine d'hommes.

« La victoire est à nous Maintenant, il faut se hâter de fortifier la position conquise, car nous allons probablement être contre-attaqués. J'emmène mes hommes, mais, pendant l'assaut, je ressens un violent choc à la jambe et je boîte un peu. Mon sergent me le fait remarquer, je lui dis que ce n'est rien ; devant son insistance je consens à regarder et m'aperçois que j'ai une blessure que je ne sais à quoi attribuer ; ce n'est qu'au poste de secours que j'ai appris que c'était une balle qui m'avait traversé la cuisse.

« C'est avec un vif regret que je fus forcé de quitter mes camarades. Au moment où l'on me transportait au poste de secours, le général arriva tout joyeux et nous félicita du succès. Je criai alors de toute ma force : « Merci mon général. » Il m'aperçut et me dit : « Viens que je t'embrasse ». Je reçus l'accolade, et cet instant, je ne l'oublierai jamais.

« Aujourd'hui complètement rétabli, je n'ai qu'un désir : celui de reprendre ma place à la tête de ma section. — X..., sous-lieutenant au 317e (1) ».

Récit d'un soldat du 4e Corps

« ... Le général commandant le ... corps voulait que nous prenions le village de L... Q... (le Quesnoy) et une fois nous avions poussé une pointe sans importance et sans résultat appréciable. Enfin il fut décidé que nous tâcherions d'enlever le morceau.

« Pour y parvenir, nous nous portons en avant et nous nous installons dans les tranchées creusées immédiatement ; nos hommes sont aujourd'hui passés maîtres en la matière et ils ont vite fait de creuser de beaux éléments où l'on est bien à l'abri et d'où il est difficile de nous déloger.

« Après une nuit passée à la belle étoile, la véritable attaque commence, précédée d'une terrible canonnade et d'une lente marche d'approche. A la tombée de la nuit, nous faisons à la baïonnette une charge furieuse. Elle réussit, les Allemands sont culbutés et

---

(1) Journal *la Sarthe* du 6 décembre 1914.

nous voilà installés dans le village. Résultat : nous nous emparons de trois mitrailleuses et de deux pièces de canon.

« Nous nous figurions que le plus dur était fait ; mais nous nous trompions. Les Allemands, en effet, pensaient ne pouvoir être délogés avec une rapidité aussi grande. Leurs chefs leur donnèrent sans doute l'ordre de reprendre le village coûte que coûte, car à peine étions-nous installés depuis une demie heure, qu'une première contre-attaque se produisit furieuse. Les Boches s'élancèrent à la charge avec des hurlements de bêtes fauves, poussant des *hoch*, *hoch*, et des *ya*, *ya*, à n'en plus finir. Leurs officiers hurlaient des commandements. Tout cela échoua. Leurs efforts se brisèrent sur nos lignes et, après une demie heure de fusillade et de canonnade assourdissantes, tout redevint calme. On n'entendit plus que de rares bailes siffler dans l'air ou claquer sur les murs.

« Mais, à la faveur de la nuit, les ennemis recommencèrent. Nous eûmes à subir et à repousser quatre contre-attaques qui se brisèrent sur nos tranchées et furent écrasées par le feu de notre artillerie qui nous soutenait d'une façon merveilleuse. Sous les rafales de nos explosifs de 75, nous entendions les Allemands hurler de douleur et de frayeur. C'était horrible : il est impossible de se figurer pareille chose lorsqu'on n'y a pas passé. Enfin, au petit jour les contre-attaques cessèrent.

« Le fait le plus bizarre de la nuit fut pour nous l'arrivée d'une vingtaine de Boches en plein centre du village, à 50 mètres de nous, au moment où nous y pensions le moins. Nous étions avec mon commandant, plusieurs officiers, un autre commandant et un lieutenant-colonel, adossés à une barricade qui avait été édifiée par l'ennemi. Une section de surveillance était auprès de nous et nous devisions fort joyeusement des résultats de la journée. Tout à coup, au clair de lune, nous apercevons cette vingtaine de grands fantassins à capote grise, coiffés du légendaire casque à pointe. Ce n'est pas le moment d'hésiter. Vite tout le monde à genoux. Un feu roulant. Le sort des imprudents Boches est réglé.

« Aucune attaque violente n'eut lieu dans la journée qui suivit, mais on nous signala que ces messieurs amenaient des renforts par de petits couloirs en boyaux reliant entre elles les tranchées. Il était évident qu'ils comptaient faire un nouvel effort la nuit suivante.

« En effet, les attaques ennemies y furent des plus sérieuses. Les Boches se battaient avec rage. Ils vinrent à plusieurs reprises jusque sur les parapets des tranchées, s'embrochant sur les baïonnettes françaises.

« Au petit jour nous fûmes relévés par des troupes fraîches, avec d'infinies précautions, car l'opération était délicate. Nous étions anéantis par l'effort moral autant que par la défense physique.

« Je ne sais à quoi cela tient, mais c'est au milieu de ces tracas et de ces efforts incessants que je me porte le mieux (1) ».

Récit d'un jeune sergent

« Nous étions en position d'attente à environ 3 kilomètres du Quesnoy. Au petit jour notre artillerie commence le travail. Mais notre position peut devenir mauvaise, il faut avancer. Nous prenons nos formations et en avant sous le feu de l'ennemi. Je fais partie de la seconde ligne. Nous progressons par bonds, mais la première ligne se trouve arrêtée tant la fusillade est vive. Ordre est donné à la seconde ligne de continuer le mouvement et d'entraîner la première en passant. On avance. Allons-y. Les commandements se succèdent : *Halte ! Couchez-vous ! En avant !* et ainsi de suite.

« A la nuit tombante, nous étions à 200 mètres du Quesnoy, sans avoir tiré un coup de fusil. Notre artillerie nous soutenait admirablement. Dans l'obscurité une patrouille part pour reconnaître les abords du Quesnoy. Il y a plusieurs mitrailleuses et nous ne sommes pas assez nombreux pour donner l'assaut. Nous construisons des tranchées avec nos petits outils et nous restons là. L'ennemi ne tire plus.

« Nos canons, profitant de la nuit, s'approchent et bombardent le pays à la mélinite. Une compagnie de notre régiment essaye de l'approcher. Elle ne le peut. Il n'y a plus qu'à attendre le jour qui pointe enfin. Nos canons reprennent le bombardement, puis nous recevons l'ordre : *En avant.* Nous approchons. Plus que quelques bonds... Mais il faut encore s'arrêter. Nous retournons à nos tranchées avec de nombreux blessés. Comme pour nous venger, notre artillerie crache plus fort que jamais.

« A la nuit tombante, le pays est en flammes. Des renforts nous arrivent et, éclairés par ce foyer gigantesque, les clairons sonnent la charge. Nous partons à la baïonnette. Notre droite arrive la première. L'ennemi est débordé.

---

(1) Récit donné par *le Temps* reproduit dans *la Sarthe* du 18 novembre 1914.

« Les Allemands se sauvent. Nous prenons deux canons et trois mitrailleuses, et, sans perdre de temps, nous organisons la défense du pays. Bien nous en prit, car une heure après, nous subissions une contre-attaque, mais les Boches furent reçus de telle façon qu'ils durent reculer en désordre (1). »

Récit d'un officier d'artillerie

« D... Somme, 5 novembre 1914. ... Après une période de repos relatif, la ...ᵉ division s'est réveillée, et, avec l'aide des troupes voisines, a repris aux Allemands le village du Quesnoy-en-Santerre... Le communiqué officiel a été très sobre sur cet évènement, probablement parce que la portée stratégique n'en est pas considérable, mais au point de vue tactique l'affaire fut très chaude et, quoique menée avec grande prudence, coûta cher aux uns et aux autres : 2.000 Français et 6.000 Allemands hors de combat (2). Voilà le bilan !

« La préparation très soignée eut raison des travaux de la défense. L'artillerie fit rage pendant deux jours et, à de certains moments, c'était grandiose à voir et c'était terrifiant pour les acteurs.

« Cinq fois à l'assaut. — Il y avait environ 25 batteries tirant à explosifs sur le village et les abords. On ne voyait plus qu'un nuage noir. Les pauvres diables qui étaient là-dedans ou dans les tranchées n'étaient pas à la noce.

« Enfin à la nuit du deuxième jour, l'infanterie, qui avait progressé, se lançait à l'assaut à la baïonnette, et, par cinq fois, nous entendîmes sonner la charge. Cinq fois ! Preuve que ça n'allait pas tout seul du premier coup, Enfin, le silence se fit, à travers lequel les cris des combattants se faisaient entendre. Ils criaient, vous pouvez me croire, puisque nous étions à 4 kilomètres.

« Chacun fit son devoir très crânement. Beaucoup d'officiers enlevèrent leurs manchons de leur képi pour qu'on pût bien les voir, et, ils entraînèrent leurs troupes, même des colonels. Nous avions perdu du monde, mais les Allemands nous rattrappèrent dans des contre-attaques pendant deux jours et surtout deux nuits où nous couchâmes sur les positions.

---

(1) Récit donné par *le Matin* reproduit dans *la Sarthe* du 9 novembre 1914. Voir aussi *la Croix* du 11 novembre 1914.

(2) Chiffres considérablement exagérés : le général Jullien (voir plus haut) donne pour les Français 420 tués ou blessés, et 1.200 hommes du côté des Allemands.

« La deuxième nuit, ma batterie était pointée sur le bois de la côte Y (lire 98) et nous dormions du sommeil du juste, lorsque, vers 3 heures, nous sommes réveillés par une fusillade très nourrie, et, devant cette intensité de combat, le chef de bataillon, toujours soucieux d'économiser ses munitions, me laisse néanmoins tirer rapidement.

« J'envoie onze salves de quatre coups dans le bois et sur les lisières. Deux jours après, on y trouvait des monceaux de cadavres, évidemment frappés par des obus qui étaient dûs à notre tir. D'ailleurs, après une salve, tout s'arrêta comme par enchantement... Les fantassins, qui défilent sur la route où nous sommes, nous ont appelés leurs sauveurs, et l'officier d'ordonnance du général commandant la ...ᵉ brigade est venu en personne nous remercier du concours efficace de nos pièces.

« Deux journées effroyables. — Pendant deux jours, le Quesnoy ne put être ravitaillé, car les balles pleuvaient incessantes et les obus éclataient partout. Il fallut s'abstenir de boire et s'en tenir à ce que le bidon contenait. Pauvres fantassins ! Impossible de secourir les blessés allemands et français.

« Enfin, le troisième jour, les Allemands se turent et on put venir en aide à ces malheureux. J'en ai vu passer encore le quatrième jour Allemands et Français. J'ai vu un Boche passer sur une civière ; il était blessé à la tête et avait été pris bon pour le service bien qu'ayant les deux dernières phalanges de la main droite sectionnées par un accident du travail. L... l'a interrogé. Il avait dix-huit ans (1) ».

Récit du P. de Forceville à l'Evêque du Mans (2)

« Les journaux vous ont annoncé en quelques lignes seulement la prise du Quesnoy. C'était bien sec, très bref, et nous étions à moitié déçus de voir à quoi se réduisaient dans la presse nos journées et nos nuits du 29 au 30 octobre... Je ne pourrai pas vous raconter les opérations militaires, mais il m'est permis de vous dire ce qu'a été notre ministère ces jours-là, ce que nous avons vu et ce que nous avons pu faire.

« M. l'abbé Grandin (aumônier du IVᵉ corps) y était, et lui qui

(1) *Sarthe* du 30 novembre 1914.
(2) Lettre publiée dans *La Semaine du Fidèle*, nº du 21 novembre 1914, et dans le journal *La Croix* du 6 janvier 1915.

aime à parler des dangers courus par les autres en ignorant toujours les siens, a vu la mort de bien près. Il faut d'abord que je vous décrive les lieux.

« Nous nous trouvions en face d'une grande plaine qui s'étend à perte de vue : quelques amas d'arbres, de très légers plis de terrain, voilà nos repères.

« Il s'agit de ne pas se tromper, car si on confond les bouquets de verdure et les buissons, on peut payer cher son erreur.

« Au loin, en face de nous, le Quesnoy, un peu dressé au-dessus de la plaine ; pour ne pas manquer à leurs habitudes, les Allemands y ont mis le feu, et nous voyons cette plaque rouge qui, toute sinistre qu'elle est, nous sert d'excellent phare.

« Les Français viennent d'entrer au Quesnoy. C'est le premier fait d'armes du colonel Bizard, qui a pris le commandement de son régiment (le 117ᵉ d'infanterie). Le colonel Jullien, qui commande une brigade, dirigeait l'opération. Nous voici, n'est-ce pas, en pays manceau ! Les Allemands ne se consolaient pas d'avoir été chassés du Quesnoy. On leur avait enlevé quatre mitrailleuses, trois canons, on leur avait fait bon nombre de prisonniers, et ils faisaient de nouveaux efforts pour y rentrer. La nuit tombait, la lune seule ajoutait sa lumière à celle de l'incendie, et la fusillade continuait, les mitrailleuses déchiraient l'air, se répondant les unes aux autres. C'était atroce !

« Nous attendions un peu de calme, sans être très inquiets puisque nous étions sûrs que nous tenions le Quesnoy.

« A ce moment, l'abbé Grandin rencontra un officier qui lui fit savoir qu'un blessé se trouvait à l'entrée du Quesnoy et lui demanda d'aller le secourir. Vous devinez la réponse de notre aumônier chef. Il prit trois brancardiers, un brancard roulant, et le voilà, confiant, parti à travers la plaine noire vers le Quesnoy. Cela semblait possible puisque le Quesnoy était pris. Mais hélas ! les prises de guerre sont longtemps disputées. La fusillade s'était arrêtée ; M. Grandin avance, tout à coup, dans une tranchée, il reconnaît le colonel Bizard, il le salue, et celui-ci, d'un geste, lui impose le silence en lui disant tout bas : « Les Prussiens sont à deux pas » ! A cet instant, la fusillade reprend, et M. Grandin entend les balles voler en essaims autour de lui, frapper le sol tout à côté, et lui faire toutes les menaces possibles en un très clair langage. Les brancardiers disparaissent, le brancard est laissé là, et M. Grandin, tout seul, descend lentement du Quesnoy. Mais les balles le suivent ; on l'appelle dans une tranchée en lui disant qu'un soldat blessé à besoin de lui. Il y descend, s'approche de la victime et constate hélas ! qu'il est arrivé trop tard. En se relevant, il s'aperçoit que sa soutane est pleine de sang. Il rentre enfin au poste de secours, auquel on amène les blessés : c'est, en principe, le siège ordinaire des aumôniers. Croyez bien que nous n'y sommes pas toujours, comme vous le prouve l'histoire de M. Grandin. Il y resta ensuite, nous y fûmes ensemble, aidant à soigner les blessés, tirant remèdes et douceurs de son sac, et parlant du bon Dieu à tous.

« D'ordinaire, on ne pense à enterrer les morts que le lendemain ou le surlendemain de la bataille : ce sont les aumôniers régimentaires qui président ces tristes cérémonies, puisque dans notre corps d'armée on a le bonheur d'avoir un aumônier dans chaque régiment. Cependant, ce soir là, quelques inhumations furent faites tout de suite. C'est ainsi que M. Cazalis, pasteur protestant du Mans, nous a remplacés en un de ces cas. On venait de mettre deux hommes dans une fosse creusée à la hâte, et, embarrassés, les soldats fossoyeurs s'arrêtaient, sentant qu'il fallait faire quelque chose de religieux et ne sachant comment s'y prendre. M. Cazalis arrivait. Il leur dit ce qu'il était et leur proposa une prière « celle que Notre-Seigneur nous a apprise et qui nous est commune à tous, le *Notre Père*. Il invita ensuite les catholiques croyants à se mettre à genoux ; tous s'y mirent. Il fit de même et, commençant par le signe de la croix, il récita le *Notre Père*. J'ai remercié ensuite M. Cazalis, qui suit la même formation que moi, avec lequel je vis dans les meilleurs termes.

« Pendant que l'abbé Grandin montait se faire tuer au Quesnoy, sans heureusement y réussir, je perdais mon temps dans la grande plaine. J'étais parti avec deux compagnons ; on nous avait donné l'indication suivante : « Vous voyez ces quelques arbres, et, à droite, l'incendie ; marchez entre les deux, et puis n'allez pas trop à droite ni à gauche non plus. Faites encore attention aux fils de fer tendus par terre et aux tranchées abandonnées. Enfin le chemin est bon tout de même, vous pouvez y aller ! » — J'ai oublié de vous dire que dans ces fils de fer, tendus de tous côtés pour arrêter les charges, l'abbé Grandin est tombé plusieurs fois en rentrant du Quesnoy. Après quatre jours, il s'en ressent encore. — Enfin, comme le chemin était bon tout de même, nous sommes partis. Bientôt des ombres apparaissent : « Qui va là ? — Aumônier ! » Ah bien ! il est frappant comme l'arrivée de la soutane est bien vue partout. Cette fois, on nous décourage : « N'allez pas en avant. » On craint une contre-attaque. Les officiers arrêtent tout le monde, et les balles perdues balayent la plaine. Cependant, on me signale un groupe de mourants qui seraient à 500 mètres en avant. Mes compagnons s'arrêtent et l'aumônier continue seul, ouvrant les yeux très forts dans les ténèbres pour découvrir les trous, les fils et surtout les paquets noirs qui pourraient être quelque soldat tombé. J'arrive aux tranchées. Ah ! qu'on est bien reçu dans ces maisons-là ! Dès que l'on cause avec l'officier ou le sous-officier du coin, voilà les têtes qui se dressent. Il n'y a pas d'inconvénient à pareille heure. On vient aux nouvelles. Songez que dans une tranchée ils ignoraient encore la prise du Quesnoy ! Chargés de protéger la retraite possible, ils attendaient toujours sans savoir au juste ce qui se passait là-bas. Quelle joie pour eux d'apprendre le succès, et quatre mitrailleuses prises et trois canons, et des prisonniers que l'aumônier a vu passer sur la route. Donc, c'est sûr cette fois ! Si souvent on raconte toutes sortes d'inventions sur des avantages imaginaires !

« Monsieur l'aumônier, avez-vous du chocolat ou du pain ? » En un endroit, on m'a demandé de l'eau comme une grande grâce, et j'avais oublié ma gourde.

« J'ai continué ma marche en avant sans rien trouver, si ce n'est de nouvelles tranchées d'où sortaient de nouveaux : « Qui va là ? » avec des têtes sympathiques et curieuses.

« Et les mourants. « Voyez, me dit un officier, les mourants ne sont pas ici, ils sont au Quesnoy, dont on ne peut pas approcher. Ceux qui vous ont renseigné ont cru voir des mourants en la personne de soldats imprudents qui dormaient à côté de la tranchée. Vous ne vous doutez pas tout ce que l'imagination fait voir à nos sentinelles pendant la nuit. »

« Et je suis revenu sans avoir rien trouvé. J'ai été témoin seulement d'une scène émotionnante : au milieu des ruines d'Erches, des pans de murs écroulés, toits écrasés, décombres caressés par la lune, je fis la rencontre du colonel Jullien avec le général de corps d'armée. Ils se félicitèrent et s'embrassèrent tandis que moi je me sentais les larmes aux yeux.

« Je suis retourné au poste de secours où j'ai retrouvé l'abbé Grandin qui me raconte son histoire et nous continuons nos soins aux blessés. Vers 3 heures du matin, j'étais revenu à l'ambulance, dans laquelle nous possédons l'abbé Leroux (1), le professeur de l'Institut catholique d'Angers. Il s'acquitte avec un dévouement admirable de son emploi d'infirmier, et les médecins se félicitent de l'avoir.

« Voici, Monseigneur, un spécimen de nos travaux aux soirs de bataille. Il reste pour tous les jours l'ambulance, avec la confession des mourants ; *aujourd'hui même un brave homme du sud de la Sarthe a fait sa première communion avant de mourir.* Oh ! c'était très peu solennel.

« Avec les ambulances, il y a la recherche des régiments : chaque jour où je suis libre, c'est le tour d'une batterie, d'une compagnie. Je fais les tristes enquêtes demandées par les familles sur les disparus et je cause avec les officiers et les hommes. Les *confessions sur les routes sont nombreuses et très consolantes.* Comme la perspective de la mort nous améliore tous !

« Je termine cette lettre dans l'obscurité. La bougie et le pétrole sont rares. Pardonnez mon écriture, mon style, mon papier. Tout cela est fait au petit possible.

« Veuillez croire, Monseigneur, à la très respectueuse affection de votre serviteur en Notre-Seigneur. — Jean de Forceville, *aumônier brancardier.* »

La participation des 117e, 317e et 315e régiments d'infanterie à la prise du Quesnoy leur valut de la part du général de Brigade, du commandant de Corps et du commandant d'Armée, trois ordres du jour infiniment élogieux. Le colonel Jullien, le général Boëlle et le général de Castelnau y exaltent les mérites de nos régiments du Mans et de Mamers.

Voici, daté de *Erches,* le 31 octobre 1914, l'ordre du jour du colonel Jullien, commandant la 16e brigade.

« Le 29 octobre, le 117e régiment d'infanterie, renforcé successivement par le 317e et deux compagnies du 315e, s'est avancé sur les tranchées ennemies garnissant le bois de la cote 98 (2) et sur le village Le Quesnoy, objectif principal de l'attaque. La compagnie de Heere (3), malgré des pertes sensibles et particulièrement celle de son chef, grièvement blessé, s'est cramponnée au terrain et en a assuré l'occupation définitive.

---

(1) L'abbé André Leroux, du Mans.

(2) La cote 98, sur la route de Roye à Amiens, à son intersection avec la route d'Andéchy à Damery, se trouve à 3 kilomètres S.-E. du Quesnoy.

(3) Sous-lieutenant au 117e, tué le 6 octobre 1915 et cité à l'ordre de l'armée.

« Le 30 octobre, obéissant à la voix du commandant de la 16ᵉ brigade, le 117ᵉ et les fractions précitées du 317ᵉ et du 315ᵉ, liant leurs efforts à ceux de la 62ᵉ division de réserve, sont entrés les premiers, à la suite de bonds successifs, dans Le Quesnoy, l'enlevant à la baïonnette sous le feu intense d'artillerie, de mitrailleuses et d'infanterie en position dans des tranchées dissimulées, précédées de fils de fer.

« Ils ont ainsi conquis un point d'appui sur lequel, en vain, depuis plusieurs semaines s'étaient concentrés les efforts de nombreuses troupes du corps d'armée voisin.

« Des canons avec leurs caissons, des mitrailleuses ont été pris, de nombreux prisonniers ont été faits, l'ennemi a éprouvé des pertes sérieuses.

« Pendant la nuit du 30 au 31 et la journée du 31, les troupes ont fait face à de nombreux retours offensifs qu'elles ont vaillamment repoussés.

« Un tel résultat, qui prouve que chacun a conscience de ses devoirs et de ses obligations militaires, apporte une page glorieuse à l'historique des troupes qui y prirent part. Le colonel commandant la 16ᵉ brigade en éprouve une légitime fierté, en raison surtout de la part prépondérante prise par son ancien régiment.

« A tous, il dit : *Merci* du plus profond du cœur et salue avec émotion tous ceux qui, en ces jours, ont fait le sacrifice de leur vie.

« Une fois de plus, le 117ᵉ a justifié sa devise : *En avant ! toujours en avant !*

« *Erches* ; *le colonel commandant la 16ᵉ brigade :* JULLIEN.

L'ordre général, nᵒ 162, du général Boëlle, commandant le IVᵉ corps d'armée, est conçu en ces termes :

« Le Quesnoy a été enlevé dans la soirée du 30 octobre par un groupement des 4ᵉ et 14ᵉ corps d'armée et de la 62ᵉ division de réserve. Nos troupes ont fait des prisonniers, pris des canons et des mitrailleuses.

« Ce succès est dû, en grande partie, à l'action des 117ᵉ, 317ᵉ et 315ᵉ régiments d'infanterie, et au concours prêté à l'infanterie par l'artillerie du 4ᵉ corps, l'artillerie lourde de 120 et de 95.

« Les régiments ont combattu pendant deux jours, en terrain découvert, en butte au feu de l'infanterie et de l'artillerie ennemie ; ils ont progressé pied à pied jusqu'à l'assaut à la baïonnette, enlevant de vive force un village organisé défensivement.

« Le général commandant le 4ᵉ corps d'armée adresse à tous les officiers et hommes de troupe ses très vives félicitations ; il tient à leur dire combien il est fier de commander de pareilles troupes.

« Il exprime également sa satisfaction aux chefs qui ont mené à bien cette attaque, en particulier au général d'Infreville, commandant la 8ᵉ division, qui l'a préparée et dirigée, au colonel Jullien, commandant la 16ᵉ brigade, qui en a assuré l'exécution et qui a entraîné ses hommes jusqu'à l'assaut, en faisant sonner la charge et aux cris de : *Vive la France !*

« *Le général commandant le 4ᵉ corps d'armée :* BOELLE. '

A son tour, le général de Castelnau s'exprime ainsi :

« Un groupement constitué avec des troupes appartenant aux 4ᵉ et 14ᵉ corps d'armée et à la 62ᵉ division de réserve, a réussi, après avoir combattu pendant deux jours en terrain découvert, en butte au feu de l'infanterie et de l'artillerie ennemies, à enlever de vive force et à la baïonnette le village du Quesnoy-en-Santerre, qui était organisé défensivement, était défendu par une division ennemie, et constituait un des points d'appui de la ligne principale.

« Il a fait une centaine de prisonniers et s'est emparé de deux canons, de quatre mitrailleuses et de nombreuses munitions d'infanterie et d'artillerie ; il a depuis résisté à plusieurs violentes contre-attaques.

« Après avoir reçu le compte-rendu de cette action, le général commandant en chef a télégraphié ce qui suit au général commandant l'armée :

« *Dans cette attaque, les troupes de votre armée ont fait preuve de la plus grande énergie et d'une indomptable ténacité ; en enlevant ce point d'appui à la baïonnette, elles ont affirmé une fois de plus les plus brillantes qualités offensives de notre race qui sont pour nous un sûr garant du succès. — Je suis heureux de vous adresser, ainsi qu'aux troupes sous vos ordres, pour ce brillant fait d'armes, mes plus chaleureuses félicitations* ».

« Le général commandant la deuxième armée, en remerciant le général en chef de ce témoignage de satisfaction qui lui est précieux, en a reporté bien sincèrement l'honneur et le mérite aux troupes de la deuxième armée et à leurs chefs, qui ont su, par leur courage et leur énergie, mener à bien une opération considérée comme des plus difficiles.

« Il les en remercie de tout cœur. Il a été d'autant plus heureux du succès remporté, qu'il témoigne une fois de plus qu'une offensive bien réglée, bien conduite et énergiquement poursuivie, permet d'enlever un centre de résistance de l'ennemi, même quand celui-ci s'y est fortifié et y a accumulé les mitrailleuses et les défenses. — *Le général commandant de la deuxième armée :* DE CASTELNAU.

Au nombre de ceux qui se distinguèrent à l'affaire du Quesnoy, il faut citer :

Au 117ᵉ, le lieutenant-colonel *Mercier du Paty de Clam.* Le marquis du Paty de Clam fut, on le sait, mêlé aux débats de la triste affaire Dreyfus, il y a quelque vingt ans. Exilé de l'armée, il fut réintégré dans les cadres en 1913 par M. Millerand, au grand scandale de quelques politiciens qui remplirent certaines feuilles publiques de leurs récriminations. En voici un échantillon, tiré des *Droits de l'Homme* (n° du 9 février 1913). « Il fallait être M. Millerand pour songer à réintégrer, fût-ce même dans les fonctions de garde-barrière dans la territoriale, l'ex-commandant du Paty de Clam. Ainsi que M. Viollette le rappela vendredi, cet homme qui possède le cerveau le plus fumeux qu'on puisse imaginer, fut l'un des premiers ouvriers et l'un des plus néfastes du crime judiciaire de l'affaire Dreyfus. — Mais, c'est en vain que les feuilles nationalistes ont essayé de donner le change à leurs lecteurs : M. du Paty de Clam est sorti des débats de vendredi un peu plus diminué, un peu plus accusé, si tant est que la chose soit possible. Sans doute, les derniers chefs du nationalisme escomptaient encore je ne sais *quelle revanche de l'avenir.* Avec une foi de dévots, ils s'imaginent ou feignent de croire que le sinistre Mercier apparaîtra, à son jour et à son heure, comme le vengeur attendu. Il n'est pas pressé de venir, et pour cause. N'ayant plus rien à dire, il se *réfugie* dans le silence prudent des grands charlatans qui vivent de leurs exploits passés.

« Malheureusement, il est encore des esprits simples sur lesquels ses anciennes suggestions opèrent toujours. Il est même des hommes d'une science incontestable qui demeurent victimes de la foi trop aveugle qu'ils ont eu dans sa parole. N'est-ce pas une tristesse de songer que des écrivains comme Jules Soury, Paul Bourget, Jules Lemaître, et tant d'autres, ne sont devenus nationalistes que parce qu'ils ont eu une confiance illimitée dans les affirmations de Mercier.

« On conçoit cependant que les complices de cet homme, qui fut le chef responsable du crime de 1894, éprouvent quelque colère à le voir trôner dans un fauteuil de sénateur, alors qu'eux ont perdu leurs grades, leur avenir, leur honneur pour s'être solidarisés avec lui. Pour que M. du Paty de Clam ait eu le vague espoir de reconquérir un galon de serre-frein, il fallait qu'il fut au courant de l'œuvre réactionnaire réalisée au ministère de la guerre par Millerand. Le parti républicain, radical et radical-socialiste n'est pas sans mériter quelque reproche en cette circonstance. Au cours de ces dix dernières années, il a eu des indulgences singulièrement coupables envers des hommes qui furent, aux heures de l'Affaire, les défenseurs les plus acharnés des faussaires de l'Etat-Major.

« On comprend que du Paty de Clam ait trouvé l'heure opportune pour sortir de la tombe. Attendons-nous, un de ces jours, à voir le sinistre faussaire Henry ressusciter et venir demander les étoiles de général et un grattoir d'honneur Ce jour-là, je m'inscrirai en tête des souscripteurs. — (Signé) *Armand Charpentier.* »

Il est intéressant de remettre en lumière cette littérature d'avant-guerre, où des écrivains s'élevaient contre l'idée de la grande « *revanche de l'avenir* ». Et cependant le jour de gloire est arrivé. Les Foch, les Pétain, les Mangin et une foule d'autres héros sont venus prouver que la France pouvait échapper à la botte du Teuton et sortir du rôle humilié qu'on voulait lui imposer. Quant à du Paty de Clam, à l'heure du danger, il a trouvé moyen d'infliger une splendide leçon à des insulteurs qui ne se trouvèrent probablement pas à ses côtés.

Né en 1853 et entré à Saint-Cyr en 1870, du Paty de Clam avait été admis en 1900 à faire valoir ses droits à la retraite. Réintégré dans les cadres en 1913 par Millerand, alors qu'il avait 60 ans, il ne voulut pas, au début de la guerre, servir à l'arrière. Il s'engagea comme simple soldat de 2e classe au 16e bataillon de chasseurs, où il fit le coup de feu en août 1914 dans la compagnie de son fils aîné Jacques du Paty de Clam. Devenu lieutenant-colonel au 117e, il se distingua, on l'a vu plus haut, à Goyencourt et au Quesnoy-en-Santerre. Blessé deux fois, il fut nommé officier de la Légion d'honneur et affecté au commandement du 17e territorial. Négligeant trop ses blessures, il mourut à Versailles le 3 septembre 1916, laissant une fille et quatre fils : l'aîné Jacques du Paty de Clam, capitaine au 16e bataillon de chasseurs, blessé trois fois et amputé d'une jambe ; un autre fils, capitaine au 7e hussards ; le troisième, lieutenant de vaisseau, commandant un sous-marin ; et le quatrième, lieutenant au 142e d'infanterie, blessé.

A côté de lui, on peut placer, du même 117ᵉ, le capitaine Louis-Armand-Pierre *Borel*, commandant le 2ᵉ bataillon, blessé d'un éclat d'obus le 30 octobre en enlevant la ligne de feu ; le lieutenant Pierre-André-Alfred *Liger*, blessé le 30 octobre ; *Guérin*, de Bessé-sur-Braye, adjudant, blessé le 29 octobre ; Pierre *Fourneau*, de Laval, blessé au bras le 30 octobre ; *François*, adjudant chef, contusionné par un éclat d'obus à l'épaule, le 30 octobre, resté à la tête de sa compagnie pendant 24 heures sans se faire panser ; Louis-Léon *Froment*, sergent-major, blessé grièvement le 31 octobre après s'être signalé les 29 et 30 en maintenant sa section à la lisière du village du Quesnoy, malgré le violent bombardement et en continuant à repousser de nombreuses contre-attaques ennemies ; Albert *Donnet*, soldat, blessé le 30 octobre ; Louis *Mouton*, soldat, blessé le 29 octobre ; le lieutenant Jean-Louis *Boulan*, entré dans le village du Quesnoy à la tête des premiers assaillants ; Maurice *Francis*, sergent, sorti de la tranchée avec quelques hommes pour se porter en avant en groupant autour de lui les isolés ; l'adjudant chef Albert *Messager*, qui prend courageusement la place de son lieutenant blessé ; l'adjudant *Brunel*, cité à l'ordre de l'armée pour avoir donné la charge en chantant la *Marseillaise* à la tête de sa section (1) ; Marin *Gérôme*, instituteur-adjoint à Changé-lès-Le Mans, promu adjudant après Andéchy et sous-lieutenant après la bataille du Quesnoy ; le clairon *Moreau*, placé à côté du chef de bataillon, qui sonne la charge avec un entrain admirable dans la nuit du 30 au 31 octobre et durant la journée du 31 parcourt le village du Quesnoy pour encourager les lignes de tirailleurs à repousser l'ennemi. « Dans la journée du 30 octobre, dit l'*Historique des régiments rattachés au dépôt* (du Mans), le lieutenant-colonel du Paty de Clam voit le clairon Moreau (cité à l'Armée) isolé, sonnant la charge. Il le prend sous le bras, raconte un témoin, et monte à l'assaut en chantant avec lui : « Y'a de la goutte à boire là-haut. »

Du 317ᵉ : le capitaine Henri *Glaukler*, blessé ; J.-Raymond *Toulain*, gendre de M. Beslier, du Mans, grièvement blessé le

---

(1) Le 28 novembre 1914, le général Faurie, commandant la 4ᵉ région, lui remit la Croix de la Légion d'honneur au Mans, sur le quinconce des Jacobins. *Sarthe* du 29 novembre 1914. — *Nouvelliste de la Sarthe* du 30 novembre et du 3 décembre 1914.

30 octobre en entraînant ses hommes (1); Marius *Cadot*, sergent-major, grièvement blessé le 30 octobre en conduisant sa section à l'assaut ; Eugène *Perroux*, sergent-major, blessé ; Paul-Ernest *Poupin*, sergent-major, gravement blessé ; le soldat Henri *Hérissé*, blessé le 30 octobre ; le capitaine *Merlin ;* Antoine de *Gramont de Lesparre*, lieutenant, commandant une section de mitrailleuses ; le sous-lieutenant Charles *Cornu*, venu de la garde républicaine ; l'adjudant *Landais*, commandant la section de mitrailleuses du 317e.

Du 315e : l'adjudant *Nez*, de Ségrie, blessé le 31 octobre d'une balle au bras. Celui-ci va se faire panser puis revient le soir prendre le commandement de sa section ; *Pauvert*, sergent, grièvement blessé le 30 octobre ; Lucien *Roy*, capitaine, qui assure la défense des lisières Nord et Est du Quesnoy ; *Boilard*, sergent, lequel maintint dans les tranchées sa section ainsi que des unités voisines, faisant face la nuit à des contre-attaques furieuses répétées, et pendant le jour à un feu intense d'artillerie ; *Cordin*, sergent, qui entraîne ses hommes et fait dix prisonniers ; le sergent André-Gabriel *Morhange*, de Coulaines, sergent-fourrier, qui maintient ses hommes sous un feu violent d'artillerie et prend le commandement de la tranchée à défaut de son lieutenant blessé (2) ; l'abbé Maurice *Lesassier*, de Bonnétable, caporal brancardier, lequel dirige ses brancardiers sous le feu des obus et des mitrailleuses jusqu'au Quesnoy d'où il ramène quatre fois, au prix de nombreux efforts, des officiers et des soldats blessés avec un matériel de fortune, ingénieusement improvisé (tué depuis à Auberive, le 25 septembre 1915).

Dn 31e d'artillerie : le capitaine *Guillet*, cité plus haut ; le capitaine *Richard ;* le sous-lieutenant Pierre *Furiet*, lequel, le 30 octobre, sollicite l'honneur d'aller retirer, sous le feu de l'infanterie, les deux pièces abandonnées par l'ennemi et remplit sa mission, grâce à son sang-froid et au mépris du danger ; l'adjudant Antoine *Pfuch*, qui met en batterie la nuit un canon à 700 mètres de l'ennemi et fait ensuite le coup de feu avec les servants pour protéger la retraite de la pièce ; François *Pilon*, maréchal des logis, qui fait avec succès une reconnaissance sous le feu de l'infanterie et conduit comme chef de section ses pièces près du village occupé par

---

(2) Voir *Bulletin* n° 9, p. 188.
(2) Voir *Bulletin* n° 4, p. 166.

l'ennemi ; Louis-Aristide-Athanase *Hossard*, maréchal des logis, lequel contribue à ramener sous la fusillade les deux canons abandonnés par l'ennemi ; Paul-Louis-Jacques *Mazerat*, du Mans, maréchal des logis ; Victor-Jules-Michel *Sochon* et Pierre-Auguste *Dellières* qui aident à ramener sous le feu les deux pièces de canon prises aux Allemands.

Je ne parle pas ici des tués ; j'en donnerai une liste plus tard.

A la bataille du Quesnoy, plusieurs hommes furent blessés par des balles explosibles. On cite en particulier les soldats *Isabelle* et *Degaille*, du 315ᵉ ; *Jouannic* et *Lepas*, du 317ᵉ d'infanterie, qui furent soignés par le docteur Aghavnian à l'hospice d'Evron (1).

----

(1) *Rapports et procès-verbaux d'enquête de la commission instituée en vue de constater les actes commis par l'ennemi en violation du droit des gens.* Paris, imprimerie nationale, 1916, fascicule III-IV, p. 55, note.

CHAPITRE XII

La prise du Quesnoy-en-Santerre, dont il ne restait plus que des ruines, ne changea guère la situation de nos troupes du IVe corps que nous retrouvons en novembre et. en décembre dans les tranchées en arrière et à l'Ouest de Roye, aux environs de Popincourt, à l'Echelle-saint-Aurin, Guerbigny, Erches, Arvillers, Hangest-en-Santerre, et plus au Nord, à Morcourt-sur-Somme, et même au-delà de la Somme, à Maricourt, Carnoy, Mametz, Montauban, entre Albert et Combles (1). Nos soldats ne trouvaient pas toujours chez les paysans de la région un accueil réconfortant. Une lettre de l'abbé Henri Pioger, curé de Bérus (Sarthe), brancardier à la 14e ambulance d'armée de réserve du IVe corps, lettre datée de Pierrepont (2), le 21 novembre 1914, et adressée au curé d'Arçonnay, nous en apporte le témoignage.

« Autant nous étions heureux à Breteuil (3), écrit-il, autant nous sommes malheureux ici. A Breteuil, nous couchions dans des lits chez des particuliers et nous étions bien reçus par tout le monde. Ici, on est obligé de coucher sur la paille et les gens nous regardent de travers. Ils oublient que nous sommes ici pour les garder, pour sauver leur vie et leurs biens. C'est toujours l'égoïste et ingrate campagne, les gens de l'intérêt particulier avant tout. Périsse tout plutôt que de risquer un sou. Avec cela, tout est hors de prix et les commerçants profitent du séjour de la troupe et exploitent notre misère (4) ».

Les Allemands avaient pris Andéchy, au Sud de Quesnoy, le 4 octobre. Il fut convenu, on l'a vu plus haut, qu'on cherche-

---

(1) *Carnet de route* de l'adjudant Léon Huet, du 317e d'infanterie.

(2) Somme, arr. de Montdidier, canton de Moreuil, au confluent de l'Avre et du Don.

(3) Breteuil-sur-Noye, Oise, chef-lieu de canton de l'arr. de Clermont.

(4) *Bulletin paroissial d'Arçonnay*, décembre 1914.

rait à ressaisir cette position. MM. Poincaré et Millerand vinrent même pour assister à l'opération (1). L'action eut lieu au moment convenu, mais sans grand résultat, car l'ennemi, fortement retranché, opposa une résistance opiniâtre. « Les canons crachent en ce moment, raconte l'abbé Patoureau du 31e d'artillerie, tout ce qu'ils peuvent cracher ; ça fait un bruit infernal ; avec les échos des bois, on dirait des hurlements de dix mille bêtes fauves (2) ». Le communiqué officiel du 5 novembre (15 heures), est des plus modestes ; il est conçu en ces termes : « Dans la direction de Roye, nous avons maintenu l'occupation du Quesnoy-en-Santerre et avancé sensiblement vers Andéchy (3) ».

Malgré l'avance sensible indiquée ici, Andéchy resta aux Allemands qui nous infligèrent des pertes cruelles, entre autres celles de l'adjudant *Mainguet*, du 102e d'infanterie, blessé mortellement le 4 novembre en conduisant sa section sous un feu meurtrier ; Constant *Pineau*, cultivateur à Luché (Sarthe), sergent au 102e, tué le 4 novembre en entraînant sa section sous le feu avec le plus grand courage, frappé au moment où, debout, il criait à ses hommes : *Allons, enfants, encore un bond en avant !* ; l'abbé Auguste *Bertrand*, vicaire à Saint-Germain-de-Coulamer (Mayenne), lieutenant au 124e d'infanterie, tué le 4 novembre à la tête de ses hommes lancés à l'attaque des positions ennemies (4) ; Robert *de Largerie*, caporal au 124e, fils de M. Gaston de Largerie, directeur du Crédit Foncier de France, à Rennes, tombé criblé de balles ; Ernoul *de la Chenelière*, chef de bataillon au 130e, blessé mortellement le 4 novembre d'une balle dans la poitrine, mort plus tard à l'hospice de Montdidier, après avoir reçu la Croix de la Légion d'honneur.

Le 317e, qui occupait les tranchées de Guerbigny et d'Erches pendant l'attaque d'Andéchy (5, fut envoyé plus au Nord, à Mar-

---

(1) Journal *La Croix* du 6 novembre 1914. — « Le mercredi, 4 novembre, à 1 h. 1/2, passage et visite de M. Poincaré à Davenescourt ». *Carnet de route* de Louis Bourneuf.

(2) *Carnet*, au 5 novembre 1914.

(3) *La Croix* du 6 novembre 1914.

(4) L'abbé Bertrand fut cité à l'ordre de l'armée par le général de Langle de Carry. Une plaque de marbre, avec inscription en lettres d'or, placée dans l'église de Saint-Germain-de-Coulamer, rappelle aux habitants la fin glorieuse de leur vicaire mort pour la France, à l'âge de 26 ans.

(5) « 4-7 novembre 1914. Dans les tranchées au-dessus du moulin de Guerbigny pour l'attaque d'Andéchy par la 15e brigade ». *Carnet* de l'adjudant Léon Huet, du 317e.

court-sur-Somme, en réserve du XIVe corps (1). Il revint le 25 novembre à Guerbigny, où il organisa, face à Andéchy, un secteur complet avec tranchées, abris et boyaux d'accès (2), pour participer à des duels de fusillade et d'artillerie qui n'amenaient d'autres résultats que d'augmenter le nombre des victimes.

Dans ce même temps, le 31e d'artillerie se trouvait dans la région d'Arvillers, à environ 5 kilomètres d'Andéchy. Nous allons rester quelque temps avec ce régiment, à l'aide du *Carnet* de l'abbé Patoureau, brancardier à la 7e batterie.

« 12 novembre. — A la nuit nous sommes partis à la recherche d'un de nos lieutenants blessé d'un éclat d'obus dans les reins à 400 mètres des Boches, voyage pénible dans la nuit noire, par un vent du diable et une pluie bien fine, dans une boue atroce, sans lumière parce que nous étions dans la zône dangereuse. Nous avons heureusement pu rentrer avant une grande averse, une trombe d'eau. En route, nous n'avons rencontré que des fantassins partant pour les tranchées, ou des brancardiers de la section ramenant des blessés de l'infanterie. Nous avons fait 10 à 12 kilomètres, traversé deux villages. Un grand diable de fantassin tout effrayé se jette devant nous, nous barrant le passage, ouvre ses bras en nous disant : « d'où êtes-vous ? Ce que nous avons pris encore ! tous les officiers de mon bataillon ont été tués aujourd'hui. »

« 15 novembre. — Dans une mauvaise grange à Arvillers où nous sommes très mal. Deux lieutenants d'infanterie ont été tués auprès de nous et enterrés à Arvillers hier soir à 4 heures. Je dis la messe dans une église en partie détruite ; les Allemands ayant été repoussés n'ont pas eu le temps d'achever leur œuvre.

« 16 novembre. — Visite à la magnifique église du Quesnel, bourg de 2.000 habitants (3). Malheureusement, retour par la pluie battante. Nos vêtements sont usés. Le capitaine nous dit : « Habillez-vous comme vous pourrez, je n'ai pas de vêtements à vous donner ».

---

(1) « 8-9 novembre. Arvillers. — 10-12 novembre. Aux tranchées à Erches. — 13-18 novembre. Arvillers. — 19-24 novembre. Morcourt-sur-Somme en réserve d'armée du XIVe corps ». *Carnet* de l'adjudant Léon Huet.

(2) *Historique des régiments rattachés au dépôt*, 117e, 317e, 404e d'infanterie et 28e territorial.

(3) Somme, arr. de Montdidier, canton de Moreuil.

« 17 novembre. — Premier jour de neige. Nous avons avancé. J'ai dit la messe dans l'église d'Arvillers aux trois quarts détruite ; je ne manque pas de courants d'air. Toujours beaucoup d'officiers et de soldats à la messe, tous les jours, beaucoup de communions.

« 6 décembre, dimanche. — Première messe avec sermon et chant de cantiques dans les premières tranchées d'artillerie, à 2 kilomètres de Bouchoir (1), 1.500 mètres du Quesnoy-en-Santerre, à 2 mètres sous terre, avec 3 mètres de terre et de troncs d'arbre au-dessus de nos têtes, nouvelles catacombes. A midi, bombardement d'Arvillers où nous sommes. Le calme régnait depuis cinq semaines. Fuite des habitants. Frayeur des enfants qui tombent du mal. Beaucoup de blessés parmi les civils, des femmes surtout, un homme tué, une petite fille de huit ans tuée, c'est la misère qui pour nous recommence après un mois de paix relative ; les balles tombent comme des cannettes sur notre cantonnement.

« 7 décembre. — Bombardement. Les habitants ont ordre de fuir avec leurs bestiaux ; une pauvre femme me demande que faire de son mari paralysé depuis trois mois. Angoisse. Les habitants se cachent dans les caves ; c'est la désolation de centaines de personnes obligées de fuir, les larmes aux yeux, laissant tout ce qu'ils possèdent ; la plupart ne savent où aller, sans argent, sans pain. Dans les ruisseaux coulent le sang des victimes. Nous voyons une maison frappée si drôlement que le toît est tombé dans la rue, les lits sont retombés sur le trottoir.

« 12 décembre. — Enterrement d'un officier ce soir à 2 h. 1/2. Quatre généraux présents. Toute la compagnie du capitaine tué était là rendant les honneurs, fantassins couverts de la boue des tranchées. Trois discours : l'aumônier-capitaine, un général et un commandant. Ce dernier pleurait tellement qu'il ne pouvait lire son discours qui se terminait ainsi : « Adieu ou plutôt au revoir, cher capitaine, et peut être bientôt là haut. L'aumônier-chef a rappelé le passé chrétien de ce capitaine qui avait si bien favorisé la messe pour les soldats et qui dernièrement encore avait à Guerbigny fait construire en plein air un magnifique autel.

« Un officier avait dit à l'aumônier le 8 décembre : « M. l'abbé, j'ai communié ce matin, j'ai été décoré solennellement de la Légion d'honneur à midi ; je vais probablement être tué ce soir, car on

---

(1) Somme, arr. de Montdidier, canton de Rosières.

m'envoie un avis pour une attaque nocturne, alors la journée sera complète ! » Or, chose merveilleuse, l'attaque de nuit a été très violente ; beaucoup de Boches tués. L'officier n'a pas été touché et de toute sa compagnie il n'y a eu qu'un blessé légèrement. C'était le 8 décembre, jour de l'Immaculée Conception.

« A l'hôpital de Hangest-en-Santerre (1) où je vais souvent, vient d'arriver un soldat blessé de ving-cinq coups de baïonnette sans gravité ; il n'est tombé qu'au dernier coup qui lui a enlevé une partie de la fesse. Il a fait le mort... Ce soir enterrement d'un capitaine d'infanterie tué la nuit dernière d'une balle dans la tempe.

« 16 décembre. — Je vais le dimanche dans les tranchées dire ma messe quand cela est possible vers quatre heures du matin ; toutes les allées et venues se font la nuit, le jour nous restons cachés. Tous les matins au petit jour, je traverse la ville d'Arvillers en état de siège, pour aller dire ma messe dans la sacristie d'une église démolie. Nous ne sommes pas en sûreté dans cette sacristie car elle est en plein sur la ligne de feu du tir des Allemands...

« 19 décembre. · Ici, depuis un mois, c'est la tempête sans discontinuer à vent violent et pluie. Dans les tranchées, ça n'a rien de drôle. Les fantassins sont des quatre et cinq jours dans l'eau, sans feu, sans sommeil, sans nourriture ni boisson chaude. On ne les ravitaille que la nuit et à froid, puis, ils ont un ou deux jours de repos et ils recommencent. Du côté de l'artillerie, les tranchées sont un peu meilleures, mais le chemin défoncé par les voitures est impraticable ; les chevaux enfoncent jusqu'au poitrail et les hommes jusqu'aux genoux.

« 20 décembre, dimanche. — Départ à 5 heures pour les tranchées de la ligne de feu. Presque au-dessus de nos têtes, plus en avant, quatre belles boules lumineuses envoyées par les Allemands pour éclairer la place, ensuite deux autres plus petites et plus loin Arrêtés deux fois par les sentinelles dans la traversée de Bouchoir-en-Santerre, et, hélas ! perdus dans l'immense plaine ; nuit noire, aucun point de repaire. Le sous-officier qui était avec moi, découragé, voulait rester avec la voiture au milieu du marécage jusqu'au jour pour ne pas aller chez les Boches ou trop près sous les balles. Je m'apprêtais à partir à pied pour faire une reconnaissance, quand un cavalier de passage nous donna le renseignement désiré. — A

_____

(1) Somme, arr. de Montdidier, canton de Moreuil

10 heures, messe pour les artilleurs. Le soir, à 3 heures, j'ai présidé les vêpres à Hangest. Pendant ces vêpres, les Allemands ont arrosé d'obus Arvillers que je venais de quitter. L'église a encore été touchée... A 10 heures du soir, alerte au galop dans la nuit, il a fallu plier bagage... Nous ne sommes pas partis.

« 21 décembre. — Ce matin, enterrement d'un soldat du 124e. A Hangest, la semaine dernière, sept enterrements de soldats et on ne se bat pas.

« 23 décembre. — Nous venons de changer de place, 4 kilomètres en arrière. Nous ne sommes plus à Arvillers, mais dans une bergerie à Hangest. Il est deux heures du soir, nous n'avons pu manger encore. Départ occasionné par le bombardement. J'ai passé une heure dans une cave. Je venais de sortir de ma cachette quand on m'a appelé pour un artilleur qui venait de recevoir un éclat d'obus dans la tête au-dessus de l'oreille. Je n'ai pu que l'administrer. Il est mort.

« 25 décembre. — Ce matin de Noël, j'ai dit deux messes dans les tranchées à 6 heures ; malheureusement, nous avons encore eu un moment d'angoisses réelles ; nous nous sommes encore perdus dans la plaine. Il y avait un brouillard à couper au couteau, impossible de s'en tirer. Nous avons ramené notre attelage par la bride dans une grange déserte à Bouchoir, puis nous avons refait la route à pied... Fête de Noël très bonne pour nous, assistance très nombreuse, église archipleine, chants superbes, tout le monde content. Déjeuner avec les officiers. Nous étions trop bien à Hangest, trop bien, pas trop à combattre. On doit, paraît-il, aller dans le Nord en Alsace pour faire un grand coup, essayer de percer la ligne allemande ».

Pendant que certains régiments du IVe corps restaient dans les tranchées de Guerbigny, d'Arvillers et de Hangest, d'autres, comme le 115e et le 117e, remontaient au Nord de la Somme où ils combattirent du 16 au 21 décembre, le 115e à Maricourt, sous les ordres du lieutenant-colonel Travers (1), et le 117e à Carnoy et à Montauban.

---

(1) A la fin de novembre 1914, le 115e d'infanterie fut cité à l'ordre du jour pour être resté en contact avec l'ennemi pendant trente jours, et pour avoir suivi l'impulsion de ses chefs, du colonel Levi, commandant la brigade et du colonel Buffet, commandant le régiment. — Par décision ministérielle en date du 9 novembre 1914, le chef de bataillon Travers, du 115e, fut nommé lieutenant-colonel, commandant le régiment.

Le journal le *Gaulois*, du 31 décembre 1914, résume ainsi les opérations qui eurent lieu dans la région à cette époque :

« Les principales actions ont eu lieu entre Albert et Combles, à Arvillers-la-Boisselle, Mametz, Carnoy, Maricourt, et, au Nord de Roye, à Lihons. Les 17, 18 et 19 décembre, nous avons enlevé le cimetière de la Boisselle, un biokhaus près d'Orvillers (1), les tranchées de premières lignes de Maricourt (2) ; le 22, nous avons, au Sud de la Boisselle, poussé nos tranchées à 350 mètres en avant. Le 24, nous tenons toute la partie Sud de la Boisselle. Nous avons pris dans cette dernière journée 80 prisonniers et une mitrailleuse. Les Allemands ont cru alors pouvoir contre-attaquer. Nous les avons repoussé le 21, près de Carnoy, et nous avons consolidé nos positions. Une tranchée allemande, prise par nous le 16, évacuée le 17, a été reprise le lendemain. Pendant ce temps, notre artillerie a détruit les tranchées allemandes au Nord-Est de Carnoy et démoli deux mitrailleuses (19 décembre). Le lendemain, allongeant notre tir, elle a démoli deux pièces allemandes près de Hem (3) ».

En fait, nous piétinions glorieusement sur place, sans victoire. L'*Historique des régiments rattachés au dépôt (du Mans)*, le constate en ces termes :

« Au milieu de décembre, le 117ᵉ qui avait été mis à la disposition de la 62ᵉ division — du 16 au 21 décembre — est amené à Carnoy où il se voit assigner comme objectif le village de Montauban (4) situé sur une position dominante et solidement protégée

---

(1) Orvillers-la-Boisselle, sur la route d'Albert à Bapeaume

(2) Route de Bapeaume à *sa jonction avec celle d'Albert à Péronne.*

(3) *Hem-Monacu*, sur la Somme, arr. de Péronne, canton de Combles.

(4) « 15 décembre 1914. Départ à 10 heures du soir de Bray (du 117ᵉ), sans avoir donné. On fait 10 kilomètres et on s'installe dans un champ, face à Montauban. Nous faisons une tranchée dans laquelle nous restons jusqu'à 10 heures. La tranchée d'avant est quittée par la 6ᵉ compagnie. Nous allons les remplacer par petits groupes, quelques balles sifflent. Une heure après même opération. Je pars le premier avec un autre. Aussitôt les balles sifflent. Je m'aplatis, rampe vers le bas de la côte et j'arrive à cette nouvelle tranchée. Nous la remontons quelque temps, puis il faut franchir 40 mètres à découvert à 300 mètres des Allemands. Plusieurs déjà sont tués ou blessés. Je n'avais pas de fusil. J'en demande un et je m'élance. Au bout de 10 mètres, je me sens une brûlure au doigt. Je regarde, je vois mon fusil flamber. Je le jette précipitamment, le tout en un clin d'œil et je tombe dans la nouvelle tranchée pleine de boue. J'avais reçu une balle dans l'index ; elle avait coupé l'artère ; aussi cela saignait assez fort. On fait quelque chemin et on fait le pansement après l'avoir lavé à l'alcool de menthe. Ce n'est qu'une écorchure. On continue dans une tranchée abominable où on enfonce jusqu'à mi-jambe. On y passe des heures à geler et à mouiller. Finalement, je couche dans un petit réduit. Un seul peloton de la compagnie est là ; le reste n'a pas passé à l'endroit où j'ai été blessé. On ne le reverra que le lendemain soir. » *Carnet de route* de Léon Lhôte, adjudant au 117ᵉ d'infanterie.

par une ligne de tranchées. Temps affreux. Les tranchées et boyaux, dit le *Journal de marche*, sont épouvantables ; on a de l'eau jusqu'aux genoux et même jusqu'au ventre en certains endroits. Des hommes sont enlisés jusqu'à la poitrine. Les difficultés sont inouïes. Le tir de notre artillerie a laissé presque intacts les fils de fer. En vain le régiment multipliera l'héroïsme, prodiguera son sang, et, pendant plusieurs jours, s'épuisera en stérils efforts, nous quittons Carnoy, sans victoire.

« La 3e compagnie s'est distinguée par une charge admirable qui s'arrêta aux fils de fer des Allemands.

« Les brancardiers *Vallette*, *Bellay*, *Dolbeau* et *Delhommeau* hissent le drapeau de la croix rouge, sortent de la tranchée et relèvent entre les lignes les blessés et les morts.

« Le soldat *Vigneron* (7e compagnie), par trois fois s'enfonce dans la nuit à la recherche du capitaine *Senault*, tué au moment de l'assaut et dont il ramène enfin le cadavre.

« Le commandant *Jeannelle*, qui a pris le commandement d'une compagnie (la 8e) après que le lieutenant *Robillard* (1) eut reçu sa troisième blessure, est tué au moment où il sort de nos fils de fer ».

Le capitaine Louis Senault dont il vient d'être question, était notaire à Ballon avant la guerre. Parti comme lieutenant le 24 août, il fut cité à l'ordre du IVe corps d'armée le 5 novembre 1914 et promu capitaine le 20 novembre suivant. Chargé le 17 décembre de s'emparer, en avant de Montauban, d'une tranchée ennemie devant laquelle l'effort des soldats devait rester sans succès, il sortit seul de sa tranchée sous un feu très violent d'artillerie et d'infanterie, et se porta à 50 mètres en avant, entraînant ses hommes en leur criant : « Allons, mes enfants, en avant ! ». A cet instant, il roula la face contre terre, tué d'une balle sous l'œil droit. Lorsqu'il fut frappé, le brave soldat Vigneron se rendit, à plusieurs reprises, auprès du corps de son capitaine et réussit enfin à le ramener à Carnoy. L'abbé Fontaine, aumônier du 117e, et le docteur

---

(1) Le lieutenant Robillard reçut la Légion d'honneur. Blessé une première fois, il refuse de se faire évacuer ; blessé une deuxième fois, il rejoint le front aussitôt guéri. Il fut blessé une troisième fois le 17 décembre 1914, au combat de Carnoy-Montauban, en enlevant brillamment la compagnie qu'il commandait pour marcher à l'ennemi. *Sarthe* du 2 février 1915.

Couffon rendirent pieusement les derniers devoirs au capitaine Senault (1).

Voici comment l'adjudant Léon Lhôte raconte, dans son *Carnet de route*, la mort du capitaine Senault.

« 17 décembre, jeudi. — A 10 heures, attaque générale. Une section de la 11ᵉ compagnie est déjà déployée. Le capitaine Senault débouche le premier de sa compagnie en élevant les bras et en disant : « En avant ! » Une huitaine d'hommes le suivent. Les balles sifflent très fort. Les Allemands sont tout près à 250 mètres. Ils peuvent ajuster. Le neuvième homme hésite, moi qui suis à peu près le dix-huitième, je le presse ; il hésite, puis il sort. Le suivant ne veut plus sortir. Aussitôt revient l'adjudant chef Thierry qui arrive comme une trombe. Le capitaine est tué, deux autres aussi. Les shrapnells tombent dru. L'attaque est manquée. C'est une veine pour ceux qui en sont revenus.

« Deux heures après, le soldat Vigneron sort, va voir le capitaine, le change de place, le couvre et revient. Après la nuit tombée, avec deux autres, il repart chercher le cadavre du capitaine. La première fois, ils sont assaillis de balles allemandes et françaises et obligés de se replier. Vers 11 heures, ils retournent, ne le trouvent pas, cherchent pendant 10 minutes, s'égarent. J'ai peur qu'ils se soient perdus. Enfin, je les revois ; je les appelle ; un vient ; ils rapportent le corps du capitaine qui a été fouillé par le lieutenant et ramené par les brancardiers. Il avait reçu une balle sous l'œil droit ».

Le sergent Joseph *de Castilla*, né à Changé-lès-Le Mans, au château d'Amigné, ancien élève du *collège de Sainte-Croix* (2) du Mans, fut tué le 21 décembre, d'une balle en plein front.

Le caporal Emile *de Solignac*, également du 117ᵉ, mérita d'être cité à l'ordre du régiment pour s'être porté le 18 décembre au secours de son officier blessé et l'avoir ramené sur ses épaules sous une grêle de balles et d'obus. Il faut encore citer l'adjudant *Bardel*, qui, blessé le 21 décembre, reçut, avec la Médaille militaire, cet éloge du commandant du dépôt du 117ᵉ au Mans : « Vous avez montré un bel exemple, le 21 décembre, devant Montauban ;

---

(1) *Bulletin Paroissial de Ballon*, mars 1915, pp. 34-36. — Lettre du commandant du 2ᵉ bataillon et du lieutenant Tusseau, de la 7ᵉ compagnie du 117ᵉ, à Mme Senault.

(2) Fils de Charles de Castilla et de Thérèse Le Veneur de Tillières.

vous avez enlevé votre section jusqu'à dix mètres des tranchées ennemies. La mitraille faisait rage ; la fusillade couchait à terre beaucoup des nôtres, et, calme au milieu du danger, vous disiez simplement : « Suivez-moi. En avant ! c'est là qu'est le devoir ! En avant, c'est là qu'est le salut ! En avant, nous tenons la victoire ! » Et vous êtes suivi ; nos braves soldats progressent en rampant quelques mètres encore. Mais le feu est trop violent ; il faut s'arrêter. Alors, vous allez chercher du renfort qui vous permettra d'atteindre le but. A ce moment, vous êtes frappé, grièvement blessé, et, bien à regret, vous vous laissez entraîner hors du champ de bataille (1) ».

A Maricourt, non loin de Carnoy et de Montauban, le 115e d'infanterie, commandé par le lieutenant-colonel Travers, fut cruellement éprouvé. Là, un bon nombre de Sarthois de la Ferté-Bernard, d'Arçonnay, de Juillé, de Dissé-sous-Ballon, de Beaumont-sur-Sarthe, d'Allonnes, de Ruillé-sur-Loir, de Sillé-le-Guillaume, de Vivoin, de St-Denis-d'Orques, de Montaillé, de Joué-en-Charnie, de St-Germain-de-la-Coudre, de St-Jean-d'Assé, de St Paterne, restèrent sur le terrain entre le 16 et le 19 décembre.

Le 28 décembre 1914, le IVe corps fut remplacé dans la Somme par le XIIIe, à l'exception des 315e et 317e d'infanterie qui restèrent sur leurs positions jusqu'en mars 1915 (2). Les brancardiers de la 8e division embarquèrent leur matériel à Montdidier le 29 décembre et se trouvèrent à Châlons-sur-Marne le 31 décembre (3), pendant que le 31e d'artillerie traversait, à 15 kilomètres de là, le village de Poigny, bombardé (4).

Nos régiments s'étaient battus en Belgique et dans la Meuse (août 1914), puis dans l'Oise (septembre-décembre). C'est sur un autre terrain, en Champagne, que nous les trouvons en 1915.

---

(1) *Sarthe* du 8 mars 1915.

(2) *Carnet de route* de Léon Huet, adjudant au 317e d'infantrrie.

(3) *Carnet* de Louis Bourneuf. — Le 315e resta dans les tranchées de Popincourt et de Tilloloy jusqu'au 24 mars 1915. Il gagna ensuite la Champagne.

(4) *Carnet* de l'abbé Patoureau. — Le 44e régiment d'artillerie se trouvait aussi dans la Somme, dans la région de Davenescourt, à la fin de l'année 1914.

CHAPITRE XIII

Les territoriaux de la Sarthe (27ᵉ et 28ᵉ), du 31 août au mois de décembre 1914.

Le 28ᵉ Territorial. — Les Allemands cherchant à déborder les Français par l'Ouest, entrèrent dans Amiens le 31 août 1914, mais pour dix jours seulement. Le lieutenant-colonel Piales d'Axtrex, commandait alors le 28ᵉ territorial. Promu un peu plus tard colonel, commandant la 168ᵉ brigade territoriale, il fut remplacé par le lieutenant-colonel Dayde, qui, à son tour, eut pour successeur le lieutenant-colonel Meykiechel (1).

Nos territoriaux du 28ᵉ régiment avaient, je l'ai dit plus haut (2) quitté Amiens devant les Allemands le 30 août.

Suivant le *Carnet* de Georges Nourry, caporal, puis sergent au 28ᵉ territorial, sa compagnie, cantonnée à Cléry, dès le 30 août, eut à soutenir un combat d'arrière-garde, et, prise de panique, bivouaqua à Saulchoy-sous-Poix, à 26 où 27 kilomètres au S.-O. d'Amiens. La 84ᵉ division, à l'exception naturellement des éléments du 27ᵉ territorial, réfugiés à Mamers et ailleurs, se trouvait réunie aux environs d'Aumale le 31 août (3). Pour refaire ces régiments si éprouvés dans le Nord, on les fit séjourner dans les départements de la Seine-Inférieure et de l'Eure, où on voit des

---

(1) Il y a indécision dans la succession de ces lieutenants-colonels. L'*Historique des régiments rattachés au dépôt du Mans*, dit : « Le lieutenant-colonel *Piales d'Axtrex*, prit le commandement de la 168ᵉ brigade et fut remplacé à la tête du 28ᵉ territorial par le commandant *Meykiechel* ». — « Le 17 octobre 1914, le lieutenant-colonel *Dayde*, de l'Etat-Major du groupe de division territoriale, prend le commandement du régiment ». — « Le 15 mai 1915, le commandant *Meykiechel* prend le commandement du régiment en remplacement du lieutenant-colonel *Dayde*, nommé au commandement du 156ᵉ d'infanterie ». — Je crois qu'il faut s'en tenir à cet ordre : Piales d'Astrex, Dayde et Meykiechel. — D'après *la Sarthe* du 17 novembre 1914, Dayde fut nommé, par décision ministérielle du 4 novembre 1914, au grade de lieutenant-colonel à la tête du 28ᵉ territorial. Passé du 156ᵉ d'infanterie au 146ᵉ, il fut tué le 25 février 1916. Il était né en 1862 à Granzac dans le Tarn.

(2) Page 96.

(3) *Carnet de route* de Georges Nourry.

éléments du 28e territorial à Saint-Jacques-de-Darnetal, Neuville-Champ-d'Oisel (Seine-Inférieure), Pont-de-l'Arche, Mesnil-Verclives, Amécourt (Eure). A partir du 11 septembre, ils se mettent en mouvement vers le Nord-Est (1) et se rapprochent de la ligne de feu par Muid'orge (Oise), Fransures, Daours, Heilly, La Motte-Brebière (Somme), et se trouvent à Sapignies, Bancourt et Frémicourt, dans le Pas-de-Calais, les 25 et 26 septembre. Le *Carnet* de Georges Nourry signale un combat d'artillerie à Bancourt le 26 septembre et le même jour l'incendie du village de Frémicourt (2).

Suivant une autre source (3), le 26 septembre, le 28e territorial « est envoyé à Mory (4) où les Allemands font leur apparition. Le combat s'engage ; la droite doit faire face à une violente attaque qui ne prend fin qu'avec le jour. Cependant le 28e a tenu bon et reste sur ses positions ; mais, dans la nuit suivante, les soldats sont réveillés à une heure du matin par une vive fusillade. Un spectacle affreux s'offre à leurs yeux ; *tout près d'eux trois incendies et, à quatre kilomètres, un village entier est en flammes.* On apprend qu'à Frémicourt, un bataillon de territoriaux s'y était laissé prendre par les Allemands qui avaient mis le feu aux maisons et fermé les issues du village par des auto-mitrailleuses. La situation était devenue critique ; ordre est donné à nos territoriaux de reporter leur bivouac en arrière ».

De Bancourt, la compagnie de Georges Nourry, laissant Frémicourt en flammes, se dirige, dès le 26 septembre, sur Bapaume et arrive le 27 à Miraumont (5) pour la seconde fois. « Elle prend position et le soir elle marche sur le village occupé dans la journée par les Allemands.

« 28 septembre. Bataille de Miraumont (6). Tranchées. Repéré

---

(1) *Historique des régiments rattachés au dépôt* (du Mans).

(2) Bancourt et Frémicourt, Pas-de-Calais, arr. d'Arras, cant. de Bapaume.

(3) « *Trois mois de campagne du 28e territorial* » dans le *Grand Almanach manceau* pour l'année 1916, pp. 149-150.

(4) Pas-de-Calais, arr. d'Arras, cant. de Croisilles. — Mory est situé à environ 5 kilomètres de Frémicourt.

(5) Somme, ar. de Péronne, cant. d'Albert.

(6) Le commandant du 28e territorial cita à l'ordre du régiment le sergent Lalande, de la 10e compagnie, pour son courage au combat de Miraumont et pour s'être exposé plusieurs fois afin de mettre les blessés à l'abri dans la ferme de Beauregard. *Sarthe* du 15 octobre 1914.

de pluie d'obus. Nous nous retirons sur Puisieux (1). Reprenons l'offensive sur la ferme de Beauregard. Le commandant dirige la ligne de tirailleurs. Bombardement de la ferme. Prise à la baïonnette. Nombreux blessés allemands. Nous nous retirons sous le feu de notre artillerie qui détruit entièrement la ferme de Beauregard. Félicitation. Ordre du jour (2). Nous allons cantonner à Gommecourt (3).

« 29 septembre. Départ à 11 heures du matin pour prendre position de combat. Journée calme. Nous restons en réserve. Etablissement de tranchées.

« 30 septembre. Nuit dans les tranchées. Départ à 5 heures du matin pour cantonner à Beaurains (4). Départ précipité à 8 heures du soir pour Boissy-Becquerelle (5). Arrivons à 11 heures.

« 1er octobre. Position en avant du village. Etablissement de tranchées. Sommes bombardés dès le matin. Avons ordre de résister jusqu'au dernier. Position importante à préserver.

« 2 octobre. Bombardement et anéantissement du village. A midi ordre de nous replier. Nous allons bivouaquer à Arras sur la place de l'Hôtel de Ville. Journée et nuit atroces ; plus de 2 000 obus nous sont envoyés. Blessés et morts (6). »

« Le 1er octobre (7), lit-on dans le *Grand Almanach Manceau* (8), le 28e territorial étant à Arras doit protéger le débarquement d'un corps d'armée et tenir coûte que coûte. Pendant quatre jours, les

---

(1) Pas-de-Calais, arr. d'Arras, cant. de Pas.

(2) « Le 28 septembre : combat de Miraumont, ferme de Beauregard. Le régiment (28e territorial) soutient pendant une journée l'attaque de forces ennemies considérablement supérieure ». *Historique des régiments rattachés au dépôt* (du Mans).

(3) Pas-de-Calais, arr. d'Arras, canton de Pas.

(4) Pas-de-Calais, arr. et canton d'Arras.

(5) Pas-de-Calais, arr. d'Arras, canton de Croisilles. — Le 30 septembre 1914, le lieutenant allemand von Bulow fut tué à Boissy-Becquerelle par les Goumiers. Ce régiment arabe, commandé par le colonel Souchais, était arrivé à Arras le 18 septembre, et il faisait la chasse aux uhlans aux environs de la ville qui avait été évacuée par l'ennemi dès le 8 septembre après une occupation de deux jours. Abbé Foulon, *Arras sous les obus*. Paris, 1916, pp. 21 et passim.

(6) *Carnet de route* de Georges Nourry. — Le même jour, 2 octobre, les Français qui avaient pris Mercatel et Neuville-Vitasse, au Sud d'Arras, durent abandonner ces deux villages. *Ibidem*.

(7) Il faut corriger par le 2 octobre. En ce jour : « 2 octobre : *arrivée* du 28e territorial à *Arras*. Le régiment participe jusqu'au 31 à la défense de la ville et de ses faubourgs ». *Historique des régiments rattachés au dépôt* (du Mans).

(8) Pages 149-151.

routes sont gardées par le régiment qui repousse toutes les tentatives de la cavalerie allemande sur Arras. La situation est périlleuse ; les territoriaux ne se replient que lorsque le corps d'armée est en position. Ils reçoivent les chaudes félicitations de leur colonel pour leur bravoure et leur endurance. Revenus dans Arras, poursuivis par les obus allemands, ils trouvent la ville pleine de blessés, tandis que les hommes de dix-huit à quarante-huit ans reçoivent l'orde de partir. Une bataille est imminente et il faudra tenir jusqu'à ce que la retraite des régiments soit accomplie.

« C'est le 6 octobre, à minuit, que le bombardement commence, faisant de nombreuses victimes parmi la population ; l'Hôtel de Ville et la Gare sont particulièrement endommagés. La position est encore une fois critique, mais les territoriaux du 28ᵉ tiennent bon toute la journée pour couvrir la retraite ; le soir, ils réussissent à quitter Arras malgré une formidable canonnade. Les soldats s'arrêtent dans un champ de trèfle et voient la ville brûler devant eux. La fatigue est extrême, le cœur serré, mais aucun ne songe à dormir. En pleine nuit, le régiment va cantonner dans les fermes de Baudimont (?), et le lendemain, après une pose de quelques heures dans un chemin creux, il retourne aux portes d'Arras qui est toujours bombardé.

« A l'Est de la ville, les Allemands occupent toujours Thilloy (1) et Beaurains ; au Nord, ils paraissent fléchir. Cependant le bombardement faiblit ; les barbares n'envoient plus de grosses marmites. Le 28ᶜ en profite pour rentrer dans Arras. Là, le spectacle est navrant ; de tous côtés ce n'est que maisons incendiées et écroulées, cadavres de civils jonchant les rues et les décombres. Les soldats sont exaspérés.

« Le 18 octobre, au milieu de la nuit, nouvelle attaque sur toute la ligne par les Allemands, mais sans succès de leur part, car les Français tiennent ferme.

« Le bombardement d'Arras continue encore plusieurs jours, le beffroi, particulièrement visé, s'écroule.

« Le 28ᶜ est envoyé dans les tranchées de première ligne au Sud d'Arras, et les territoriaux ont enfin l'honneur et la satisfaction de tirer sur l'ennemi, s'efforçant ainsi de venger, autant qu'ils le peuvent, tant de désastres accumulés autour d'eux.

« Le régiment est maintenu jusqu'au 30 octobre aux alentours

---

(1) Ligny-Thilloy ou le Barcq, Pas-de-Calais, arr. d'Arras, cant. de Bapaume.

d'Arrás, supportant bravement le bombardement intermittent d'un adversaire qui cherche à assouvir sa rage en détruisant une ville ouverte.

« Les hommes sont à bout, mais leur courage les soutient et toujours ils présentent une barrière infranchissable à l'ennemi... »

Du 15 octobre environ au 30 du même mois, les Français n'avaient eu devant eux que « la landwehr bavaroise ». Le 30, on apprit une importante concentration de forces allemandes entre Lens et Douai pour tenter un gros effort sur Arras. Le 31, à l'aube, deux colonnes ennemies partirent l'une de Lens, l'autre de Douai. Eclairées par une forte avant-garde de cavalerie, elles opérèrent leur jonction au carrefour de Bailleul. Un train, se réglant sur la marche de l'infanterie, avançait sur la voie ferrée de Vitry-en-Artois. L'adversaire — environ 10.000 hommes — était convaincu qu'il pourrait occuper la ville sans difficulté. Les uhlans prirent les devants, traversèrent Gravelle et Saint-Laurent, vides. A midi, les cavaliers pénétrèrent dans les faubourgs. Là encore personne. A une heure, l'infanterie astiquée, tambours et fifres en tête, s'avance triomphalement. Le train, avec sa machine ornée de drapeaux, s'arrête à Blangy. La musique et les sapeurs s'engagent sur le pont de la Scarpe. Un coup de feu éclate ; la colonne fait halte et se prépare à enfoncer la porte de la maison d'où vient le coup. Une deuxième balle suit, couchant à terre le chef de la fanfare. Soudain, toutes les maisons se hérissent de fusils. La colonne allemande est criblée. Un bataillon de la garde met baïonnette au canon et s'élance vers la ville aux cris de *Vorvaërts*. Mais, à la tête du pont, surgissent des dragons. Pris également à l'arrière par nos mitrailleuses, les Prussiens se rendent, tandis que les autres troupes, faisant demi-tour, battent en retraite. A Blangy, le train pavoisé, fait machine arrière. Un avion l'arrose de bombes ; l'une fait sauter la voie ; le train est bloqué : Les dragons s'en emparent. On y trouve les énormes pièces d'un affût de 420, des projectiles et des ingénieurs de la maison Krupp, qui accompagnaient leur mortier. Gain de la journée : 300 prisonniers et 200 allemands blessés ou tués. (1)

Il n'est pas sans intérêt de compléter ces récits au moyen du *Carnet de route* de Georges Nourry. Je le reprends au 3 octobre :

---

(1) Lettre extraite du *Soleil du Midi*, datée de Boulogne, 2 novembre 1914, et reproduite par *La Sarthe* du 7 novembre 1914.

« 3 octobre. Séjour à Arras.

« 4 octobre. Prenons position dans un petit poste aux environs de la ville.

« 5 octobre. Séjour sur nos positions.

« 6 octobre. Bombardement d'Arras. Traversons deux fois la ville sous les obus et allons bivouaquer route de Saint-Pol. Capitaine de Fromont (1) et cinq hommes tués auprès de moi. Anéantissement de l'Hôtel de Ville ; seul le beffroi reste debout (2).

« 7, 8, 9 octobre. Gardons nos positions de bivouac en réserve. Recul des Allemands qui se fortifient dans les tranchées.

« 10 octobre. Garde de la ville aux avant-postes.

« 11 octobre. Service de patrouille dans la ville d'Arras. Deuxième bombardement.

« 12 octobre. Entrée dans les tranchées. Envoi de bombes par aéroplanes allemands ; trois tués et quinze blessés de notre compagnie.

« 13 octobre. Position d'attente en réserve. A 11 heures du soir, furieuse attaque de nuit. Partons en protection d'artillerie. Bombardement des tranchées allemandes.

« 14 octobre. Service à la gare d'Arras, à la disposition du colonel du génie. Allons coucher à la citadelle, pour la première fois sur un lit.

« 15 octobre. Départ de la citadelle à 6 heures du matin. Travaux de tranchées pour la défense de la gare en cas d'attaque de la ville. Passé la nuit dans les tranchées en avant-poste.

« 16 octobre. Repos à la caserne.

---

(1) André-Jean de Fromont de Bouaille, né à Alençon le 1ᵉʳ juin 1873, ancien élève du Collège de Sainte-Croix au Mans (1884-1888), agent général de la Société d'Assurances le Soleil, au Mans. Alors qu'il était lieutenant au 117ᵉ d'infanterie, il avait épousé en 1903, Mlle Suzanne Berthauld. Capitaine au 28ᵉ territorial, il fut mortellement blessé à Arras le 6 octobre 1914. « Il venait d'échelonner sa compagnie dans une petite rue, que le bombardement épargnait, quand un obus éclata sous ses pieds, lui labourant le visage. La blessure était affreuse, elle lui creusait la figure du front aux mâchoires. Blessé à 3 heures de l'après-midi, on l'emporta à 6 heures dans une voiture automobile des Dames de la Croix-Rouge qui allait à Saint-Pol. Il y mourut. Cité à l'ordre de la division. Abbé Carré, *Sainte-Croix au Champ d'honneur*, 1914-1915, pp. 70-71.

(2) L'Hôtel de Ville d'Arras, un des plus beaux monuments du Nord de la France, avait été construit en majeure partie au commencement du xvıᵉ siècle, sur les plans de Jacques Caron, et restauré à fond de 1858 à 1866. Il reposait sur sept arceaux d'inégales grandeurs, aux piliers de grès monolithes.

« 17 octobre. Formation d'un corps de volontaires; j'en fais partie pour un coup de main audacieux la nuit. (Ce corps franc était ainsi composé : *Badalci*, lieutenant ; *Chevallier*, sergent ; *Nourry*, caporal ; *Toussaint*, caporal; *Chauché*, caporal ; *Plique*, caporal; *Muller*, *Lavoué*, *Freulon*, *Lefèvre*, *Courtabessin*, *Berthoux*, *Lancelle*, *Rocher*, *Lavallée*, *Cahoreau*, *Walter*, *Fleury*, *Fouquerolles*, soldats). Service de mon escouade dans les tranchées. Nombreuses alertes de nuit. Relève des sentinelles sous les balles, véritable essaim d'abeilles ».

« 18 octobre. Repos à la caserne. L'artillerie continue le combat.

« 19 octobre. Reprise de nos fonctions à la défense de la gare. Garde de nuit dans les tranchées.

« 20 octobre. Repos général.

« 21 octobre. Début d'action du corps spécial. Troisième bombardement d'Arras. Destruction du beffroi de l'Hôtel de Ville (1), qui avait résisté au premier bombardement. La nuit, continuation du bombardement. Nombreux incendies en ville (2). Sommes sous une véritable grêle de mitraille. Peu de blessés de notre côté.

« 22 octobre. Continuation du bombardement. Même service dans les tranchées.

« 23 octobre. Pas de changement. Continuation du duel d'artillerie.

« 24 octobre. Violentes attaques de nuit des Allemands venus à à 100 mètres de leurs tranchées ; les entendons jouer de l'accordéon. Je conduis une patrouille en ville. Recevons une bombe d'aéroplane ; nous l'évitons. Le président du tribunal d'Arras est blessé. L'après-midi, nous en recevons une autre dans notre cantonnement ; elle ne fait pas de victime. Combat intéressant entre un taube allemand et un biplan anglais. Pas de résultat. Un autre taube est descendu par un canon de 75.

« 25 octobre. Allons à une messe dans un champ, pour cinq

---

(1) Le beffroi, haut de 75 mètres, était le plus élevé des monuments de cette espèce que possédait la France. Il remontait au XVIᵉ siècle ; mais de 1834 à 1844, il avait été en partie reconstruit. — « Rien ne subsiste plus de la flèche hardie avec le lion qui la surmontait. Le beffroi a été découronné jusqu'à la hauteur de l'horloge. » *La Croix* des 25 et 26 octobre 1914.

(2) « La ville d'Arras a affreusement souffert de ce nouveau bombardement ; les hôpitaux n'ont pas été épargnés et des malades, des religieuses, des infirmières ont été tués. Détail horrible : comme la route du cimetière était balayée par les obus et que les enterrements étaient ainsi devenus impossibles, il a fallu incinérer les corps des victimes. » *La Croix* des 25 et 26 octobre 1914.

camarades tués et enterrés dans ce champ. La canonnade continue autour de nous. Par précaution, la messe est célébrée dans une chambre. Tableau inoubliable d'un prêtre officiant au bruit du canon. A 6 heures, nous sommes envoyés en avant pour une attaque de nuit. Celle-ci est arrêtée à 11 heures : neuf hommes de la compagnie blessés, dont un tué par un obus.

« 26 octobre. Continuation du duel d'artillerie. Incendie de Beaurains... Nuit à peu près calme.

« 27 octobre. Rien de nouveau. Continuation de la canonnade allemande. Petite attaque de nuit. Je vais avec une partie du corps franc reconnaître des positions en dehors de nos lignes. Arrivons à 30 mètres des tranchées allemandes. Je les entends parler. Nous nous couchons dans l'espoir de surprendre une de leurs patrouilles. Attente vaine. Nous revenons dans nos lignes.

« 28 octobre. Rien de particulier. Canonnade continue.

« 29 octobre. Allons enfin, après un mois de fatigues, un peu en arrière des lignes de feu. Nous allons d'abord à la citadelle et, à la nuit, à Duisans (1), à 10 kilomètres d'Arras. Mais les obus nous y poursuivent.

« 30 octobre. Attendons l'ordre pour nous reporter plus en arrière. Allons à Mingoval (2), à 15 kilomètres en arrière des lignes.

« 1ᵉʳ novembre. Repos. Nettoyage. Attaque le soir par les Allemands avertis par aéroplanes que nous quittions tranchées. A cette fausse nouvelle, ils ont avancé, musique en tête, à la baïonnette pour surprendre Arras. Nous les attendions bien retranchés, et les avons canardé à notre aise. L'artillerie s'est mise de la partie et les a réduits en pâtée.

« 2 novembre. Continuation du repos. Eprouvons un sentiment de vide, car nous n'entendons plus la canonnade que dans le lointain.

« 3 novembre. Rien de particulier. Visite de Poincaré (3).

« 4 novembre. Continuation du repos. Entendu violente canonnade dans le lointain.

« 5-11 novembre. Etablissement de tranchées avec le génie, en

---

(1) Arr. et cant. d'Arras. — Ce même jour, Léon David, de Savigné-l'Evêque, du 28ᵉ territorial, fut tué à Agnez-lès-Duisans.

(2) Pas-de-Calais, arr. de Saint-Pol, cant. d'Aubigny.

(3) MM. Poincaré et Millerand visitèrent aussi Dunkerque, Ypres et Furnes.

prévision d'une attaque générale. Rien de particulier à signaler.

« 12-18 novembre. Continuation des tranchées en prévision de l'hivernage. »

L'*Historique des régiments rattachés au dépôt du Mans* ne concorde pas tout à fait avec le *Carnet* de Georges Nourry. Il s'exprime de cette manière au sujet du 28e territorial :

« 1er novembre. Départ d'Arras pour Maingoval (le 30 octobre suivant Nourry) ; travaux avec le génie dans la région de Mesnil-Boucher et du bois de Bouvigny. — Le 8 novembre, le régiment regagne la région Nord d'Arras : Mont-Saint-Eloi, bois des Alleux et ferme de Berthonval, Ecurie, Roclincourt. Il est à la disposition du 33e corps d'armée. Les unités sont employées à la création de boyaux et de tranchées et à l'entretien du secteur — travaux de jour et de nuit. — Un bataillon en moyenne sur trois est en tran-chées de première ligne. »

Avant de suivre le régiment, après le 8 novembre au Mont-Saint-Eloi, il nous faut parler du 27e territorial.

Le 27e Territorial. — Dès qu'il se fut reformé à la suite de son aventure du mois d'août 1914, ce régiment revint prendre sa place, face à l'ennemi, dans le courant du mois de septembre.

Edgar Mory, caporal au 142e territorial (1), écrivait le 18 septembre 1914, à Mme la comtesse d'Angély : « J'ai vu le régiment de Henri Tourteau (2) (le 27e territorial), et j'ai bien regardé si je le voyais. On a même arrêté deux hommes de son régiment que j'avais rencontré en patrouille dans les bois. Ils m'ont raconté des histoires fausses, qu'ils avaient perdu leur régiment. Tout cela est faux. Les gendarmes qui font la police les ont fouillés, et on a trouvé sur eux des bijoux, et 4.000 francs qu'ils avaient volé. C'étaient deux traînards. Ils ont passé en Conseil de guerre à Choisy-le-Roi. Leur peine sera dix ans de réclusion. Malheureusement, il y a beaucoup de mauvais sujets dans l'armée. »

Quant à ceux qui ne traînaient pas, ils s'installaient dans les tranchées, auprès d'Arras. Eugène Loiseau, du Mans, du 27e territorial, 11e compagnie, y trouva la mort, le 8 octobre, à Saint-Nicolas-lès Arras.

---

(1) Ce régiment était composé de Basques. — Edgar Mory était avant la guerre et est encore cuisinier au château de Sérillac, chez Mme la comtesse d'Angély.

(2) Henri Tourteau, de Dangeul, était maître d'hôtel au même château de Sérillac.

« 8 octobre 1914... Nous couchons dans les tranchées, écrit Henri Tourteau, du 27ᵉ territorial, à Mme la comtesse d'Angély, sous les balles et les obus, sans grandes pertes, jusqu'à présent, Dieu merci, les Allemands ont l'air de reculer un peu tout de même. Malgré la misère, le froid des nuits sur la terre, le moral est excellent... Ici, les territoriaux ne travaillent vraiment pas mal. »

A ce moment, la bataille se poursuivait sur tout le front : de Lille à Noyon, en passant par Lens, Arras, Braye-sur-Somme, Chaulnes, Roye, Lassigny.

Qu'on me permette maintenant de suivre pendant quelque temps le 142ᵉ territorial (qui avait rencontré le 27ᵉ au mois de septembre) à l'aide de la correspondance d'Edgar Mory, de Sérillac. Nous ne nous écarterons que peu de nos Manceaux.

« 15 octobre 1914. Bouvigny (1)... Nous sommes dans le Pas-de-Calais depuis huit jours et face à face avec les Allemands à qui nous faisons beaucoup de victimes avec nos canons. J'espère que bientôt notre aile gauche les rejettera chez eux par la Belgique. Depuis samedi (10 octobre), dix heures du matin, nous sommes à nous battre à quatre cents mètres les uns des autres dans des tranchées où nous mangeons et couchons. Le lundi, 12 octobre, toute notre compagnie a failli être tuée. A 11 heures du matin, nous avons été aperçus par un aéroplane allemand qui nous a signalé par une fusée aux Allemands. Dix minutes après, ceux-ci nous ont envoyé avec leurs canons quarante-huit obus qui sont tombés à cinq mètres de nous. Il n'y a eu que deux hommes de blessés. Cela a duré de 11 heures à 3 heures de l'après-midi. On ne peut se faire une idée de ce moment terrible. On pourra dire que nous avons reçu le baptême du feu. Nous sommes dans un pays où il y a des mines de charbon que les Allemans désirent posséder. Aussi tiennent-ils bon depuis quinze jours ne reculant que de tranchées en tranchées. Tout est en feu dans le pays ; les habitants se sont sauvés et ceux qui restent n'ont plus de vivres. Heureusement, les Allemands manquent, je crois, de munitions (2)...

---

(1) Bouvigny-Boyeffles, arr. de Béthune, canton de Houdain. — On a vu plus haut que le 28ᵉ territorial alla dans la région de Mesnil-Boucher (Maisnil-lès Ruitz ?) et du bois de Bouvigny.

(2) Le bruit en courait alors ! « Un fait prouve que les approvisionnements allemands s'épuisent. Pour économiser l'acier, ils fabriquent des obus en fonte, de valeur par conséquent beaucoup moindre ». *La Croix* du 20 octobre 1914. — « Les Allemands manquent de fusils ». *La Croix* du 21 octobre 1914.

« A l'heure où j'écris, il est 2 heures de l'après-midi. Dans une tranchée, il tombe un aéroplane français avec des officiers tués à nos pieds (1). C'est un aéroplane allemand qui l'a détruit à 3.000 mètres d'altitude devant nos yeux. Vraiment, on finit par s'endurcir le cœur et par s'habituer à voir tout ce que l'on voit... Je voudrais bien que cette guerre finisse ; je me sens à bout de forces, malgré mon courage, car depuis quarante-cinq jours nous marchons sans nous arrêter, jour et nuit. On n'a plus le temps de se laver ; nour allons ressembler à des Bohémiens si cela continue... »

« 18 octobre 1914, dimanche. — C'est par une triste journée où la lutte est dûre que j'écris du fond d'une tranchée. Hier soir, on nous avait dit que nous pourrions aller à la messe, lorsque cette nuit, il a fallu partir à la hâte sur la ligne de feu. Aussi, la journée du dimanche est toujours triste pour nous, car voilà bien trois dimanches que nous passons au fond des tranchées. Il y a beaucoup de blessés. Malgré tout ce sang que l'on voit, on a du courage et nous ne pensons guère que, peut-être, dans un instant notre tour va arriver... Peut-être le hasard va-t-il me faire voir Henri (Tourteau, du 27ᵉ territorial). Je pense que nous allons rentrer bientôt dans le Nord. C'est incroyable comment les Allemands tiennent bon malgré les pertes que leur fait éprouver notre artillerie... La journée d'hier (17 octobre), l'artillerie qui est à cinquante mètres devant nous, a tiré 4.800 obus. Quels ravages cela a fait. Quelle horreur que la guerre et je souhaite que ce soit la dernièère... »

« 1ᵉʳ novembre 1914. — Le dimanche 25 octobre on nous avait promis du repos et nous nous faisions une fête d'assister à la messe. Mais, à 6 heures du matin, il nous arrive l'ordre de partir au plus vite à l'avant, c'est-à-dire près de la ligne de feu. Nous arrivons et nous nous mettons à l'abri dans des tranchées que les Allemands ne cessent de canonner. Il y a plusieurs blessés dans ma compagnie (la 8ᵉ)... Ce dimanche-là nous avons passé la nuit à la belle étoile par un froid terrible. Dans la nuit, nous avons refait d'autres tranchées pour abriter davantage de soldats.

« Le lundi matin (26), au moment de manger la soupe, il y a eu alerte et il a fallu partir encore plus en avant, sous la mitraille qui

---

(1) C'est dans ce temps, le 22 octobre 1914, que le docteur *Raymond*, sénateur de la Loire, fut mortellement blessé dans une reconnaissance aérienne et qu'il dut atterrir entre les lignes allemandes et françaises. *La Croix* du 28 octobre 1914. — Le lieutenant observateur *Radol* et le sergent aviateur *Cohen* trouvèrent aussi la mort au cours de reconnaissances aériennes. *La Croix* du 26 octobre 1914.

pleuvait sur nos têtes. J'ai reçu un éclat d'obus sur les reins qui ne m'a pas fait de blessure se contentant de percer ma capote. Nous étions à l'abri d'une haie... Nous avons avancé encore plus avant, toujours sous une pluie d'obus. Enfin nous voilà arrivés près d'un bois où il y avait de l'artillerie française. Nous prenons possession de tranchées abris ; ce sont des trous creusés en terre comme des terriers de lapins. Il pleuvait à torrents, et rien à manger. Il était presque minuit quand nous pûmes nous installer dans nos trous, pleins de boue, sur un peu de paille mouillée et toujours le ventre vide. Dès 8 heures du soir, les Allemands avaient tenté, pendant une demie-heure, de percer notre ligne, à l'aide de projectiles de mitrailleuses, de fusils, de canons. Personne de blessé, rien que la peur. Autre attaque dans la nuit qu'il faut repousser à la baïonnette.

« Le mardi, 27, au soir, on nous annonce que notre compagnie est désignée pour partir en première ligne pour aider le 285ᵉ de ligne de l'armée active qui était presque tout anéanti ; sur deux compagnies de 250 hommes chacune, il n'en restait plus que 163. Ma section est désignée pour partir la première, et on fait tirer au sort les quatre caporaux. Le sort me fiat sortir le premier. J'étais donc obligé de marcher le premier avec l'adjudant qui nous commandait, car le capitaine avait été blessé lors de notre sortie de nuit à la baïonnette. Je pris mon courage à deux mains et je partis plein de confiance en la Providence avec les quinze hommes de mon escouade. On arriva dans la tranchée-abri, sur la première ligne, sans accident. Nous voilà installés face à face avec les Prussiens. Entre nos tranchées et celle des Allemands, il y avait une route, environ 50 mètres. Eux, étaient cachés dans une ligne de chemin de fer. On tâchait de se tirer des coups de fusil... Nous avons été trois jours sans boire ni manger, car ceux qui devaient nous alimenter ne pouvaient arriver jusqu'à nous, tellement les Allemands lançaient d'obus. Nous étions entre la vie et la mort, couchés dans des trous humides et mis comme des escargots dans leurs coquilles, les jambes pliées en deux. Aussi attendions-nous notre relève avec impatience.

« Samedi soir (31) à 10 heures on nous dit : sac au dos, nous partons. Nous étions contents, car nous avions rempli notre devoir de Français avec courage... Notre sortie de la ligne de feu s'est accomplie sous une pluie battante et nous avons marché pendant trois heures pour gagner l'arrière. Nous sommes arrivés à 2 heures du matin à l'abri des balles, mais non des canons, car les obus allemands tombent à cent mètres de nous. Nous avons cependant passé une journée tranquille utilisée à nous laver... Nous voilà donc encore une fois sauvés, mais nous avons eu des morts et des blessés... »

« 10 novembre 1914, mardi. — C'est du fond d'une tranchée que je réponds à votre bonne lettre du 26 octobre. Me voilà pour la deuxième fois sur la ligne de feu, où je ne croyais pas revenir si vite. Enfin, il faut suivre sa destinée. Malgré cela, je préfère être là que de faire le travail que nous avions depuis six jours. Notre bataillon, en sortant de la ligne de feu et en guise de repos était occupé un jour sur deux, dans un bois, pour y construire des tranchées-abris. Comme le terrain était marécageux, à mesure que l'on retirait la terre, l'eau y venait, si bien que nous étions constamment les pieds dans l'eau. On aurait fini par avoir des douleurs et je commence à avoir mal dans les genoux.

« Dimanche 8, on a dû partir pour aller à l'arrière-garde des Anglais. J'en étais bien content. Nous n'y sommes pas restés bien longtemps ; il leur est arrivé des renforts : une troupe d'Hindous.

« Hier lundi, j'ai passé la journée dans un cantonnement d'Anglais et d'Hindous. Les Hindous sont de fort beaux hommes ; ils ont surtout des dents d'une blancheur immaculée ; avec leur teint bronzé, on dirait un écrin de perles fines. Ils sont très bien habillés, mais sales, et la vermine ne leur fait pas défaut. Leur nourriture se compose de thé, de crêpes faites avec de la graisse, des piments rouges et du gingembre. En un mot, ils ne sont pas difficiles, mais au combat ce sont des lions (1). Les soldats anglais, eux, sont très bien nourris. J'ai pu assister à la distribution des vivres. On a donné à chaque homme, deux belles tranches de békine, un gros morceau de Chester, des biscuits, du beau pain blanc, et une boîte de conserve de bœuf, du thé, avec cela une boîte de confitures pour chaque homme. L'officier anglais m'a fait cadeau d'une boîte de confitures et aujourd'hui je fais la fête avec.

---

(1) « Le corps d'armée indien n'a été ni le moins éprouvé, ni le moins indomptable. A peine débarqués, les régiments indiens se sont vus jeter au centre de la fournaise... Il est désormais établi que les Sikhs comme les Gourkas, les Gourkas comme les Pathans, valent n'importe quelle autre troupe européenne et indigène, aussi bien pour le combat dans les tranchées que pour l'assaut. » *La Bataille des Flandres*, dans la *Croix* du 10 novembre 1914, d'après le *Temps*.

Le soldat anglais gagne 6 francs par jour ; il est vrai que c'est son gagne pain ; il en fait son métier. Le pauvre soldat français lui gagne un sou.

« Enfin, hier soir, on nous prévint de partir à 7 h. 1/2 du soir. Nous nous mettons en marche sans savoir au juste où nous allions, lorsque, presqu'arrivés à notre destination, on nous dit que nous allions encore sur la ligne du feu. Pour ma part, je suis parti bravement sans penser au danger, malgré les balles qui sifflaient à nos oreilles. On s'habitue vite à la misère. Nous sommes arrivés dans les tranchées sans accident, personne de blessé, maintenant je ne sais pour combien de temps. Je suis installé à moitié bien. Ce matin, au petit jour, je suis allé chercher deux portes dans une ferme en ruine pour me faire un abri. Je vais être garé de la pluie, mais non de l'humidité, car nous sommes dans le caniveau d'une route avec un peu de paille humide. Il faut espérer que je sortirais encore de là sain et sauf, quoique nous soyons toujours entre la vie et la mort. Je suis dans le Nord, et dans un pays où tout est brûlé ; c'est triste à voir : l'église brûlée, les usines démolies par le canon, les fermes brûlées, un vrai désastre. Une remarque que j'ai faite. En face de ma case où je suis, à dix mètres sur la route, il y a une petite chapelle de la Vierge (1) — comme c'est la mode dans le Nord — qui est intacte, sauf quelques balles dans les murs. Elle se dresse comme une sentinelle dans la campagne dévastée. Face à la chapelle, de l'autre côté de la route, se trouve une grande ferme dont il ne reste que les quatre murs. Les animaux sont calcinés dans les écuries détruites par les obus allemands. Cela fend le cœur de voir tant de misères. Si jamais je peux m'échapper de la fusillade, durant la nuit, je ferai tout mon possible pour me rendre à cette petite chapelle dire une prière en souvenir de ce que j'ai demandé à N.-D. de Lourdes.

« Je crois que, si tout va bien, la guerre sera terminée dans deux mois. Néanmoins, les Allemands reculent très peu et ils ont même renforcé leur armée ; mais nous avançons toujours, peu à la fois ; il faut se battre dûr. La semaine dernière, les Allemands arrivés la veille sur la ligne de feu se rendirent prisonniers dès le lendemain de leur arrivée. L'un d'eux m'a dit qu'ils étaient épuisés et qu'ils

---

(1) Peut-être Notre-Dame de la Consolation sur la route de Vermelles à Hulluch (Pas-de-Calais), arrondissement de Béthune, canton de Lens.

ne demandaient que la paix. C'était un jeune homme de 18 ans, qui parlait le français et qui habitait Paris avant la guerre... » ‚

— « 26 novembre 1914.... Nous sommes dans un pays où les gens n'ont pas bon cœur. Hier soir, je suis allé chercher de la paille pour coucher la nuit. Les fermiers ont eut le courage de me la faire payer. Pourtant nous sommes-là pour protéger leurs biens et leur vie. On abuse un peu du soldat. L'on nous fait payer tout très cher. Nous sommes obligés d'acheter à manger. La température est tellement froide et coucher dans les granges où les tuiles cassées par les obus laissent pénétrer le vent, la pluie et la neige, est tellement dûr, qu'il faut se soigner pour résister à la fatigue et ne pas tomber malade... »

— « 29 novembre 1914... Aujourd'hui, ayant pû aller à la messe, plusieurs camarades et moi nous sommes allés ce matin à 6 heures, nous confesser, et nous avons pû, à la messe de 7 heures, recevoir la sainte communion. L'église était archicomble de militaires, et je crois que presque tous ont communié. Cela est une consolation ; au moins si l'on doit mourir nous sommes en état de partir la conscience bien débarrassée... »

Revenons maintenant au 27e territorial, dont la première compagnie se distingua devant un petit village du Nord (Roclincourt), dans la nuit du 5 au 6 novembre 1919 Ce fait d'armes fut signalé par une lettre du 15 novembre 1914 d'un aumônier militaire, au *Nouvelliste de la Sarthe* (1), dans les termes suivants :

«... La première compagnie du 27e territorial, qui appartient au IVe corps, et qui comprend surtout des Sarthois, a été citée à l'ordre du jour des régiments de zouaves, puis de l'armée entière, pour sa brillante conduite dans les journées des 4 et 5 novembre.

« Devant un petit village du Nord, attaquée par un ennemi très supérieur en nombre, elle a résisté victorieusement sans perdre une seule tranchée. Mêlés aux zouaves, nos braves territoriaux ont fait merveille. Sous les feux de l'ennemi, qui les prenaient de côté, chargés trois fois pendant la nuit, à la baïonnette, par l'infanterie allemande dix fois plus nombreuse, ils ont tenu jusqu'au bout, étonnant les zouaves par leur courage et leur tenacité.

« Les Allemands ont dû se replier dans leurs lignes. Leurs pertes sont énormes. Ils s'étaient avancés, en effet, en ordre serré jusqu'au

______

(1) N° du 24 novembre 1914.

bord de nos tranchées. Nos pertes, qui sont sérieuses, sont en disproportion avec les leurs.

« Je tenais à signaler ce fait. Il a une réelle signification. Il prouve que nos territoriaux du Maine tiennent au feu aussi bien que nos meilleures troupes de l'active. Il fait honneur aussi à celui qui les commande, capitaine bien connu au Mans. C'est à lui, pour une large part, qu'on doit l'esprit de discipline et de courage qui anime sa compagnie, et c'est pour lui une réelle récompense de voir sa compagnie, et en particulier trois de ses hommes (1), cités à l'ordre du jour... »

Voici le texte de l'ordre du jour :

« 10ᵉ armée. 33ᵉ corps d'armée. Etat-major : 1ᵉʳ bureau. 45ᵉ division algérienne. Quartier général, le 16 novembre 1914. Ordre de la division n° 35. — Le général Drude, commandant la 45ᵉ division, cite à l'Ordre de la Division, la 1ʳᵉ compagnie du 27ᵉ régiment d'infanterie territorial. Pendant le combat de nuit du 5-4 novembre 1914, la 1ʳᵉ compagnie du 27ᵉ territorial a rivalisé de bravoure et de vigueur avec les zouaves du 1ᵉʳ régiment avec lesquels elle était amalgamée. A subi comme pertes : 6 tués et 15 blessés. — Fait au Quartier général. Le général commandant la 45ᵉ division (signé) : *Drude*. n° 2936. P. O. Le chef d'Etat-major (signé) *Douce*. — Extrait conforme notifié pour exécution à M. le commandant du 1ᵉʳ bataillon du 27ᵉ régiment d'infanterie territorial (2). Saint-Aubin, le 17 novembre 1914... »

Pendant la fin du mois de novembre, nous rencontrons le 27ᵉ territorial dans les environs d'Arras, à Etrun (3), où Paul *Perrin*, cultivateur à Saint-Aubin-de-Locquenay, soldat au dit régiment, fut tué le 10 novembre ; à Anzin-Saint-Aubin (4) et à Marœuil (5).

Un hardi coup de main de nuit, accompli dans ces parages, le 21 novembre, donna l'occasion à quelques braves du 27ᵉ territorial de faire preuve de courage et de dévouement.

---

(1) *Monthulé*, sergent ; *Renault*, caporal ; *Leclerc*, soldat ; tous trois de la 1ʳᵉ compagnie du 27ᵉ territorial ; cités à l'ordre du jour du corps d'armée. *Sarthe* du 25 décembre 1914. — Dans une autre action, le 27 octobre 1914, Hector-Lucien *Aubert*, de la 12ᵉ compagnie du 27ᵉ, se comporta avec conrage et énergie, ce qui lui valut la médaille militaire. Il fut amputé de la cuisse gauche. *Nouvelliste* du 26 octobre 1915.

(2) Joseph Bourdel.

(3) Pas-de-Calais, arrondissement et canton d'Arras.

(4) Pas-de-Calais, arrondissement et canton d'Arras.

(5) Pas-de-Calais, arrondissement et canton d'Arras. *Sarthe* du 25 décembre 1914.

Voici leurs noms : l'adjudant *Willems*, « chef du groupe franc du 27ᵉ territorial » grièvement blessé (1) ; Jules *Bellanger*, sergent, blessé (2), *Jeauneau*, sergent (3), et *Michelet*, caporal, blessé (4).

Le 28ᵉ territorial. — Le Mont-Saint-Eloi est une grosse commune de 1.200 habitants dont le village, situé à droite de la route d'Arras à Béthuné, à environ 10 kilomètres Nord-Ouest du chef-lieu du Pas-de-Calais, se signalait autrefois à l'attention des voyageurs par deux belles tours d'une ancienne abbaye. C'est là que, non loin du 27ᵉ territorial, nous trouvons le 28ᵉ, pendant la fin de l'année 1914.

Nous avons vu plus haut que le régiment creusait « des tranchées en prévision de l'hivernage, du 12 au 18 novembre. Le *Carnet* de Georges Nourry va nous permettre de suivre les travaux et les périls des territoriaux durant cette période.

« 18 novembre 1914. — Nous repartons au Mont-Saint-Eloi prendre position dans des tranchées. Bombardement de Saint-Eloi. Démolition des tours. Temps épouvantable. Nous sommes dans un véritable bourbier.

« 19 novembre. — Toujours dans les tranchées. La neige succède à la pluie ; le froid est très vif. Attaques de nuit continuelles.

« 20 novembre. — Au matin, nous quittons les tranchées pour venir au Mont-Saint-Eloi. Je suis chef de poste à la garde de police. Nous sommes toujours sous le sifflement des obus.

« 21 novembre. — Nous prenons possession de notre secteur dans le bois des Alleux (5).

« 22 novembre. — Nous creusons des tranchées abris, où nous devons nous terrer.

« 23-24 novembre. — Renforcement de nos moyens de défense en avant de nos lignes de tranchées. Plantation de piquets, de fils de fer barbelés, etc., travail fait la nuit sous le sifflement des balles allemandes qui nous repèrent.

« 25 novembre. — Changement de position, mais toujours en avant du bois des Alleux, à la ferme de la Mothe.

« 26-27 novembre. — Position bombardée plusieurs fois.

---

(1) *Sarthe* du 2 février 1915.
(2) *Sarthe* du 1ᵉʳ février 1915.
(3) *Sarthe* du 2 février 1915.
(4) *Sarthe* du 2 février 1915.
(5) Entre le Mont-Saint-Eloi et Villers-au-Bois

Point culminant. Travaux de défense comme dans l'autre secteur.

« 28 novembre. — Allons au Mont-Saint-Eloi pour deux jours de repos. Bombardement du pays.

« 29-30 novembre. — Les deux jolies tours dominant la contrée et servant de point de repère sont abattues par les obus allemands.

« 1er décembre 1914. — Revenons au secteur Est du bois des Alleux. Nouveau renforcement des tranchées.

« 2-5 décembre. — Nous allons dans le bois sans Nom construire des boyaux pour communiquer avec les premières tranchées.

« 6 décembre. — Même travail toutes les nuits.

« 7 décembre. — Restons terrés tout le jour. Vie pénible et monotone.

« 8 11 décembre. — Il pleut continuellement et nous sommes dans un vrai marécage. Nos tranchées suintent l'eau de toutes parts et nous couchons sur un véritable fumier.

« 12 décembre. — Allons prendre un peu de repos au Mont-Saint-Eloi. Douches pour la première fois à Acq (1). Cela nous fait du bien, car les poux et la gale sont nos hôtes depuis longtemps.

« 14 décembre. — Nous revenons à nos tranchées. Il se prépare une forte attaque des positions allemandes de notre coté. Renforcement de nos lignes. Nombreuse artillerie.

« 15-16 décembre. — Nous allons toutes les nuits creuser de grands boyaux pour le passage des troupes d'attaques. Les balles nous sifflent continuellement aux oreilles.

« 17 décembre. — Commencement de bombardement des tranchées boches. C'est un bruit infernal. Nous réussissons à enlever quelques tranchées remplies de cadavres boches en décomposition. Obligés de les recouvrir de chaux.

« 18 décembre. — Creusement d'un boyau pour parvenir jusqu'au bord des premières tranchées boches ; nous en sommes à 50 mètres. Fusillade intense sur nous, mais couchés à plat ventre, personne n'est touché, qu'un seul qui reçoit une balle dans la cuisse.

« 19-20 décembre. — Repos au Mont-Saint-Eloi.

« 21 décembre. — Le renfort arrive toujours en vue d'une attaque générale.

------

(1) Pas-de-Calais, arrondissement d'Arras, canton de Vimy.

« 22 décembre. — Je suis commandé avec 24 hommes pour aller approvisionner nos premières tranchées, où sont des chasseurs alpins. J'espère m'en tirer encore pour fumer les cigares que je viens de recevoir pour mon Noël.

« 23 décembre. — L'attaque a réussi un peu ; avons pris trois tranchées boches, mais malheureusement nous avons eu d'assez grosses pertes de notre côté.

« 24-25 décembre. — Fêtons la Noël avec entrain. Je suis invité à réveillonner avec les sous-officiers, spectacle pas banal d'un réveillon au nez des boches. Le capitaine et le lieutenant viennent prendre part à notre petite fête.

« 26-31 décembre. — Continuation de nos travaux de boyaux. Sommes dans la boue jusqu'au cou. Il pleut tous les jours. Nous sommes éreintés. Renforcement de notre artillerie à nouveau, probablement en vue d'une autre attaque. »

Quelques soldats du 28e territorial tombèrent au Mont-Saint-Eloi ou dans les environs. J'ai pu me procurer les noms suivants :

Auguste *Lavoué*, de Mézeray, tué au Mont-Saint-Eloi. le 19 novembre 1914 ; N. *Boisard*, soldat mitrailleur, tué au bois de Berthonval (1), le 18 décembre 1914 ; François *Colas*, champignoniste aux Grandes-Maisons, à Luché, caporal, tué le 30 décembre 1914.

Le sous-lieutenant Auguste *Gypteau*, du 28e territorial, « blessé grièvement, le 8 décembre 1914, près du bois de Bethonval », n'en continua pas moins « son travail pour renforcer un secteur de première ligne ». Il fut cité à l'ordre du jour (2).

Le 28e territorial resta au Mont-Saint-Eloi-Marœuil (cantonnement des 27e et 28e) jusqu'en juillet 1915. Il fut alors affecté au Xe Corps qu'il suivit en Argonne.

---

(1) Au N.-E. du Mont-Saint-Eloi et au Sud de Carency.
(2) *Sarthe* des 8 février et 11 décembre 1915.

APPENDICE

Durant la publication des pages précédentes, au cours desquelles j'ai suivi le IVe corps depuis son entrée en campagne, on a bien voulu me communiquer d'intéressants CARNETS DE ROUTE *que je n'ai pû utiliser complètement. Comme ces* CARNETS, *écrits par des témoins directs, renferment des renseignements qui peuvent commenter, compléter et même rectifier des récits officiels, quelquefois sujets à caution, je crois qu'il est utile de les publier, en les sériant, avant d'aborder les événements militaires de l'année 1915.*

Départ des Régiments
Combat de Mangiennes (10 août 1914)

Carnet DE GEORGES LHÔTE, SOUS-LIEUTENANT AU 31e D'ARTILLERIE

9e BATTERIE, TUÉ A ROYE LE 27 SEPTEMBRE 1914

Dimanche, 2 août 1914. Premier jour de la mobilisation. Nous quittons le quartier (Paixans) à une heure, pour aller six jours aux Sablons (usine Bollée).

Samedi, 8 août. Réveil à 3 heures ; départ à 6 heures (1). Le train est tout fleuri ; tous les wagons, les canons sont enguirlandés de fleurs. Quel départ pour une guerre ! A partir de Versailles, j'ai voyagé avec Thiriot dans la vigie d'un wagon. Quel enthousiasme ! Partout une triple haie de ceux qui restent ; une émotion que je ne reverrai jamais. Le train s'arrête plusieurs fois, en particulier à la Varenne-Saint-Hilaire ; des dames et des jeunes filles nous donnent des bouquets, du vin, des cigarettes et la pensée si délicate d'une carte postale pour envoyer à ceux que nous avons

---

(1) La *Notice historique sur le 31e régiment d'artillerie*, éditée au Mans, en 1919, (in-8° de 16 pages, imprimerie Monnoyer), par le Comité départemental de l'Union des Grandes Associations Françaises, fait partir le 31e d'artillerie, du Mans, le 5 août. La *Notice sur le 44e d'artillerie*, place le départ de ce régiment les 6 et 7 août. D'après Lintier, le 44e d'artillerie quitta notre ville le 8 août, le même jour que le 31e d'artillerie.

laissé là-bas ! Partout ce ne sont qu'exclamations ! Quelle confiance brille dans les yeux de tous ceux qui nous disent au revoir ! les vieux se découvrent comme pour une silencieuse bénédiction ; les jeunes pleurent de joie, et, ne pouvant pas mieux traduire leur état d'âme, nous envoient du fond de leur cœur deux grands baisers où règne toute leur confiance et leur espérance. Et on a dit qu'il n'y avait plus de cœur ni de patriotisme en France ! Jamais, je ne pourrai oublier la touchante émotion de toutes ces françaises dont le père, le frère, le mari ou le fiancé était peut-être aussi parti.

Dimanche, 9 août. Nous n'avons sû qu'en descendant du train où nous allions. Nous sommes débarqués à Charny un peu au Nord de Verdun. Nous sommes partis de suite ; nous avons fait la soupe sur le bord de la route à une heure. J'ai rencontré Letourneux un peu après. Cantonnement à Ville-sous-Chaumont.

Lundi, 10 août. Réveil à 3 heures. Nous passons par Romagne-sous-les-Côtes où nous nous arrêtons quelques instants, puis ordre de partir. Nous nous dirigeons sur Mangiennes. Je fais partie de la reconnaissance du capitaine Jules Guillet. Nous allons jusqu'à Mangiennes. Le 130e fait son café. Revenons un peu après. Chaleur torride. Mise en batterie défilée derrière une double crête. Le 14e hussards vient de se replier et se forme en arrière de nous. Nous voyons à 5 kilomètres une mise en batterie se faire non défilée ; le capitaine n'ose tirer croyant à des amis. Vers 12 h. 1/2, ceux-ci commencent à tirer ; le commandant, encore à Mangiennes, vient au galop nous dire de tirer sur cette batterie allemande. Nous avons expédié 416 obus et nous n'en avons reçu que 3. Nous réduisons au silence cette batterie que nous avons, je crois, bien démolie ; le 42e (1) en a fait autant de deux autres batteries allemandes.

Malheureusement, le 130e d'infanterie a tenté de charger à la baïonnette sur une distance de 1.200 mètres sans reconnaître le terrain ; les hommes sont arrêtés par un fossé d'eau où ils subissent des pertes sérieuses.

Nous revenons vers 5 heures à Romagne, où nous trouvons enfin un peu d'eau fraîche. Peu après, le 130e est annoncé ; quelques artilleurs et moi nous allons leur porter un peu d'eau. Ce sont les premiers blessés que je vois ; les uns ont plusieurs balles dans le ventre, d'autres l'épaule arrachée. Aucun de ces pauvres gens ne

---

(1) De la Fère ; du IIe corps.

se plaint pourtant. Je demande à un sous-lieutenant de Saint-Cyr des nouvelles d'Emile (Lhôte, lieutenant au 130ᵉ, frère de Georges) ; on ne l'a pas vu. Je suis bien inquiet sur lui. Pourvu qu'il ne soit pas avec ceux qui sont morts à Mangiennes ! A 500 mètres de Romagne, les survivants du 130ᵉ ont encore la force de mettre baïonnette au canon pour escorter leur drapeau qu'ils ont sauvé et c'est la pensée qui les réconforte tous, leur drapeau est sauvé (1).

Nous nous retirons et, après une longue marche nocturne, nous rencontrons des fantassins dans la nuit. J'apprends que c'est le 130ᵉ. Emile se trouve dans les derniers. C'est le 3ᵉ bataillon qui n'a pas donné.

Bilan de la journée. Nous croyons que le 130ᵉ a environ 120 morts et au moins autant de blessés. Nous n'avons aucune perte à déplorer à la batterie et nous pensons avoir bien démoli 3 batteries ennemies (y compris les deux détruites par le 42ᵉ).

Le soir, à 10 h. 1/2, nous arrivons au cantonnement à Chaumont (2) (bivouac au château de la Place), dans un grand champ de trèfle tout humide ; la plupart de nous sommes tellement fatigués que nous nous couchons sans faire chauffer la soupe.

Mardi, 11 août. Réveil à 4 heures. Tout le groupe va prendre position sur une crête dominant Romagne et nous mettons en batterie. Pendant l'attente, le commandant offre aux officiers et sous-officiers de la batterie de tir le champagne pour le succès d'hier. A midi, nous repartons et nous allons cantonner à Crépion ; l'ennemi s'est, paraît-il, replié en abandonnant ses pièces. »

Carnet DE L'ABBÉ JOSERH PATOUREAU, BRANCARDIER
AU 31ᵉ D'ARTILLERIE, 7ᵉ BATTERIE.

8 août. Passage à Verdun du 31ᵉ d'artillerie.

9 août. Arrivée à Charny, 3 heures du matin. Débarquement à Azannes (Meuse, arr. de Montmédy, canton de Damvillers), à 10 heures. Aussitôt en batterie ; aucun tir pendant la journée ; coucher à Azannes.

10 août. Réveil à 4 heures ; mise en batterie même place que la veille ; attendons pour partir. Bataille de Mangiennes. La 9ᵉ bat-

---

(1) Voir sur cette histoire du drapeau du 130ᵉ, pp. 21-22.
(2) Chaumont-devant-Damvillers.

terie anéantit 3 batteries (une seule) du 69e d'artillerie allemande.

11 août. Réveil à 3 heures ; 2 compagnies du 130e d'infanterie décimées du côté de Romagne. »

Carnet d'Emile Lhôte, sous-lieutenant au 130e d'infanterie, 3e bataillon, 11e compagnie, tué a Thiaumont le 18 juillet 1916.

Dimanche, 2 août. A 6 heures, reçu pli de mobilisation. Nommé sous-lieutenant à Mayenne (130e). Départ de Saint-Cyr vers midi. Voyage en fourgon. Arrivé à Mayenne à 8 heures du soir. Je vais à l'hôtel.

Lundi, 3 août. Préparatifs de départ. Vu le colonel (Laffargue). Placé à la 11e compagnie, 4e section, 3e bataillon.

Mardi, 4 août. Préparatifs de départ.

Mercredi, 5 août. Après le déjeuner, rencontré M. Odeau qui m'annonce l'arrivée à Mayenne de papa, maman et André. Je cours à la gare. Personne. En redescendant, je rencontre le 2e bataillon qui part à 14 heures. Je remonte au cantonnement de la compagnie où je rencontre mes parents finissant de déjeûner. A 16 heures, la compagnie est prête à partir. Embarquement iong. Départ de Mayenne à 18 h. 30.

Jeudi, 6 août. Passons à Versailles, Juvisy, Reims où nous arrivons le soir, On vient d'y arrêter Mumm. Repartons ; direction de Sainte-Menehould.

Vendredi, 7 août. Au petit jour, nous traversons l'Argonne aux Islettes. Débarquement à 5 heures à Verdun. Le débarquement s'opère. Nous attendons près de la gare. Nous traversons la Meuse et nous allons à Belleville cantonner à Champ-Neuville. Il pleut et le pain arrive tard.

Samedi, 8 août. Le 3e bataillon va cantonner à Ville-devant-Chaumont pendant que le 2e bataillon va à Chaumont-devant-Damvillers. Le colonel (Laffargue) est avec nous. Dans la soirée le capitaine Gehin conduit le colonel et les officiers de sa compagnie sur la hauteur du Cap-de-Bonne-Espérance, d'où l'on découvre la Woëvre. Au loin, on voit des colonnes de fumée sur Spincourt, que les Allemands ont bombardé, sur Longuyon. Ils incendient certaines usines métallurgiques du bassin de Briey.

Dimanche, 9 août. Je suis de jour. Le bataillon sert de réserve au 115ᵉ d'infanterie, en arrière d'Azannes et de Grémilly (Meuse, arr. de Montmédy, canton de Damvillers). Il est formé en position d'attente dans un champ d'avoine. Chaleur torride. Nous conservons la position toute la journée et nous allons très tard prendre nos cantonnements à Chaumont-devant-Damvillers. Ces villages de la Meuse sont malpropres. Nous dînons dans une salle malpropre. Les lieutenants de la compagnie et moi couchons dans un petit réduit.

Lundi, 10 août. Nous prenons des positions d'attente dans le bois du Till entre Chaumont et Azannes. Pendant la journée, on apprend que les deux premiers bataillons sont engagés à Mangiennes. Cela va bien, paraît-il. Mais le soir on nous fait prendre les armes. C'est un petit convoi de blessés suivis de la musique et de quelques égarés. Le bruit court peu après que ç'est tout ce qui reste des 1ᵉʳ et 2ᵉ bataillons. Cela fait baisser le moral des hommes. Il est tard et nous attendons toujours. On prépare des abris pour la nuit. Nous recevons l'ordre d'aller bivouaquer à Moirey (près de Crépion), où nous arrivons à 24 heures. Les hommes font le café ; nous nous couchons très tard.

Mardi, 11 août. Notre bivouac étant trop visible, la compagnie prend position d'attente de l'autre côté du village, côté Nord. Ordre d'aller à Chaumont-devant-Damvillers (deux compagnies) comme soutien d'artillerie. Nous y cantonnons.

Carnet DE LÉON LHÔTE, ADJUDANT AU 117ᵉ D'INFANTERIE

Samedi, 1ᵉʳ août. A 4 heures du soir, mobilisation. J'étais de service à l'abattoir du Mans quand je l'apprends. Je reçois ensuite la visite d'André qui m'apporte de l'argent et des images pieuses.

Dimanche, 2 août. Le matin, rendu les effets au magasin. Départ pour le cantonnement de Sainte-Croix à 12 h. 15. Je couche pendant 3 jours sur le lit d'André.

Lundi, 3 août. Je suis de service à la gare toute la journée. Arrivée des réservistes.

Mardi, 4 août. Fin de l'habillage des réservistes. Chargement des bagages.

Mercredi, 5 août. A 9 heures, embarquement aux docks. Assistaient au départ, une dizaine de personnes, parents des officiers. Cris de joie sur tout le parcours : « A Berlin ; nous rapporterons les oreilles de Guillaume ». Manifestations émouvantes de sympathie des habitants. Je suis de garde de police. 29 heures de chemin de fer. Débarqué à Consenvoye (Meuse, arr. de Montmédy, cant. de Montfaucon).

Vendredi, 7 août. De service en petit poste sous la pluie battante à Haraumont (Meuse, arr. de Montmédy, cant. de Dun). Toute la nuit grelotté de froid.

Samedi, 8 août. Départ pour Damvillers.

Dimanche, 9 août. Pris les avant-postes avec le lieutenant Caurière. Première impression de guerre : rencontré des blessés du 18e chasseurs à pied ; entendu des coups de fusil ; eu quelques alertes le matin ; vu des patrouilles de cavaliers français.

Lundi, 10 août. Retour à Damvillers. On monte sur la grande butte commencer les tranchées. A Mangiennes, combat d'avant-postes du 130e très éprouvé. La batterie de Georges (Lhôte, 9e batterie du 31e) tire très bien. Couché sur la butte ; fort bien dormi. Réveil à 2 h. 30 pour aller chercher des cartouches.

Mardi, 11 août. L'ennemi s'est retiré. On continue la tranchée. Cantonnement à Damvillers. Le soir bu du champagne avec des survivants du 130e qui sont en fureur contre les Allemands. J'ai été très impressionné en voyant faire dans ce bataillon du 130e l'appel des hommes restants... Combien en ai-je fait depuis de ces appels après le combat ! »

Carnet D'ETIENNE NICKLÈS, SERGENT AU 315e D'INFANTERIE, 20e COMPAGNIE, ACTUELLEMENT INSTITUTEUR A MONTREUIL-LE-CHÉTIF.

Mardi, 4 août. La Hutte ; midi. Sortons de jouer à la manille : Brébion, Busson, Lemonnier. Tout le monde grave. De la gaîté. On dirait des vingt-trois jours qui partent. Sommes couchés dans l'herbe en attendant le train de 1 h. 17. Michaud Gautier vient nous causer : il se félicite d'être à la cuisine parce qu'il peut manger à sa faim. — *Mamers*, 4 heures. A la caserne. Impression de danger plus grande. L'énervement du départ tombe : la réalité apparaît. J'ai quitté Brébion, Lemonnier, Busson, Trouvé, Pouillé ; rencontré hier un sous-lieutenant content de partir. — Moi, résigné. Au bureau, le fourrier m'a demandé où écrire en cas *d'accident :* légère émotion ; un peu froid au cœur. Ma pauvre Clé ! (sa femme), mon petit Jean ! (son fils). J'ai répondu : *Fyé* (Sarthe). Je suis entré dans la première chambre de sous-officier rencontrée. J'écris sur le lit au milieu du désordre. Mon courage m'abandonne un peu. Dans la cour, pas de cris ; des voix ; un éclat de rire de temps en temps. Aux arbres, les chevaux de réquisition attachés baissent la tête. Pauvres bêtes de labour ! Elles ne sont plus dans leur élément naturel et ont l'air triste infiniment.

Dimanche, 9 août. Départ de *Mamers* à 8 heures du matin. Accueil magnifique : ovations, fleurs. Arrivée à *Verdun* lundi 10 août, à 4 heures du soir. Cantonnement à *Belleville*. Deux sorties du Fleurus. Des avions. Buvons de la bière. Entendons le canon. Nous ne savons rien. Sommes logés à l'école. Je couche sous le préau ; les cailloux sont durs. Nous allons à l'exercice le long du canal où sont amarrés des files de bateaux belges.

Mardi, 11 août. On ne parle pas de nous envoyer en avant. Nous ne trouvons rien à acheter. Nous buvons de la bière. Avions et sortie du Fleurus. Nouvelles du combat de Mangiennes, le 130e est, paraît-il, bien amoché. On forme deux compagnies pour remplacer les tombés (1).

Virton (22 août). — Du 12 au 22 août

Carnet DE GEORGES LHÔTE,
SOUS-LIEUTENANT AU 31e D'ARTILLERIE, 9e BATTERIE

Mercredi, 12 août et jeudi, 13 août. Repos. L'ennui de ne rien faire commence à se faire sentir.

Vendredi, 14 août. Changement de cantonnement pour Etraye à 5 kilomètres de Crépion. J'y rencontre le P. de Forceville, le docteur Mascarel et Emile (Lhôte, du 130e d'infanterie), qui arrive. A peine installés l'ordre de partir arrive ; nous allons reconnaître la position à environ 4 kilomètres de Damvillers, mais nous rentrons à Etraye ainsi que le 130e (d'infanterie)...

Samedi, 15 août. J'ai une messe le matin à 4 h. 1/2 ; je passe une bonne partie de la journée avec Emile et le docteur Mascarel. Vers 10 heures passe un aéroplane allemand, un albatros assez gracieux.

---

(1) Voir page 24.

Il est signalé par des salves d'infanterie mais qui ne l'atteignent pas. Dans la soirée on nous a dit que le 26ᵉ d'artillerie (1) a réussi à atteindre un aéro contenant trois officiers allemands, mais pas de confirmation officielle. On apprend aussi que nos avant-postes se sont avancés.

Dimanche, 16 août. Etraye. Réveil à 4 heures ; prêts à partir à 5 heures. Nous attendons des ordres ; on dételle et nous retournons dans nos cantonnements. A 9 h. 1/2, messe en plein air très imposante ; la messe était dite par un sergent du 130ᵉ (d'infanterie), tout près du cimetière où reposent trois soldats du 130ᵉ morts de leurs blessures à la suite de l'engagement de Mangiennes. Il y a beaucoup d'officiers et d'hommes. J'ai rarement vu de cérémonie religieuse aussi impressionnante (2). Temps triste et pluvieux ; on s'ennuie toujours autant. Sur un ordre du jour on parle d'un combat sur l'Othain, d'un autre du côté d'Avricourt, et d'un troisième près de Dinant. J'ai passé la journée avec Emile. Reçu lettre d'Yv(onne, sa fiancée).

Lundi, 17 août. Prêts à partir à 5 heures. Pas d'ordres. A 8 heures on dételle et on rentre ; même mauvais temps, même ennui. Le soir, j'ai eu le grand plaisir de voir Léon (Lhôte, son frère, adjudant au 117ᵉ d'infanterie) ; il est venu de Damvillers à bicyclette. Je ne l'avais pas vu depuis trois semaines.

Mardi, 18 août. Nous partons pour Delut ; nous remontons ainsi d'une dizaine de kilomètres vers le N.-E. Le 117ᵉ est, paraît-il, aux avant-postes. Nous cantonnons avec le 115ᵉ de Mamers. Partout où nous passons, plus rien, encore un peu de lait et c'est tout.

Mercredi, 19 août. Tous les matins désormais nous attelons pour 4 h. 1/2 et nous attendons des ordres. Rien à 8 heures ; on dételle et nous restons à Delut.

Jeudi, 20 août. Nous devions partir ce matin pour Marville, mais nous restons encore ! Décidément que faisons-nous et à quoi servons-nous ? Le capitaine est allé à Marville et nous a rapporté du tabac, des cigares, du sucre, etc.

Vendredi, 21 août. Partons à 6 heures ; passons la frontière belge à 12 heures à Torgny. Entrée très sympathique en Belgique. On nous offre des prunes, des allumettes ; en passant à Torgny on

----

(1) De Chartres.
(2) Voir p. 26.

nous attend avec des seaux de sirop, de bière, de lait (1). Nous faisons halte à Lamorteau, le temps que les chevaux mangent l'avoine et nous repartons de suite nous mettre en batterie entre Petit-Saint-Jean et Saint-Mard (près et au sud de Virton) que les patrouilles allemandes occupent, paraît-il. Le canon tonne au loin. Vers 6 heures, orage formidable. Nous allons cantonner à Rouvroy. Tout le groupe est logé pour la nuit chez les sœurs carmélistes ; ces pauvres sœurs nous offrent le soir un bon tilleul bien sucré et le matin du pain, du riz et un grog (2). Pauvres sœurs ! Pourquoi les a-t-on expulsées de France ? C'est ce que tout le monde se demande. J'ai oublié de noter que pendant que nous étions en batterie, des Belges nous ont apporté des seaux pleins de lait et de sirop de groseilles. Peut-on avoir un meilleur accueil ? Les lettres ne partent plus et le ravitaillement n'est pas encore fait aujourd'hui samedi matin. J'ai vu Léon (Lhôte) un instant.

Samedi, 22 août. Départ à 5 heures. A 3 kilomètres de Rouvroy nous restons sur le côté de la route. Les Allemands sont tout près de nous dans le brouillard et il y a alerte de flanc. Que va-t-il arriver ? Vers 8 h. 1/2 le brouillard se lève ; quelques balles sifflent, nous avons un cheval tué, c'est la première victime de la batterie. On tiraille toujours sur la gauche : c'est le 117e contre des hulans, dit-on. Peu après, reconnaissance ; le canon allemand commence à gronder ; nous traversons tout Virton dans le haut ; la position est tellement intenable, à cause des obus qui nous éclatent sur la tête, que nous cherchons une autre mise en batterie. Après quelques malheureux ordres et contre-ordres, nous revenons prendre position où nous étions hier (à Rouvroy). Ça tonne toujours et nous ne voyons aucun objectif ; nous recevons des salves d'obusiers sur la tête. Quel tonnerre ! Heureusement nous les entendons arriver et nous nous garrons derrière le caisson. Nous ne pouvons pas répondre, car nous ne voyons pas la batterie qui nous tire dessus. Malheureusement une grande faute a été commise ; les avant-trains ont été placés dans un contre-bas dans le prolongement de la batterie. La batterie allemande ne nous ayant envoyé que des salves longues les A. T. ont été très atteints. Nous comptons à la batterie un mort, *Herouin* (3), et dix blessés. Quant aux chevaux

---

(1) Voir p. 27.
(2) Voir p. 28.
(3) Herouin (Jean-Marie), de la 9e batterie, tué à Virton le 22 août 1914. Note de l'abbé Patoureau.

nous en comptons seize de moins, dont le mien ; beaucoup de chevaux se sont emballés.

Vers 5 heures le lieutenant a pu réunir les A. T. et nous nous replions pour prendre position à Harnoncourt, à 1 kilomètre à l'arrière, tout près de Rouvroy. Nous rencontrons du 130e (d'infanterie) ; on me dit qu'Emile (Lhôte) est blessé à la jambe. De Léon (Lhôte) pas de nouvelles. On dit que le 26e a reçu l'ordre de se porter à 2 kilomètres en avant.

La nuit est tombée et on entend toujours la fusillade et le canon. Nous allons peut-être coucher sur notre position de batterie. Bien souvent aujourd'hui j'ai été triste et découragé, puis tout à coup l'espérance en des jours meilleurs revient, car je vois maman et ma petite Yvonne qui pensent à nous et prient pour nous.

A 8 h. 1/2 nous recevons l'ordre d'aller cantonner un peu en arrière ; on amène les A. T. dans la nuit et nous mettons 2 h. 1/2 à faire 3 kilomètres !. Enfin on cantonne ; les vivres arrivent à 11 h. 1/2, un morceau de pain et un quart de café et nous nous couchons à minuit. Léon (Lhôte) a rencontré un artilleur qui m'en donne de bonnes nouvelles.

Carnet DE L'ABBÉ PATOUREAU, DU 31e D'ARTILLERIE, 7e BATTERIE

12 août. Toute la journée à Crépion.

14 août. Départ de Crépion à 11 heures. Passage à Damvillers. Cantonnement à Etraye ; marche entre Damvillers et Dombras (Meuse, canton de Damvillers).

15 août. A Etraye, six biplans français passent ensemble au-dessus de nous, un allemand. Enterrement de trois fantassins français du 130e (d'infanterie) dans le cimetière d'Etraye.

18 août Réveil à 2 heures, arrivée à Delut à 11 heures ; maire allemand ; fumée plein les rues.

21 août. Départ à 5 heures ; passage à Marville à 8 h. 1/2 ; passage à Villers-le-Rond à 10 heures ; passage à la frontière belge à Torgny, à 1 heure ; passage à Roncourt à 3 h. 1/2. Parc à Rouvroy. Coucher au Carmel à 10 heures : bonne réception. Au carmel réveil à 4 heures. Boisson chaude soir et matin. Brouillard. Surprise.

22 août. Bataille de Virton et de Harnoncourt. Duel d'artillerie ; baptême du feu, combat jusqu'à 7 heures du soir : 4 morts,

35 blessés — tous ont reçu l'absolution — 5 mortellement dont le maréchal dés logis Thibault (1) de la 7e batterie. 48 chevaux tués. Bivouac.

Carnet d'Emile Lhôte, sous-lieutenant au 130e d'Infanterie

Mercredi, 12 août. Nous conservons la même mission (de soutien d'artillerie à Chaumont devant Damvillers), mais le soir nous recevons l'ordre de rejoindre le régiment à Damvillers. Nous y pénétrons, mais il n'y a pas de cantonnements libres. Les hommes du campement, qui devaient nous avertir, se sont endormis. Nous attendons. Finalement la compagnie est envoyée le long du cimetière.

Jeudi, 13 août. Nous rentrons à Damvillers ; à l'hôpital je vois Pelletier (2) qui est admirable de simplicité. Je vais dans les cantonnements du 117e où je trouve Léon (Lhôte) avec lequel je me promène. Même bivouac.

Vendredi, 14 août. Le matin je revois Léon et Pelletier. Vers midi nous quittons Damvillers pour nous rendre à Etraye (2 kilomètres). Nous rencontrons le 3e groupe du 31e d'artillerie. En arrivant à Etraye on nous fait faire demi-tour et nous nous arrêtons à l'entrée de Damvillers. Le 115e d'infanterie passe devant nous. Le 3e bataillon du 130e est soutien d'artillerie. Nous nous portons avec lui au pont des Trois Communes. Il fait très chaud et beaucoup de poussière. Heureusement nous avançons sous bois à l'ombre. Rencontré, en sortant de Damvillers, Larmignat, le 117e creusant toujours ses tranchées. Nous arrivons au pont des Trois Communes (on craignait un mouvement des Allemands vers le Nord). Je creuse avec le lieutenant de l'échelon de la 9e batterie du 31e qui m'envoie Georges (Lhôte) un peu plus tard. Finalement, l'artillerie repart, puis nous ; nous arrivons à Etraye où je vois Georges (Lhôte).

---

(1) Le maréchal des logis René Thibault fut blessé à Bellefontaine (N.-O. de Virton) le 21 août. Il ne mourut que dans la première quinzaine de septembre à l'hôpital du Grand Séminaire du Mans. (Voir pp. 24-25, note 5).

(2) Probablement Pelletier, lieutenant au 130e, fils unique de M. Pelletier, capitaine de gendarmerie au Mans, blessé trois fois au début de la campagne et tué le 12 janvier 1916.

Samedi, 15 août. Le matin, exercice. De nouveau je parle à Georges (Lhôte) et au P. de Forceville.

Dimanche, 16 août. Messe dite en plein air sur l'initiative du P. de Forceville. Nous sommes dans l'expectative. On nous dit que nos avant-postes sont portés sur l'Othain. Le soir, exercice.

Lundi, 17 août. Nous restons dans notre cantonnement d'Etraye. Le soir, pendant le dîner, je reçois la visite de Georges (Lhôte) qui était venu de Damvillers à bicyclette. Le soir, visite au P. de Forceville.

Mardi, 18 août. A 4 heures, départ d'Etraye. Nous sommes arrière-garde de la division. Arrêt à Damvillers. Je vais voir Pelletier. A 9 heures, nous arrivons à Peuvillers où nous devons cantonner. Tout le régiment y est avec la formation sanitaire.

Mercredi, 19 août. A 4 heures, réveil. Pourtant il n'y a rien ; on nous dit que les Prussiens reculent, mais nous restons en place. Nous recevons avec plaisir le n° 3 du *Bulletin des Armées de la République.*

Jeudi, 20 août. 5 heures, réveil. Rien de nouveau. Pour nous occuper et instruire les réserves, exercice de 6 heures à 7 h. 1/2. Tout le reste de la journée repos. J'en profite pour dormir.

Vendredi, 21 août. 4 heures, réveil. Nous apprenons que notre chef de bataillon le commandant de Balaincourt est envoyé au 315ᵉ (d'infanterie). Marche longue et pénible de Peuvillers sur Wittarville (où nous attendons le 124ᵉ — vu de Plas, sergent au 124ᵉ), Delut, Marville, Villers-le-Rond, Torgny, premier village belge. Les Belges sont étonnés de voir tant de soldats. Vers 12 h. 1/2, éclipse partielle de soleil. Arrivés à Torgny ; on nous dit que la division attaque Virton, Dampicourt, Saint-Mard. Notre bataillon remplace un bataillon du 124ᵉ comme flanc-garde fixe à Torgny. 18 heures, départ de Torgny ; direction Lamorteau, Dampicourt où nous devons cantonner. Cantonnement difficile à faire. La section est dans une grange dont les propriétaires sont excessivement complaisants, comme tous les Belges. Ils donnent lait, pain, fruits. Finalement, nous ne pouvons nous coucher qu'à minuit, sans distribution.

Samedi, 22 août. Départ pour Etalle. Le capitaine Géhin présente aux officiers un nouveau chef de bataillon (commandant Le Bourreau). Nous traversons Virton. Tous les habitants distribuent aux hommes, café, pain, voire même sucre, œufs. Mais il fait du brouillard. Sur la hauteur de Virton nous rencontrons les hussards du 14e, qui disent n'avoir rien vu. Quelques minutes après une fusillade. Il est 7 heures environ. Le bataillon prend ses positions de combat. On distribue des cartouches, puis la compagnie se déplace en tirailleurs. Le premier peloton s'installe derrière une haie. Une compagnie du 124e, la 11e, qui nous avait dépassés, revient en ordre. Nous attendons derrière cette haie en tirant quelques coups de fusil. Le canon allemand donne le premier ; notre artillerie lui répond ; à midi et même avant on n'entend plus que des coups de fusil. Il semble que nous n'avons rien devant nous. Nous attendons là jusqu'à 2 heures... Finalement, Lamarre, sergent-major, vient me dire qu'il a reçu l'ordre du lieutenant Dubourg de battre en retraite. Je lui dis : « Commencez le mouvement en ordre ». Ils partent en colonne, par un. Mais, sitôt qu'ils ont voulu franchir le chemin, ils ont reçu des coups de fusil et ont été balayés par une mitrailleuse.

Les Allemands occupaient une tranchée que nous ne voyions pas de la haie. Je fais revenir ceux qui n'étaient pas passés. Dubourg renonce à revenir par le chemin, mais veut revenir à tout prix ; il emmène une partie de sa section par un champ de pommes de terre. Ils franchissent la crête au pas gymnastique : mitrailleuses, fusils. Lui-même tombe touché aux reins. Me voilà avec quelques hommes derrière la haie sans pouvoir la quitter. Des Allemands arrivent en petit nombre par la route. Le sergent Nondet crie : « Nous sommes cernés ». Il emmène de nouveau un petit groupe bien accueilli lui aussi ! Etant trop peu nombreux, nous quittons un à un la haie en nous défilant, qui par le chemin, qui par le champ de pommes de terre. Vers 3 h. 1/2, je pars le dernier. Mais arrivé au talus du chemin, je suis obligé d'attendre. Le moindre mouvement de l'un de nous est le signal de coups de fusil. On reste jusqu'à la nuit. De temps à autre des balles sifflent à nos oreilles. La nuit approche. Le feu est à la maison qui est sur la grande route. Nous entendons une fusillade sur la gauche, c'est une contre-attaque du 117e (1). Les Allemands ne semblent plus s'occuper de nous. Avec le caporal Vincent nous traversons le chemin. Puis emmenant deux blessés nous gagnons Virton. Dans

---

(1) Il s'agit de la charge du 117e qui refoula l'ennemi dans les bois à 7 heures du soir. Voir p. 32.

l'ambulance des sœurs nous donnent des tartines. Je conduis quelques isolés de tous les régiments. Nous nous joignons au 115ᵉ qui nous emmène près d'un village où nous bivouaquons sans paille, en demandant du pain au 115ᵉ. Il est minuit lorsque nous nous couchons.

***

Carnet DE LÉON LHÔTE, ADJUDANT AU 117ᵉ D'INFANTERIE.

Mercredi, 12 août. Nettoyage des effets. Passé quatre heures sur la butte. Rencontré Hyacinthe de Quatrebarbes qui me dit qu'une bataille c'est triste et dégoûtant à voir...

Jeudi, 13 août. Vu Emile Lhôte) qui est au 130ᵉ. Il est dégoûté de ce régiment. Retour à 4 heures à la tranchée.

Vendredi, 14 août. A 10 heures du matin, alerte. On occupe les tranchées paisiblement. Puis pendant trois heures on assiste comme d'un balcon au défilé d'infanterie, d'artillerie et de cavalerie. Que de troupes ! Elles rentrent vers 7 heures du soir. Quelle idée de faire fausse alerte ! Nous rentrons aussi à 8 heures. On rend les cartouches. Distribution de viande à 9 heures.

Samedi, 15 août. Quelle journée pour une Assomption ! A 5 heures, départ pour les tranchées. Retour à 10 heures. On communique que le soir il y aura école de bataillon pendant une heure. Mauvaise humeur générale. Le soir pluie.

Mardi, 18 août. Départ de Damvillers. On oblique à gauche de 16 kilomètres. Je suis de faction avec ma section au milieu d'un champ à Ham. Nuit glaciale.

Mercredi, 19 août. Départ ; à 1 kilomètre en arrière à Saint-Jean, en avant du joli bourg de Marville et sur la rive droite de l'Othain (1). Occupation des tranchées.

Jeudi, 20 août. Occupation avec ma demi section des tranchées. A notre gauche fusillade importante, probablement sur un aéroplane allemand. Visite de la très jolie église de Marville.

Vendredi, 21 août. A 6 h. 1/2, départ pour la Belgique. La compagnie est de flanc-garde. A 9 heures on a en face de soi le village de Torgny de l'autre côté de la rivière de la Chière. A 10 h. 15 on entre en Belgique. Les Belges font bon accueil. On va à Virton.

---

(1) **Route de Montmédy à Longuyon.**

Les Allemands sont signalés en avant de la ville. Ce n'est pas pour moi ce soir. Le 1er bataillon du 117e seul a été engagé et a eu deux morts. Nous faisons une entrée enthousiaste dans cette riche et jolie ville de Virton. Sur tout notre parcours les gens manifestent toutes leurs sympathies par des cigares, cigarettes, bâtons de chocolat, tasses de café, tartines de beurre. Nous achetons avec joie tabac et chocolat à un prix dérisoire. Nous couchons à Saint-Mard, chez de braves gens qui, non prévenus, ont trouvé le moyen de nourrir toute la section avec du jambon, café au lait, etc.

Samedi, 22 août. Je suis de jour. Réveil à 3 h. 30. Avant notre départ, nos braves gens nous donnent encore du saucisson. Nous allons d'abord, chose stupide et odieuse, sur le racontar de cyclistes, défoncer les portes du collège Saint-Joseph et fouiller la maison. Naturellement nous ne trouvons rien. J'en suis tout triste et j'en tire un mauvais augure pour la journée qui s'annonce importante, car nous entendons, pendant cette visite qui nous énerve, une vive fusillade.

A 8 heures nous en partons et allons à la gare. A 9 heures le temps se découvre et le canon français commence à parler, à la satisfaction générale. Il paraît que le 130e est en défaite. Je suis inquiet pour Emile (Lhôte, du 130e). J'entends une vive canonnade, les obus siffler et éclater, et moi, pendant ce temps, j'écris ces lignes et fume ma pipe, mais pas pour longtemps. Nous quittons la gare et appuyons à gauche. Nous commençons à grimper le premier mamelon. Les obus éclatent autour de nous, l'un à 20 mètres ; nous sommes repérés. D'un bond, nous faisons 200 mètres à gauche pour nous sauver. Nous continuons à grimper et à 10 h. 1/2 nous arrivons bien abrités dans une petite route. On ouvre quelques boîtes de conserve ; on soigne un blessé de la 8e (division) et vers midi nous en partons. Ce ne sont plus les obus, mais les balles beaucoup plus agaçantes.

Nous arrivons vite sur la première crête. J'entends deux gémissements dans la section. Le premier bond se fait en rampant, ce qui est une faute, je ne la recommencerai pas. Plusieurs restent en arrière. Sont-ils blessés ou lâches ? Je ne sais. Nous faisons bien mal des bonds dans ce champ d'avoine très dangereux : les mitrailleuses nous prennent de flanc. Je choisis mon moment pour partir. Les bonds sont espacés de 10 minutes au moins. Les derniers sont mieux faits, mais il ne reste rien de la 4e (section) :

les 1ʳᵉ, 2ᵉ et 4ᵉ sont mélangées. Le terrain descend légèrement, cela va un peu mieux et vers 1 h. 1/2 nous sommes abrités derrière un repli de terrain de 2 mètres de haut environ. Nous y restons jusqu'à 7 heures à ne rien faire. Bréant dort la tête appuyée sur ma jambe. Je panse comme je peux Renier qui a eu une balle dans la cuisse et qui a voulu continuer. Je commence une lettre à maman. Tous les boulets et les balles nous passent par dessus la tête ; l'artillerie allemande fait rage, mais pas sur nous. On craint que les Prussiens ne chargent à la baïonnette ; on met baïonnette au canon. Le commandant crie : « En avant » et nous franchissons cette terrible crête. Oh stupéfaction ! il y a une vallée à traverser. L'ennemi est au moins à un kilomètre. Nous voilà partis en avant descendant à fond de train, remontant moins vite, puis au pas. C'est une pagaille effroyable surtout à gauche. J'ai perdu ma compagnie. Je cherche à me rallier. Je me trompe deux fois. Je vais avec des soldats affolés qui tirent en l'air ou n'importe où et qui ont tué ou blessé de pauvres Français. Je retrouve enfin le lieutenant et le capitaine. On crie : « Cessez le feu » et c'est dûr à obtenir. Le capitaine rallie le 117ᵉ et nous nous trouvons peu nombreux de la 6ᵉ, environ 15 : le capitaine, le lieutenant Caurière, l'adjudant Gravier, le sergent-major Labelle, le sergent Leveu, Ribémont, Vannier et moi, le caporal Gaschet et quelques soldats, Coutelle, Rénier, Gougeon, Jean Bernard, Froger, Christiani, Muset, et j'en oublie quelques-uns. Quelques fermes isolées sont en feu. On repart. On arrive à Dampicourt à 10 heures du soir ; on se loge. Il faut partir à Harnoncourt où on ne trouve pas de place (1).

Carnet d'Etienne Nicklès, sergent au 315ᵉ d'infanterie.

Vendredi, 14 août. On cantonne à Brabant-sur-Meuse (Meuse, arrondissement de Montmédy, canton de Montfaucon). Bon logement.

19 août. Départ pour Flabas, patelin malpropre... Construction de tranchées en haut du bois. Je passe à la 3ᵉ section malgré moi ;

---

(1) Le 117ᵉ bivouaqua sur le plateau de Robelmont. C'est seulement par un ordre qu'il se replia à partir de 8 heures du soir. Voir p. 32.

suis obligé d'obéir au capitaine. Je regrette mes camarades : Morhange (1), Billot, Thauvin et mes hommes.

21 août. Nous partons à 7 h. 1/2 (de Flabas) pour escorter un convoi qui suit le corps. En route, le capitaine nous dit que l'offensive est décidée et que nous allons sur la Belgique. Nombreux arrêts. Des caissons passent ; des voitures de vivres en files interminables. Nous devons cantonner à Marville à 4 kilomètres de la frontière belge. — *Marville.* Nous ne nous arrêtons pas. En avant. Destination inconnue. Grand'halte pendant 50 minutes. Sac au dos. Un coup de pied dans les gamelles : on part sans avoir mangé. J'ai faim. Plus de pain. Morhange m'en donne un morceau sec à moitié moisi J'ouvre une boîte de conserve. Heureusement que j'ai pu trouver un bidon de vin. — *Villers-le-Rond.* Nous passons sur les crêtes. Un orage épouvantable tonne sur notre droite ; heureusement quelques gouttes de pluie tombent. Nous apercevons les coteaux de Belgique. Le soir tombe. Canon. — *Torgny* (Belgique). Nous devons y cantonner. Pas de place ; il faut aller à 3 kilomètres de là. Les hommes sont harassés. La nuit est venue. *Epiez* (France). Nous rentrons en France ; il est 7 h. 1/2 du soir. Sommes cantonnés dans une grange. Accueil magnifique de la population. Plus de pain ; pas de vivres ; les voitures sont restées en arrière. Nous ne trouvons plus que du vin et de l'eau-de-vie. Nous soupons avec cela.

Samedi, 22 août. Debout à 5 h. 1/2, après une nuit presque blanche. Partons immédiatement sans faire le café. Je suis vanné. Les hommes ne peuvent plus marcher. Nous avons touché le pain en partant. Morhange et Thauvin m'envoient un demi pot de confitures avec un morceau de pain ; voilà mon premier repas depuis hier matin. — Avant *Marville* nous tournons à gauche. Nous sommes détachés pour garder le terrain d'atterrissage des avions. Grand'halte. Nous mangeons à notre faim. La voiture de compagnie nous apporte de la viande. Deux cents mètres et nous cantonnons dans un petit hameau de Ham-lès-Saint-Jean. Beaucoup de place, du foin, de la paille ; nous pouvons nous reposer. La cuisine se fait ; nous nous rattrapons de la journée d'hier. Pas de vin. Depuis le matin on entend la canonnade furieuse sur la Bel-

---

(1) André-Gabriel Morhange (du Mans), sergent-fourrier au 315°, tué à Aubérive-sur-Suippe le 25 septembre 1915. Voir *Bulletin*, n° 4 pp. 106-109.

gique. Par instants on distingue nettement le craquement des mitrailleuses. Il est midi. La bataille est en son plein ; le grand coup est commencé. Nous devons être prêts à partir à la première alerte. Bonnes nouvelles : l'armée allemande a évacué *Virton* chassée par nos troupes. Cette fois la guerre est vraiment engagée. Nous allons nous faire à cette idée que nous ne sommes pas en manœuvres, que c'est sérieux et grave. Jusqu'ici nous avons eu bonne vie ; maintenant les fatigues, les misères, les privations vont commencer... La guerre est plus faite de cela que de batailles !... Nous n'avons pas eu de lettres depuis trois jours, quand en aurons-nous ?

Carnet de Marcel Tarot, de Mamers, maitre-imprimeur a Saint-Quentin (Aisne), caporal au 315ᵉ d'infanterie, tué le 2 septembre 1915.

21 août. Départ de Flabas. Arrivons au bord d'un plateau. Duel d'artillerie formidable. Ciel en feu, orage, pluie. Arrivée en tâtonnant et en pleine nuit le long des convois à Charency-Vézins. Exténués de chaleur et de fatigue. Accueil chaleureux de la population.

22 août. Départ à la hâte pour Marville. Nous cantonnons à la hâte à Saint-Jean-lès-Marville au bord de la rivière. A 4 h. 1/2, alerte. On part en renversant plats et marmites. Nous faisons des tranchées en avant de Villers-le-Rond. Vers 9 heures, nous allons rejoindre la compagnie sur la crête. Au matin nous occupons des tranchées pour deux jours.

Le 117ᵉ d'infanterie a la bataille de Virton, d'après le général Jullien, commandant alors le régiment

Le 117ᵉ, avant-garde de la 8ᵉ division, se heurte le 21 août à un parti de troupes Wurtembergeoises et fait ses premiers prisonniers. Le 22, à la faveur d'un brouillard intense, le corps d'armée (le IVᵉ) est surpris par l'ennemi au moment où il reprend sa marche dans le Luxembourg belge. Le 117ᵉ reçoit l'ordre de s'engager en entier pour rétablir la situation, puis, la bataille ayant tourné à notre désavantage, de tenir coûte que coûte jusqu'à 20 heures pour permettre au gros du corps d'armée de se dégager,

Les trois bataillons se déploient, sous un feu intense, comme à la manœuvre, progressent et finissent par chasser l'ennemi de ses tranchées à la suite d'un assaut irrésistible, accomplissant plus que leur mission, tenant jusqu'à 22 heures, moment où le repli s'effectue dans le plus grand ordre, en ramenant les blessés. *Pertes, 10 officiers, 725 hommes, retraite sur la Meuse* (1).

LE 117ᵉ D'INFANTERIE A LA BATAILLE DE VIRTON D'APRÈS L'HISTORIQUE DES RÉGIMENTS RATTACHÉS AU DÉPOT DU MANS

Le 117ᵉ est à Virton avec la 8ᵉ division et commence la guerre par un magnifique déploiement d'héroïsme, un luxe de sang versé. L'élan dans l'assaut est tel que le général Boëlle, commandant le IVᵉ corps, se voit arracher un cri d'admiration : « Les régiments d'infanterie, écrit-il, n'en sont plus à compter les actes de valeur. Il convient cependant de citer, et d'une façon spéciale, le 117ᵉ d'infanterie qui, vers 7 heures du soir, après un hourrah auquel rien ne résistait, a abordé les retranchements ennemis ». *Ordre général nᵒ 3 du 23 août 1914.* — Les traits individuels furent légion, mais qui s'en souvient? L'adjudant *Laffargue*, de la 1ʳᵉ compagnie, s'élance, sabre en main, entraîne des hommes de plusieurs régiments, franchit 400 mètres et s'arrête devant des tranchées vides — un piège — cloué par le feu. — Le capitaine *Morel* est tué dans un assaut. Le lieutenant *Pelissier*, l'épaule traversée par une balle, tente de s'arracher des mains des infirmiers pour aller se battre.

De Virton à Marville (2) 23 et 24 août 1914

Carnet DE GEORGES LHÔTE, SOUS-LIEUTENANT AU 31ᵉ D'ARTILLERIE, 9ᵉ BATTERIE

Dimanche, 23 août. Réveil à 3 heures. On a peu et mal dormi, car il fait frais dehors. Nous partons dans la nuit nous mettre en batterie dans le voisinage de Velosnes (près de Torgny, en Bel-

---

(1) Ce passage *en italique* avait été supprimé par la Censure dans notre *Bulletin* nᵒ 3, p. 85.

(2) Voir pp. 72-76.

gique). J'ai vu en passant Emile (Lhôte, du 130°) qui n'est pas blessé. Un de nos conducteurs, Letrou, est blessé d'un coup de pied de cheval en montant un raidillon. Vu le P. de Forceville qui comptait dire une messe en plein air ce matin au 124°. Nous ne l'aurons probablement pas, car on entend déjà le canon au loin. A midi nous sommes en batterie depuis longtemps, mais nous ne tirons pas. J'en ai profité, entre parenthèse, pour rattraper mon sommeil de cette nuit, abrité par un caisson. Vers 3 heures nous n'avons encore rien fait ; un aéro allemand passe tout près de nous en lorgnant visiblement nos positions. Vive fusillade. Une demi-heure après nous changeons de position de batterie, nous retraversons la frontière et allons prendre position sur une hauteur dominant Velosnes. Nous semblons malheureusement reculer.

Lundi, 24 août. Réveil à 1 h. 1/2. On attelle en silence et on amène les A. T. sur la hauteur où la batterie se trouvait. A 4 heures on repart. Nous reculons toujours. Le capitaine Guillet me dit qu'il n'y a plus d'infanterie devant nous et que notre armée est en mauvaise posture, que l'infanterie était bien atteinte et que de grosses forces allemandes avaient traversé la frontière belge et venaient en France dans la direction de Verdun. Tant est-il que nous nous mettons en batterie à 3 kilomètres en avant de Marville. De l'autre côté de Marville, à 8 kilomètres, une batterie française commence le feu répondant à des batteries allemandes qu'on entend depuis longtemps déjà.

Tout le monde est un peu triste, on se demande ce que nous allons devenir et si c'est une défaite !... Le colonel (Wallut) est avec nous ; aussi toute la matinée nous avons des nouvelles ; elles ne sont toujours pas bonnes. Le II° corps aurait reculé de 10 kilomètres, lui aussi (1). Que je suis triste !... A tout moment j'ai envie d'écrire combien l'inaction où nous sommes me pèse. On dit que les Allemands ont des morts sans nombre et ils avancent toujours ! Nous, nous n'en avons que bien peu et nous reculons. La 7° division (101°, 102°, 103°, 104° d'infanterie) font en ce moment une contre-attaque dans la direction de Petit-Xivry, 5 heures du soir, appuyée par le 124° (2).

Trois aéros allemands sont passés et ont repéré visiblement nos

---

(1) Voir p. 70.
(2) Voir p. 70.

positions ; il est défendu de tirer dessus ; pourtant un coup heureux pourrait quelquefois les atteindre. A 7 heures nous allons bivouaquer un peu en arrière de notre position.

Carnet DE L'ABBÉ PATOUREAU, DU 31ᵉ D'ARTILLERIE, 7ᵉ BATTERIE

23 août. Départ à 5 heures. Recul. Repassé la frontière belge. A 4 heures du soir, mise en batterie. Découverts par un aéro allemand. Départ, voyage de nuit.

24 août. Mise en batterie près de Bazeilles (Sud de Velosnes).

Carnet D'EMILE LHÔTE, SOUS-LIEUTENANT AU 130ᵉ D'INFANTERIE

Dimanche, 23 août. Réveil du 115ᵉ en alerte vers 3 heures. Nous reprenons la marche vers Torgny. A Lamorteau, je retrouve le régiment (le 130ᵉ). L'adjudant Ligné commandait un détachement de la compagnie dont je suis maintenant le seul officier. Capitaine *Géhin*, blessé au ventre et à la cuisse ; *Chabrun*, blessé à la cuisse ; sergent-major *Lamarre* ; sergent-fourrier, tués ; caporal-fourrier blessé. Nous continuons notre marche en retraite.

J'ai vu Georges (Lhôte) qui me dit que Léon (Lhôte) va bien. Le régiment se rassemble à Velosnes — premier village français en face de Torgny —. Il est commandé par le capitaine de la *Chenelière* (1). Le colonel a été blessé la veille (2). Plus de chefs de bataillon. Commandant *Le Bourreau*, blessé. Glanzmann, sergent, amène un détachement de 40 hommes de la compagnie. Il ne reste pas la moitié de mon ancienne section. Ce fut la journée la plus éprouvée.

Nous établissons des tranchées au Sud de la cote 302 (3) à la lisière du bois et battant la vallée de la Chiers. A la nuit, après avoir reçu nos distributions, nous devons rejoindre le bataillon en

---

(1) Ernoul de la Chenelière, devenu chef de bataillon, blessé mortellement à Andéchy le 4 novembre 1914. Voir p. 203.

(2) Le colonel Laffargue, blessé mortellement le 22 août, à Virton. Voir p. 48.

(3) A gauche de Velosnes, un peu au-dessus de Villecloye, au bord de la Chiers et de la ligne de Montmédy à Longuyon.

arrière de cette cote. Nous traversons le plateau en tous sens. Pas de bataillon. Les officiers de la 9e batterie (celle de Georges Lhôte) du 31e nous disent avoir vu des fantassins en avant à droite. J'y envoie une reconnaissance. Personne à l'endroit indiqué. Nous rentrons à Velosnes où est le bataillon. Il est 22 h. 1/2. Ordre à la compagnie de faire les feux, ce qui ne se fait pas sans réclamations Hommes éreintés. Vers 23 h. 1/2 je me couche.

Lundi, 23 août. Alerte à 1 h 1/2. Départ seulement à 3 heures pour Othe. Préparation de la défense de l'Othain par les 10e, 11e et 12e compagnies. Retour d'Othe à Flassigny et cantonnement à Velosnes à la tombée de la nuit.

Carnet DE LÉON LHÔTE, ADJUDANT AU 117e D'INFANTERIE

Dimanche, 23 août. On se couche à minuit. A 2 heures je me réveille de froid. A 2 h. 30 on réveille tout le monde pour occuper des tranchées. En fait on ne part qu'à 7 h. 30 en passant par Lamorteau. On reste toute la journée en position d'attente. A 6 heures du soir, départ. On est au coin d'un bois. On voit passer à cent mètres de nous onze uhlans. La sentinelle allemande crie *Halt Werda.* Nous sommes près du poste de douane de Allondrel. Vers 11 heures du soir, vive fusillade de la section Mariani sur une patrouille. Je ne dors pas.

Lundi, 24 août. A 5 heures les uhlans font leur apparition. La section Mariani a toutes les peines du monde à en descendre un sur dix. A 8 heures moins 10, passe rentrant dans les lignes allemandes, un aéro allemand qui lance une pluie d'étoiles pour se faire reconnaître... Vers 8 h. 1/2 un coup de fusil blesse le tambour Morier et c'est le signal d'une fusillade à laquelle ne prend pas part ma section et qui dure une demi-heure. Je suis terré dans un fossé dont je ne bouge pas. Ensuite la gauche de la compagnie étant tournée, on se replie. Je perds les traces du lieutenant et me trouve seul avec toute ma section et l'adjudant Mariani. Nous allons à Lamorteau et y faisons la grand'halte. Nous cantonnons à Dampicourt.

Carnet D'ETIENNE NICKLÈS, SERGENT AU 315e D'INFANTERIE

Dimanche, 23 août. 6 h 1/2 du matin. Dans la tranchée en avant de Marville. Nous sommes partis hier soir à 6 heures pour venir faire des retranchements ici. Nous avons travaillé une partie de la nuit avec les outils portatifs et les outils de parc. Nous avons dormi dans les sillons la tête sur nos sacs. A 1 heure du matin je suis parti relever Lepreux au petit poste. En avant des tranchées. Nous avons guetté jusqu'au jour levant. Beaucoup de brouillard ; sitôt qu'il se dissipera la danse reprendra.

Hier le IVe corps a reculé devant des forces allemandes très supérieures en nombre qui, heureusement, ont été arrêtées par le Ve corps. J'ai sommeil, je ne peux me réchauffer. On nous distribue de l'eau-de-vie. Je fume une pipe en attendant les obus allemands. Nous sommes assis sur la banquette, nos fusils dans les créneaux. Les hommes mangent, fument, plaisantent. Le brouillard ne se dissipe pas. On devient fiévreux. Des batteries d'artillerie nous dépassent, venant du Nord. Nous ne sommes pas rassurés. Des nouvelles contradictoires circulent : régiments broyés, batteries en déroute, pièces prises, etc.

Le 3e bataillon du 102 est rentré hier soir, venant du feu. La 11e compagnie a perdu vingt hommes. Les autres compagnies n'ont pas donné.

7 heures 5 minutes. Premier coup de canon lointain suivi d'autres également lointains. 7 h. 1/2 : Premiers coups de fusil, en avant de nous sur un avion allemand qui vient de l'W. 9 h. 1/2, le brouillard se dissipe peu à peu. Furieuse canonnade en avant et très loin à gauche. 10 h. 1/2, des troupes passent, artillerie au galop, infanterie, convois qui vont vers le Nord, vers le canon, vers la bataille. Nous allons peut-être partir. On nous apporte notre soupe. Les cuisines sont très en arrière.

2 heures du soir. Les tranchées ont été inutiles. Le canon tonne encore de loin en loin. Bonnes nouvelles. Vu passer un officier bavarois prisonnier. Des cavaliers démontés, des fantassins perdus regagnent Marville déjà plein de troupes. La 7e division reformée s'en va vers le Nord. Tout le monde joyeux. Un enthousiasme extraordinaire. 2 h. 1/2 ; les nouvelles changent : le 26e est en batterie à 600 mètres en avant de nous. La 7e division, 101, 102, 103, 104 est dans les bois. Nous occupons notre tranchée. Cette fois, cela va être sérieux. La canonnade reprend. Une colonne allemande est serrée, paraît-il, entre le IIe et le Ve corps. Elle avance et nous allons l'arrêter. Sont-ils loin ? Les coups de canon semblent se rapprocher. Nous sommes les derniers. Nous avons

énormément de troupes devant nous, troupes de toutes armes et prêtes à parer à toutes éventualités. Nous surveillons la trouée entre les bois qui couronnent les collines à l'horizon. Le canon tonne dans les bois. 3 heures, rien. Le silence. Tout le monde guette fiévreusement. Sur les crêtes, des patrouilles de cavalerie française. Un coup de canon de temps en temps et le silence reprend. On sent le traquenard tendu, l'attente. Il fait chaud. On étouffe. Des bandes de corbeaux tournoient. Deux coups de canon ; nous voyons la fumée par dessus les bois. Ça va chauffer sérieusement.

5 heures moins 1/4. Un avion allemand passe. On tire dessus. Je ne peux pas tirer : mon fusil est enrayé ; j'en pleurerais presque. Il file vers l'Est puis revient vers nous pour nous braver. Des obus éclatent sur les bois ; on voit les flammes et la fumée. 6 h. 1/2 ; le IVᵉ corps recule ; il bat en retraite. Derrière nos retranchements nous devons protéger cette retraite. Nos fusils sont prêts, approvisionnés et chargés. Un régiment de hulans est signalé sur la route de Vezin (commune de Charency). Nous guettons. Ils sont à la poursuite des régiments qui se sauvent. Un obus vient de passer en sifflant. L'heure est grave, très grave. Nous devons rester là toute la nuit peut-être. Je voudrais bien être à demain matin. Six villages flambent à l'horizon. Les Allemands incendient, pillent, tuent, massacrent. Ce sont les vraies hordes teutoniques. Heureusement que la nuit vient. Ils ne peuvent plus nous tirer dessus avec leurs schrapnels. Nous verrons de la cavalerie et de l'infanterie ; on se battera à la baïonnette. Quelle affreuse chose que la guerre !

Lundi, 24 août. Nous sommes partis hier soir à 9 heures des tranchées, sans avoir eu l'occasion de tirer un coup de fusil sur les Prussiens. Nous avons évacué rapidement dans la nuit. En route, des traînards, des égarés revenant du combat, cherchant leur régiment. D'ailleurs pas d'affolement. Une retraite mais pas une déroute. Pas de désordre Des gradés sont là qui appellent les hommes, qui nomment les régiments. Le long de la route, les soldats du 101ᵉ sont couchés et dorment les poings fermés. Nous revenons vers Marville ; nous tournons à gauche et revenons au hameau Ham-lès-Saint-Jean où nous avons cantonné samedi (22 août). Couchons dans un hangar. Il est minuit.

Réveil à 2 heures. A 2 h. 1/2, de garde pour remplacer la section du 101. Suis en petit poste à 500 mètres du village près d'un gros arbre, derrière un talus. La nuit est fraîche ; nous ne remuons pas, ouvrant les yeux, écoutant de toutes nos oreilles. Nous avançons prudemment, baïonnette au canon, le doigt sur la détente. Le jour vient. Je change de position sur ordre du lieutenant. Je monte sur la crête : en avant l'artillerie commence à tirer. Des pièces tirent à gauche. Nous voyons des obus éclater. La canonnade est furieuse.

9 heures. Un avion allemand passe et nous salue d'une bombe qui ne fait aucun mal d'ailleurs, à moins que ce ne soit une fusée pour un signal quelconque. Des coups de canon. Exploration d'un petit bois en patrouille avec trois hommes.

11 heures. Lhommeau me relève. Je rends compte au capitaine de ma mission : il m'offre un verre de vin que je trouve excellent.

4 heures. Les troupes rentrent du combat. Le Ve corps. 82 4. Trois jours de bataille. Ils sont las, mais pas épuisés. Pas de désordre ni de désarroi. Nous leur portons des seaux d'eau.

5 heures. La canonnade reprend sur la droite principalement. L'armée allemande, au lieu de pénétrer en pleine France, longe la frontière.

Marville (25 août 1914)

Carnet DE GEORGES LHÔTE, SOUS-LIEUTENANT AU 31e D'ARTILLERIE

Mardi, 25 août. Depuis 5 heures, le canon tonne dans la direction de Marville comme hier. Rien de nouveau comme renseignements. On a vu passer des habitants des villages que les Allemands occupent. Nous reprenons position d'attente où nous étions hier, à 6 kilomètres du fort de Montmédy. 6 heures du soir : si je pouvais écrire tout ce que j'ai vu depuis 5 heures mon carnet serait rempli. A 1 heure, nous n'avons pas encore tiré et pourtant les Allemands ont beaucoup avancé. Ils ont pris Flassigny, puis sont entrés à Marville, et nous n'avons encore rien fait ! A une heure, on a donné l'ordre de partir. Jusqu'à Remoiville (1) tout a été bien quoique cela ressemblât déjà à une retraite ; mais après quelle tristesse, oh, mon Dieu ! La route que nous prenons est

____

(1) A 8 kilomètres au Sud de Montmédy, sur le Loison.

pleine de tuyards ! Fantassins du 124e, artilleurs du 2e et bien d'autres ; tout le monde marche pêle-mêle vers Jametz et Baalon. Les troupes sont coupées par quantité de pauvres gens qui fuient devant l'ennemi avec leurs troupeaux, leurs maigres bagages. Pauvres gens ! Quelle confiance ils avaient pourtant en nous ! Quand je revois l'enthousiasme à Paris ! Nous nous arrêtons à Bois-Robert, à 6 kilomètres de Baalon pour défendre le passage. Peut-être y resterons-nous ? Oh mon Dieu ! n'oubliez pas votre France ! C'était votre pays préféré, et, malgré toutes nos erreurs, vous ne l'avez pas oublié ! et, toi, petite Yvonne, ainsi que ma chère maman, priez bien pour nous...

Le lieutenant seul remonte le moral de tout le monde. Le premier groupe reste seul avec le colonel (Wallut) pour défendre la retraite. Notre marche continue aussi triste. Nous passons par Stenay ; la nuit commence à tomber. Nous allons cantonner à Montigny-Saulmory (7 kilomètres environ au Sud de Stenay).

Carnet DE L'ABBÉ PATOUREAU, DU 31e D'ARTILLERIE

25 août. Recul jusqu'à Saulmory. La 7e (batterie) boit du champagne ; cantonnement. 40 kilomètres ; au trot en batterie à 1500 mètres d'Iré-le-Sec ; coucher dehors. Le 26e d'artillerie est battu à Marville, recul au galop ; 18 kilomètres en 1 h. 1/4 jusqu'à Saulmory ; dîner à 11 heures du soir.

Carnet D'EMILE LHÔTE, SOUS-LIEUTENANT AU 130e D'INFANTERIE

Mardi, 25 août. Creusons tranchées à un kilomètre au N.-O. de Velósnes. La 7e division (101, 102, 103, 104) lâche pied, dit-on, plus au Sud. Ordre de retraite sur Iré-le-Sec et Marville, mais on apprend que Marville est occupé par les Allemands. Il fait chaud. On grimpe une côte à pic. Les hommes sont fatigués. Certains, pour couper au court, traversent une crête. Les obus ne tardent pas à arriver juste derrière nous. Panique. Le capitaine de la Chenelière remonte les hommes, les encourage. Traversée longue et pénible de la forêt de Woevre. On arrive au cantonnement. Ce n'est pas celui-là. Les hommes refusent de se lever (!!!) pour faire 3 kilomètres de plus. Nous cantonnons à Milly-devant-Dun où nous arrivons à minuit.

Carnet DE LÉON LHÔTE, ADJUDANT AU 117e D'INFANTERIE

Mardi, 25 août. A 9 heures, on repart (de Dampicourt) pour une dizaine de kilomètres. A midi, on fait le café ; on repart pour 8 kilomètres et finalement on traverse villages sur villages pour arriver à 10 h. 1/2 du soir, éreintés, à Bantheville, ayant fait au moins 42 kilomètres (1). Je dors 1/2 heure.

Carnet D'ETIENNE NICKLÈS, SERGENT AU 315e D'INFANTERIE

Mardi, 25 août. Hier soir à 7 heures, sac au dos. Rejoignons le bataillon sur la route de Marville. Le 102e arrive. Recevons l'ordre de former les faisceaux et de coucher sur le bord de la route pour y dormir. La nuit est venue ; il fait humide et froid. Sommes soutiens d'artillerie. – 6 heures du soir. Quelles heures nous venons de passer ! J'ai reçu le baptême du feu. J'ai entendu claquer et siffler les balles et éclater les obus au dessus de ma tête. Nous sommes partis au petit jour, les trois sections en échelon, la nôtre immédiatement entre les pièces. Nous marchons vers Marville. Nous y arrivions à peine que les obus allemands pleuvent sur les parcs. En même temps une volée de balles siffle à nos oreilles et claque tout près de nous. Nous nous mettons au talus ; impossible de tirer, trop de brouillard. La batterie ouvre le feu à 800 mètres ; le tir allemand se ralentit puis reprend. Les chevaux de cette pauvre artillerie sont criblés ; on voit le sang couler des blessures ; ces braves bêtes ne paraissent pas s'en apercevoir. Un homme est tué à côté de moi d'une balle dans la bouche. Lebray est blessé d'une balle dans la cuisse et se plaint. Nous rampons à plat ventre au talus pour gagner un mur en arrière. Nous passons un endroit découvert et très dangereux ; une fois passé, je regarde derrière moi, tout le monde suit en ordre. Le mur : en tirailleurs derrière les créneaux. Les balles sifflent et font sauter pierres et moellons. Puis c'est la danse des schrapnels : ils éclatent au-dessus de nous sans nous faire grand mal ; mais quelle musique et quelle fumée. Des uhlans débouchent de Ham. Un feu de salve à 600 mètres ; on

---

(1) De Dampicourt (Belgique) à Bantheville (France) on compte, en effet, 42 kilomètres envtron.

voit des chevaux sans cavaliers. Nos coups ont porté. A cette heure, je n'ai plus peur, je ne songe qu'à me garantir et à commander le feu. Une pluie de schrapnels tombe sur nous. — En retraite sur Marville. Les balles sifflent. Un pont balayé par les mitrailleuses allemandes. Nous passons tout de même sains et saufs. Nous montons dans une rue ; les ricochets claquent. Nous voilà enfin sous la porte du château. A l'abri derrière le mur. Quelle joie ! Quel soupir ! Nous nous serrons les mains. Nous trouvons une grange où s'abritent des hommes du 1er génie qui nous donnent à manger.

Les Allemands commencent à bombarder la ville avec des obus de siège. Nous passons entre les maisons qui flambent ; les obus éclatent au dessus de nous ; les tuiles et les pierres volent de tous côtés. Personne n'est touché. Les balles tintent contre les cloches.

Sortis de Marville par l'W. Sur la route de Jametz, nous rejoignons une partie du 315. Retrouvons l'adjudant et le reste de la section, puis le lieutenant Wiriot. Dans les tranchées. Des obus percutants à la mélinite. Un sifflement : en voilà un qui arrive. Nous nous couchons derrière un tas de gerbes, deux hommes du 102e et moi. Quelques secondes de folle attente. Va-t-il tomber sur nous ? Il éclate enfin à 10 mètres en avant. Pas de mal, mais couverts de terre et de pierres et jetés en arrière. Nous nous rallions et nous continuons la retraite sous la protection de l'artillerie. Nous passons des villages vides : les paysans se sauvent du côté de Verdun. Quelle tristesse ! Derrière nous, Marville flambe. Nous faisons la pose pour laisser passer le convoi qui file au galop, sans désordre, sans désarroi. Beaucoup d'hommes isolés du 124e, du 102e qui se joignent aux unités ; sommes très fatigués. Arrivons à Dun-sur-Meuse sur les 1 h. 1/2 du matin. Cantonnons chez un négociant ; une centaine d'hommes dans un grenier sur la planche. Je dors immédiatement écrasé de fatigue.

Carnet DE MARCEL TAROT, CAPORAL AU 315e D'INFANTERIE

25 août. Marville. Baptême du feu. Vers 3 h. 1/2, en tirailleurs sur la crête. A 4 heures, premier obus. Presque aussitôt, ordre de se replier au Sud du village. Je reste avec un lieutenant et quelques hommes dans le cimetière que nous quittons les derniers.

Le soir à l'appel, nous ne sommes que 7 combattants indemnes sur 52 (1).

Après Marville

Du 26 Août au 1ᵉʳ Septembre 1914

Carnet DE GEORGES LHÔTE, SOUS-LIEUTENANT AU 31ᵉ D'ARTILLERIE 9ᵉ BATTERIE.

Mercredi 26 août. C'est bien l'affreuse retraite que nous avons commencé hier ; nous allons probablement rester ici à Montigny-Saulmory) quelques jours pour reformer un corps d'armée avec le IVᵉ et le Vᵉ qui sont bien abattus. Nous nous tenons sur nos gardes dans la crainte que l'ennemi ne nous poursuive. Ici la ligne (de Verdun à Sedan par Saulmory) a été coupée sur 500 mètres. Le moral n'est pas très bon et cela me désole encore plus. Nous restons là sans nouvelles, sans savoir si d'autres pourront réparer tout le mal que nous avons laissé faire. Les Russes vont-ils forcer les Allemands à se retourner un peu contre eux ? Je suis bien triste à la pensée de tout ce que vont dire les journaux allemands à notre sujet. Nous étions si pleins de confiance ! Oh ! mon Dieu ! plus que jamais bénissez notre beau pays de France !

Nous avons reculé jusqu'à une crête située près d'Autreville (2). Nous ne devions y rester que deux heures et nous y sommes sans bouger depuis six heures... Toute la soirée, il est passé des troupes en retraite. — Dois-je enregistrer ce qu'on dit officieusement ? C'est tellement triste que je ne l'ose pas. Et pourtant si : on dit que nous n'avons plus d'infanterie, car elle a reculé honteusement, quelquefois même sans se battre. Ce seraient surtout les régiments de Paris qui se seraient le plus mal conduits. Ceci pour le IVᵉ et le Vᵉ corps seulement. Pourvu, oh ! mon Dieu ! que la défaite ne

---

(1) Marcel Tarot écrit dans une lettre à sa femme : « Je me suis trouvé plusieurs fois en plein feu, en particulier le 25 août où la moitié de ma section est restée, et le 13 septembre où nous sommes restés 7 combattants indemnes sur 52 ». *Marcel Tarot,* par Robert Cornilleau, 1916, p. 51. Ici Tarot commet une confusion entre les événements du 25 août et ceux du 13 septembre.

(2) Plutôt Aincreville.

soit pas sur toute la ligne. Nous avons passé la Meuse ce matin et nous entendons de temps à autre des coups sourds; ce seraient les ponts qui sautent.

Jeudi, 27 août. Nous avons quitté notre position d'attente sans avoir rien fait. A la nuit, nous sommes allés bivouaquer à Aincreville, comme les autres soirs; triste campement dans la nuit, mais cette nuit il a plu constamment. Nous avons fait la cuisine dans la boue et nous nous sommes couchés comme nous avons pu sous la pluie, à minuit.

A 2 h. 1/2, réveil; il pleut toujours. Nous partons et nous mettons en batterie en la position où nous étions hier pour défendre le passage de la Meuse dont nous dominons la vallée. Nous sommes traversés et sans abri, nous n'avons que de la paille mouillée. —

Le P. de Forceville vient nous voir, nous annonce de meilleures nouvelles des armées du Nord et d'Alsace, et nous donne à tous l'absolution! C'est donc toujours de vous, oh! mon Dieu! que nous vient le réconfort dans les jours de tristesse!... De meilleures nouvelles viennent de nous arriver à 5 heures du soir et, le soleil s'en mettant, je suis moins triste...

Vendredi, 28 août. Les bonnes nouvelles d'hier soir se confirment. On dit qu'en Belgique une grande bataille s'est livrée, dont le deuxième jour avait été mauvais pour nous, mais dont la troisième journée aurait été nettement à notre avantage. A Lunéville et à Nancy, les Allemands auraient été repoussés sur le XIᵉ corps d'armée. En Alsace, nous aurions quelques cavaliers au delà du Rhin, enfin, tout près d'ici, à Stenay, les Allemands auraient essayé de passer la Meuse et n'auraient pû y parvenir. Succès aussi à Beaumont. Toutes ces nouvelles, je ne les inscrits que sous réserve, car je n'en ai pas de confirmation officielle. — Ce matin, réveil à 2 heures... Toujours bivouac à Aincreville. Nous rentrons dans nos cantonnements, heureux d'avoir devant nous 5 h. 1/2 pour dormir. A 8 h. 3/4, alerte, nous allons atteler. A 10 heures, rien encore; on dételle et nous rentrons dormir. Nous y avons tout de même gagné deux chevaux de cavalerie allemande qui nous sont affectés.

Samedi, 29 août. Nouvelle alerte à deux heures. Nous allons reprendre toujours la même position. Nous commençons à tirer un peu après l'aurore et tout de suite par les grands moyens. Vers midi, nous sommes sérieusement attaqués pendant deux heures environ ; pourtant notre artillerie semble avoir le dessus. — Malgré cela, la 7e division (101, 102, 103, 104) a encore reculé et nous reculons aussi vers 4 heures jusqu'à Bantheville. Cette marche en arrière a été d'un triste ! Nous sommes tous ennuyés et dégoûtés. J'en suis au point de désirer le sort des blessés qui ne sont pas témoins d'une pareille honte ! Mise en batterie à Bantheville... A 7 heures, on part et nous allons cantonner à Romagne.

Dimanche, 30 août. Nous revenons occuper la même position qu'hier. A 7 heures, nous partons pour nous porter un peu en avant Serait-ce enfin un commencement d'offensive? Mon Dieu! soyez toujours avec nous! En vous seul maintenant j'ai confiance pour nous garder! — Nous nous sommes encore portés un peu en avant dans la direction de Stenay; nous avons un peu tiré, assez reçu, mais sans aucun dommage. On dit que Longwy a capitulé, que la flotte allemande a reçu un échec? Nous allons, à la nuit, bivouaquer à Villers (devant Dun).

Lundi, 31 août. Ce matin repos troublé par quelques projectiles. Vers 8 heures, on entend une assez vive fusillade. Nous tirons sur Dun (sur Meuse), pour favoriser la rentrée de l'infanterie dans Doulcon qui se trouve au bord de la Meuse (rive gauche, en face de Dun). Nous ne voyons pas grand chose, le soleil est contre nous. Dun commence à brûler. Sur le soir, nous apprenons de mauvaises nouvelles ; le 117e a tenu toute la journée contre une masse formidable d'infanterie allemande et a été obligé de quitter Montigny (devant Sassey). Le 115e se replie honteusement par petits paquets de cinq à six hommes. Ils en ont, disent-ils, reçu l'ordre. Nous sommes écœurés, mais il n'y a rien à faire. Nous n'avons devant nous qu'une compagnie de soutien qu'on a dû aller chercher. Nous couchons sur nos positions de batterie. Devant nous une lueur formidable : c'est Dun qui brûle toujours. Je me suis avancé sur la crête pour voir cet incendie. Le feu est dans tout le village et les arbres de la terrasse de l'église se détachent en noir sur un fond de flammes. Pauvre petit village ! il était si joli l'avant-veille quand nous étions passés au bas de la colline sur laquelle s'élevait la tour carrée de son clocher et la terrasse de son église. — Une chose m'inquiète aussi : c'est Léon (Lhôte). Depuis quatre jours, le 117e a beaucoup donné. Comme c'est à peu près le seul régiment du corps d'armée qui se soit bien battu, quand donc le reverrai-je maintenant?

Carnet DE L'ABBÉ PATOUREAU, DU 31ᵉ D'ARTILLERIE,
7ᵉ BATTERIE.

26-27 août. Parti de Saulmory à 8 heures pour Aincreville. Coucher dehors sous une pluie battante. Réveil à 3 heures, mise en batterie, pluie toute la matinée. Traversée de la Meuse.

27-29 août. Coucher à Aincreville; réveil à 2 heures; nos canons détruisent uhlans. Coucher à 8 heures; alerte à 8 h. 1/2; recoucher à 10 heures; réveil à 1 h. 1/2; canons toute la journée. Obligé de reculer vers 5 heures du soir sur Bantheville. Bombardement du village. Départ pour Romagne.

30 août. En batterie devant Villers-devant-Dun; obus en masse; pas de dégâts.

31 août. Bataille toute la nuit. Bombardement de Dun. Le feu. Mitrailleuses allemandes placées dans les greniers jusque dans le clocher, détruites par le 31ᵉ d'artillerie. Confession, absolution donnés à deux fantassins mourants. Bivouac sur place. Bataille d'Andevanne et de Doulcon. Pluie d'obus au dessus de nos têtes toute la journée. Ferme de l'espion, bataille du vin, pillage de la ferme, deux prisonniers allemands.

Carnet D'EMILE LHÔTE, SOUS-LIEUTENANT AU 130ᵉ D'INFANTERIE

Mercredi, 26 août. Le matin, la compagnie part sans réveiller la fraction avec laquelle je dors. Le régiment se reforme un peu à Doulcon. Distribution. Cuisines. Cantonnement à Romagne-sous-Montfaucon. Cette journée nous a reposés.

Jeudi, 27 août. Nous partons de Romagne à 10 heures pour Andevanne. Mauvais chemin entre Bantheville et Romagne...

Vendredi, 28 août. La 7ᵉ division (101, 102, 103, 104) traverse Andevanne pour appuyer, me dit-on, le corps d'armée de gauche. Cantonnement à Andevanne.

Samedi 29 août. Réveil à 3 heures. Rassemblement sous bois à l'Est d'Andevanne. Nous en repartons pour creuser des tranchées vers 10 heures, au Sud d'Andevanne, face Nord-Est, près de la ferme du Grand-Carré. Ordre à la compagnie d'aller aider le génie à creuser des tranchées près de la ferme de la Bergerie. Recevons outils de parc et partons par la grande chaleur. Les hommes surchargés n'en peuvent plus. Chesneau tombe sur la route. Je m'entends avec le commandant de la section du génie pour laisser reposer la compagnie et faire le café. Pendant ce temps, ordre de revenir à la ferme du Grand-Carré (3 kilomètres), occuper les tranchées du génie jusqu'à une heure. Pas de distribution.

Dimanche 30 août. Nous remplaçons le 115e dans les tranchées en avant de Bantheville. Cannonnade d'obusiers qui cherche l'artillerie pourtant loin derrière nous. Pas de pertes à la compagnie qui resta presque seule dans les tranchées, la 9e, la 12e et partie de la 10e s'étant repliées par erreur. Nous attendons toute la nuit dans les tranchées. Pas de distribution.

Lundi 31 août. Le capitaine Larère envoie Glauzmann, fourrier de la 11e, à la recherche du régiment. Il se rassemble à Villers-devant-Dun avec le bataillon de dépôt. Pas mangé. Pas de distribution. L'artillerie française en position près du village. Tout d'un coup, deux obus sur le village. Panique. Beaucoup fuient dans un bois où les obus ne tardent pas à tomber. Le restant de la compagnie, encore assez nombreuse, demeure couchée dans un champ. Bivouac près de Villers-devant-Dun jusqu'au matin. Nous avons vu du 117e se replier, après s'être battu deux jours. Le sort de Léon (Lhôte) m'inquiète. Pas de distribution.

Carnet DE LÉON LHÔTE, ADJUDANT AU 117e D'INFANTERIE.

Mercredi, 26 août. A 2 heures du matin, on repart faire des tranchées. Les tranchées finies, on nous dit que nous sommes en danger; il faut partir à midi à travers bois. On traverse la Meuse à Dun et cinq minutes après notre passage les ponts sur la Meuse sautent. A la nuit tombante, on arrive à Aincreville. Nous sommes bien serrés, mais on y dort très bien et longtemps. Nous en avions bien besoin. J'avais les pieds très fatigués et brûlants.

Jeudi, 27 août. On fait trois kilomètres et on passe une bonne après-midi à se reposer, manger, se laver et toucher des vivres. On cantonne dans une bonne grange à Villers-devant-Dun.

Vendredi 28 août. Mais à 2 h. 1/2 du matin, alerte. On part, on fait trois kilomètres et on reste là toute la journée. Dans l'après-midi, je vois mon ami Linais. On cantonne à Montigny. J'ai une colique terrible.

Samedi 29 août. On part à 3 heures s'installer en petit poste sur la rive gauche de la Meuse. On voit quelques uhlans de l'autre côté de l'eau. On entend quelques coups de canons au dessus de nos têtes. A 4 heures du soir, faux départ sur l'ordre du commandant. On revient. A peine arrivés, départ pour une vingtaine de kilomètres. On met les sacs à la voiture. Je suis chargé de la conduite de la voiture. Je monte dessus. On bivouaque à Romagne-sous-Montfaucon.

Dimanche 30 août. Je me fait porter malade à cause de mes pieds. On m'envoie à Eglinfontaine, de là à Varennes, Ville-sur-Tourbe et Troyes.

Carnet d'Etienne Nicklès, sergent au 315e d'infanterie.

Mercredi, 26 août. A l'appel du matin (à Dun-sur-Meuse), il manque une section, la 2e et la 7e demi-section. Nous sommes très inquiets sur leur compte. Sont-ils tués, blessés ou prisonniers ?

A 8 heures, nous passons la Meuse ; le génie fait sauter les ponts derrière nous. Rassemblement dans un verger. A 11 heures, une troupe arrive. Nos camarades sont là. Quel bonheur de les retrouver : on les entoure, on leur serre la main, on les questionne ; nous avons tous les larmes aux yeux. Ils sont tous là : Allain, Cochet, Morhange, Billot, Thauvin et les hommes. — Départ à 3 heures. Arrivée à Sommerance (Ardennes) à 6 h. 1/2. Bon cantonnement : de la paille ; un peloton dans une grange. Nous sommes serrés, mais nous dormons bien tout de même.

Jeudi, 27 août. J'ai toujours des courbatures. Le moral est meilleur que ces jours derniers. Je n'entends plus le sifflement des balles et les coups de canons. J'ai eu cette obsession dans les oreilles depuis avant-hier. — Départ à 11 heures pour Landres (3 kilomètres). Midi. Arrivée à Landres... Bonnes nouvelles arrivées. Des succès en Lorraine. Recueillies d'abord avec un peu de septicisme, puis confirmées. Moral remonté complètement...

Vendredi, 28 août. Départ à 4 h. 1/2 du matin. Destination inconnue. Direction paraissant à l'Est ou au N.-E. Passé par Remonville, Villers-devant-Dun. Longue pose. Des coups de canons dans le lointain. Les Allemands ont, paraît-il, jeté une passerelle sur la Meuse. Des fractions de cavalerie et d'infanterie sont passées ; après quoi l'artillerie française a fait sauter le pont. Une partie des troupes ennemies a été rejetée à la rivière, le reste erre autour de nous. Un avion allemand passe. — 10 heures, même chose. — La pose sous bois. On n'entend plus le canon. Un facteur nous donne des nouvelles officielles : 3.000 Boches dans la Meuse; une division anéantie dans Sedan; un corps anéanti sous Lunéville. Ça marche. — Des gens passent venant de la frontière belge : des files de gens à pied, boueux, las, tristes; des petits enfants; des matelas dans des voitures. Quelle tristesse que tout cela! Espérons que ces horreurs vont s'arrêter et que ces pauvres gens seront à l'abri derrière nous. — 6 heures, rentrée au cantonnement. Bonnes nouvelles confirmées. On entend le canon au N.-E. — Nons devons être prêts à partir dans la huit.

Samedi, 29 août. Départ 2 h. 1/2 du matin. Passé à Rémonville, Villers-devant-Dun, Andevanne (Ardennes). Pris position à 2 kilomètres environ E. d'Andevanne. En ligne de section par quatre. Nous attendons derrière une crête. Le canon tire à côté de nous des coups espacés. Aucun bruit de bataille. — 8 *heures. En arrière.* Revenons au N. d'Andevanne pour creuser des tranchées. Nous n'entendons rien : ni canons, ni fusillade. Les crêtes en avant de nous. D'autres travailleurs piochent eux aussi. Couchés dans les tranchées jusqu'à 10 heures. — Rentrée à Landres. Même cantonnement.

Dimanche, 30 août. Départ, 3 heures du matin. Halte près de Romagne (sous Montfaucon). En tirailleurs dans les tranchées à l'W de Bantheville. Nous voyons éclater devant nous d'énormes obus allemands qui claquent en faisant une énorme colonne de fumée. D'où nous sommes, nous les voyons éclater avant d'entendre le sifflement et le coup. Des colonnes du IVᵉ corps gagnent la crête en face. Les marmites allemandes tombent entre nous et un terrain vide heureusement. Il fait chaud dans la tranchée. Le soleil tape en plein. Je m'abrite de mon mieux ainsi que mes camarades derrière des gerbes de blé. Des batteries françaises tirent à côté de nous! On entend ronfler les obus. Les Allemands leur répondent, mais beaucoup sont trop courts. — Je fume ma pipe et j'ai soif. — 5 heures. Une batterie française tire à côté de nous. Nous entendons distinctement les commandements : 4.600; diminuez de 18 — à obus explosifs, feu. — Et les coups tonnent. nous faisant du vent dans la tranchée : les obus passent en sifflant. Les marmites allemandes éclatent plus loin que ce matin.

Lundi, 31 août. Nous avons couché dans les tranchées. Sommes partis à 9 heures pour Villers-devant-Dun. En arrivant, j'ai vu Beslin, le sabotier : se porte bien. Nous nous portons sur un bois à l'Est de Villers. Les obus, petits et gros, pleuvent. Quelques balles sifflent. Nous nous couchons dans les fossés. — En retraite avec la division. Nous avons failli être cernés. — Nous nous arrêtons dans des tranchées en avant de Villers-devant-Dun pour couvrir la retraite. — La nuit se passe tranquille. Suis en petit poste de minuit à trois heures. Un village flambe derrière les bois. Des roulements de voiture dans le lointain derrière la crête. Ce doit être l'artillerie allemande. Puis on les entend parler et chanter.

LE 117ᵉ D'INFANTERIE AU COMBAT DE VILLERS-DEVANT-DUN, MONTIGNY-DEVANT-SASSEY (30-31 AOUT 1914), D'APRÈS LE GÉNÉRAL JULLIEN, COMMANDANT ALORS LE RÉGIMENT.

Vers la fin de la journée du 30 août, le 117ᵉ reçoit l'ordre d'attaquer Montigny-devant-Sassey, occupé par l'avant-garde de l'ennemi qui vient de franchir la Meuse.

A la tombée de la nuit, le village est enlevé.

Le lendemain 31, le 117ᵉ a l'ordre de tenir à tout prix dans le village et ses abords, pour permettre à la 8ᵉ division de se porter hors de la région des côtes de la rive gauche de la Meuse. Le régiment résiste pendant 26 heures, tenant en échec plus d'une division, soumis au feu de toute l'artillerie d'un corps d'armée allemand, isolé, sans soutiens, appuyé seulement par une batterie de 75, réduite rapidement au silence; la plus grande partie du village est en flammes; l'ennemi donne l'assaut, maison par maison; il met le feu à la grange où sont rassemblés nos blessés, on fusille les brancardiers. Le colonel pris dans la gerbe d'un 77, qui éclate sur un homme placé devant lui, est laissé pour mort. Il doit faire le coup de feu avec une centaine de gradés et hommes avec lesquels il se dégage et peut rejoindre le corps d'armée, 48 heures plus tard.

Pertes : 15 officiers, 1.021 hommes.

La retraite se continue sur l'Argonne.

LE 117ᵉ D'INFANTERIE DE VIRTON A MONTIGNY D'APRÈS
L'HISTORIQUE DES RÉGIMENTS RATTACHÉS AU DÉPOT DU MANS

De Virton à Montigny, le 117ᵉ couvre la retraite de la division. La Meuse est passée à Dun où l'on doit faire sauter le pont sur les traces de nos hommes. Marches et contre-marches épuisantes. A Montigny, il faut tenir et se faire tuer. Le 117ᵉ n'y manque pas. La rage allemande s'acharne sur le village où plusieurs de nos compagnies, la 6ᵉ, la 7ᵉ, la 3ᵉ, doivent être décimées avant de livrer passage. Là, disparaît le capitaine *Dibinger* (1) à qui un sous-officier allemand veut arracher sa croix et qui abat l'insulteur d'un coup de revolver. — Le colonel Jullien se met à la tête d'une demi-section, prend un fusil et, avec une indomptable énergie, barre le chemin.

Toujours en retraite

1ᵉʳ - 2 *Septembre 1914*

Carnet DE GEORGES LHÔTE, SOUS-LIEUTENANT
AU 31ᵉ D'ARTILLERIE.

Mardi, 1ᵉʳ Septembre. Réveil en silence (à Villers-devant-Dun). On attelle en silence et nous reculons toujours. Heureusement, en passant à Romagne (sous-Montfaucon), nous voyons le VIᵉ corps (2). Peut-être va-t-il prendre notre place et faire meilleur ouvrage que nous. — Nous nous sommes retirés jusqu'à Fléville.

---

(1) Il habitait au Mans, 17, avenue du Pont-de-fer.

(2) De Châlons-sur-Marne : 91ᵉ d'infanterie (Mézières); 94ᵉ (Bar-le-Duc); 106ᵉ (Châlons-sur-Marne); 132ᵉ (Reims); 147ᵉ (Sedan); 148ᵉ (Rocroi-Givet); 150ᵉ (Mézières-Saint-Mihiel); 151ᵉ (Reims-Verdun); 154ᵉ (Bar-le-Duc-Lérouville); 155ᵉ (Châlons-Commercy); 161ᵉ (Reims-Saint-Mihiel); 162ᵉ (Reims-Verdun); 164ᵉ (Verdun); 9ᵉ bataillon de chasseurs à pied (Epernay-Longwy); 18ᵉ bataillon (Epernay-Stenay); 19ᵉ bataillon (Epernay-Verdun); 25ᵉ bataillon (Epernay-Saint-Mihiel); 3ᵉ cuirassiers (Reims-Vouziers); 6ᵉ cuirassiers (Camp de Châlons-Sainte-Menehould); 9ᵉ dragons (Epernay); 16ᵉ dragons (Reims); 22ᵉ dragons (Reims); 28ᵉ dragons (Château de Villers-Sedan); 30ᵉ dragons (Château de Villers-Sedan); 5ᵉ chasseurs (Camp de Châlons-Châlons); 10ᵉ chasseurs (Sezanne-Champigny); 12ᵉ chasseurs (Sezanne-Saint-Mihiel); 15ᵉ chasseurs (Châlons-sur-Marne); 2ᵉ hussards (Reims-Verdun); 4ᵉ hussards (Reims-Verdun); 5ᵉ d'artillerie (Verdun); 25ᵉ (Châlons-sur-Marne); 40ᵉ (Saint-Mihiel); 46ᵉ Châlons-sur-Marne); 61ᵉ (Verdun-Charleville). Génie.

Tout le Ve corps (1) y est également passé. L'impression est bien mauvaise ; les gens font leurs préparatifs pour émigrer. De plus en plus, j'ai la mort dans l'âme une tristesse que je n'avais jamais ressentie m'accable toujours davantage. Les Allemands seraient, paraît-il, jusqu'à La Fère ! Quelquefois, je désirerais être blessé pour ne plus voir tous ces malheureux. Si jamais j'avais pensé qu'une guerre soit chose aussi triste ! Pourvu, oh ! mon Dieu ! que cette retraite cesse et que nous empêchions les Allemands de passer ! Une espérance et deux souvenirs (sa mère et sa fiancée) me soutiennent cependant et me font encore entrevoir un horizon souriant ! — Le 117e est ici (à Fléville), mais pour plus de tristesse Léon (Lhôte) n'y est plus ; il a dû probablement rentrer dans un dépôt à la suite d'une maladie (2). J'ai eu le temps de passer à l'église où j'ai vécu tout de même quelques bonnes minutes. Qu'ils doivent être malheureux, oh ! mon Dieu ! les pauvres gens qui voient leur patrie comme je la vois et qui n'ont pas leur suprême espoir en vous.

Mercredi, 2 septembre. A minuit, alerte ; on attelle et on part. Nous arrivons à 10 heures par Varennes, Vienne-le-Château, à Sainte-Menehould (3). Décidément, c'est bien la reculade. J'en ai été malade et j'ai dû faire l'étape sur une voiture. Le soir, j'ai vu Léon (Lhôte). Comme j'ai passé une bonne heure. Plus de nouvelles de maman ni d'Yvonne. J'ai été nommé sous-lieutenant.

Carnet DE L'ABBÉ PATOUREAU, DU 31e D'ARTILLERIE, 7e BATTERIE

1er septembre. Départ à 4 heures. Obus sur la colonne. Espion tué en cours de route (4). Arrivée à Fléville.

2 septembre. Départ à minuit pour Sainte-Menehould. Ravitaillement. Embarquement toute la nuit. Passage à Troyes (3 septembre). A 9 h. 1/2 arrêt à Emerainville (Seine-et-Marne), Pantin,

---

(1) D'Orléans : 5e d'infanterie (Falaise-Paris) ; 31e (Melun-Paris) ; 46e (Fontainebleau-Paris) ; 76e (Coulommiers-Paris) ; 82e (Montargis) ; 89e (Sens-Paris) ; 113e (Blois) ; 131e (Orléans) ; 1er dragons (Joigny) ; 7e dragons (Fontainebleau) ; 13e dragons (Melun) ; 29e dragons (Provins) ; 20e chasseurs (Vendôme) ; 8e hussards (Meaux) ; 11e hussards (Tarascon) ; 30e d'artillerie (Orléans) ; 45e d'artillerie (Orléans) ; Génie.

(2) On a vu plus haut, p. 264, qu'il avait été évacué comme malade.

(3) A 70 kilomètres de Virton.

(4) Voir plus haut, p. 262. (Ferme de l'espion).

Gennevilliers, les Grésillons, à Montereau près de Meaux ; coucher dans un château pillé par les Allemands. Air empesté.

Carnet d'Emile Lhôte, sous-lieutenant au 130ᵉ d'infanterie

Mardi, 1ᵉʳ septembre. Le régiment se replie sur Sommerance par Bantheville. Recevons détachement de dépôt. Réorganisation de la compagnie commandée par le lieutenant Gérault. Distribution le soir. Touchons enfin vivres de réserve. Cantonnement d'alerte. Nous sommes remplacés par le VIᵉ corps.

Mercredi, 2 septembre. Départ à minuit. Marche lente sur Apre-mont-Binarville. Traversée assez agréable de l'Argonne. Arrêt à Servon. Cuisines, mais pas de distribution. Départ pour la gare de Ville-sur-Tourbe où nous embarquons seulement à minuit.

Carnet de Léon Lhôte, adjudant au 117ᵉ d'infanterie

Mardi, 1ᵉʳ septembre. — (Léon Lhôte demande à repartir. Le lendemain à 3 heures du matin, il arrive à Sainte-Menehould.)

Mercredi, 2 septembre. — Arrivé à 11 heures à Sainte-Menehould. On apprend que tout le corps d'armée va passer en chemin de fer. Je m'ennuie dans la gare avec ces commissaires stupides qui, pour se débarrasser de nous, veulent nous faire prendre n'importe quel train. J'ai un plaisir : c'est de voir Georges Lhôte quelque temps. Son régiment (le 31ᵉ d'artillerie) s'embarque cette nuit. Résultat de mon voyage de santé : deux nuits sur trois en chemin de fer. Renvoi des médecins, qui veulent de débarrasser de nous, à d'autres qui cherchent également à en faire autant. Pourquoi nous envoyer si loin ? Les gares regorgent de médecins, six pour un blessé, et d'officiers à bandeau blanc qui ont l'air de ne savoir que faire. Il n'y en a généralement qu'un qui s'emploie à quelque chose. A Sainte-Menehould, il y avait plus de vingt employés qui ne faisaient rien. — Autre vision triste. Les émigrants partis de chez eux en voitures ; les villes complètement abandonnées ; la gare de Sainte-Menehould envahie par ces pauvres gens ; des femmes allaitant leurs enfants ! Où les dirige-t-on ? C'est comme pour nous, on ne sait pas !

Carnet d'Etienne Nicklès, sergent au 315ᵉ d'infanterie

Mardi, 1ᵉʳ septembre. — En retraite toujours. Sommes arrière-garde de la division (8ᵉ). Occupons successivement plusieurs lignes de tranchées. Nous restons les derniers. L'ennemi ne nous poursuit pas, sans quoi nous prendrions quelque chose ! — 2 heures, arrivée au cantonnement : Cornay (Ardennes), en passant par Bantheville, Romagne, Sommerance, Fléville. Nous sommes très fatigués. J'ai encore dans les oreilles le sifflement des obus, l'éclatement des marmites. Nous avons passé de rudes heures hier et aujourd'hui. J'en suis tout démoralisé ! Je croyais pouvoir m'habituer à cette vie de privations, de fatigues, de misères de toutes sortes ! Je croyais qu'avec de l'énergie, on en venait à bout ; mais je me sens le moins fort. Cette nuit, dans la tranchée, je pensais à mon foyer, à ma femme et à mon petit, quelle tristesse que tout ceci : des blessés, des morts sanglants, la peur, la faim, la fatigue, les nuits sans sommeil sur la terre humide, le froid du matin, la chaleur du midi, les villages qui brûlent, les gens qui se sauvent .. J'avais beau me faire de la guerre le tableau le plus effrayant, la réalité est encore plus terrible. Et encore, si nous sommes victorieux ! tout ne sera pas perdu.

Mercredi, 2 septembre. — Départ à minuit par alerte. Au loin, Landres flambe. — Passé par Châtel, Lançon, Autry, Condé-les-Autry, la Mare-aux-Bœufs, Servon (Marne). Sommes cantonnés à Servon, la compagnie dans une grange. Nous devous nous embarquer cette nuit peut-être pour une direction inconnue. — 4 heures. Des obus éclatent sur les bois à quelques kilomètres d'ici. — 5 heures. Quelques coups de fusil. Que va-t-il se passer ? Et nous ne partons que cette nuit, à 11 heures ou minuit peut-être ! Où allons-nous aller ? Personne n'en sait rien. Va-t-on se reformer en arrière ou se battre sous la Fère ? L'empereur d'Allemagne a, dit-on, demandé la paix à la Russie. Est-ce vrai ? Tant de fausses *nouvelles circulent !*

Vers Paris et la Marne

3-6 Semptembre 1914

Carnet DE GEORGES LHÔTE, SOUS-LIEUTENANT AU ‚31ᵉ D'ARTILLERIE.

Jeudi, 3 septembre. — On a embarqué (à Sainte-Menehould) après une attente de 4 à 5 heures du matin. Quel triste embarquement à côté de celui d'il y a un mois ! Mon capitaine et les lieutenants ont bien voulu m'admettre dans leur compartiment et j'en suis très flatté. Nous allons sur Noisy-le-Sec. Le soir nous passons à Troyes ; les gens nous accueillent encore bien gentiment ; leur au revoir ressemble un peu à celui de Paris, il y a un mois. La confiance de ces pauvres gens me gagne un peu ; ils n'ont pas l'air de se douter du recul formidable que nous faisons.

Vendredi, 4 septembre. — Nous devions arriver à 4 heures du soir hier à Noisy-le-Sec (Seine, arr. de St-Denis, canton de Pantin), et à 10 heures du matin, nous sommes encore à 30 kilomètres de Paris, arrêtés dans les champs depuis longtemps. Nous avons des journaux. *Ils sont tous d'un optimisme ! !* Ligne encombrée. Partout les gens sont d'une amabilité touchante. Ils ne veulent rien accepter et pourtant ils nous donnent ce qu'ils ont malgré leur pauvreté, à Gretz notamment (Seine-et-Marne, arr. de Melun, canton de Tournais.)

Samedi, 5 septembre. — Arrivée à Gennevilliers (Seine, arr. de St-Denis, canton de Courbevoie), à 10 kil. de Paris, quelle bonne journée. Je suis allé à Paris me faire habiller en sous-lieutenant...

Dimanche, 6 septembre. — Départ à 6 heures pour Montfermeil (Seine-et-Oise, arr. de Pontoise, canton de Gonesse), où nous sommes restés toute la journée. J'avais pour la première fois le plaisir d'avoir un lit. Malheureusement nous sommes partis à 9 heures ; nous avons passé toute la nuit... Nous avons traversé Champs-sur-Marne (Seine-et-Marne, arr. de Meaux, canton de Lagny) ; vu au clair de lune la propriété de Menier.

Carnet d'Emile Lhôte, sous-lieutenant au 130ᵉ d'Infanterie

Jeudi, 3 septembre. — Passage à Troyes. Apprenons que les Allemands sont à Compiègne ! ! !

Vendredi, 4 septembre. — 11 heures, débarquement à Pantin. Traversé des faubourgs de Paris. Les Parisiens distribuent chocolat, fruits, cigarettes et, malheureusement, trop de vin ! — 4 heures, arrivé à Gennevilliers. Cantonnement. Distribution. Réorganisation.

Samedi, 5 septembre. — Cantonnements consignés. Remise en main qui était nécessaire. Pas de nouvelles précises... Le soir, vu Georges (Lhôte) en sous-lieutenant...

Dimanche, 6 septembre. — Départ de la brigade vers 6 h. 1/2 pour Bondy. Midi, arrivée à Livry (Seine-et-Oise, arr. de Pontoise, canton de Gonesse) ; cantonnement à l'école Jacob... Prêts à partir à 21 heures...

Carnet de Léon Lhôte, adjudant au 117ᵉ d'Infanterie.

Jeudi, 3 septembre. — Départ à 3 heures du matin de Sainte-Menehould avec le 1ᵉʳ bataillon du 117ᵉ. Je suis logé dans une guérite et, ma foi, j'y suis très bien. Mon train est effrayant de lenteur et d'arrêts. Mes coliques n'ont pas encore cessé. Je dors dans ma guérite. Nous allons vers Paris en repassant par Troyes. 40 heures de chemin de fer.

Vendredi, 4 septembre. — Toujours dans le train. A 8 heures, on rencontre un train d'Anglais qui vont en sens inverse de nous. Ils sont très gais. On débarque à 4 heures du soir. Le 1ᵉʳ bataillon avec lequel je suis, fait le café. Je vais à la recherche de ma compagnie. J'arrive à la gare en même temps que le train et je retrouve presque toute ma section et elle seule de la compagnie. Pendant mon absence, le régiment s'est battu à Montigny (Montigny devant Sassey, Meuse). Le dimanche soir, 30 août, le 117ᵉ a repris Montigny sur les Allemands, mais le lendemain, ils ont reçu une canonnade et fusillade de 6 heures du matin à 2 heures du soir (1). Le capitaine leur a dit : « Vous êtes fichus. Vous n'avez qu'à vendre chèrement votre peau ».

---

(1) Voir, page 84.

Le lieutenant Caurière est arrivé à se retirer et à prouver qu'on pouvait se replier J'ai donc retrouvé ma section. Il reste environ 50 hommes sur les 250 primitifs.

Il faut signaler l'accueil qui nous a été fait par la population des faubourgs de Paris. Ils nous ont donné des pains entiers, du chocolat. Je reçois une boutèille d'alcool de menthe, des poires, du vin, de tout. Nous faisons 5 kilomètres pour coucher à Asnières dans l'école de filles. Je couche sur le plancher.

Samedi, 5 septembre. — Je suis de jour. On ne peut sortir du cantonnement. L'après-midi, revue du colonel. Le soir, je vais dîner gaiement en ville avec d'autres sergents et le nouvel adjudant. Je couche encore sur le plancher.

Dimanche, 6 septembre. — Je croyais qu'on allait encore se reposer. Non. On part à 6 heures du matin. Marche sur les pavés. On a vu le Raincy, où on arrive à 2 heures. Réception magnifique, en particulier d'un petit homme à lunettes qui a distribué poires, pommes, vin bouché. Départ à 10 heures du soir.

Carnet D'ETIENNE NICKLÈS, SERGENT AU 315ᵉ D'INFANTERIE.

Jeudi, 3 septembre. — Nous ne nous sommes pas embarqués hier au soir (à Servon). Trop d'encombrement à la gare.

A 5 heures, départ à pied. Les coups de canons se rapprochent.

Le 91ᵉ (régiment du VIᵉ corps, Mézières), protège le mouvement. Marche difficile jusqu'à Moirement (Marne, arr. et cant. de Sainte-Menehould). Des convois de l'artillerie encombrent la route. Arrivons à Sainte-Menehould. Grand'halte au sortir de la ville. Des régiments du IVᵉ corps passent pour s'embarquer. Vu le journal d'hier. Bonnes nouvelles ; l'espoir renaît. Cantonnement à Verrières, à 2 kilomètres de Sainte-Menehould. Nous n'entendons plus le canon. Tous se dérident ; on plaisante ; on s'appelle ; un homme chante. Bon cantonnement. Nous avons bien mangé et bien bu. Pour la première fois depuis mon départ, j'ai mangé du pain blanc.

Vendredi, 4 septembre. — Nous nous sommes embarqués hier soir. Ce matin, départ à 3 heures. Passé par Villers-en-Argonne, Ante. Givry-en-Argonne. Grand'halte. Arrivée à Sommeilles vers midi. Marche très fatigante ; chaleur écrasante. Va-t-on s'embarquer ici ? — 9 heures du soir, nous nous embarquons.

Samedi, 5 septembre. — Je suis tout courbaturé et j'ai mal dormi. Nous nous arrêtons souvent ; d'autres trains nous croisent. Venons de passer Chevillon au moment où je me réveille Joinville : je reconnais la ligne. Bologne. Nous bifurquons laissant Chaumont à gauche. Il fait très chaud. Nombreux arrêts. Nous achetons du pain et du vin. Nous allons sur Troyes. Nous croisons des trains vides. Vu le 21ᵉ (Langres, VIIᵉ corps), en passant à Joinville. Il paraît que nous allons sur Paris. Les Allemands avancent avec rapidité ; ils sont dans les plaines de Champagne ; nous nous concentrons autour de la capitale. Pauvre France ! Que va-t-il advenir de tout cela ? Comment finira cette horrible guerre ? Bar-sur-Aube. Accueil magnifique ; on nous apporte du pain et des vivres. Les dames de la Croix-Rouge nous donnent à boire. Nous avons lu les nouvelles en passant. Le plan de l'Etat-Major français se réalisera-t-il ?

Dimanche, 6 septembre. — Vandeuvre (Aube, arr. de Bar-sur-Aube). Notre train a fait une douzaine de kilomètres cette nuit. Quand arriverons-nous ? Nombreux arrêts. Nous fumons des pipes, mangeons et buvons. Nous descendons sur les talus et nous nous reposons : quand le train part, nous avons le temps de le reprendre. Des cuisiniers ont installé leur feux sur le bord de la voie. Ils font cuire de la viande. Chaque fois que le train se remet en marche, ils emportent les plats et lorsqu'il s'arrête, ils remettent leur cuisine sur un nouveau foyer.

La Marne

(7 - 10 septembre)

Carnet DE GEORGES LHÔTE, SOUS-LIEUTENANT AU 31ᵉ D'ARTILLERIE.

Lundi, 7 septembre. — Halte ce matin à côté de Lagny (Seine-et-Marne, arr. de Meaux). Nous entendons de nouveau le bruit du canon ; nous nous étions si bien habitués à ne plus l'entendre ! Vu Léon (Lhôte, du 117ᵉ), ce matin. Nous avons cantonné à Couilly-Saint-Germain. J'ai dîné avec les officiers de la 5ᵉ, et j'ai enfin dormi dans un lit, mais sans draps. Nous formons l'aile droite des Anglais et la 8ᵉ division (115ᵉ, 117ᵉ, 124ᵉ 130ᵉ) est réservée à la 6ᵉ armée (Maunoury).

Mardi, 8 septembre. — Nous partons de Couilly et nous nous dirigeons sur le N.-E ; l'armée du Nord et l'armée Anglaise auraient, paraît-il, remporté quelques avantages qui se traduiraient par une retraite des Allemands vers le Nord. Nous avançons par petits bonds successifs. Dans l'intervalle, je suis passé à la 4ᵉ batterie. Le soir, nous avons failli nous mettre en batterie, mais nous sommes arrivés l'ouvrage fait. — Cantonnement à Villemareuil (Seine-et-Marne, près de la forêt du Mans, arr. de Meaux, cant. de Crécy). Sur le trajet, nous avons trouvé des journaux et des lettres d'Allemands, des bicyclettes cassées, etc. J'ai dîné et dormi au château de Villemareuil.

Mercredi, 9 septembre. — Départ à 4 h. 20 pour Montceaux (Seine-et-Marne, cant. de Meaux). Vu Léon et Emile (Lhôte). Les Allemands continuent leur retraite. Mise en batterie près de Trilport ; on a tiré à 7.200 mètres. A Trilport, les Anglais ont fait sauter les deux ponts sur la Marne et une auto allemande est venue se jeter dans la Marne. Le soir, nous nous sommes retirés sur Montceaux dont nous sommes partis pour une marche de nuit à 9 heures. Quelle chose ennuyeuse que cette marche. Nous avons traversé la Marne, à Meaux, sur un pont que le génie avait reparé. Cantonnement à Plessis-Belleville (7 kilom. au-dessous de Nanteuil-le-Haudouin).

Jeudi, 10 septembre. — Nous avançons toujours. Mise en batterie inutile à Plessis-Belleville... Vu pour la première fois des cadavres de fantassins laissés sur la route. Pauvres gens ! Mon Dieu ! ayez-les dans votre Ciel ! Les routes commencent à être empoisonnées à cause de cadavres de chevaux qui se décomposent. Bivouac près de Nanteuil-le-Haudouin.

Carnet D'EMILE LHÔTE, SOUS-LIEUTENANT AU 130ᵉ D'INFANTERIE

Lundi, 7 septembre. — A 21 h 1/2 (du 6 septembre), départ (de Livry), marche de nuit. Passage à Montfermeil, Chelles, Gannay, Champs, Torcy, Noisiel, Lagny où nous faisons grand'halte de 7 heures à 15 heures. Cette marche fut extrêmement fatigante. Mais beaucoup s'arrêtent, profitant de la nuit, sans être fatigués, et, toujours, plusieurs à la fois. — 15 heures, départ pour Condé (Seine-et-Marne, arr. de Meaux, cant. de Crécy), où on arrive à 19 heures...

Mardi, 8 septembre. — A 3 heures. réveil. Départ pour Couilly. Nous sommes renforts de l'armée anglaise. Nous avançons très lentement. Un officier d'Etat-Major dit en passant que les Allemands sont cernés dans la boucle de la Marne, vers Rueil. Nous attendons jusqu'à la nuit dans le bois de Faron. Superbe point de vue de cet endroit sur le champ de bataille environnant. Nous cantonnons à la ferme du Mont-Levé.

Mercredi, 9 septembre. — 5 heures, départ pour Montceaux où les Allemands ont pillé, et, dit-on, aussi le 117e. Organisation défensive du parc — jolie vue sur la vallée de la Marne — près de la sortie Est du village. A 20 h. 1/2, départ pour Meaux. Marche longue et pénible. Les traînards commencent à abandonner dès la sortie de Meaux.

Jeudi, 10 septembre. — A 3 h. 1/2, arrivée à Plessis-sous-Bois. Grand'halte. Distribution de viande, sans' pain. Départ vers 9 heures, marche lente en formation d'approche à travers bois puis à travers d'innombrables champs de betteraves. Manœuvre pour occuper une position de réserve face à Montagny-Sainte-Félicité, où les Allemands ont été signalés le matin. Départ pour ce village. Arrivée et cantonnement à Montagny-Sainte-Félicité à 22 heures.

Carnet DE LÉON LHÔTE, ADJUDANT AU 117e D'INFANTERIE.

Lundi, 7 septembre. — Marché toute la nuit, ça été dûr. Beaucoup d'hommes restaient sur le côté de la route, mais beaucoup auraient pû, je crois, marcher. La section marchait en désordre. A 7 heures, halte jusqu'à 3 heures du soir. Je vois Georges (Lhôte) en sous-lieutenant. On repart et on marche jusqu'à 6 heures du soir. Ereintés, on arrive à Couilly. Pour la première fois depuis le début de la campagne, je couche dans un lit.

Mardi 8 septembre. — Départ à 5 heures. On marche par les champs et avec de nombreux arrêts plutôt agaçants et fatigants, et vers 2 heures, sans avoir fait de grand'halte, on arrive à Montceaux, village occupé toute la matinée par les Allemands. Les gens nous renseignent très bien. On repart à 4 heures de Montceaux ; les Allemands ont mis tout s'en dessus-dessous, vidant les armoires pour chercher du linge, buvant beaucoup de champagne et mangeant beaucoup de poules, le tout revolver au poing. Ils n'ont pas démoli par plaisir en général du moins. On rentre coucher à Montceaux le soir. On couche dans une maison ; les distributions sont finies à 10 heures du soir. Je me couche dégoûté.

Mercredi, 9 septembre. — Réveil à 4 heures. On va à 5 kilomètres en soutien d'artillerie où on passe une presque tranquille journée. On repart vers 6 heures du soir pour Montceaux où on arrive à 7 h. 1/2. On touche les distributions et, vers 9 h. 1/2, départ pour 6 kilomètres a dit le lieutenant de Genouillac. On traverse Meaux et on marche toujours jusqu'à 7 h. 1/2, sans autre arrêt que les pauses. Beaucoup d'hommes ont mis de la bonne volonté, mais beaucoup d'autres s'arrêtaient dans les fossés par bandes, mangeaient, buvaient et riaient. C'est incroyable ce que les Français ont bu et volé de vin à Montceaux, plus que les Allemands.

Jeudi, 10 septembre. — A 7 h. 1/2, halte jusqu'à 9 heures, puis reprise de la marche à travers les champs de betteraves toute la journée. Je vois, le matin, des Français tués depuis quatre jours et encore sur la route. C'est épouvantable. On arrive à 9 h. 1/2 du soir à (Montagny-Sainte Félicité, cant. de Nanteuil-le-Haudouin), ayant marché 19 à 20 heures sur 24 heures. Je couche dans un café sur une table ; on ne touche pas de pain.

Carnet D'ETIENNE NICKLÈS, SERGENT AU 315ᵉ D'INFANTERIE

Lundi, 7 septembre. — Saint-Florentin (Yonne, arr. d'Auxerre). Nous avons fait 5 kilomètres cette nuit. Voilà 60 heures que nous sommes en wagon Le train est arrêté sur le pont qui franchit l'Armançon. Très jolie rivière. Nous y avons fait notre toilette. Une heure soir : Montereau (Faut-Yonne, Seine-et-Marne, arr. de Fontainebleau). Accueil magnifique. Rencontrons des régiments qui vont vers l'E. : d'où venez-vous ?... Où allez-vous ?... Vous êtes-vous battus ?... Où ? sur la Meuse et en Belgique. On nous serre la main.

A Melun, pendant l'arrêt, nous dégringolons du train pour acclamer des Anglais qui vont s'embarquer. On ne peut se parler. Mais que de *shake-hauds*, de hourrah. Tous beaux gars les Anglais, rasés de près, bien habillés, bien campés. Tout cela nous remet : des nouvelles officieuses circulent : les Boches prennent la bûche près de Paris. Le moral remonte, quel contraste avec ces derniers jours

passés à reculer, à guetter dans des tranchées, à voir des villages
flamber et des gens se sauver. Non la partie n'est pas perdue. Une
nouvelle campagne commence. On comprend vaguement le plan
de l'Etat-Major. Enfin la confiance renaît ; on se battra encore. mais
avec plus de cœur, plus de courage, pour le grand coup. Mais, en
attendant, nous ne savons pas où nous allons et voilà trois jours et
trois nuits que nous sommes en chemin de fer. — Montgeron
(Seine-et-Oise, arr. de Corbeil, cant. de Boissy-Saint-Léger). On
nous distribue des friandises, du tabac, etc. On nous crie : bon
courage ! Une dame m'embrasse en me disant : « En vous embras-
sant, je les embrasse tous ». Ce baiser me portera peut-être
bonheur !

Mardi, 8 septembre. — Encore une nuit en chemin de fer. Débarquons à Pantin. Paris est grave, pas d'affolement, un calme
extraordinaire, une belle résolution, le Paris des grands jours. —
De Pantin à Aulnay-sous-Bois à pied. Embarquons à Aulnay (lès
Bondy, Seine-et-Oise, arr. de Pontoise, cant. de Gonesse). Traversons les pays occupés par les Boches deux jours auparavant : gares
dévastées, voies coupées par endroits, réservoirs d'eau sautés.
Débarquons à Nanteuil-le-Haudouin. La 2e partie de la campagne
commence. Nous nous installons en petit poste au N. d'un petit
village occupé il y a deux jours par les Prussiens. Le fermier, que
nous questionnons, nous dit qu'ils ne lui ont pas fait de mal. On
entend le canon ; on voit même des obus éclater au-dessus des bois
devant nous. Un maréchal-des-logis de dragons m'a donné de
bonnes nouvelles : sont-elles vraies ? 7 heures du soir. Furieuse
canonnade devant nous. Les Allemands avancent-ils ?

Mercredi, 9 septembre. — Nous sommes restés toute la nuit en
petit poste. Une nuit de veille. Rien de nouveau. — 10 heures.
Les gros obus tombent pas très loin d'ici. On entend la canonnade
au N. — 1 heure du soir. Furieuse canonnade. De la fusillade à
l'W. presque derrière nous. Les Boches sont en train de faire un
mouvement tournant sur notre aile gauche. Vont-ils nous envelopper ? Les hommes dorment bercés par l'intense musique : nous
sommes écrasés de fatigue. Voilà au moins trois semaines que
nous n'avons pas dormi notre content. — 4 heures du soir. Terrible
fusillade en avant. Crépitement de mitrailleuses.

Jeudi 10 septembre. — Hier soir, nous sommes restés dans la
ferme ; obus allemands de tout calibre tombaient devant nous. A

chaque instant nous pensions voir les Boches déboucher du bois et nous étions à nos postes de combat derrière la haie. Mais rien n'apparait. J'étais monté sur un tombereau examinant la lisière du bois et les champs. Tout à coup, quatre obus français tombent à 100 mètres de nous. J'envoie un caporal prendre contact avec les autres sections : elles sont parties. Nous nous sommes repliés en ordre sous les balles et les obus et nous avons pris la droite de la 19e. Les coups de fusil et les coups de canon claquaient tout autour de nous. J'ai eu l'impression que nous étions cernés. Nous avons retrouvé la 20e en haut de Nanteuil. Pendant qu'on nous massait derrière une crête, à la nuit tombante, je pensais que nous allions mettre la baïonnette au canon et que nous allions faire une percée à travers la ligne qui nous enserrait. Mais une batterie du 51e, ayant réussi à prendre les Boches en flanc, débarrassaient Nanteuil et nous sommes passés. La nuit était tombée et, après de nombreux arrêts, nous sommes arrivés dans un gros village dévasté par les Boches, où nous avons bivouaqué dans une cour de ferme ; nous couchons sur les gerbes de blé que nous prenons sous le hangar.

A 4 heures ce matin, départ pour Plessis-Belleville (Sud-Ouest de Nanteuil-le-Haudouin) : nous nous installons au Sud du village et nous faisons la soupe et la cuisine. Au menu : poulet, bifteack, vin à discrétion. Tout est calme : aucun bruit de bataille. — 4 h., nous sommes passés au Plessis-Belleville et nous faisons la pose en attendant les évènements. Toujours pas de canonnade : on n'a pas vu les Boches. Ils doivent nous préparer un tour de leur façon. — 4 h. 1/2. En route Nous allons vers Nanteuil où nous devons être soutien d'artillerie. Nous arrivons à la nuit : des pièces sont braquées. Elles sont là depuis hier soir en surveillance et n'ont rien vu. Nous prenons de la paille à une meule et nous nous couchons.

A la poursuite des Allemands

11 - 18 Septembre

Carnet DE GEORGES LHÔTE, SOUS-LIEUTENANT AU 31ᵉ D'ARTILLERIE.

Vendredi, 11 septembre. — Marche vers la forêt de Compiègne. Nous apprenons qu'à Senlis et à Saint-Quentin nous avons eu un succès hier malgré de grosses pertes. Nous rencontrons des villages abandonnés et dévastés par les Allemands qui sont partis la veille. Nous traversons aussi Le Luat. Mise en batterie inutile le soir. Cantonnement à Béthisy-Saint-Pierre (Sud de la forêt de Compiègne). Très gentiment reçus à l'hôtel de la Gare.

Samedi, 12 septembre. — Nous nous dirigeons sur Pierrefonds que nous laissons à gauche. Vu le château sous un temps épouventable; nous sommes traversés. Mise en batterie dans la forêt de Compiègne. Le soir, dans la nuit, nous sommes allés cantonner à Genancourt (au S. de Cuise). J'ai eu un caisson et deux chariots embourbés que nous avons eu beaucoup de mal à sortir de la forêt et des champs sous une pluie battante. Enfin, nous nous sommes retrouvés. Le canon a assez donné. Les bonnes nouvelles continuent.

Dimanche, 13 septembre. — Départ à 5 heures. Nous traversons Cuise (la Motte) que les Allemands ont quitté hier. (1) Nous passons l'Aisne à la Motte sur un pont de bateaux construit par le génie dans la nuit... A midi, cannonade et fusillade terribles tout près de nous. Les Allemands seraient paraît-il en retraite et nous les poursuivrions. Ils ont fait sauter le pont de la Motte à l'arrivée des Français dans la Motte (hameau sur l'Aisne). Le soir nous avons participé à un engagement assez sérieux aux environs de Tracy-le-Mont (à 7 kil. au N. de la Motte). Tout flambe autour de nous et nous partons cantonner. Pour la première fois, nous traversons le champ de bataille; partout des blessés et des tués. A Tracy nous avons eu une alerte; une contre-attaque des Allemands a jeté un peu de désarroi derrière nous. J'ai hérité d'un casque et je suis nommé agent de liaison du colonel (Wallut).

---

(1) Voir, page 133..

Lundi, 14 septembre. — Direction sur Noyon. Nous devons traverser l'Oise à Montmacq (Oise, arr. de Compiègne, cant. de Ribécourt). Cantonnement à Chevincourt. L'ennemi aurait changé sa marche et nous irons peut-être vers l'Est au lieu de continuer à remonter vers le Nord.

Mardi, 15 septembre. — Suis attaché au général Deveau. Très intéressant, car on sait ce qui se passe. Nous repassons par Montmacq, traversons la forêt de Laigue et nous nous dirigeons sur Carlepont. De là reconnaissance sur Cuts, Pontoise. Bivouac à Hesdin (village près de Caisnes) où nous avons opéré un mouvement tournant incompréhensible.

Mercredi, 16 septembre. — Je me demande comment nous ne sommes pas cernés. Les Allemands ont repris Carlepont; la 16e brigarde (1) s'est laissée enfoncer. J'ai perdu le général (Deveau) et nous le cherchons depuis ce matin. Nous l'avons retrouvé à Tracy-le-Val. Vive bataille à Carlepont. Nos troupes coloniales ont beaucoup donné et ont eu assez de pertes. Elles ont repris Carlepont.

Jeudi, 17 septembre. — Je suis à la disposition de la brigade marocaine. Nous sommes à Carlepont évacué par les Allemands à 5 heures. Les bonnes et les mauvaises nouvelles se suivent. La journée a été assez chaude. L'artillerie ne peut guère donner dans ce pays tout découpé de forêts. Vers le soir, nous avons dû mettre une pièce en batterie à un kilomètre de l'ennemi.

Vendredi, 18 septembre. — De nouveau attaché à la 16e brigade, je suis allé à Carlepont à l'aube. Nous l'avons abandonné à 8 h. 1/2 et nous nous sommes repliés sur Tracy-le-Val, Ollancourt. A la nuit tombante, les troupes marocaines ont pris notre place et nous sommes partis sur Compiègne. (2)

Carnet DE L'ABBÉ PATOUREAU, DU 31e D'ARTILLERIE, 7e BATTERIE

Samedi, 12 septembre. — A Morienval (au N. de Crépy-en-Valois) pluie toute la journée; coucher à minuit; lever à 3 heures. Arrivée des spahis et des troupes noires. Passage près du splendide château de Pierrefonds. Entrée dans la forêt de Compiègne. Bataille, bruit épouvantable. Pluie torrentielle toute la soirée.

---

(1) 115e et 117e d'infanterie.
(2) Voir pp. 151-152.

Dimanche 13 septembre. — Départ pour Cuise-la-Motte. Pont dynamité par les Allemands; l'artillerie passe sur un pont fabriqué par le Génie. Passage à Berneuil-sur-Aisne. Canon toute la soirée. Visite du champ de bataille. Absolution donnée à une douzaine de mourants. Bataille de Berneuil-sur-Aisne; deux convois, 150 prisonniers (allemands). Au soir du dimanche 13, le feu partout à l'horizon. Surprise nocturne; attaque par un nombre inconnu d'Allemands qui tirent sur nous dans la nuit à moins de cent mètres; 30 fantassins tués, 2 artilleurs blessés; affolement, fuite; garde d'un allemand blessé au pied et au bras. Transport à Tracy-le-Mont d'un fantassin les deux jambes en bouillie; absolution donné à ce fantassin; en route pour le campement. Obus isolé tombe sur nous.

Lundi, 14 septembre. — Repos à Rethondes (rive droite de l'Aisne). Après dîner, départ au galop. Vu un convoi de prisonniers (50); le colon charge sur les artilleurs sabre au clair. Au soir, vers 5 heures, grandissime mise en batterie, toutes armes réunies marchant de front, échelon à 200 mètres d'une batterie à droite, échelon à 100 mètres d'une batterie à gauche; canon jusqu'au soir sans discontinuer. Coucher par terre; nuit froide et pluvieuse.

Çarnet D'EMILE LHÔTE, SOUS-LIEUTENANT AU 130ᵉ D'INFANTERIE

Vendredi, 11 septembre. — A 8 heures; départ (de Montagny) pour Versigny, Rozières, Sery, Bethancourt, Gilocourt. Nous apprenons que les Allemands sont en fuite; nous rencontrons des obus laissés par eux. Pluie pendant une longue pause sur la route. Pas de distribution.

Samedi, 12 septembre. — Départ pour Pierrefonds. Vu Léon (Lhôte . Le 117ᵉ passe devant le 130ᵉ. A Pierrefonds que nous ne traversons pas, recevons itinéraire : Saint-Etienne, Chelles, Cuise-la-Motte. Ennemi signalé à la Motte (sur le bord de l'Aisne). Mission donnée à la 11ᵉ : c'est d'arriver par les bois face au pont (sur l'Aisne) et surveiller ce pont. Le curé de Cuise-la-Motte nous fournit avec empressement un guide qui nous met sur le chemin. Une patrouille allemande seule est à la Motte. Elle se retire. Le pont saute. Nous passons l'Aisne. Peu après, l'artillerie française envoie des obus sur les usines. Cela ne dure pas. Cantonnement à Berneuil (sur Aisne) où les habitants nous reçoivent très bien. Je suis logé chez le maire. La pluie avait duré presque toute la journée. Pas de distribution.

Dimanche, 13 septembre. — Pendant la nuit, le Génie construit un pont de bateaux. Le matin, les deux premiers bataillons du 130e passent. A 6 heures, départ vers la ferme de Morenval (4 kil. au N. de Berneuil). Combat engagé. Attaque allemande repoussée à gauche. Contre-attaque allemande à droite. Reprenons nos lignes : 3e, 11e et 10e, avec le capitaine Saudaucourt, en réserve de division. Pas d'ordre pour le cantonnement; nous bivouaquons sur un chemin; pluie fine pendant la nuit. Pas de distribution.

Lundi, 14 septembre. — Grand'halte à Morenval. Départ pour Rethondes. Distribution. Midi, départ pour Saint-Crespin-Offemont. Position d'attente en avant de la ferme de la Cense. L'artillerie donne formidablement. Retour vers 21 h. 1/2 à la ferme. Bivouac.

Mardi 15 septembre. — A 4 heures, départ. Position d'attente entre la Cense et la ferme d'Escafaut. Le régiment s'y retrouve. Evolution et position d'attente dans le ravin de Moulin-sous-Touvent. Le combat continue. Nous sommes renforcés par le XIIe corps (1). On attend le succès d'une manœuvre de notre aile droite. A 1 h. 1/2, ordre d'attaque générale (2). La nuit arrive. Nous couchons sur nos positions le long du chemin. La pluit tombe pendant la nuit et nous n'avons plus de pain. Pas de distribution.

Mercredi, 16 septembre. -- Dès l'aube, canonnade. Fusillade à droite et en avant vers cote 140. Mon peloton occupe les tranchées sur le chemin des fermes les Loges et Puisieux. Le lieutenant Girault fatigué --- commotion d'un éclatement d'obus de la veille --- s'est retiré pendant la nuit. Nous sommes remplacés le soir par la 12e compagnie. Ce jour là, j'ai goûté aux betteraves crues. Distribution pendant la nuit.

---

(1) De Limoges : 50e d'infanterie (Périgueux); 63e (Limoges); 78e (Guéret-Limoges); 100e (Tulle); 107e (Angoulème); 108e (Bergerac); 126e (Brive); 138e (Magnac-Laval, Bellac) : 20e dragons (Limoges); 21e chasseurs (Limoges); 34e et 52e d'artillerie (Angoulème); Génie.

(2) Combat de Moulin-sous-Touvent. Voir pp. 149 et suivantes.

Jeudi, 17 septembre. — Exécution de tranchées au bord du ravin. Canonnade sur notre front. Pluie toute la journée.

Vendredi, 18 septembre. — Pas dormi de la nuit et le mauvais temps persiste. Rien de nouveau sur notre front. Nombreuses évacuations. Dans la soirée, malheureusement, quelques obus français tombent sur des tranchées du premier bataillon. Les occupants se replient, puis réoccupent leurs tranchées. Pluie pendant la nuit. Gérault revenu.

—

Çarnet DE LÉON LHÔTE, ADJUDANT AU 117e D'INFANTERIE

Vendredi, 11 septembre. — Départ (de Montagny) à 3 heures, pour 25 kilomètres, paraît-il. Ça n'a pas été dur comme marche, mais il a beaucoup plû. Vers une heure de l'après-midi, arrêt de plus d'une heure au milieu d'un champ sans abri. Pluie et vent terribles; nous sommes traversés. Nous cantonnons à Bethancourt (Oise, arr. de Senlis, cant. de Crépy-en-Valois) très tranquilles. On traverse Pierrefonds puis on y revient. Château et forêt superbes.

Samedi, 12 septembre. — (Le 117e à Pierrefonds).

Dimanche, 13 septembre. — On part vers 7 heures et, faisant 4 kilomètres jusqu'à 2 heures de l'après-midi, on traverse l'Aisne, ensuite on arrive à 9 heures du soir à Choisy-au-Bac (entre l'Aisne et la forêt de Laigue). Pas de distribution.

Lundi, 14 septembre. — On traverse la forêt de Laigue. A 10 heures, on touche les distributions. A midi, départ. On fait une ridicule et ratée chasse à trois ou quatre malheureux Allemands qui ne demandaient qu'à se rendre ; on les blesse et on les tue alors qu'on aurait dû les prendre. A 5 h. 1/2, on arrive à Ellincourt (Ollencourt plutôt, à 2 kilomètres de Tracy-le-Mont et de Tracy-le-Val), où je passe une excellente nuit.

Mardi, 15 septembre. — Longue marche qui dure toute la journée et qui finit par m'abîmer les pieds. C'est mon plus grand ennui depuis le début de la campagne d'avoir les pieds en mauvais état alors qu'en temps de paix ils étaient toujours solides. Cantonnement à Caisnes, dans un grenier. Petite tiraillerie le soir et après la nuit tombante.

Mercredi, 16 septembre. — Le matin, nous évoluons trois heures pour revenir au point de départ, puis à Cuts où nous passons l'après-midi derrière des tranchées, recevant très près de nous des obus ; un éclat est encore tombé à trois mètres. Nous sommes avec les zouaves du capitaine des Allines (1). Ça tiraille et ça se bat tout autour de nous. L'artillerie des Allemands parle moins qu'autrefois, mais le tir est bien ajusté. Ils ont un ballon captif constamment en observation. A 20 mètres de moi, un cheval achève de mourir en gémissant. Nous couchons à peu près au même emplacement, les hommes à cinq ou six pas les uns des autres. Toute la nuit quelques petites tirailleries achèvent, avec le froid, de nous empêcher de dormir.

Jeudi, 17 septembre — Réveil en fanfare à 5 heures du matin par une fusillade et une canonnade qui durera jusqu'à 6 heures du soir. C'est la plus dure journée que j'aie jamais subie. Nos vivres commencent à s'épuiser. Une pluie assez forte tombe depuis le commencement de la journée. Le matin, nous recevons sur nous pas mal de coups de canon. Nous sommes plusieurs fois arrosés par les pierres de la route et par les branchages. Une fois entr'autre, j'avais avancé la main devant moi pour enlever quelques branches qui gênaient ma vue ; un obus éclata sur un tas de pierres juste devant moi et un éclat de pierre coupe la courroie de montre de mon bracelet sans rien me faire au poignet. Je déjeûne d'un biscuit et de deux morceaux de sucre, le nez par terre. Les Allemands s'avancent à la lisière du bois à 200 mètres devant nous, puis en tirailleurs dans les champs. La fusillade commence très vive. Ils amènent des mitrailleuses qui nous font peu de mal. Un superbe cerf passe entre les lignes et est tué, mais personne ne peut aller le chercher. Les bois s'avançant à droite jusqu'à la route où nous sommes, c'est par là que nous sommes cernés. Une deuxième ligne de tirailleurs allemands s'avance. Je ne crois pas qu'il en soit resté beaucoup de vivants. A droite, on commence à tirer sur nous : *Lenly, Guémas, Papin* (2). le caporal *Buron* (3), sont tués et d'autres aussi. Tout à coup les hommes de droite disent qu'on est cerné,

---

(1) Le capitaine Dujat des Allines. du 2⁰ zouaves (auparavant lieutenant aü 117⁰ d'infanterie) fut blessé mortellement le même jour, 17 septembre, d'un éclat d'obus. Il habitait au Mans. 6, rue des Arènes.

(2) Léon-Joseph Papin, cultivateur aux Chaussées, à Laigné-en-Belin, du 117⁰ d'Infanterie.

(3) Marcel Buron, du Mans, caporal au 117⁰.

que les Allemands avancent dans le bois ; on se replie. Au moment
où je me lève, je reçois un éclat de balle sur l'os de la pommette
de la joue droite. Je dis : « Ça y est, je suis blessé ». Puis sentant
que je n'avais rien de cassé, je pars avec les autres. Ce n'est qu'une
éraflure. J'en suis quitte pour la peur. On va à Caisnes où on
arrive à 2 h. 1/2. On y reste jusqu'à 5 h· 1/2, puis on repart dans
les tranchées ; on fait plusieurs fois demi-tour et on revient à la
nuit tombante à Caisnes. On entend une fusillade et un assaut à la
baïonnette ; ce sont les Allemands qui s'emparent d'un village
inoccupé. Ensuite tout reste tranquille. On ne voit pas comme
hier des villages en flammes.

En somme, les Allemands ont repris Cuts que nous leur avions
enlevé. Nous sommes depuis deux jours dans un fer à cheval ; les
voitures d'approvisionnement ne marchent plus. Nous nous couchons en cantonnement d'alerte dans une ferme où l'on tort le cou
à deux lapins que l'on mange sans pain à 11 heures du soir.

Vendredi, 18 septembre. Vers 2 heures, réveil. On bat en retraite
en bon ordre vers le S.-E. On arrive à 8 heures à Tracy-le-Val où
on mange des pommes de terre cuites à l'eau en güise de pain. On
entend la canonnade. A 6 heures du soir, on va renforcer un·
bataillon du 117e ; la section est de patrouille de liaison et nous
marchons par la nuit dans les bois au risque de nous faire fusiller
et sans rien trouver. On rentre à Tracy-le-Val à 9 heures. A peine
étions-nous partis qu il y avait un contre-ordre, le reste de la
compagnie était revenu. Pendant ce temps, on aurait pu faire les
distributions ; les voitures étaient là et l'on n'avait pas eu de pain
depuis trois jours. Ensuite, départ. Il pleut assez fort. La nuit est
terriblement noire. C'est dans ces conditions que se font les distributions au milieu de la forêt ; puis nous reprenons la marche,
doublant une colonne d'artillerie, butant dans les chevaux et les
voitures et arrivant à Choisy-au-Bac à 2 heures du matin. Je n'ai
jamais été si en colère.

Carnet D'ETIENNE NICKLÈS, SERGENT AU 315e D'INFANTERIE

Vendredi, 11 septembre. — 7 heures. J'ai bien dormi jusqu'au
matin (à Nanteuil-le-Haudouin) ; j'ai eu un peu froid surtout
lorsque le vent s'est mis à souffler. Le capitaine Olivier nous lit

l'ordre du jour n° 6 : Félicitations du général Maunoury à la
VIᵉ armée : « Grâce à votre ténacité, la victoire nous est revenue ».
— Moral meilleur. Nous traversons Nanteuil à 8 heures. Les
Boches reculent et nous les poursuivons. Longue pose au sortir de
Nanteuil Nous visitons un coin du champ de bataille de la veille.
Vu trois morts allemands, des réservistes. Le premier à la tête
broyée : c'est épouvantable. Des tas d'étuis de cartouches boches.
Le long de la ligne de chemin de fer, il y en a des quantités. Je
garde une dragonne de fantassin et une cartouchière. Marche
difficile : routes mal pavées, défoncées Une pluie serrée tombe,
détrempant les terres. Arrivons le soir à Sery-Maigneval (Oise arr.
de Senlis, cant. de Crépy-en-Valois). Ma capote est traversée.
J'ai froid. Je souffre d'une douleur dans la poitrine et je suis très
fatigué. Nous cantonnons, la compagnie dans une ferme. Sommes
couchés dans une écurie, presque pas de paille. Nous dormons
tout de même.

Samedi, 12 septembre. — Départ à 5 heures. Toujours la pluie.
La dernière des misères : suis très fatigué. Nous marchons sur
Pierrefonds. Les Allemands se sauvent devant nous, poursuivis par
notre cavalerie et notre artillerie qui les serre de près. Un coup
de canon dans le lointain de temps en temps. Dans les villages que
nous traversons, les Boches n'ont rien laissé comme victuailles et
boisson. Ils exigeaient tout cela des paysans le revolver au poing
Maisons dévastées, fenêtres et portes enfoncées. Nous passons
Pierrefonds et son château splendide. Nous faisons la grand'halte
au village suivant : les coups de canons tonnent tout près ; quelques obus allemands tombent de temps en temps derrière le bois.
Nous nous reportons un peu en arrière, de crainte qu'ils nous
atteignent. Quel beau pays que celui que nous traversons ! Des
fermes immenses, magnifiquement installées. Mais la désolation de
la guerre s'y fait sentir : des maisons brûlées, des chevaux crevés,
à l'abandon au milieu des récoltes abandonnées, une odeur de
mort, de cadavre. Et toujours la pluie, une pluie fine et persis-
tante ; nos capotes sont traversées ; nous sommes transis. Devant
nous les marmites tombent. — Halte devant le bois. Puis dans le
bois. – Nous nous abritons derrière les arbres plus ou moins
bien, nous nous serrons les uns contre les autres.

Dimanche, 13 septembre.   Hier, à la nuit, nous sommes rentrés
à Saint-Etienne (auprès et à l'E. de Pierrefonds). Nous avons

trouvé un grenier avec du foin : mais nous étions serrés. J'ai froid avec ma capote trempée : mal dormi. Elle n'est pas encore sèche ce matin. Départ à 4 h. 1/2. En route pour passer l'Aisne. Nous la passons à Berneuil-sur-Aisne sur un pont de bateaux construit par le Génie pour remplacer celui que les Boches ont fait sauter hier et qui se trouve à côté. Quelques coups de canons en avant. A midi, nous arrivons sur la ligne de feu. Les balles sifflent. Nous réussissons à chasser les Boches. Nous faisons des prisonniers dans le petit bois. Des blessés, nous les pansons. Ce sont tous des réservistes qui ont l'air fatigués comme nous. On se rallie et on se compte : *Lhommeau*, *Cochet* sont tués; beaucoup d'autres aussi. Des blessés en masse La compagnie est réduite de moitié.

Lundi, 14 septembre.   Nous sommes au repos dans un village (Tracy le-Mont)?, proche du champ de bataille. Nous avons touché les vivres et nous faisons la cuisine. Cela va nous paraître bon de manger quelque chose de chaud. Pas d'entrain joyeux comme d'habitude. Des figures tristes et graves. Pas de cris d'appels. Nous restons sous l'influence de la terrible journée d'hier. La mort est passée bien près de nous! L'Impression d'effroi persiste. Le souvenir de nos camarades couchés dans les champs restent autour de nous : il me semble souvent entendre la voix de *Lhommeau* m'appelant ou interpelant un ami. Quelle atroce chose que la guerre! — Hier, j'ai porté, aidé par un homme, un pauvre blessé allemand qui nous demandait par signe de le placer à côté d'un camarade blessé comme lui. Ce soldat pleurait en tenant dans ses mains amaigries la photo de sa femme et de ses enfants. Il nous la montrait et nous expliquait qu'il avait trente ans. — Ma pauvre Clé (femme de Nicklés) te reverrai-je? Mes chers aimés, rentrerai-je jamais près de vous? Jusqu'à maintenant j'ai eu de l'espoir, un espoir insouciant. Mais les heures d'hier, la vue de nos morts, de mes camarades tués, m'ont démoralisé Je ne ferai plus de projets pour mon retour. Je n'y penserai plus. Je ressens une peur atroce de la mort!

Mardi, 15 septembre. — Nous avons cantonné à Tracy-le-Mont. J'ai bien dormi. Départ à 5 heures pour une destination inconnue. En position à l'E. de Tracy. Bonnes nouvelles arrivées. La déroute des armées allemandes se confirme. — 2 heures, sommes en réserve. L'arrière-garde allemande composée surtout d'artillerie se défend énergiquement pour protéger la retraite du corps principal. Les marmites tombent à droite et à gauche de nous. Nous en avons vu une éclater à 60 mètres. A la tombée de la nuit, volée d'obus allemands tout près de nous. Nous dormons un peu sous bois. A 10 heures, nous allons cantonner dans un hameau proche. Bon sommeil jusqu'à 3 h. 1/2 du matin.

Mercredi, 16 septembre. — Départ à 4 h. 1/2. Même position qu'hier soir. La canonnade recommence à midi. Jusqu'à cette heure nous sommes restés sous un feu épouvantable. Les gros obus percutants allemands tombaient tout autour de nous. Le capitaine est blessé sérieusement, *Chesneau* très grièvement et de nombreux soldats le sont moins gravement. Nous étions couchés derrière un revers ; les éclats tombaient autour de nous en sifflant. Des blessés se plaignaient. Nous avons quitté la place pour nous porter à gauche. Nous étions à peine parti qu'un obus est tombé en plein dans le coin où je me trouvais avec une partie de la 3ᵉ section. Nous venions de l'échapper belle. Il y a des tués, des blessés : les blessures sont effroyables. Et dire que nous étions en réserve ! Pour l'instant, nous nous replions, tardivement à mon avis, sur Tracy-le-Mont. Nous faisons la pose sous bois. Nous allons jusqu'à Tracy où nous touchons des vivres. Puis en route pour la ligne de feu ou plutôt pour la ligne où pleuvent les obus prussiens où l'on nous envoie, je ne sais pourquoi. Nous faire casser la figure en combattant, c'est naturel ; mais rester sous une effrayante pluie de projectiles énormes et meurtriers, ce n'est pas pareil. Enfin ! — Aujourd'hui j'ai reçu une lettre de maman et deux cartes d'Antoinette parties le 24 et le 25 août. J'ai toujours cette satisfaction de savoir que tous sont en sûreté. Antoinette me dit : « Haut les cœurs », c'est le moment, ajoute-t-elle. Oui c'est le moment ! Je n'ai plus guère de courage ! J'ai tant souffert physiquement et moralement depuis un mois et demie. Je suis éreinté ; il faut marcher le ventre vide et voir et entendre ce que nous voyons et entendons !

Des nouvelles circulent. Le XIXᵉ corps (1) vient de repousser les Boches vers l'Est. Nous sommes sceptiques ! Enfin, ce qu'il y a de certain, c'est qu'il y a quelques jours les ennemis étaient à 40 kilomètres de Paris et qu'aujourd'hui ils en sont à 120 kilo-

---

(1) D'Alger : Zouaves, Tirailleurs, Chasseurs d'Afrique, Spahis, etc.

mètres. 5 heures : La pose dans un grand jardin, le long d'un chemin. Les cuisiniers vont faire la soupe. Des schrapnels allemands tombent dans le bois et semblent venir de l'E. Des blessés passent, du 102ᵉ surtout ; et encore ce ne sont que ceux qui peuvent marcher. Notre capitaine vient de passer porté par quatre hommes. Il était pâle. Nous l'avons salué en passant : il nous a souhaité bonne chance d'une voix affaiblie. Nous restons dans le village serrés le long du chemin.

Jeudi, 17 septembre. — Nous avons couché dans notre cantonnement d'hier. Cette nuit nous avons entendu le canon ou l'éclatement des obus boches. Le matin semble calme pourtant. Le XIXᵉ corps a dû attaquer les positions allemandes pendant la nuit. Le 5ᵉ bataillon est rassemblé : comme chef, un lieutenant, comme commandants de compagnie, des sous-lieutenants, au total 5 officiers. Les autres sont tués ou blessés. Nous prenons position près du hameau où nous avons couché et autour duquel nous évoluons depuis deux jours (Puysalaine). Il fait froid ; la pluie recommence à tomber. Le canon tonne à droite et à gauche. On ne reçoit pas de projectiles allemands. Des nouvelles du combat d'hier soir. Les Allemands occupent des positions formidablement retranchées. Les régiments (103 et 104) qui ont travaillé hier dans la journée se sont heurtés à eux sans leur faire beaucoup de mal. Nous avons des pertes énormes : les Prussiens nous attendaient de pied ferme, bien abrités et guettant. Les tirailleurs les ont légèrement déplacés Leur artillerie a changé de place ou est partie. Ils veulent à tout prix conserver deux gares (Noyon et Vauchelles ou Chauny) pour s'embarquer et se ravitailler. (Renseignements donnés par un officier d'Etat-Major). Leur arrière-garde tient admirablement.

Vendredi, 18 septembre. — Nous reprenons nos positions d'hier après avoir couché dans le même cantonnement. Duel d'artillerie. Des obus allemands et français passent au-dessus de nos têtes. Le temps s'assombrit : va-t-il encore pleuvoir ? Nos capotes sont trempées ; elles n'ont pas séché cette nuit. J'ai mal dans les genoux et dans les hanches. 11 heures. Nous quittons le bois : grand halte auprès de Tracy-le-Mont. Nous devons partir à 6 h. 1/2 pour une longue marche de nuit.

———

Carnet DE MARCEL TAROT, CAPORAL AU 315ᵉ D'INFANTERIE

13 septembre. — Bataille de Berneuil. A 5 heures du matin, départ de Saint-Etienne ; arrêt sur le pont de bateaux de Berneuil ; puis en tirailleurs dans un guéret en avant de la ligne de tramway. Premières balles. Mort de plusieurs camarades qui tombent autour de moi. Je me protège avec mon sac. Mort d'un commandant qui tombe de cheval devant moi. Les Prussiens avancent. Nous nous replions derrière la ligne de tramway. Trois camarades tombent, d'autres après. L'un d'eux est resté en avant de la ligne et appelle au secours. Je vais le chercher et suis heureux de le ramener. Autour de nous les balles sifflent. Je le conduis sans encombre au poste de secours, et reviens prendre ma place sur la ligne de feu. Nous partons en avant, cernons un petit bois et faisons des prisonniers. Surpris par la fusillade, nous sommes obligés de nous replier. Nous suivons l'artillerie. Je saute sur un canon. Nous nous arrêtons près des voitures. Nous retrouvons le capitaine et une cinquantaine d'hommes de la compagnie. La pluie commence à tomber. Je passe la nuit debout derrière une voiture, sous la pluie.

Vendredi, 18 et samedi, 19 septembre. — Nous traversons Berneuil et repassons l'Aisne. La forêt de Compiègne. Obscurité complète. Pluie torrentielle sans arrêt. Vers 3 heures (samedi 19), arrivée à Compiègne. Dans la nuit, les officiers nous laissent debout deux heures. Nous tombons de sommeil et sommes glacés. Nous marchons jusqu'à 9 heures et arrivons à Gournay-sur-Oise.

LE 117ᵉ D'INFANTERIE EN SEPTEMBRE
D'APRÈS LE GÉNÉRAL JULLIEN

Après la retraite sur l'Argonne (voir p. 266), le régiment est transporté à Paris, en soutien de l'armée anglaise sur le Morin (voir p. 114 et suivantes) ; il prend part à la poursuite de la Marne jusqu'aux abords de Lassigny. Au cours de cette poursuite, le 117ᵉ accomplit, par une température chaude et humide, une marche continue d'une durée de 72 heures. Détaché de la division marocaine, il soutient de durs combats les 15, 16 et 17 septembre, à Cuts, Caisnes, Carlepont. Pertes : 1 officier ; 841 hommes. De nouveau le 117ᵉ doit remplir une mission de sacrifice, tenir coûte que coûte pour couvrir le IVᵉ corps aiguillé sur Nesle et menacé sur son flanc gauche par des forces ennemies venant de la direction de Péronne.

.LE 117ᵉ D'INFANTERIE LES 16, 17 ET 18 SEPTEMBRE, D'APRÈS L'HISTORIQUE DES RÉGIMENTS RATTACHÉS AU DÉPÔT DU MANS.

Après la retraite de la Meuse, le IVᵉ corps est appelé à couvrir Paris et la marche en avant commence. Elle conduit le 117ᵉ aux environs de Noyon à Carlepont (3ᵉ bataillon), à Caisnes (1ᵉʳ et 2ᵉ bataillons). De rudes combats s'engagent. L'ennemi est arrivé sur ses positions et s'y cramponne. Carlepont change 7 fois de maître (voir p. 151). Le régiment participe dans ces pluvieuses journées de septembre, si dures, où tout manquait, aux exploits de la division marocaine (Comby) à laquelle il est associé. Le sergent-major *Nioche* (5ᵉ compagnie) qui se trouve en soutien d'artillerie, rassemble des hommes de son bataillon et les entraîne à l'ennemi. Le tambour-major *Boizel*, sous un feu violent, ramasse les cartouches des blessés et assure ainsi le ravitaillement qui eût été impossible.

RETRAIT DE L'ARMÉE FRANÇAISE SUR COMPIÈGNE. ELLE FRANCHIT L'OISE ET REMONTE VERS LE NORD. BILLANCOURT. ROYE.
19 septembre - 29 septembre 1914

Carnet DE GEORGES LHÔTE, SOUS-LIEUTENANT AU 31ᵉ D'ARTILLERIE

Samedi, 19 septembre — samedi, 26 septembre. — (Voir pp. 166-167 ; 169 ; 171-172). Georges Lhôte fut tué à Roye, le dimanche 27 septembre. (Voir p. 172).

Carnet D'EMILE LHÔTE, SOUS-LIEUTENANT AU 130ᵉ D'INFANTERIE

Samedi, 19 septembre. — Pas dormi. Départ à 4 heures. Nous sommes relevés. Itinéraire : Moulin-sous-Touvent, Ecafaut (ferme), Morenval (ferme), Berneuil-sur-Aisne, Breuil, Compiègne. Cantonnement à Lachelle (rive droite de l'Oise), où j'ai vu le P. de Forceville en arrivant.

Dimanche, 20 septembre. — A 5 heures, réveil. Distribution ; vivres de réserve. Ordre d'être prêts à partir, si bien que je manque la messe du P. de Forceville. A 9 heures, départ Itinéraire : Estrées, Rouvillers. Cantonnement à la ferme ?

Lundi, 21 septembre. — Réveil à 5 heures. A 6 heures, départ. Itinéraire : La Neuville-le-Roy, Montiers, Méry, Cuvilly. Attente devant le cantonnement d'Orvillers-(Sorel, Oise, arr. de Compiègne, cant. de Ressons). Une force de cavalerie ennemie est, paraît-il, signalée à notre gauche, ce qui me surprend.

Mardi, 22 septembre. — A 5 heures, réveil ; départ à 6 heures sur Conchy-les-Pots. En arrivant à Tilloloy, attente : ennemi signalé en avant. A 13 heures, départ vers Laucourt (au Sud de Roye). Attente en arrière du village jusqu'à 18 heures. On y cantonne, tout le bataillon dans la même ferme.

Mercredi, 23 septembre. — A 3 heures, alerte. Brouillard assez épais. Le 130e est à l'avant-garde. Itinéraire suivi par la compagnie : Roye dont une maison brûle, Carrepuis, Vaucourt (ferme). Mission : échelon à droite du 3e bataillon. Nous recevons des coups de fusil devant Billancourt (1) que nous ne voyons pas encore. *Gérault* (lieutenant) est tué. Le 124e arrive à droite et l'artillerie donne sur la lisière du village. Le 124e en avant. Nous arrivons au village. Nombreux blessés allemands, blessures affreuses, faites par l'artillerie. Vu le docteur Mascarel qui me dit que le 3e bataillon (en avant-garde) a été assez éprouvé. Il m'annonce : capitaine *Larère*, probablement tué, commandant *Dubosc*, blessé, *Sanchez*, tué et d'autres blessés. Peu de pertes à la compagnie. Billancourt sera occupé par un bataillon du 124e. Je suis averti que le 130e se reforme à Rethonvillers. Nous creusons des tranchées en avant du village avec le Génie (2). Coucher à 23 heures 1/2.

Jeudi, 24 septembre. — Réveil à 5 h. 1/2. Position d'attente près de l'église de Rethonvillers... Après midi, position d'attente en arrière de Marché-Allouarde, village accolé à Rethonvillers ; puis les 11e et 9e organisent une position de repli près du 115e, à

---

(1) Voir p. 167.
(2) Voir p. 168.

Thilloy (1). Retraite sur la ferme de Waucourt, où nous trouvons un bataillon du 104ᵉ dans de bonnes tranchées. La compagnie y reste, nous y couchons.

Vendredi, 25 septembre. — Nous occupons les mêmes tranchées. A 16 heures, le 104ᵉ, envoyé en mission spéciale à droite, devait être remplacé par le 2ᵉ bataillon du 130ᵉ. Ordre donné incomplet dans notre tranchée amène affolement et débandade à gauche. Ils sont bombardés sans grandes pertes probablement. Le 2ᵉ bataillon réoccupe les tranchées. L'ennemi prend Gruny à gauche. Le 2ᵉ bataillon se retire, puis à la nuit reprend ses positions. Le 3ᵉ bataillon occupe les tranchées à 700 mètres en arrière, à l'entrée de Carrepuis. Vu le capitaine Guillet (du 31ᵉ d'artillerie) qui a reçu de Georges (Lhôte) la nouvelle que Léon (Lhôte, du 117ᵉ) a été blessé la veille au bras. Georges est bien portant. Le soir, j'ai vu le P. de Forceville.

Samedi, 26 septembre. — Distribution de nuit, mais pas de viande de conserve. Le 124ᵉ avance à gauche, face à Gruny. Nous occupons les mêmes tranchées. Canonnade. Carrepuis est bombardé.

Dimanche, 27 septembre. — Occupons mêmes tranchées... Rien de nouveau sur le front. Canonnade et bombardement de Carrepuis.

Lundi, 28 septembre. — Reçu lettre de maman du 21. Appris par un mot du docteur Mascarel que Georges (Lhote) a reçu à Roye une blessure très grave (il avait été tué) (2). L'eau manque dans les tranchées. Crainte d'alerte pendant la nuit.

Carnet DE LÉON LHÔTE, ADJUDANT AU 117ᵉ D'INFANTERIE.

Samedi, 19 septembre. — On se sèche pendant 2 heures et on n'y arrive pas. A 4 heures, on repart (de Choisy-au-Bac). On passe l'Aisne, puis l'Oise à Compiègne et on va cantonner assez tranquillement à Montmartin. Nous sommes réapprovisionnés en vivres de réserve (vivres de sac) et en sardines (achetées près de Compiègne).

Dimanche, 20 septembre. — Je manque la messe ne sachant pas qu'il y en avait une. Départ à 8 heures pour Montiers, où je vois

---

(1) Voir p. 170.
(2) Voir p. 172.

Georges (Lhôte) qui, généreusement, me donne beaucoup de provisions, mais m'apprend la mort de M. de la Ferrière (1). Il pleut de temps en temps, comme tous les jours. J'ai une légère colique. Je me souviens que pendant la marche sur Compiègne, j'étais si peu fatigué, j'avais si peu envie de dormir, que, en tête de la colonne, je dormais en marchant et j'allais d'un côté de la route à l'autre, me réveillant quand je sentais l'accotement de la route.

Lundi, 21 septembre. — Départ à 6 heures du matin, en marche avec le général de division. On prend les avant-postes à Brie (?), mais je ne couche pas dehors.

Mardi, 22 septembre. — Marche d'approche. J'ai été triste toute la journée. Couché à Roiglise (Sud-Est de Roye).

Mercredi, 23 septembre. — On a été soutien d'artillerie et on a oublié de nous faire rentrer. Couché avec les artilleurs de la 9e batterie (du 31e).

Jeudi, 24 septembre. — Distribution de tabac vers 8 heures du matin. Marche pour retrouver le bataillon. On traverse Liancourt-(Fossé) se dirigeant par la grande route sur Fonches et Fonchette. Le 8e compagnie est engagée. Le commandant Détrie (2) qui vient de prendre le commandement du bataillon nous envoie la renforcer. Naturellement, c'est la 1re section qui est envoyée. A peine est-on retranché. On voit les Allemands à 1.000 mètres faire des bonds en tirailleurs et filer vers la droite dans un bois. Toutes nos munitions sont épuisées.

L'ennemi, qui nous avait d'abord envoyé peu de balles, nous fait un feu terrible. Nous sommes contraints de nous replier. Je vais demander des ordres au lieutenant Caurière. Une balle me traverse le bras. Je me replie par bonds à travers une grêle de balles, et je me demande comment je suis passé sans être tué dans cette longue plaine de 500 mètres de long. Deux kilomètres pour aller à Liancourt, où je vois Georges (Lhôte) sans pouvoir lui

---

1) Henri de la Ferrière, fils du vicomte de la Ferrière et de la vicomtesse, née Junot d'Abrantès, aspirant au 317e d'infanterie, fut tué le 15 septembre 1914, à Tracy. Il avait été blessé au bras le 8 septembre et n'avait pas voulu quitter son régiment (*Gaulois* du 5 octobre 1914). Le vicomte Léon de la Ferrière et la vicomtesse, née Marguerite Junot d'Abrantès, au château du *Logis-du-Pin*, par Mayenne, et 7, rue de Poitiers, à Paris.

2) Le commandant Détrie, du 117e, habitait au Mans, 183, rue Gambetta.

parler et où je suis pansé. (Léon Lhôte est évacué et ne revient sur le front que le 13 novembre).

Carnet D'ETIENNE NICKLÈS, SERGENT AU 315e D'INFANTERIE

Samedi, 19 septembre. — Nous avons marché toute la nuit sous une pluie battante. Nous sommes encore bien mouillés. Les capotes étaient complètement traversées par l'eau : il faisait froid, je grelottais sous ma chemise trempée par l'eau. J'ai bien souffert au matin. Nous étions à Compiègne dont les ponts sont coupés. Franchi l'Oise sur un pont de bateaux. A 10 heures nous arrivions à Gournay (13 kilomètres au N. de Compiègne). Je suis de jour ; je suis allé à la visite : le médecin m'a dit que j'avais une bronchite. Je souffre beaucoup du côté. Le 315e fait des tranchées en avant du village.

Dimanche, 20 septembre. — Nous restons aux mêmes emplacements Il pleut. J'ai dormi cette nuit auprès d'une meule de paille. J'ai eu froid. Bonnes nouvelles arrivées. J'ai toujours mal dans le côté. Je profite du repos pour faire ma toilette et écrire des lettres.

Lundi, 21 septembre. — Sommes partis de Gournay à 6 heures ce matin pour venir à Gury. Nous sommes flanc-garde fixe gauche du IVe corps. Nous occupons des positions défensives au S. du village. La section est placée près d'un hangar, derrière des tas de bois. Les hommes mangent ; près de nous un gamin de 4 ou 5 ans grimpe sur des bûches, chante et rit. Le canon tonne tout près ; la fusillade crépite de temps en temps. Bonnes nouvelles arrivées : la retraite des Boches se confirme de plus en plus. Je suis entré dans la ferme proche. J'ai demandé deux œufs que la fermière ne m'a pas fait payer et qu'elle m'a fait cuire pendant que je me chauffais au coin de son feu. J'ai éprouvé un très grand plaisir à sentir la chaleur : ma capote était mouillée, elle est presque sèche maintenant. Quelle vie ! Enfin, espérons que ça finira quelque jour : mais quand ? Pour ma part, je ne crois pas que ce soit de sitôt. L'Allemagne recule ; son armée bat en retraite, c'est prouvé maintenant. Mais avant de demander la paix elle nous arrêtera encore bien des fois en fortifiant des positions, en remuant de la terre. Elle rentrera peut-être chez elle, mais chaque fois que nous l'accrocherons, elle saura se défendre. Elle, n'est pas encore en déroute.

Mardi, 22 septembre. — Nous sommes partis hier soir à la nuit et nous sommes venus cantonner ici (Ricquebourg, Oise, cant. de Ressons). Nous avons dormi sur la planche dans un grenier. Nous entendons le canon. Par moment la fusillade crépite. D'ailleurs la danse a duré toute la nuit aussi furieuse que dans le jour. La bataille dure depuis huit jours sur ce point. Les Boches tiennent. Mais le jour où ils lâcheront, ce sera terrible pour eux. Midi, nous sommes sans doute en réserve. Depuis ce matin, nous faisons la pose à 200 mètres au N. du village où nous avons cantonné la nuit dernière. Il fait bon ; le soleil est chaud ; j'ai fait un bon somme. On n'entend plus la fusillade ; seul le canon tonne de temps en temps. Pas de nouvelles. Le convoi du IVe corps est derrière nous. 2 heures. Toujours la pose. Le bruit de la bataille s'éloigne à l'E. C'est bon signe. Des conducteurs viennent de passer arrivant du Mans avec des chevaux destinés à l'artillerie. Nous les entourons, leur demandant du tabac. Du tabac ! Voilà une éternité que nous n'en avons touché. Il n'y en a plus dans les villages. Nous sommes bien privés. J'ai réussi à avoir une pipe que je fume avec délices. Depuis quelques jours, nous avons vu passer les troupes coloniales : magnifiques spahis, turcos, sénégalais qui saignent et égorgent les Prussiens. 5 heures. Nous avons changé de position : sommes serrés le long du talus d'une ligne de chemin de fer, de tramway plutôt. Nous avons posé le sac et le fusil. Je me demande quelle est la mission du bataillon : nous ne faisons que de nous ballader, changeant de place, allant à droite et à gauche. Nous allons devenir le bataillon fantôme, squelette de l'ancien cinquième : l'effectif des hommes est réduit de moitié ; il ne reste plus guère d'officiers. J'ai trouvé Viel à la 17e. Je vais souvent lui parler et lui vient me voir. Si nous rentrons tous deux, nous garderons nos bonnes relations, ces bonnes relations créées dans ces heures terribles que nous traversons. Nous sommes devenus camarades étant frères d'armes et de même taille devant la mort. Les hommes discutent : l'éternel sujet de conversation revient toujours sur le tapis : « Quelle sera la durée de la guerre ? » Voilà de quoi tout le monde parle. Les opinions sont différentes et passionnées. Je ne suis pas de l'avis de ceux qui croient rentrer chez eux à la Toussaint. Si j'y suis au 1er Janvier, je m'estimerai heureux, d'abord de rentrer, ensuite de rentrer si tôt.

Mercredi, 23 septembre. — Sommes partis ce matin à 3 heures de notre cantonnement. En position au N. de Crapeaumesnil, face à l'E., en ligne de section par quatre. Nous attendons les événements. La situation semble inchangée. Et pourtant hier la bataille à dû être terrible. Jusqu'à 10 heures du soir, la fusillade était très intense : mitrailleuses et fusils crépitaient. Ce matin, le brouillard est très épais. Le calme règne : de temps en temps, on entend sur notre droite l'éclatement des marmites ou quelques coups de feu. La bataille reprendra lorsque la brume se dissipera. Les Boches tiennent avec acharnement dans leurs bois et leurs carrières. Nous devons faire un mouvement enveloppant puisque nous sommes à l'W (Ouest) de Noyon et qu'il y a deux jours nous étions au S. de cette ville. Le bruit court que notre artillerie va se servir des « Turpin ». Ce matin elle semble muette. Midi. Nous prenons position au N. d'Amy (au S. de Roy). Nous utilisons le talus de la route, face au S.-E. Nous devons attendre les Boches s'ils sortent d'Avricourt. L'ordre est de tenir coûte que coûte. 1 h. 1/2. Rien de nouveau. 3 heures des coups de canon espacés. Un hussard vient de nous dire que l'ennemi recule. Ce qui est certain, c'est que nous avançons toujours un peu et que nous occupons des villages quelques heures après que les Boches en sont partis. On finira bien par les mettre hors de France, ces crève-la-faim ! En attendant, ils sont solides dans leurs taupinières. Hier soir, la 7e division (101, 102, 103, 104) les a attaqués : elle a été obligée de reculer sous un feu épouvantable. 5 heures. Rien de nouveau. Nous guettons toujours, mais la vigilance se ralentit. On ne voit rien venir ; les hommes ne se croient plus à la guerre. Quelques coups de canon de temps à autre. On voit les obus éclater au-dessus des bois. 6 heures : des ordres arrivent. Il y aura, d'après l'Etat-Major, une attaque allemande demain ou peut-être cette nuit. Nous prenons nos dernières dispositions de combat. Puis on nous fait les distributions de vivres et de tabac Quelle joie de pouvoir enfin fumer une pipe ! On couche sur la route, sur des bottes d'avoine prises à une meule voisine.

Jeudi, 24 septembre. — Pas d'attaque de nuit. Nous avons veillé, écoutant et guettant. Dès l'aurore, la fusillade se fait entendre par intermittence : d'abord à droite, puis à gauche Le lieutenant m'a envoyé percher au haut d'une meule d'où je puis inspecter toute la plaine avec des jumelles. Une légère brume flotte au ras des champs de betteraves et des luzernes. Le soleil paraît ; elle se dissipe. Une belle journée d'automne se prépare. La fusillade est intense à gauche et semble s'éloigner. Je fouille les lignes d'arbres avec mes jumelles. Rien. L'artillerie allemande tire. La nôtre commence à répondre. Voici des marmites qui tombent à 700 ou 800 mètres à droite. A chaque éclatement, la meule où je suis monté tremble de la base au faite. Si par malheur un obus y tombe, je ferai un joli saut. 2 heures. Rien de nouveau. La fusillade s'est éloignée vers la gauche. On ne l'entend plus distinctement. C'est bon signe. Le mouvement du IVe corps a donc dû réussir. Des obus allemands pleuvent encore de temps en temps, peu nombreux. Des éclats sont tombés sur ma meule, où je me faisais bien petit. 6 heures. Situation inchangée. Nous couchons encore ce soir dans la tranchée : une nuit de plus sans sommeil, car il fait déjà très froid. Le vent souffle du Nord Est.

(Le lendemain, 25 septembre, Etienne Nicklès était blessé d'un éclat d'obus à la tête, à Amy) (1).

LE 117e D'INFANTERIE AUX COMBATS DE BEL-AIR, LIANCOURT, ETALON, GRUNY-L'ABBAYE, ROYE, 24-27 SEPTEMBRE, D'APRÈS LE GÉNÉRAL JULLIEN.

Les combats, suivis d'un repli (sur Compiégne) se continuent et sont particulièrement tragiques en raison des pertes d'officiers. Le poste de commandement de la XVIe brigade est à la sortie de Roye, près de la grande route de Péronne, en face de la sucrerie Lebaudie. Là, sont groupés également, derrière des meules de paille, avec l'Etat-Major de la brigade, l'Etat-Major du 117e, celui du 317e. Vers 11 heures, tout l'Etat-Major du 117e se déplace d'une dizaine de mètres pour profiter de l'ombre donnée par un hangar de paille ; l'Etat-Major du 317e se substitue au 117e, a peine était-il en place, qu'un 210 allemand tombe exactement au point occupé quelques instants avant par le colonel du 117e et ses adjoints, tuant du même coup le lieutenant-colonel *Prévost*, commandant le 317e, le commandant *Aublin*, le capitaine *Ogier de Baulny*, faisant plusieurs

____

(1) Pages 170-171 et *Bulletin* n° 4, p. 112.

blessés (voir pp. 171-172, au 26 septembre). Le lendemain matin, pendant que le combat continuait, à peu de distance de cet emplacement, un même obus blessait plusieurs officiers, tuant le colonel *Gazan*, commandant la 16e brigade, le colonel *Wallut*, commandandant l'artillerie et son officier adjoint (le sous-lieutenant *Georges Lhôte*) (voir p. 172). — Du 24 au 27 septembre, le 117e perdait, 14 officiers et 160 hommes. Le colonel Jullien prend le commandement de la brigade sur le champ de bataille de Roye où venait d'être tué le colonel Gazan près de la sucrerie Lebaudie.

LE 117e D'INFANTERIE A LIANCOURT, 24 SEPTEMBRE
D'APRÈS L'HISTORIQUE DES RÉGIMENTS RATTACHÉS AU DÉPOT DU MANS

Après l'Oise, la Somme, la course au Nord, les combats de Roye ; le 24 septembre, le régiment est près de Liancourt, attaqué par des forces considérables venues de Nesles et de Chaulnes. Le capitaine *Avice* entraîne la 7e compagnie dans une charge hardie. Le lieutenant *Mocquais*, blessé, prend part à un assaut. Le cycliste *Demay*, la cuisse traversée par une balle, vient apporter au château d'Etalon, à la 1re compagnie que l'ennemi va encercler, l'ordre de repli, et lui permet ainsi de se dégager à temps. — Un crime allemand marque la journée, un rideau de femmes et d'enfants masque à notre fusillade les mouvements de l'ennemi odieux. Et cependant ils les voient. Ce crime sera vengé le 27 septembre au plateau de Gruny où les batteries du 31e écrasent les colonnes massives qui tentent de déboucher du village.

RECUL A L'OUEST. — BATAILLE DU QUESNOY-EN-SANTERRE
30 SEPTEMBRE - 31 OCTOBRE

Carnet DE L'ABBÉ PATOUREAU, DU 31e D'ARTILLERIE.

Mercredi, 30 septembre.....

Jeudi, 1er octobre.— Bombardement de Parvillers (7 kil. au N. de Roye) : le clocher flambe sous nos yeux.

Vendredi, 2 octobre. - Bombardement de Goyencourt par les Français, les Allemands venant d'y entrer.

Samedi, 3 octobre. — Bombardement d'Andéchy.

Dimanche, 4 octobre. — Les Allemands entrent à Andéchy, les Français reculent.

Mardi, 6 octobre. — Vif combat au soir près d'Erches (1). Coucher à Saulchoy (17 kil. à l'Ouest de Roye).

Mercredi, 7 octobre. — Coucher dehors. Première gelée. Combat d'infanterie toute la nuit.

Jeudi, 8 octobre. — Obus par 4 sur nous à l'échelon; un homme et un cheval tués; recul au galop...

Dimanche, 11 octobre. — Messe en plein air dite par moi. Sermon par le P. de Forceville; chant du *De Profundis* pour les morts du 31ᵉ (d'artillerie).

Mardi, 13 octobre. — Messe en plein air célébrée par moi pour le colonel (Wallut), officiers et soldats du 31ᵉ morts depuis le commencement de la campagne; sermon patriotique religieux; chants de prières pour les morts, le tout au son du canon.

Mercredi, 14 octobre. Coucher à 8 h., alerte à 10 h., surprise nocturne; canon jusqu'à la gauche; départ précipité dans la nuit noire, par la pluie; un seul accident, une voiture cassée renversée. Le canon dans la nuit, avec les éclairs que font les obus en partant, c'est sensationnel et on appelle cela un réveil en fanfare. Nous étions couchés sur la paille dans une grange ouverte; il a fallu quitter ce bon lit pour aller vers minuit, à 3 kilomètres plus loin sous les arbres, au milieu d'un bois.

Lundi, 19 octobre. — Je viens d'échapper encore au malheur. Je suis allé dans la soirée, comme j'en ai l'autorisation, à titre d'aumônier, au village voisin faire une visite au poste de secours et une prière à l'église. En arrivant dans le village j'avais l'impression du calme revenu; les habitants étaient de retour par centaines depuis le passage des Allemands; les petites filles jouaient tranquillement sur la place; les fantassins, bons papas, promenaient des petits enfants; c'était presque gai. A peine étais-je depuis dix minutes dans l'église, que des morceaux de plafond me tombaient sur la tête Je fais une dernière prière et sort en récitant le *Sub tuum*. Sur la place, ce n'était plus le même spectacle. Tous fuyaient affolés. Je ne mis pas de temps à les rattraper pendant que des obus tombaient,

---

(1) Voir pp. 178-179.

l'un derrière nous, l'autre sur la deuxième maison à notre gauche, et le troisième audessus de nos têtes. Dans la rue voisine, c'était un spectacle navrant ; les petits garçons ne pouvaient suivre les mamans ; les petites filles jetaient des cris ; les pauvres vieux levaient les bras au ciel en signe de désespoir, et les artilleurs venus à l'abreuvoir avaient peine à retenir leurs chevaux. Une fois en dehors de la ligne de feu, je jetai un regard en arrière ; les obus tombaient sur la place et dans la rue que nous venions de traverser.

Jeudi 29 et Vendredi 30 octobre. — Combat violent (au Quesnoy-en-Santerre). Nous avons pris l'offensive dans la nuit du jeudi à vendredi (29 et 30 octobre). Gain, 3 canons et 2 caissons et 2 mitrailleuses. Beaucoup de prisonniers, lesquels ont eux-mêmes rendus leurs mitrailleuses ; les canons ont été menés directement à l'Etat-Major de X...; les caissons ont été amenés par l'échelon ; ils étaient pleins de vivres. Nous avons eu du pain boche. pain de son, les chiens de la batterie n'en voulaient pas ; nous avons fumé des cigarettes prises sur les Allemands.

Carnet DE LEON HUET, ADJUDANT DE BATAILLON AU 6ᵉ BATAILLON DU 317ᵉ D'INFANTERIE.

Mercredi, 30 septembre. — Marquisvillers (Somme arr. et cant. de Montdidier).

1ᵉʳ et 2 octobre. Erches. — 3 octobre, Guerbigny. — 4 octobre, Davenescourt. — 5-7 octobre, Erches. Attaque d'Andéchy. — 8-12 octobre, Arvillers, bombardement.

12 octobre. — Etat du détachement des tireurs volontaires du 6ᵉ bataillon (du 317ᵉ), prévu par la division. Missions spéciales : 21ᵉ compagnie, *Lafrasse,* sergent ; *Bois,* caporal ; *Pierreau, Douvray, Chouteau. Fresnay.* — 22ᵉ compagnie, *Bonnel,* sergent, *Doineau,* caporal ; *Rousselin, Pinçon, Vaillant.* 23ᵉ compagnie, *Blin,* caporal ; *Deshayes, Pays, Bouteiller, Sauvé.* — 24ᵉ compagnie, *Chauveau,* sergent ; *Poirrier,* caporal ; *Papin, Rodez, Boutlier.*

13 octobre. — Patrouilles à faire exécuter cette nuit par les compagnies, autant que possible par des volontaires. 1ᵉ objectif général : Vérifier si Andéchy est encore occupé par l'ennemi ; partie Sud du village. A cet effet, deux hommes cherchent à prendre le contact de l'ennemi en rampant et en écoutant ; ils restent protégés par les autres hommes de la patrouille arrêtés, déployés et prêts à tirer. Dans le cas où un mort ennemi serait rencontré, rapporter ses insignes, pattes d'épaules, casquettes, etc... Le 124ᵉ étant à notre droite et le 130ᵉ à notre gauche, toutes ces patrouilles (quatre) prendront à l'aller et au retour comme ligne de repère, dont elles devront s'écarter le moins possible, la route Guerbigny-Andéchy. Tout le monde, sans exception, devra se tenir à son poste à la tombée de la nuit...

13-21 octobre.— Aux tranchées en avant de Guerbigny. Retour le 15 octobre du commandant Boône.

21-22 octobre. — Fignières (Somme, arr. et canton de Montdidier).

22 octobre. — La relève du 130ᵉ dans le dispositif des tranchées en avant de Guerbigny, doit avoir lieu demain matin (23 octobre) avant le jour.

23-26 octobre. — Aux tranchées devant Guerbigny.

27-28 octobre. — Becquigny (en avant de Fignières).

29 octobre. — De Becquigny-sur-Erches; nuit dans les tranchées au Sud de la route d'Amiens à Roye.

30 octobre. — Attaque et prise du Quesnoy-en-Santerre.

31 octobre. — Défense dans le Quesnoy. Refoulé sept contre-attaques (1).

LE 117ᵉ D'INFANTERIE A GOYENCOURT (2 ET 4 OCTOBRE) ET AU QUESNOY-EN-SANTERRE, D'APRÈS LE GÉNÉRAL JULLIEN

Goyencourt (2 et 4 octobre.) — De nouveaux combats se livrent autour de la Cambuse, à Damery et à Goyencourt, qui coûtent au 117ᵉ la perte de 3 officiers et 600 hommes.

Le contact avec l'ennemi ne se perd plus ; la guerre des tranchées commence.

Pour ralentir la pression boche, dans la journée du 7, ordre est donné d'attaquer de nuit Andechy. Le 117ᵉ, 2 bataillons du 115ᵉ doivent commencer l'attaque à 19 heures et être appuyés par la XVᵉ brigade. L'arrivée tardive des ordres retarde le début de l'attaque ; aucune préparation d'artillerie ; le 117ᵉ se déploie, pro-

---

(1) Le 317ᵉ était commandé par le lieutenant-colonel Henry.

gresse, mais les premiers coups de canon de notre artillerie atteignent la droite de la chaîne qui se replie, entraînant toute la plaine. Le colonel commandant la brigade la reforme, reprend l'attaque ; la lisière du village est atteinte, mais la XVe brigade n'ayant pas lié ses efforts à ceux de la brigade, le 115e ayant perdu son point de direction par suite de l'obscurité, le but assigné n'est pas atteint.

Le commandant Graeff, commandant le 115e, le capitaine Avice, le lieutenant de Genouillac, trouvent une mort glorieuse dans le combat.

Les pertes du 117e sont de 2 officiers, 354 hommes.

Le *Quesnoy-en-Santerre* (19 et 30 octobre, voir pp. 179-183).

LE 117e D'INFANTERIE PENDANT LE MOIS D'OCTOBRE (GOYENCOURT, ANDÉCHY, LE QUESNOY-EN-SANTERRE, D'APRÈS L'HISTORIQUE DES RÉGIMENTS RATTACHÉS AU DÉPÔT DU MANS.

Goyencourt, 2 et 4 octobre 1914. — Les journées de Goyencourt font apparaître une mâle figure : le lieutenant-colonel du *Paty de Clam* qui, blessé au bras, sa légendaire couverture sur les épaules, âme de soldat qui se vêt en soldat, ne quitte le village que parmi les derniers (2 octobre). — Deux jours après, le régiment part de la « Cambuse » et lance sur Goyencourt une attaque aussi meurtrière qu'infructueuse. — Une section de la 7e compagnie sous les ordres du sous-lieutedant *Ajam* se distingue particulièrement dans cet assaut. Ajam est tué. (Voir p. 178).

Andéchy, 7 et 8 octobre. — Les 7 et 8 octobre, c'est Andéchy où nos efforts se multiplient nuit et jour, malgré les pertes. Ayant assemblé les hommes sous le feu des mitrailleuses, le capitaine *Civravs*, avec le concours de la 3e compagnie, cloue les Allemands dans le village d'où ils ne peuvent déboucher. Une scène inoubliable : la XVIe brigade tout entière, dans une nuit claire de lune, baïonnette haut, charge à la voix des tambours et des clairons du 115e. L'ennemi nous provoque : ses propres instruments, ses cris accompagnent notre assaut. Mais Andéchy nous échappe, tant d'héroïsme est vain, les mitrailleuses ont raison des nôtres.

Le Quesnoy-en-Santerre, 29 octobre. — La guerre nous devait une revanche. Elle nous la donna, mais sanglante. Ce fut le Quesnoy-en-Santerre. Rien ne donne mieux le sens de ces immenses efforts, de cette glorieuse aventure, que cet ordre de la 16e brigade dans lequel le général Jullien remercie ses soldats :

« Le 29 octobre, le 117e d'infanterie, etc. » (Voir pp. 194-195 et 199 pour le lieutenant-colonel du Paty de Clam et le clairon Moreau).

LES DEUX DERNIERS MOIS DE 1914 (NOVEMBRE-DÉCEMBRE)

Carnet DE LÉON LHÔTE, ADJUDANT AU 117e D'INFANTERIE.

(Léon Lhôte, blessé à Liancourt le 24 septembre 1914, avait passé au Mans les trois dernières semaines de sa convalescence. Il revint au front le 13 novembre).

Vendredi, 13 novembre. - Départ de la caserne à 10 heures. Nous partons 300 dont 250 jeunes environ, la plupart engagés. Ils sont très gais et très contents de partir, moi beaucoup moins. J'ai la chance de faire le voyage en premières et très rapidement.

Samedi, 14 novembre. Nous débarquons à Hargicourt-Pierrepont (7 kilomètres au N. de Montdidier) et en route pour Arvillers à 10 ou 12 kilomètres (exactement 8 kilomètres). La route est dure, mon sac bien lourd. On marche deux heures sans arrêts. Je suis triste. A Arvillers, je retrouve quelques camarades, ce qui me console.

Dimanche, 15 novembre. — J'assiste à la messe dans une église glaciale, défoncée par les obus et où il fait un vent terrible. Je vois le capitaine Guillet (du 31e d'artillerie), qui m'invite à dîner pour le soir.

Lundi, 16 novembre. — Départ à 3 heures. On passe par Erches à 3 kilomètres d'Arvillers. Plus de la moitié du village est détruite. Je suis affecté à la 1re compagnie du 1er bataillon. On nous conduit en premières lignes à 4 ou 600 mètres des Allemands dans des tranchées pour tirer debout ; quelques petits abris avec des toiles de tente ou de tôle ondulée.

Mardi, 17 novembre. – La première nuit se passe tranquille. Je suis de veille jusqu'à minuit. Je puis dormir après. Tout est calme. Dans l'après-midi, la 2e ligne reçoit quelques marmites. Le soir, un ordre mal transmis nous fait enlever nos abris, si bien que nous passons la nuit à geler sans dormir.

Mercredi, 18 novembre. — Journée de repos. Arrive un détachement de renfort de la classe 1914.

Jeudi, 19 novembre. — Je prends le commandement de la 4ᵉ section de la 1ʳᵉ compagnie. L'après-midi, revue du général du corps d'armée (Boëlle). Décoration du colonel du Paty de Clam (1) et du lieutenant Pélissier (2). Défilé. C'est assez curieux cette décoration au milieu d'un champ.

Vendredi, 20 novembre. — Départ à 3 heures pour les tranchées. On est en 2ᵉ ligne pour deux jours. Le lieutenant Larmignat, qui commande la compagnie, m'invite dans son poste de commandement où il fait très bon et chaud ; on mange très bien Je suis moins à plaindre que les soldats qui gèlent dans leurs abris parce qu'il fait bien froid. Il souffle un vent violent dans cette plaine immense

Samedi, 21 novembre. — Journée passée agréablement.

Dimanche, 22 novembre. — On remplace la 2ᵉ compagnie dans les tranchées de 1ʳᵉ ligne. Tout est calme.

Lundi, 23 novembre. — On fait une alerte, un feu par salves qui a du épater les Boches ; ils n'ont rien répondu.

Mardi, 24 novembre. - Retour à Arvillers.

Mercredi, 25 novembre. — Je suis présenté au colonel pour être nommé adjudant. Je crois que je ne passerais pas parce que le colonel a une vieille méfiance de moi m'ayant fait attraper quatre jours de consigne quand j'étais caporal d'ordinaire. On touche un nouveau commandant, le commandant Martin (3) qui mange à notre popote.

Jeudi, 26 novembre. — Départ pour les tranchées. Nous sommes en 3ᵉ ligne, moi près d'Erches, la compagnie à la redoute nᵒ 1. Nous passons quatre jours tranquilles.

Lundi, 30 novembre. — On va à Guerbigny où on loge d'abord dans un moulin, puis à Guerbigny même ; le 1ᵉʳ peloton seul reste au moulin.

Mardi, 1ᵉʳ décembre. — Le général de division d'Infreville trouve

---

(1) Voir p. 198.

(2) Pierre Pélissier. Il avait été blessé.

(3) Paul-Auguste Martin, chef de bataillon au 117ᵉ, blessé le 13 septembre 1914 et revenu au front le 20 novembre suivant. Ayant pris part aux combats de Carnoy (décembre 1915), de Perthes en février et en mars 1915, il fut blessé d'un éclat d'obus le 2 mars 1916, et fut cité à l'ordre de l'armée. *Sarthe* du 22 avril 1916.

spirituel de nous faire faire une marche pour nous délier les jambes. Le soir, j'apprends que je suis nommé adjudant à la 7e compagnie. Cela m'ennuie de quitter la 1re à laquelle j'étais très bien. Le 2e bataillon est relevé par le 1er ; je reste là.

Mercredi, 2 décembre. — Adieux à la 1re. Je fais mon apparition à la 7e. Impression désagréable. Le capitaine s'appelle Senault, notaire à Ballon. Je prends la 3e section, commandée par Ambrois.

Jeudi, 3 décembre. — Revues. Exercices de tir sur les aéroplanes.

Vendredi, 4 décembre. — Départ pour Plessier-Rozainvilliers par Becquigny et Davenescourt.

Samedi, 5 décembre. — On va à l'exercice sous la pluie ; on est obligé de rentrer.

Dimanche, 6 décembre. — Messe à 10 heures. L'église est pleine de soldats.

Lundi, 7 décembre. — Départ à 6 heures pour Hangest, 9 kil. ; pluie et vent assez forts. On reste toute la matinée dehors en avant-postes pour garder je ne sais quoi. C'est assez stupide. L'après-midi on s'installe dans une ferme. Retour à 7 heures à Plessier.

Mardi, 8 décembre. — A 2 heures, exercice. A 3 h. 1/2, on rentre pour repartir à 4 h. 1/2. On va à la Folie où on couche dehors jusqu'à 1 h. 1/2 du matin, sous une pluie fine ; ensuite, on se place sous une grange où on n'est guère mieux et où on ne peut dormir. Retour à Plessier. Je crois que l'on craignait une attaque des Allemands. On a entendu le soir une vive fusillade vers Andéchy. En arrivant à Plessier, on fait mettre l'arme sur l'épaule et marcher au pas. Je reçois de vives observations parce que la section ne marchait pas comme il faut....

Jeudi, 10 décembre. — A deux heures de l'après-midi, départ pour le Quesnel.

Vendredi, 11 décembre. — A 2 heures de l'après-midi, alerte ; la compagnie est déjà partie, mais on ne nous a pas réveillés. On rejoint la compagnie à Warvillers. Retour à midi.

Samedi, 12 décembre. — On va cantonner à Beaufort dans une ferme très sale. Je m'aperçois que j'ai des poux, je me lave du mieux que je peux, c'est dans la paille que j'ai dû prendre cela.

Dimanche, 13 décembre. — A 3 heures alerte, départ pour Ignaucourt. Le soir, on nous prévient que nous devons partir pour Bray-(sur-Somme, arr. de Péronne) à 1 h. 15. Mais il fait un temps épouvantable et il pleut, aussi contre-ordre. De cette affaire, je reste couché treize heures. Il y a une grande différence avec la période d'été où nous avions trois ou quatre heures de sommeil. Les nuits sont maintenant tellement longues que quand on se lève à minuit on a déjà pu dormir cinq ou six heures. Je n'ai pas du tout froid. Nous sommes plus favorisés que la 4ᵉ section qui couche sous un hangar.

Lundi, 14 décembre. — Départ à 5 heures pour Bray. Il pleut un peu. On arrive vers minuit à Bray. Ma section est logée dans une grange beaucoup trop petite. On s'entasse.

Mardi, 15 décembre. — Départ à 10 heures du soir sans avoir dormi. On fait 10 kilomètres et on s'installe dans un champ, face à Montauban (Somme arr. de Péronne, canton de Combles). Nous faisons une tranchée dans laquelle nous restons jusqu'à 10 heures. La tranchée d'avant est quittée par la 6ᵉ. Nous allons les remplacer par petits groupes. Quelques balles sifflent. Une heure après, même opération. Je passe le premier avec un autre. Aussitôt les balles sifflent. Je m'aplatis, rampe vers le bas de la côte et j'arrive à cette nouvelle tranchée. Nous la remontons quelque temps, puis il faut franchir 40 mètres à découvert à 300 mètres des Allemands. Plusieurs déjà sont tués ou blessés. Je n'avais pas de fusil J'en demande un et je m'élance. Au bout de 10 mètres, je sens une brûlure au doigt. Je regarde et je vois mon fusil flamber. Je le jette précipitamment, le tout en un clin d'œil et je tombe dans la nouvelle tranchée pleine de boue. J'avais reçu une balle dans l'index, elle avait coupé l'artère, aussi cela saignait assez fort. On fait quelque chemin et on fait le pansement après l'avoir lavé à l'alcool de menthe. Ce n'est qu'une écorchure. On continue dans une tranchée abominable où on enfonce jusqu'à mi-jambe. On y passe des heures à geler et à mouiller. Finalement, je couche dans un petit réduit. Un seul peloton de la compagnie est là, le reste n'a pas passé l'endroit où j'ai été blessé On ne le reverra que le lendemain soir (1).

Jeudi, 17 décembre. — A 10 heures attaque générale. Une section de la 11ᵉ compagnie est déjà déployée. Le capitaine *Senault* débouche le premier de sa compagnie en élevant les bras et en disant : « En avant ». Une huitaine d'hommes le suivent. Les balles sifflent très fort. Les Allemands sont tout près à 250 mètres. Ils peuvent ajus-

---

(1) **Voir p. 208, note 4.**

ter. Le neuvième homme hésite ; moi qui suis à peu près le dix-huitième, je le presse, il hésite, puis il sort. Le suivant ne veut plus sortir. Aussitôt, revient l'adjudant-chef Thierry qui arrive comme une trombe. Le capitaine est tué, deux autres aussi. Les shrapnells tombent drûs. L'attaque est manquée C'est une veine pour ceux qui en sont revenus. — Deux heures après, le soldat Vigneron sort, va vers le capitaine, le change de place, le couvre et revient. Après la nuit tombée, avec deux autres, il repart chercher le cadavre du capitaine. La première fois, ils sont assaillis de balles allemandes et françaises et obligés de se replier. Vers 11 heures, ils retournent, ne le trouvent pas, cherchent pendant 10 minutes, s'égarent. J'ai peur qu'ils ne se soient perdus. Enfin, je les revois ; je les appelle ; un vient ; ils rapportent le corps du capitaine qui a été fouillé par le lieutenant et ramené par les brancardiers. Il avait reçu une balle sous l'œil droit (1).

Vendredi, 18 décembre. — On n'attaque plus. Le lieutenant Tusseau a pris le commandement de la compagnie. Je passe mon temps à organiser le service. Le premier peloton rejoint. Beaucoup d'hommes passent la nuit dans la tranchée, accroupis, où ils gèlent.

Samedi, 19 décembre. — Le soir, à la nuit tombante, on doit être relevés par le 3e bataillon Finalement, la 2e compagnie n'arrive qu'à 2 heures du matin et nous allons à un kilomètre en arrière de Carnoy, où nous arrivons à 5 heures du matin. C'est la 11e compagnie commandée par le lieutenant Monick (2) qui nous relève.

Dimanche, 20 décembre. — Journée tranquille.

Lundi, 21 décembre. — Départ à 4 heures du matin. Nous retournons vers les tranchées sans savoir au juste où l'on va. On erre ; on fait demi-tour ; on revient. Après 5 heures de ces boyaux absolument éreintants, on passe la journée sous un abri. A la nuit tombante, on relève une compagnie du 45e (3). Les hommes sont tous égarés. Ma section est réduite à une douzaine.

Mardi, 22 décembre. — Ma section se reforme à 30. Le lieutenant Collet prend le commandement de la compagnie. On doit être re-

---

(1) Voir p. 210.

(2) Paul-Louis Joseph Monick, devenu capitaine au 117e, fut nommé chevalier de la Légion d'honneur. Blessé plus tard sur le front, il ne se fit panser qu'après le combat. *Nouvelliste de la Sarthe* du 26 Novembre 1915.

(3) De Laon, 11e corps d'armée.

levés à la nuit tombante. En fait, on ne l'a pas été, les compagnies nous remplaçant n'ayant pas pris les mêmes emplacements que ceux que nous occupions. On s'en est aperçu un peu tard. Nous sommes arrivés à Etinehem (Somme, arr. de Péronne, canton de Bray), à 5 heures du matin.

Impression de ces sept jours de tranchées. Nous avons su ce que c'était que la faim et surtout que la soif. Quelle pépie ! On envoyait des hommes chercher de l'eau ; ils revenaient 12 heures après ou pas du tout, et apportaient de l'eau noirâtre qu'ils avaient pris dans un puits dans lequel étaient tombés je ne sais combien de bêtes crevées. Cette eau en avait le goût même dans le café. On la buvait tout de même. D'autres puisaient dans les empreintes des pas de l'eau jaunâtre de cette terre d'argile. On ne mangeait pas pour ne pas avoir tant soif. On souffrait plus de la soif que de la faim. — Je n'ai rien vu de plus éreintant que ces boyaux dans lesquels on enfonçait jusqu'aux genoux. Plusieurs y ont laissé leurs chaussures et y sont restés enlisés. Moi-même j'ai bien cru y rester embourbé ; je suis resté cinq minutes à faire des efforts pour en sortir; heureusement que j'ai pu y réussir. Un lieutenant de ma compagnie est resté embourbé pendant une demi-heure. En sortant des boyaux on était à bout d'énergie.

Mercredi, 23 décembre. — Etinehem. On commence à se décrotter.

Vendredi, 25 décembre. — J'ai eu le bonheur de pouvoir communier, ce qui n'est pas arrivé à beaucoup de soldats.

Samedi, 26 décembre. — On part d'Etinehem à une heure du matin. Seize kilomètres par une bonne route, un peu froide. On cantonne près de Corbie, à Fouilloy.

Lundi, 28 décembre. — Départ à 3 heures. On embarque à 8 kil. de là dans un wagon non aménagé. On passe par Creil-le-Bourget. On croyait rester à Paris, mais on va jusqu'à Châlons pour venir cantonner à 8 kilomètres à Montcetz De Montcetz, on gagne Courtisols, puis Dampierre-au-Temple (Marne, arr. de Châlons, canton de Suippes).

LE 117ᵉ D'INFANTERIE A CARNOY, 16, 17, 18, 19, 20 ET 21 DÉCEMBRE D'APRÈS L'*Historique des régiments rattachés au dépôt du Mans.* (Voir pp. 208-209).

Carnet DE LÉON HUET, ADJUDANT AU 317ᵉ D'INFANTERIE

1-3 novembre. — Arvillers. 4-7 novembre. Dans les tranchées au-dessus du moulin de Guerbigny pour l'attaque d'Andéchy par la 15ᵉ brigade (124ᵉ et 130ᵉ). — 8-9 novembre. Arvillers. — 10-12 novembre. Aux tranchées à Esches. — 13-18 novembre. Arvillers.— 19-24 novembre. Morcourt-sur-Somme (canton de Bray); en réserve d'armée, XIVᵉ corps (1). — 24 novembre. De Morcourt à Hangest-en-Santerre. — 25 novembre. D'Hangest à Guerbigny. — 26 novembre. Arrivée à 5 heures dans les tranchées du secteur S. d'Andéchy. 28-29 novembre. Fusillade de 7 heures à 7 h. 45 dans nos tranchées sur Andéchy.

1ᵉʳ-8 décembre. — Dans nos tranchées, secteur S. d'Andéchy. — 8-12 décembre. Etat d'alerte en raison de la progression des 124ᵉ et 130ᵉ sur Andéchy. — 16 décembre Capture de deux Boches blessés au moulin de l'Echelle-Saint-Aurin. — 18-28 décembre. Nouvelle organisation du service : la 23ᵉ toujours au moulin, moins une section en tranchées ; aux tranchées, une compagnie et un peloton ; en réserve, un peloton ; à Guerbigny, au repos, une compagnie.

28 décembre. — Capture d'un Boche au moulin de l'Echelle-Saint-Aurin, du 81ᵉ d'infanterie. Embarquement du IVᵉ corps remplacé par le XIIIᵉ corps (2), les 315ᵉ et 317ᵉ restant sur leurs positions.

---

(1) De Lyon : 17ᵉ d'infanterie (Gap) ; 22ᵉ (Bourgoin) ; 30ᵉ (Annecy) ; 52ᵉ (Montélimar) ; 75ᵉ (Romans) ; 97ᵉ (Chambéry) ; 99ᵉ (Vienne-Lyon) ; 140ᵉ (Grenoble) ; 157ᵉ, 158ᵉ (Lyon) ; 159ᵉ (Briançon) ; 11ᵉ bataillon de chasseurs à pied (Annecy-alpin) ; 12ᵉ bataillon (Grenoble-alpin) ; 13ᵉ bataillon (Chambéry-alpin) ; 14ᵉ bataillon (Grenoble-alpin) ; 23ᵉ bataillon (Grasse-alpin) ; 28ᵉ bataillon (Embrun-alpin) ; 30ᵉ bataillon (Grenoble-alpin) ; 7ᵉ cuirassiers (Lyon) ; 10ᵉ cuirassiers (Lyon) ; 2ᵉ dragons (Lyon) ; 4ᵉ dragons (Chambéry) ; 17ᵉ dragons (Vienne) ; 11ᵉ d'artillerie (Briançon) ; 1ᵉʳ de montagne (Grenoble) ; 2ᵉ de campagne (Grenoble) ; 6ᵉ (Valence) ; 54ᵉ (Lyon). Génie.

(2) De Clermont-Ferrand : 16ᵉ d'infanterie (Montbrizon-Saint-Etienne) ; 38ᵉ (Saint-Etienne) ; 86ᵉ (Le Puy) ; 92ᵉ (Clermont-Ferrand) ; 98ᵉ (Roanne-Lyon) ; 105ᵉ (Riom) ; 121ᵉ (Montluçon) ; 139ᵉ (Aurillac) ; 14 dragons (Saint-Etienne) ; 3ᵉ chasseurs (Moulins) ; 16ᵉ d'artillerie (Clermont-Ferrand) ; 36ᵉ Clermont ; 53ᵉ (Clermont).

LE IVe CORPS, DU MOIS D'AOUT AU MOIS DE DÉCEMBRE 1914, D'APRÈS LE GÉNÉRAL BOELLE, COMMANDANT LEDIT CORPS :

Dans les premiers jours d'août, aussitôt les affiches de mobilisation posées, tous, territoriaux, réservistes, doivent quitter ce qu'ils ont de plus cher au monde : foyer, affections familiales, coins de terre où ils sont nés... Quel que soit leur chagrin intime de dire à ceux qu'ils chérissent un « au revoir » qui sera pour beaucoup hélas ! un « dernier adieu », le Devoir commande, ils obéissent sans hésitation ; ils sont près à accomplir ce devoir, jusqu'au bout, car ils ont compris que sonnait l'heure d'un réglement de comptes définitif avec nos ennemis héréditaires.

Dès le 4 août, les trains commencent à les emporter de leur garnison vers le front. Si l'Allemand écrit, avec orgueil, sur ses wagons : « Nach Paris », cette fois notre soldat ne crie plus : « A Berlin ! » Pressentant que la lutte sera sévère, il se montre sérieux, réfléchi, discipliné.

A partir du 5 août, les débarquements s'effectuent dans le plus grand ordre, au Nord-Est de Verdun.

Le 9 août, le génie, l'infanterie, l'artillerie des 7e et 8e divisions, l'artillerie de corps du 44e sont concentrés et prêts à marcher.

Le 14e hussards, d'Alençon, a précédé ces éléments ; par sa vigilance, sa hardiesse, il ne permet pas à un seul cavalier ennemi de voir ce qui se passe dans nos lignes : uhlans, dragons allemands, sont surpris par le mordant de nos cavaliers bleus, et au bout de quelques jours ils ne se risquent plus à les attaquer, mais, se dérobant devant eux, ils cherchent à les attirer sur des embuscades de fantassins ou sur des nids de mitrailleuses.

Le 10 août, à Mangiennes, deux bataillons du 130e, de Mayenne et de Domfront, reçoivent le baptême du feu et livrent le premier combat d'infanterie. Un tir d'une compagnie de mitrailleuses allemande prend ces bataillons de flanc et leur inflige des pertes sensibles ; mais ceux-ci, dans un élan superbe, franchissent la rivière La *Loison* et contraignent à la retraite le bataillon de chasseurs et la division de cavalerie adverses. Celle-ci abandonne de nombreuses lances, tandis qu'une batterie allemande laisse sur le terrain ses pièces détruites par une batterie de notre 31e d'artillerie.

Le 20 août arrive l'ordre du général commandant la IIIe armée, dont relève le IVe corps, de se porter en avant, ordre impatiemment attendu.

Le 21 août, éclairées et couvertes dans leur marche par le 14e hussards, les 7e et 8e divisions franchissent la frontière belge. La chaleur est forte, la marche fatigante ; mais la fatigue s'oublie, quand, en fin de journée, on prend le contact avec l'ennemi.

Dès la première heure, le lundi 22 août, bataille à Ethe pour la 7e division, à Virton pour la 8e division. Sur toute la vallée de la *Vire* et celle du *Ton* règne un épais brouillard quand éclatent les premiers coups de fusil.

A Ethe, le 14e hussards traverse le village et refoule la cavalerie ennemie ; bientôt arrêté par le feu de l'infanterie allemande, il revient à la charge et se couvre de gloire par sa fougue digne des plus belles épopées. De ce régiment, le kaiser aurait pu dire comme son grand-père à Sedan en voyant charger les chasseurs d'Afrique : « Ah ! les braves gens ! »

Les 103e et 104e régiments, avec des unités du 101e et du 102e, appuyés par l'artillerie du 26e, contiennent tous les efforts tentés par un adversaire supérieur en nombre, pour déboucher des bois ; ils lui infligent des pertes sanglantes. Par sa résistance, la 14e brigade (103e et 104e, général Felineau, couvrit la 8e division et le IVe corps, découverts par la retraite du Ve corps.

Les jours suivants, le Boche se vengera de cet échec en commettant les pires atrocités, notamment à Gomery, où il fusille les médecins, achèvent les blessés, incendie les ambulances. Il le proclame : « il nous fait une guerre d'extermination ! »

A Virton, le même jour et à la même heure, la 8e division, 130e en tête, se heurte dans le brouillard à des retranchements ennemis organisés à la lisière Sud des bois ; successivement, le 124e, puis le 117e entrent en ligne.

En fin de journée, la charge sonne, l'adversaire est bousculé ; ses retranchements dont quelques-uns garnis de blessés et de corps de soldats français sont emportés d'assaut Pour arrêter l'élan du 117e, l'Allemand fait imiter par ses clairons notre sonnerie de « Cessez le feu ».

Des hauteurs sud de Virton, les artilleurs du 31e et du 44e soutiennent leur infanterie, subissent des pertes causées par l'artillerie lourde ennemie à laquelle un avion a indiqué l'emplacement de nos batteries.

Néanmoins, nos artilleurs ont l'honneur de tirer les derniers coups de canon de la journée, vers 19 heures, et de voir l'infanterie et la cavalerie allemandes en retraite, celle ci, selon sa coutume, incendiant maisons et villages.

« On a appris depuis, écrivait en 1916 le célèbre historien M.
« Hanotaux, de l'Académie française (1), que le Ve corps allemand
« qui se trouvait devant notre IVe corps, fut obligé de quitter le
« front et d'aller se refaire dans la région d'*Arlon* ; il disparut tota-
« lement et nous ne le retrouverons que beaucoup plus tard...
« tandis que le IVe corps, si éprouvé, ne cessera de combattre et
« de rendre les plus grands services. »

Le 25 août, la 7e division livre combat à Marville.

Le 26 août, par ordre de l'armée le IVe corps passe sur la rive gauche de la *Meuse*, la rage au cœur d'abandonner les Côtes de Meuse, alors qu'il n'a pas été poursuivi par l'ennemi, qui n'atteint la rivière, aux environs de Dun, que le 27.

Les 29, 30, 31 août, combats très durs sur la *Meuse* et contre les troupes allemandes qui ont franchi la rivière vers Stenay et près de Dun-sur-Meuse.

Le 1er septembre, d'après les ordres reçus, le corps d'armée doit reprendre l'offensive.

Mais, en plein combat, le général commandant la IIIe armée, vient, lui-même, dire au général commandant le IVe corps que le général en chef lui « demande des troupes sur lesquelles on puisse « compter pour concourir à la défense de la capitale menacée et « qu'il a désigné les siennes ».

Dans la nuit du 1er au 2 septembre, l'Argonne est franchie par nos colonnes et l'embarquement s'effectue à *Sainte Menehould*, au milieu de l'exode lamentable des populations qui fuient devant l'envahisseur !

Grâce aux excellentes dispositions prises par des officiers de notre état-major, toutes les troupes peuvent, sans pertes, s'embarquer sous le canon ennemi, en s'échelonnant de *Sainte-Menehoul* à *Revigny*.

---

(1) **Histoire illustrée de la guerre de 1914. La bataille des frontières** par Gabriel Hanotaux de l'Académie française. Tome 5, page 144.

Après trois jours et deux nuits de voyage, l'état-major du IVᵉ corps arrive à *la Villette* ; par ordre du Général Galliéni, gouverneur militaire de *Paris*, le corps d'armée est rattaché, à dater du 6 septembre, à la VIᵉ armée, général *Maunoury*.

L'Ourcq. — Les 8 et 9 septembre 1914, il prend part à ces journées mémorables de la bataille de la Marne qui suivant l'expression du maréchal Joffre « décidèrent du sort de la guerre ».

La 8ᵉ division, dès le 7, est poussée sur Meaux, pour soutenir l'armée anglaise.

Les autres troupes du corps d'armée sont transportées, dans la nuit du 7 au 8 septembre, à l'extrémité gauche de cette immense ligne de bataille qui va de *Nanteuil-le-Haudouin* aux *Vosges* ; la 14ᵉ brigade (103ᵉ, 104ᵉ régiments d'infanterie), voyage en taxi, la 13ᵉ et les troupes non endivisionnées gagnent Nanteuil par chemin de fer, pendant que cavaliers, canons, voitures vont par voie de terre.

Le 8 septembre au matin, la 7ᵉ division se déploie comme à la manœuvre, renforçant la 61ᵉ division de réserve et menace l'aile droite de l'armée allemande de *von Klück* qui est surprise.

La journée du 9 septembre fut des plus angoissantes ! Pour parer au danger d'enveloppement von Klück a appelé à son secours deux corps d'armée, les IVᵉ et IXᵉ, qui nous attaquent à l'Est et au Nord ; venant de l'Ouest, c'est-à-dire de la direction de *Senlis*, la 10ᵉ brigade de landwehr (94ᵉ et 72ᵉ régiments) nous prend en flanc pour ne pas dire dans le dos. L'heure est grave ! Le IVᵉ corps amoindri d'une division n'a plus de réserves. Le commandement l'adjure de tenir... Les soldats de la 7ᵉ division, du 315ᵉ, du 317ᵉ, du 26ᵉ et du 44ᵉ d'artillerie, nos sapeurs du génie, tous résistent héroïquement à cette violente poussée qui nous a obligés, vers 14 heures, à faire face à l'Est, au Nord et à l'Ouest, alors qu'à midi nous regardions à l'Est, prêts à attaquer sur l'*Ourcq*.

Vers 16 heures, la brigade de landwehr, mitraillée par l'artillerie du 44ᵉ, arrêtée devant Plessis-Belleville par des unités du 101ᵉ et du 102ᵉ, recule en désordre, laissant ses morts sur la route de Nanteuil à Paris qu'elle avait atteinte.

Les autres forces ennemies ont subi de telles pertes qu'elles ne peuvent plus progresser. Pour masquer leur repli, vers 18 heures, l'artillerie lourde allemande inonde le champ de bataille d'un déluge de gros projectiles .

Le Boche est vaincu ! Paris est sauvé de l'invasion.

Aussitôt, le 10 septembre, dans l'après-midi, commence la poursuite, malgré toutes les fatigues des jours précédents ; les hommes n'ont pris aucun repos depuis un grand mois, ils se sont tout juste restaurés et ravitaillés ; mais la victoire leur prête ses ailes.

Le 12 septembre, bataille pour conquérir le passage de l'*Aisne* que l'ennemi tente d'interdire par une canonnade d'artillerie lourde ininterrompue et bien réglée.

Le 13, nos soldats franchissent le fleuve de *vive force*.

Les 14, 15, 16, 17, 18 septembre, combats sans trêve, dans la région de *Tracy-le-Mont, Carlepont, Nampcel* dont les noms sont devenus désormais célèbres.

Le 18 septembre au soir, mission nouvelle : Il faut prévenir tout danger d'enveloppement de notre aile gauche, précéder l'ennemi vers le Nord, dans la course à la mer : pour atteindre ce but, franchir l'*Oise* et marcher sur Lassigny-Roye.

Par la nuit noire du 18 au 19 septembre, sous une pluie torrentielle, les troupes, toujours au combat et toujours sans repos, repassent l'*Aisne*, passent l'*Oise*, exécutant une marche pénible.

Le 19 septembre, elles occupent néanmoins les emplacements assignés par le haut commandement.

Le 21 septembre, à minuit, le IVe corps quitte la VIe armée Maunoury, pour faire partie de la IIe armée dont le chef est le général de Castelnau.

Ce jour même, 21 septembre, la 7e division s'engage à Lassigny et s'y bat, le 22, pendant que la 8e division marche sur Roye, prend possession de ce nœud de routes si important et pousse jusqu'aux abords de Nesle, chassant devant elle les troupes du général von Marwitz.

Roye ! il me semble que ce mot est écrit en lettres de feu et de sang, tant la bataille y fut dure...

Lorsque cette bataille sera mieux connue, quelles pages glorieuses l'histoire enregistrera en l'honneur des Normands, des Beaucerons, des Mayennais sans oublier les Parisiens et les gars de la Sarthe ! lorsqu'elle écrira, dans les détails, les luttes sanglantes soutenues à *Ognolles*, où le 101e se battit à la baïonnette, *Champien, Roiglise, Carrepuis, Gruny, Liancourt, Billancourt*, etc., ou le terrain fut défendu pied à pied, où le Boche, pour progresser, comme par exemple à *Liancourt*, fait marcher devant lui, contrairement à toutes les lois de la guerre et de l'humanité, non seulement des soldats qu'il vient de capturer, après une vaillante résistance, mais aussi des habitants inoffensifs !

La perte de Roye — la preuve en fut douloureusement faite en 1918 — c'était la route de Montdidier ouverte, c'était ensuite la marche possible sur Compiègne et sur Paris. ·

Telle était d'ailleurs l'intention du Kaiser qui, de sa personne, vint, le 5 octobre à *Champien*, pour encourager ses troupes à la ruée qui devait leur assurer l'entrée triomphale dans la capitale.

Quelle succession de jours et de nuits ! Quelle dépense de courage, de volonté de la part de nos soldats qui murmuraient déjà : « Ils ne passeront pas ! »

Menacés d'être encerclés, canonnés sans répit, avec violence. par une artillerie lourde, à laquelle nous ne pouvons riposter qu'avec nos 75, après une résistance énergique nous sommes cependant forcés d'évacuer Roye, le 30 septembre, après dix jours de combats sanglants : depuis deux jours déjà, le général de Castelnau, voyant la situation, nous avait autorisés à cette évacuation.

D'ailleurs, l'effort de l'ennemi était brisé ; épuisé, ayant subi de grosses pertes, il renonçait à la percée de ce côté.

Si, jusqu'au milieu d'octobre, se livrèrent aux abords de Roye des combats quotidiens à Andechy, à Damery, à Laucourt, à Saint-Mard-les-Triot. pour ne citer que ceux-là, la période des tranchées commence : on creuse la terre, on s'y retranche, on s'y abrite, on s'y fortifie.

Cette période fut marquée, les 29 et 30 octobre, par l'enlèvement de vive force du *Quesnoy-en-Santerre*, qui fait grand honneur aux 117ᵉ, 315ᵉ et 317ᵉ régiments appuyés à bout portant par une batterie du 31ᵉ.

En novembre et décembre, occupation des tranchées ; fusillades, canonnades intermittentes.

Fin décembre, le 28, le IVᵉ corps s'embarque à *Montdidier*, pour aller en Champagne, région de Châlons-sur-Marne. où il est placé sous le commandement du général de Langle de Cary, commandant la IVᵉ armée.

Du 18 février au 18 mars 1915, attaques journalières à Perthes-les-Hurlus et abords. Par une lettre autographe des plus élogieuses adressée au commandant du IVᵉ corps, le général de Langle consacra la valeureuse conduite de nos troupes durant ce mois de luttes.

Fin mars, nous prenons les tranchées dans la craie champenoise, au pied des hauteurs célèbres de Moronvilliers d'où les Allemands nous dom nent.

Le 20 juin 1915, pardonnez-moi ce souvenir personnel, l'inexorable limite d'âge, dépassée depuis déjà plus d'un mois, me fait appeler au Grand Quartier Général près du général Joffre. Avec un profond chagrin, je quittais ces braves soldats du IV⁰ corps que j'avais l honneur de commander depuis 1911 et auxquels j'étais si profondément attaché !

Je les ai suivis, par la pensée, dans leurs étapes, à *Verdun*, sur la *Somme*, au *Kemmel*, etc., et j'ai été fier de constater que partout où ils se sont battus, partout ils ont toujours bien mérité de la Patrie.

On me pardonnera de m'être trop longuement étendu peut-être, sur cette période du début de la guerre. Je tenais, je le répète, à montrer combien cette première année de guerre fut pénible et rude pour ceux du IV⁰ corps qui furent les combattants de la première heure.

Le général Percin et la défense de Lille

Au VI⁰ chapitre (pp. 105-107) de ces *Souvenirs*, j'ai parlé d'une manière désavantageuse, sur la foi d'auteurs connus, du général Percin. L'impartialité me fait un devoir de produire sur ce personnage des appréciations extraites d'un livre qui n'est peut-être qu'un pamphlet ? Voici ce que je lis dans *Au bord du gouffre* (1), par Victor Margueritte, pages 236 et 237.

« A l'extrême gauche de l'armée française (à la fin d'août 1914), les divisions territoriales de d'Amade — faible chapelet étiré sur une énorme ligne et qui (a déposé le maréchal Joffre lui-même) *était plutôt un service de surveillance pour arrêter la cavalerie ennemie*, avaient été dès le 22 août aux prises, vers Tournai, avec les pointes de von Klück, qui, précipitamment, les refoulaient Tout le Nord, démantelé, surpris, n était qu'une vaste proie, à l'abandon. Tandis

____

(1) Paris, Ernest Flammarion, éditeur. Quatorzième mille.

qu'à Maubeuge, le général Fournier attendait l'assaut, la panique
régnait à Lille. Déclassée et désarmée aux premiers jours d'août,
quand on escomptait la victoire, fébrilement réarmée ensuite par
le général Percin, assisté du général Herment, quand, avec d'Amade,
était venu l'idée de parer à l'inattendu de la menace allemande —
la capitale du Nord payait, d'un soudain désamparement, la situation tragique où le plan 17 l'avait mise. En vain, le général Percin
s'était-il efforcé d'improviser un essai de résistance. L'arme était
finalement brisée dans ses mains par l'incohérence ministérielle et
l'affolement municipal. Il était écrit que Lille évacuée, avec ses
ressources encore immenses, son réseau possible d'inondations,
toutes ces défenses que, durant quatre ans, l'ennemi utilisa contre
nous, demeurerait, aux mains françaises, une force perdue, pour
devenir aux mains allemandes un des pivots de leur défense.

« Des places insuffisamment ou nullement en état de résistance,
des troupes de troisième rang, en nombre infime, éparses sur un
front où il eût fallu une armée, voilà ce que l'abandon du plan
Michel au bénéfice de l'adoption du plan Joffre opposait, en fait de
menace latérale, au formidable torrent de l'avance allemande !...
Libre de tout grave souci sur son flanc, elle court, avec l'armée
von Klück, au-devant de la petite armée anglaise. »

« Voir, dit encore Victor Margueritte, *Lille*, le livre si clair, si
probant où le général Percin expose, documents à l'appui, cette
triste histoire. « Au fond — a écrit M. Albert Thomas — il s'est
passé pour Lille ce qui était sur le point de se passer pour Paris.
Si *nos amis* du ministère n'étaient pas intervenus pour la défense
de Paris, Paris aurait peut-être été abandonné comme Lille l'a été.
Ce sont des choses qu'il faudra dire un jour. . » La belle conduite du général Percin, *attestée par son chef immédiat, d'Amade, et
plus tard récompensée par le grand cordon de la Légion d'honneur*, ne
l'empêcha pas d'être victime des plus odieuses allégations... Cet
acharnement de la calomnie, abattue sur un général républicain, à
qui les réactionnaires ne pardonnaient pas ses opinions, est un des
exemples les plus frappants de la méthode qu'appliquent, dans
leur lutte obstinée contre la République, ces ennemis de la France.
Instantanément, d'un bout à l'autre du pays, courut le bruit que
Percin avait rendu, vendu Lille, qu'il s'était suicidé, ou qu'il avait
été fusillé, non sans que préalablement Joffre fut venu briser son
épée ! etc... Heureusement pour le rénovateur de nos règlements

d'artillerie, l'apôtre de la liaison des armes, cela se passait au début de la guerre Trois ans plus tard, au lieu de se voir confier une inspection générale, Percin eût été méditer au Cherche-Midi sur l'imbécilité publique et la lâcheté de ceux qui la dattent. »

Tel est le plaidoyer en faveur de Percin, cautionné par le socialiste Albert Thomas, l'un des auteurs de la vie chère. L'histoire sincère dira un jour ce qu'il vaut et ce qu'il faut en penser.

TABLE DES MATIÈRES

Dans ce chapitre, à la page 105, la censure avait d'abord
supprimé les quelques lignes dont voici la restitution en
italique.

« Sans vouloir incriminer les « bons papas » du 27e territorial, les pacifiques électeurs de M. Caillaux, *il faut
reconnaître que le « Courrier de Mamers » en est réduit à un
bien piteux plaidoyer pour expliquer un événement rarissime
dans les fastes militaires : un régiment qui, drapeau en tête,*

avec ses officiers, met en deux jours plus de 400 kilomètres entre lui et l'ennemi.

« D'autres soldats du même régiment erraient en Normandie. Je ne connais pas l'avenir, écrivait l'un d'eux de 'Rouen, le 28 août, mais je ne verrai jamais pire, nous sommes dans un véritable enfer. Grâce à Dieu, je suis sorti sain et sauf.

« Ceux-ci rentrèrent, par petits paquets, l'oreille basse, on peut le croire, expliquant l'affaire autrement que le « Courrier de Mamers ». Témoin la lettre suivante d'un rescapé.

« Mamers, mardi, 1ᵉʳ septembre 1914. Je suis arrivé ici cette nuit avec cinquante rescapés du 27ᵉ, et nous repartons ce soir ou cette nuit pour Nogent. Le pauvre 27ᵉ est décimé, il est encore impossible de connaître le chiffre des pertes. *On dit, sous le manteau de la cheminée, que nous sommes victimes d'une négligence du général 'Percin, de célèbre mémoire.*

« Mercredi matin, etc. »

APPENDICE

Le Mans, Imp. BENDERITTER, 11, rue Saint-Jacques

Errata

Page 14, ligne 31, au lieu de *9 août*, lire *5 août*.

Page 50, ligne 1, au lieu de *inéluctible*, lire *irréductible*.

Page 96, ligne 28, au lieu de *20*, lire *30*.

Page 176, ligne 12, au lieu de *psycologie*, lire *psychologie*.

— note 1, au lieu de *psycologiques*, lire *psychologiques*.

Souvenirs Manceaux
de la
Grande Guerre

1er VOLUME

1914

1er VOLUME

Février 1918   Fascicule 1

IMPRIMERIE BENDERITTER
RUE SAINT-JACQUES, II - LE MANS

Souvenirs Manceaux

de la

Grande Guerre

1er VOLUME

1914

Mars-Avril 1918   Fascicule 2

IMPRIMERIE BENDERITTER
RUE SAINT-JACQUES, 11 - LE MANS

ARIS-RUDEL

Souvenirs Manceaux

de la

Grande Guerre

◆

1er VOLUME

1914

◆

Mai-Juin 1918   Fascicule 8

IMPRIMERIE BENDERITTER
RUE SAINT-JACQUES, 11 - LE MANS

Nous prions nos souscripteurs de conserver soigneusement les fascicules des *Souvenirs Manceaux de la Grande Guerre*. Le tirage en étant restreint à cause de la crise du papier, il nous serait impossible de les remplacer. A la fin de la publication de chaque volume, nous distribuerons les titre, tables et couverture.

Nous prions nos souscripteurs de conserver soigneusement les fascicules des *Souvenirs Manceaux de la Grande Guerre.* Le tirage en étant restreint à cause de la crise du papier, il nous serait impossible de les remplacer. A la fin de la publication de chaque volume, nous distribuerons les titre, tables et couverture.

Souvenirs Manceaux

de la
Grande Guerre

◆

1er VOLUME

1914

◆

Juillet-Août 1918   Fascicule 4

IMPRIMERIE BENDERITTER
RUE SAINT-JACQUES, II - LE MANS

SOUVENIRS MANCEAUX

de la
GRANDE GUERRE

(Septembre — N° 5)

ET

BULLETIN PÉRIODIQUE

DU

SOUVENIR SARTHOIS

DE LA
GRANDE GUERRE

(Numéro 4)

LE MANS

1918

IMPRIMERIE
E. BENDERITTER
11-15, Rue Saint-Jacques

LIBRAIRIE
A. de SAINT-DENIS
Place Saint-Nicolas

Souvenirs Manceaux
de la
Grande Guerre

1er VOLUME

1914

(Le fascicule 5, septembre 1918, des *Souvenirs Manceaux de la Grande Guerre*, (pp. 129-144), a paru dans le nᵒ 4 du *Bulletin du Souvenir Sarthois*).

Octobre-Décembre 1918   Fascicule 6

IMPRIMERIE BENDERITTER
RUE SAINT-JACQUES, 11 - LE MANS

Nous prions nos souscripteurs de
conserver soigneusement les fascicules des
Souvenirs Manceaux de la Grande Guerre.
Le tirage en étant restreint à cause de
la crise du papier, il nous serait impossible de les remplacer. A la fin de la
publication de chaque volume, nous distri-
·buerons les titre, tables et couverture.

————————

Nous prions nos souscripteurs de conserver soigneusement les fascicules des *Souvenirs Manceaux de la Grande Guerre.* Le tirage en étant restreint à cause de la crise du papier, il nous serait impossible de les remplacer. A la fin de la publication de chaque volume, nous distribuerons les titre, tables et couverture.

Nous prions nos souscripteurs de conserver soigneusement les fascicules des *Souvenirs Manceaux de la Grande Guerre*. Le tirage en étant restreint à cause de la crise du papier, il nous serait impossible de les remplacer. A la fin de la publication de chaque volume, nous distribuerons les titre, tables et couverture.

ARIS-RUDEL

Souvenirs Manceaux

de la

Grande Guerre

1er VOLUME

1914

(Le fascicule 5, septembre 1918, des *Souvenirs Manceaux de la Grande Guerre*, (pp. 129-144), a paru dans le n° 4 du *Bulletin du Souvenir Sarthois*).

Février 1919   Fascicule 7

IMPRIMERIE BENDERITTER
RUE SAINT-JACQUES, 11 - LE MANS

ARIS-RUDEL

Souvenirs Manceaux
de la
Grande Guerre

1er VOLUME

1914

Avril 1919   Fascicule 8

IMPRIMERIE BENDERITTER
RUE SAINT-JACQUES, II - LE MANS

ARIS-RUDEL

Souvenirs Manceaux
de la
Grande Guerre

1er VOLUME

1914

Juin 1919   Fascicule 9

IMPRIMERIE BENDERITTER
RUE SAINT-JACQUES, 11 - LE MANS

GRANDE
PHARMACIE DE PARIS

TÉLÉPHONE 1-35

30, Rue Dumas, LE MANS

A. POTTIER

PHARMACIEN-CHIMISTE
EXPERT PRÈS LES TRIBUNAUX
MEMBRE DE LA SOCIÉTÉ D'HYGIÈNE DE FRANCE

Service spécial d'Ordonnances

Sous le contrôle d'un Pharmacien diplômé

LABORATOIRE D'ANALYSES

Chimiques - Industrielles - Médicales

HERBORISTERIE EN GROS

*Accessoires, Bandages, Bas-Varices
Ceintures*

PRIX SPÉCIAUX

à MM. les Membres du Clergé, Communautés, etc.

AU TAILLEUR MODERNE

17 & 19, Rue Saint-Jacques, 17 & 19 — LE MANS

J. FROGER

Directeur-Propriétaire

Maison de Tailleur sur Mesures pour Dames et Messieurs

GRAND CHOIX DE TISSUS

LOUÉ

LOUÉ

LOUÉ

ARIS-RUDEL

Souvenirs Manceaux

de la

Grande Guerre

———◆———

1er VOLUME

1914

———◆———

Février 1920   Fascicule 13

IMPRIMERIE BENDERITTER
RUE SAINT-JACQUES, 11 - LE MANS

Souvenirs Manceaux
de la
Grande Guerre

1er VOLUME

1914

Août 1919   Fascicule 10

IMPRIMERIE BENDERITTER
RUE SAINT-JACQUES, 11 - LE MANS

CRÉDIT LYONNAIS

Fondé à Lyon en 1863

Agence du MANS, 33, Place de la République

ORDRES DE BOURSE

Paiement de tous Coupons — Garde de tous Titres — Location de Coffres-Forts — Souscription aux Émissions — Vérification des Tirages — Remboursements des Titres Amortis — Dépôts d'Objets précieux (Bijoux, Argenterie).

Escompte et Recouvrement des Effets de Commerce — Ouvertures de Comptes Courants aux Commerçants — Dépôts de Fonds productifs d'intérêts — Délivrance de Chèques sur la France & l'Etranger — Lettres de Crédit pour Voyages — Envois de Fonds sur tous Pays.

AGENCES : Alençon, Chartres, Nogent-le-Rotrou

BUREAUX : Pré-en-Pail, Bonnétable, Château-du-Loir

POMPES FUNÈBRES GÉNÉRALES

Société Anonyme au capital de 2.500.000 fr. entièrement libéré

Siège Social : 66, 68, 70, Boulevard Richard-Lenoir, PARIS

CONCESSIONNAIRE

du Service Municipal des Pompes Funèbres de la Ville du Mans

Et des Communes environnantes

Allonnes, Arnage, Neuville-sur-Sarthe, Rouillon, Saint-Pavace, Sargé

BUREAUX : 10, rue Saint-Jacques et rue Dumas, 9

Dépôt du Matériel : 74, rue Hoche

Téléphone N° 0-39   *Adr. Télégr. :* Pompes Funèbres Générales, LE MANS

La Société possède un matériel complet de Pompes Funèbres : Corbillards, Tentures pour Eglises et Maisons Mortuaires, Catafalques, Voitures de deuil, Fourgons de transport, Cercueils, etc., lui permettant de satisfaire immédiatement à toutes les demandes qui lui sont faites même pour les convois du plus grand luxe.

Sur la demande des familles un employé se rend à domicile muni des Albums et Tarifs officiels et s'occupe des formalités administratives sans dérangement pour les familles.

COURONNES MORTUAIRES

Souvenirs Manceaux

de la

Grande Guerre

1ᵉʳ VOLUME

1914

Octobre 1919   Fascicule 11

IMPRIMERIE BENDERITTER
RUE SAINT-JACQUES, II - LE MANS

Souvenirs Manceaux
de la
Grande Guerre

1er VOLUME

1914

Décembre 1919   Fascicule 12

IMPRIMERIE BENDERITTER
RUE SAINT-JACQUES, II - LE MANS

AU TAILLEUR MODERNE

17 & 19, Rue Saint-Jacques, 17 & 19 — LE MANS

J. FROGER

Directeur-Propriétaire

Maison de Tailleur sur Mesures pour Dames et Messieurs

GRAND CHOIX DE TISSUS

ENTREPRISE de MONUMENTS FUNÈBRES

Maison BOUQUET-PITARD

EVRARD-LACROIX, S^R

Téléph. 2 65   Marbrier-Sculpteur   Téléph. 2 65

102, Avenue du Grand-Cimetière, LE MANS

Caveaux, Chapelles, Tombeaux de Granit, Ornements et Gravures en tous Genres, Plaques commémoratives, Ex-voto

MONUMENTS pour les Soldats Morts pour la Patrie,   pour Cimetières et Eglises)

LUNETTES - JUMELLES - BAROMÈTRES

L. MAROSELLI

Opticien

5, Rue de l'Etoile, 5 ~ LE MANS

Séances CINÉMATOGRAPHIQUES à Domicile

J. BOUVERET

PAPETERIE - MAROQUINERIE

11, Rue Dumas, 11

PHOTOGRAPHIE

Agrandissements

LE MANS ~ 9, Rue Saint-Jacques, 9 ~ LE MANS

AU TAILLEUR MODERNE

17 & 19, Rue Saint-Jacques, 17 & 19 — LE MANS

J. FROGER

Directeur-Propriétaire

Maison de Tailleur sur Mesures pour Dames et Messieurs

GRAND CHOIX DE TISSUS

ENTREPRISE de MONUMENTS FUNÈBRES

Maison BOUQUET-PITARD

EVRARD-LACROIX, Sr

Téléph. 2-65   Marbrier-Sculpteur   Téléph. 2-65

102, Avenue du Grand-Cimetière, LE MANS

Caveaux, Chapelles, Tombeaux de Granit, Ornements et
Gravures en tous Genres, Plaques commémoratives, Ex-voto

MONUMENTS pour les Soldats Morts pour la Patrie, pour Cimetières et Eglises

---

LUNETTES - JUMELLES - BAROMÈTRES

L. MAROSELLI

Opticien

5, Rue de l'Etoile, 5 ~ LE MANS

Séances CINÉMATOGRAPHIQUES à Domicile

J. BOUVERET

PAPETERIE - MAROQUINERIE

11, Rue Dumas, 11

PHOTOGRAPHIE

Agrandissements

LE MANS ~ 9, Rue Saint-Jacques, 9 ~ LE MANS

Publication périodique   ARIS-RUDEL

Souvenirs Manceaux

de la

Grande Guerre

◆

1er VOLUME

1914

◆

Avril 1920   Fascicule 14

IMPRIMERIE BENDERITTER
RUE SAINT-JACQUES, 11 - LE MANS

Publication périodique
Paraissant tous les deux mois.

ARIS-RUDEL

Souvenirs Manceaux

de la

Grande Guerre

1er VOLUME

1914

Juin 1920   Fascicule 15

IMPRIMERIE BENDERITTER
RUE SAINT-JACQUES, II - LE MANS

HORLOGERIE - BIJOUTERIE

Orfèvrerie ~ Joaillerie

Maison G. MOUILLARD

A. REVEILLANT, S^{eur}

7 et 9, Rue Gambetta — LE MANS

Représentant au Mans de la montre **OMÉGA**

TÉLÉPHONE 4-48

POMPES FUNÈBRES GÉNÉRALES

Société Anonyme au capital de 2.500.000 fr. entièrement libéré

Siège Social : 66, 68, 70, Boulevard Richard-Lenoir, PARIS

CONCESSIONNAIRE

du Service Municipal des Pompes Funèbres de la Ville du Mans

Et des Communes environnantes

Allonnes, Arnage, Neuville-sur-Sarthe, Rouillon, Saint-Pavace, Sargé

BUREAUX : 10, rue Saint-Jacques et rue Dumas, 9

Dépôt du Matériel : 74, rue Hoche

Téléphone N° 0-39   Adr. Télégr. : Pompes Funèbres Générales, LE MANS

La Société possède un matériel complet de Pompes Funèbres : **Corbillards, Tentures pour Eglises et Maisons Mortuaires, Catafalques, Voitures de deuil, Fourgons de transport, Cercueils, etc.,** lui permettant de satisfaire immédiatement à toutes les demandes qui lui sont faites même pour les convois du plus grand luxe.

Sur la demande des familles un employé se rend à domicile muni des Albums et Tarifs officiels et s'occupe des formalités administratives sans dérangement pour les familles.

COURONNES MORTUAIRES

Publication périodique
Paraissant tous les deux mois.

ARIS-RUDEL

Souvenirs Manceaux

de la

Grande Guerre

1ᵉʳ VOLUME

1914

Août 1920

Fascicule 16

IMPRIMERIE BENDERITTER
RUE SAINT-JACQUES, II - LE MANS

Le Gérant, E. BENDERITTER.

GRANDE
PHARMACIE DE PARIS

TÉLÉPHONE 1-35

30, Rue Dumas, LE MANS

A. POTTIER

PHARMACIEN-CHIMISTE
EXPERT PRÈS LES TRIBUNAUX
MEMBRE DE LA SOCIÉTÉ D'HYGIÈNE DE FRANCE

Service spécial d'Ordonnances

Sous le contrôle d'un Pharmacien diplômé

LABORATOIRE D'ANALYSES

Chimiques - Industrielles - Médicales

HERBORISTERIE EN GROS

*Accessoires, Bandages, Bas-Varices
Ceintures*

PRIX SPÉCIAUX

à MM. les Membres du Clergé, Communautés, etc.

Le Gérant. E. BENDERITTER.

GRANDE
PHARMACIE DE PARIS

TÉLÉPHONE 1-35

30, Rue Dumas, LE MANS

A. POTTIER

PHARMACIEN-CHIMISTE

EXPERT PRÈS LES TRIBUNAUX

MEMBRE DE LA SOCIÉTÉ D'HYGIÈNE DE FRANCE

Service spécial d'Ordonnances

Sous le contrôle d'un Pharmacien diplômé

LABORATOIRE D'ANALYSES

Chimiques - Industrielles - Médicales

HERBORISTERIE EN GROS

Accessoires, Bandages, Bas-Varices

Ceintures

PRIX SPÉCIAUX

à MM. les Membres du Clergé, Communautés, etc.

1914 - 1918
LE SOUVENIR
SARTHOIS
DE LA GRANDE
GUERRE

9 782329 098722